发展适宜性实践与早期教育课程

主编 霍力岩 张仁甫

Sixth Edition

Developmentally Appropriate Practice

Curriculum and Development in Early Education

3-8岁儿童发展适宜性实践

[美] 卡罗尔·格斯特维奇 著

Carol Gestwicki

张仁甫 邓 璠 李柃霏 何 淼 李 金 王冰虹 张娜娜 田 甜 高宏钰 译

教育科学出版社

·北 京·

出 版 人　郑豪杰
策划编辑　王春华
责任编辑　王春华
版式设计　杨玲玲
责任校对　贾静芳
责任印制　李孟晓

图书在版编目（CIP）数据

3—8 岁儿童发展适宜性实践／（美）卡罗尔·格斯特
维奇（Carol Gestwicki）著；张仁甫等译. —北京：
教育科学出版社，2024.4
（发展适宜性实践与早期教育课程／霍力岩，张仁
甫主编）
书名原文：Developmentally Appropriate Practice：
Curriculum and Development in Early Education
ISBN 978-7-5191-3832-5

Ⅰ.①3… Ⅱ.①卡… ②张… Ⅲ.①儿童教育—早期
教育—研究 Ⅳ.①G61

中国国家版本馆 CIP 数据核字（2024）第 066348 号
北京市版权局著作权合同登记 图字：01-2023-3654 号

发展适宜性实践与早期教育课程
3—8 岁儿童发展适宜性实践
3—8 SUI ERTONG FAZHAN SHIYIXING SHIJIAN

出 版 发 行	教育科学出版社				
社　　　址	北京·朝阳区安慧北里安园甲 9 号		邮　　编	100101	
总编室电话	010-64981290		编辑部电话	010-64989395	
出版部电话	010-64989487		市场部电话	010-64989572	
传　　真	010-64989419		网　　址	http://www.esph.com.cn	
经　　销	各地新华书店				
制　　作	北京金奥都图文制作中心				
印　　刷	保定市中画美凯印刷有限公司				
开　　本	720 毫米×1020 毫米　1/16		版　　次	2024 年 4 月第 1 版	
印　　张	31.75		印　　次	2024 年 4 月第 1 次印刷	
字　　数	455 千		定　　价	98.00 元	

发展适宜性实践与中国早期教育课程建构
——在国际视野下开展本土行动

发展适宜性实践（Developmentally Appropriate Practice，DAP）不是一个具体的课程模式，而是一套儿童早期教育哲学、理论框架、行动指南和评估标准，应该成为当下早期教育改革特别是托幼一体化课程改革的努力方向。发展适宜性实践由美国幼儿教育协会（National Association for the Education of Young Children，NAEYC）提出，是基于儿童发展理论促进儿童发展的一套价值理念。在当下关注婴幼儿快乐健康成长，建立完善促进婴幼儿照护服务发展的政策法规体系、标准规范体系和服务供给体系，努力为婴幼儿提供更加适宜的早期教育，建设高质量的早期教育体系的价值追求背景下，发展适宜性实践的教育哲学与基本原则可以为建设具有中国立场、儿童立场、文化立场的幼儿园发展适宜性课程提供借鉴。

一、发展适宜性实践的产生与发展

（一）《国家处在危机之中》与学前教育出现"小学化"倾向

1983 年，美国一家教学质量研究机构发表了研究报告《国家处在危机之中》（*A Nation at Risk*）。该报告对 1973—1982 年美国高中毕业生的考试成绩进行了统计分析，结果显示学生成绩大幅下降。这引起了美国全社会的忧虑和关切，并由此揭开了 20 世纪美国第二次教育改革的序幕，美国开始了在教育改革中提升学生学业成绩的价值转向和现实努力。美国《国家处在危机之中》以及其后的第二次教育改革对学前教育领域产生了巨大影响，直接教学模式开始复苏，传统的读写算教学重返学前课堂，学前教育出现了严重的"小学化"倾向。可以说，在这次教育改革的推动下，曾由"儿童中心""活动教学""综合教学"等学前教育观念和模式长期主导的美国学前教育，出现了向"教师中心""直接教学""分科教学"转变的倾向。

（二）发展适宜性实践的基本框架及其可持续发展意蕴

1986 年，美国幼儿教育协会提出了"发展适宜性"的概念，并进而发布关于发展适宜性实践的立场声明，开始宣传并推行自己所坚守的一套发展适宜性的教育价值观和一系列发展适宜性的评价标准。美国幼儿教育协会明确提出，这份关于发展适宜性实践的立场声明并不是要提供除以往多种课程模式外的又一种更优或更具特点的课程模式，而是"为管理者、教师、家长以及其他需要在儿童保育与教育中做出决策的人提供一份详细说明，描述在早期教育项目中开展'发展适宜性实践'需要遵循的原则"[①]。也就是说，发展适宜性实践可以用来分辨学前教育中适宜的教学实践和不适宜的教学实践，不管这些教学实践采用的是哪种课程模式，如蒙台梭利课程（the Montessori Approach）、高瞻课程（the HighScope Approach）、光谱课程（the Project Spectrum）或瑞吉欧课程（the Reggio Emilia Approach）。

1987 年，休·布里德坎普（Sue Bredekamp）在《早期教育中的发展适宜性课程》（*Developmentally Appropriate Practice in Early Childhood Programs*）中明确提出，发展适宜性包括年龄的适宜性和个体的适宜性两个维度，通过狭隘地测验学业技能而获得的心理测验分数从来都不应该成为推荐入学、留级、接受特殊教育或者补偿教育的唯一尺度。[②] 这一对于发展适宜性的阐释

---

① BREDEKAMP S & COPPLE C. Developmentally appropriate practice in early childhood programs [M]. Washington, DC: National Association for the Education of Young Children, 1997: 3.

② 布里德坎普. 美国年幼儿童教育协会对发展适应性早期教育方案（面向 0—8 岁儿童）的说明 [M] //黄人颂. 学前教育学参考资料（上册）. 北京：人民教育出版社，1991：291-307.

以及其中所蕴含的对简单学业技能培养和学业技能测验的批评在美国引起了极大反响，并很快在全球教育界特别是学前教育界引起广泛关注。因为封面是绿色的——体现其蕴含的倡导儿童可持续发展的意蕴，《早期教育中的发展适宜性课程》后来被美国学前教育界称为"绿色圣经"。可以说，在某种意义上，"绿色圣经"代表了儿童为本向书本为本的反攻，代表了建构主义课程对训导主义课程的反攻，也表达了对可持续发展早期教育的向往和追求。

（三）发展适宜性实践的修订与文化适宜性的提出

1997 年，美国幼儿教育协会对发展适宜性实践声明进行了修订，特别提出了文化适宜性问题，也就是说，发展适宜性实践必须考虑到文化和语言多样性的问题。在关于发展适宜性实践的立场声明中，美国幼儿教育协会指出，发展适宜性实践的知识基础包含 3 个方面的内容，其中之一为"关于儿童生活的社会和文化背景知识"，并指出这一方面知识"能够保证学习经验有意义、有价值，体现对参与项目的儿童和他们家庭的尊重"①。从某种意义上说，维果斯基的建构主义理论为美国幼儿教育协会在 1997 年修订发展适宜性实践提供了理论基础。新版声明在"影响发展适宜性实践的有关儿童发展和学习的原则"这一部分指出："发展和学习是在多元的社会和文化背景下发生的，并受到多元的社会和文化背景的影响。""儿童是主动的学习者，吸取直接的自然和社会经验、知识，以此来建构他们自己对周围世界的理解。""发展和学习是生理上的成熟以及与环境相互作用的结果，环境包括儿童生活的自然界和社会。"②

特别值得注意的是，在对发展适宜性实践的修订中，美国幼儿教育协会抛弃了多年课程争论中非此即彼的逻辑套路，尝试整合建构主义课程和训导主义课程，倡导关注两种因素的互动与交融。他们指出："成人有责任来确保儿童的健康发展和学习。从出生起，与成人之间的关系就是儿童社会性和

---

① NAEYC. Developmentally appropriate practice in early childhood programs serving children from birth though 8 [M]. Washington, D. C.: National Association for the Education of Young Children, 1997: 4-5.

② BREDEKAMP S & COPPLE C. Developmentally appropriate practice in early childhood programs [M]. Washington, D. C.: National Association for the Education of Young Children, 1997: 7-8.

情感发展的关键因素，也是儿童语言和智力发展的中介。同时，儿童是知识的主动建构者，通过发起和管理自身的学习活动以及与同伴互动获益。因此，幼儿教师应努力实现儿童的自发学习和成人的指导或帮助两者之间的最优平衡。"① 在"建构适宜的课程"这一部分，该声明指出，"发展适宜性课程要促进儿童所有方面，包括身体、情感、社会性、语言、审美以及认知"，"课程要促进知识和认识、方法和技能的发展，并培养儿童使用和应用技能以及继续学习的态度"。② 总的来说，发展适宜性实践一方面认为儿童主导的活动和教师主导的活动对于儿童的发展均具有价值，另一方面认为适宜的教育实践可以而且也应该兼顾儿童的发展与儿童的学业成就。

（四） 发展适宜性实践的再修订与对文化背景及教师决策作用的凸显

第3版的发展适宜性实践立场声明重点提出了教师教学有效性的问题，将教师的教学聚焦于缩小儿童学习的差距，使所有儿童的学业成就均能得到提升，同时也强调了幼小衔接的重要性。新版本立场声明强调了社会、文化和历史背景的重要性，即发展适宜性实践并不是绝对的，对适宜性的解读需要在相应文化语境中进行。例如，"婴儿地板自由"是一个在某些文化环境中不被接受的概念。教师要具有敏锐的文化意识，发展跨文化沟通、跨文化思维。

此外，新版本在强调教师教学有效性的基础上进一步指出："教师每天都要做出许多决定，熟记儿童学习和发展目标，并制定有意义的策略来帮助儿童实现目标。""将有关儿童发展的知识转换为对儿童进行培养和教育的实践，这需要成人做出很多的决策。"对发展适宜性实践的决策的强调，凸显有意图的教师在面对各种实际问题和情况时做出适宜性决策的重要性。在教师决策的作用方面，新版本重新进行了定义和排序，分别为：①创建一个关爱学习者的社区；②与家庭建立互惠伙伴关系，加强与社区的联系；③观察、

---

① NAEYC. Developmentally appropriate practice in early childhood programs serving children from birth though 8 [M]. Washington，D. C.：National Association for the Education of Young Children，1997：11.

② 同①：13.

记录和评估儿童的发展和学习；④通过教学促进每个儿童的发展和学习；⑤计划和实施引人入胜的课程，实现有意义的目标；⑥展示教师的专业素养。上述 6 项内容凸显了对家园社一体化发展的考量、对儿童个体差异的关注和对儿童可持续发展的支持，并再次强调了教师专业性的意义和价值所在。

二、本书结构与发展适宜性实践的主要观点

（一）本书结构与发展适宜性实践的整体框架

本书以两位家长选择截然不同的两种教育理念开始，围绕"适合儿童的最佳学习环境和课程实践"展开讨论。全书共分为四部分。第 1 部分介绍发展适宜性实践的核心要素及原则，探讨发展适宜性实践的概念，共包括 4 章。第 1 章介绍发展适宜性实践的历史发展、基本原则、对儿童发展的影响，并指出一些对于发展适宜性课程的错误理解。基于游戏在发展适宜性实践中的核心地位，第 2 章介绍关于游戏与儿童发展的理论和研究。第 3 章审视关于课程的一般概念，并描述教师在设计适宜性课程时的角色和可采取的行动。第 4 章描述多种课程模式，并考虑这些模式如何与发展适宜性实践的原则相适应。这些介绍性的章节为后面重在将发展适宜性实践原则转换成教师有意图的行动的章节奠定了基础。

在总体介绍之后，第 2、第 3 和第 4 部分分别围绕发展适宜性的物质环境、社会性及情感环境和学习环境展开论述。这里的环境包括班级中的材料、活动、安排、关系和互动。

总的来讲，本书的目的在于激发早期教育实践者反思并检验当前的实践，帮助他们进一步了解美国幼儿教育协会发布的立场声明，并尝试将发展适宜性理念转化为日常决策和行动，为儿童创造最具支持性的学习环境。

（二）发展适宜性实践的主要观点

第一，发展适宜性实践并不代表某一种实践，而是一套充满活力和创造性的实践方法论。美国幼儿教育协会一直强调，"发展适宜性标准并不是要

成为一个严格的处方，而是要成为提供决策所需信息、反思问题的思想指南"①。换言之，发展适宜性实践并不是要让所有的教育实践都遵循同样的模式，而是试图为教育工作者提供一种思想和方法上的指导，在这种思想指导下，教育工作者可以设计出更加适宜儿童发展需求的课程方案。同时，没有绝对适宜或不适宜的教育实践，事实上，发展适宜性实践认为所有的教育实践都处在从适宜到不适宜的连续体的某一点上。抛开儿童不同发展特点、不同文化背景谈论适宜本身就是不适宜的，教师可以依据发展适宜性实践的原则设计课程、支持儿童等。此外，发展适宜性实践还充分体现了兼容性、开放性和多元性的特点。发展适宜性实践没有绝对遵从建构主义或训导主义的课程哲学，而是尝试在二者之间取得某种妥协和平衡：既强调儿童自发活动的价值，又重视教师的指导作用；既重视儿童的能力发展，又不忽视儿童的学业成绩。它以一种开放的态度对待并力图整合这两种哲学理念，从而建构出开放的哲学体系。

第二，"发展适宜性实践是一种基于儿童发展理论做出儿童教育相关决策的哲学。"② 基于证据、研究和专业判断的有质量的实践被称为专业实践。教师必须具备广泛和不断发展的技能知识基础，以便做出决策，解决各种多样性问题。这意味着教师必须具备与发展适宜性实践核心因素相关的知识。有准备的教师要有意识地做出适宜的决策来指导儿童的发展和学习，以实现具有挑战性但是可以实现的目标。教师应具备的支撑性知识，也即发展适宜性实践决策的基础，主要包括 3 个方面：①关于儿童发展和学习规律的知识，以便教师能够围绕"哪些经历可能丰富儿童的经验"做出一般性预测；②关于儿童个体的情况，以及如何最有效地适应和响应个体差异的知识；③关于儿童个体社会和文化背景的知识，包括家庭和社区的价值观、期望和语言等。此外，教师也要充分反思自身的社会和文化背景，以避免内隐或外显的偏见，从而支持每个儿童的发展和学习。在制定决策时，需要将文化差异性考虑在内。

---

① GESTWICKI. Developmentally appropriate practice：Curriculum and development in early education [M]. 6th ed. New York：Thomson Delmar Learning, 2015：104.

② 同①：9.

　　第三，发展适宜性实践的开展离不开家庭与社区的深度参与。教师真正做到与家长和社区成员共同决定如何教育和照顾儿童，会为儿童的发展提供量身定制式的支持。社区既是可以支持儿童发展的物质环境，又是可以为儿童提供文化认同感的社会性及情感环境，同时也是教师可资利用的教育资源，因此，社区对于开展发展适宜性实践的积极作用不容小觑。新版本指出，"家长参与"或"家长教育"的传统模式是片面的，无法为教师提供他们所需要的知识或见解，不足以使他们提供完全满足每个儿童需求和经验的学习体验。在发展适宜性实践中，家庭参与儿童成长与发展，包括课程设计、实施及评估，以保证家庭与教育机构对于发展适宜性的理解一致，对儿童发展的要求一致，从而使家庭教育与机构教育这两股力量聚集在一起，更好地理解和支持儿童的发展，满足儿童发展的独特需求。

三、建构适合中国儿童的发展适宜性课程

（一）国际视野下中国早期教育课程的本土行动

　　中华人民共和国成立后，我国学前教育界师从苏联，学习了一套与中小学直接教学和分科教学模式类似的集体主义教育模式。苏联学前教育家乌索娃主导的学前教学、直接教学、分科教学的集体主义教育模式，在相当程度上成为影响新中国成立以来 30 年幼儿园教育教学的主旋律。在改革开放以后，我国学前教育界步入借鉴欧美的阶段，学习了以活动教学和综合教学为主要特点的自由主义教育模式，开始了儿童中心和基于游戏的学前教育的探索，这个过程也是中国学前教育向高瞻课程、蒙台梭利课程、瑞吉欧课程、光谱课程等优秀学前教育模式学习的过程。反思学习和借鉴多种国外学前教育模式的真实状况可知，我们的学习思路、借鉴原则、实践历程、实践方式并不令人乐观。我们不应只是简单重复过去的轨迹和逻辑，而应当从国际发展视角出发，展现大国担当，开展本土行动。换言之，只有在与各类学前教育模式的碰撞与融合中，以中国核心文化特质为中心，创建与时代息息相关的中国早期教育课程模式才是正道。中国早期教育课程建构应以立德树人为

根本任务，贯彻落实《中共中央 国务院关于学前教育深化改革规范发展的若干意见》《幼儿园教育指导纲要（试行）》《3—6 岁儿童学习与发展指南》等文件对早期教育事业发展的战略引领和专业指导，为培养德智体美劳全面发展的社会主义建设者和接班人奠定坚实基础。

（二）发展适宜性实践与"托幼一体化"体系建构

2019 年，《国务院办公厅关于促进 3 岁以下婴幼儿照护服务发展的指导意见》提出，发展婴幼儿照护服务要"按照儿童优先的原则，最大限度地保护婴幼儿，确保婴幼儿的安全和健康"，特别强调了科学规范的托育服务要遵循婴幼儿成长规律和发展特点，促进婴幼儿在身体发育、动作、语言、认知、情感与社会性等方面的全面发展。2021 年，《中华人民共和国国民经济和社会发展第十四个五年规划和 2035 年远景目标纲要》在"健全婴幼儿发展政策"中指出："鼓励幼儿园发展托幼一体化服务。推进婴幼儿照护服务专业化、规范化发展，提高保育保教质量和水平。"2023 年，国家卫生健康委员会发布《托育机构质量评估标准》，从托育机构资质、环境空间、设备设施、玩具材料等办托条件，以及托育队伍、保育照护、卫生保健、养育支持、安全保障和机构管理等多方面，对托育服务质量进行了规定。

"幼有优育"的高质量托幼一体化服务体系建设，是推动人口高质量发展的重要基础，是社会可持续发展的重要保障。当前，我国托育服务质量与人民群众对安全优质的托育服务需求之间仍存在一定差距。发展科学、专业和规范的托育服务不仅是国家健全婴幼儿发展相关政策的基本要求，更是满足家庭对婴幼儿健康发展与幸福成长内在需求的重要举措。译者认为，发展适宜性实践从立场定位、课程取向、物质环境、情感氛围以及学习环境等方面，为我国建构高质量托幼一体化服务体系提供了参考和借鉴。

托幼一体化的发展适宜性实践不是创造一个冷冰冰的课堂，而是要营造一个充满关爱的学习者社区，基于和谐、温暖的关系，建构适宜的托幼一体化课程体系。在这样的课程体系中，教师起着至关重要的作用。教师应在研究婴幼儿发展特点与个体差异的基础上，有意图地将婴幼儿研究转化为支架婴幼儿学习与发展的过程，形成科学的、发展性的托幼一体化评估体系，建构"教学评促"托幼一体化课程新生态，并与家庭建立互惠关系，与家庭密切合作，协同促进婴幼儿的全面发展。

（三）发展适宜性实践与"双减时代"下的早期教育课程发展

2021 年 7 月，中共中央办公厅、国务院办公厅印发《关于进一步减轻义务教育阶段学生作业负担和校外培训负担的意见》，使基础教育的格局发生了翻天覆地的变化，教育领域整体走进了"双减时代"，引领基础教育进一步由知识为本、升学为重向同化为本、发展为重倾斜，着重发展儿童的好奇心、主动性、创造性等学习品质。"双减"政策看似针对中小学阶段的减负要求，但是儿童的发展是连续、整体和可持续的，各阶段的教育不是完全割裂的，因此需要步调一致的科学化衔接。做好幼小衔接工作是实现基础教育高质量发展的关键要素之一。《教育部关于大力推进幼儿园与小学科学衔接的指导意见》从幼儿园入学准备和小学入学适应教育两方面对幼小衔接工作进行了规范和引导。

落实"双减"政策以及实施科学的幼小衔接，最重要的是要深入研究儿童的有效学习，深化课程改革。课程是教育的核心要素，是教师对儿童施加影响的主要抓手。重新思考和建构新时代早期教育课程，对于儿童的学习与发展发挥着至关重要的作用。

在思考"双减"政策下的早期教育课程如何建构的过程中，译者体会到发展适宜性实践的一些基本原则可以作为重要参考。发展适宜性课程不是仅基于一种理论进行建构的标准答案式的课程模式，而是基于多种理论的具有一定架构但是又可在架构中根据儿童年龄特点、个性特征和文化差异提供不同关键经验的理念。早期教育课程内容的组织与实施必须遵循儿童身心发展的基本规律，关注儿童的主体地位，关注儿童的学习过程。同时，教师要进一步确立课程内容的中心点或核心点，回归儿童本身的发展水平和方向，在儿童原有经验的基础上确立儿童可以"跳一跳够得着"的教育目标，并以此引领课程建构与教学。早期教育具有基础性和启蒙性，应当培养儿童可持续发展的学习能力、积极的学习品质、良好的学习习惯与态度等基础素养。此外，儿童在课程中获得乐趣和学习同样重要，因此课程的设计不仅要支持儿童的发展，同时也要兼顾儿童的良好体验，支持他们进行快乐且有价值的学习。

（四）发展适宜性实践与教师的决策和支持能力

发展适宜性实践不是课程，也不是一套可以用于支配教育实践的固定标准。相反，它是一种哲学，或者是说一种与儿童一起工作的方法。这意味着将有关儿童发展的理论知识转换为对儿童进行培养和教育的实践行动，需要教师做出专业的决策，提供有效的支持。教师的决策包括儿童"学什么""如何学"，教师"教什么""如何教""如何评"。儿童的发展是通过与他人、材料和经验的互动发生的，适宜的支持会为儿童创造一个适宜的环境，而非代替儿童思考进行直接教学。

《教育部关于大力推进幼儿园与小学科学衔接的指导意见》中指出，要将入学准备教育有机渗透于幼儿园 3 年保育教育工作的全过程。"有机渗透" 4 字将教师实施入学准备教育的方式特点展现得淋漓尽致，即要做到潜移默化、润物无声，看似"随意""无意识"，实则"明确""有意图"。换言之，入学准备不是有意为之的教育，而应是教师常存于脑中的自觉意识。教师要注意对儿童学习兴趣和探索能力的激发，从儿童的实际需要出发，不断创造适宜的支持途径和方式。

中国学前教育研究者的时代使命在于努力建设具有中国立场、适合中国娃发展、彰显中国底蕴的话语体系和行动体系。在当今的全球化时代，在新时代中国特色社会主义思想蓬勃发展的进程中，我们需要通过建设与时代相适应的、具有中华文化特色的早期教育体系来实现"幼有所育""幼有善育"，需要切实从中国现状出发，寻找中国解决方案，完成新时代中国早期教育战略与策略两方面的调整，为民族复兴筑牢根基，为世界提供参考。

目　录

第 2 部分　发展适宜性的物质环境

第3部分　发展适宜性的社会性及情感环境

第7章　发展适宜性的社会性及情感环境：学前期　275

第 4 部分　发展适宜性的学习环境

在过去的几十年里，各早期教育专业组织发布了一系列关于发展适宜性实践的立场声明。

本书绝不是要与那些立场声明竞争。相反，我们希望教师把那些立场声明作为主要资源，把本书作为辅助，把阅读本书作为一个反思立场声明含义和实际应用的机会。

在职教师和相关专业学生需努力学习如何将发展适宜性实践的理念转化为儿童早期课堂中的日常决策和行动。本书就是为了帮助他们每天在班里落实发展适宜性实践的理念。

本书中的观点实用而全面，用于特定年龄段。总之，本书适合学生、新教师或有经验的教师，或任何在早教中心、家庭育儿点、托育中心、幼儿园从事相关工作的专业人士。

此外，社区的管理者和决策者也必须清楚地了解能对儿童发挥积极作用的学习环境。正在为子女的保育和教育做出选择的家长，需要了解好的实践是什么样子，这样他们就可以做出明智的选择，并在孩子的学校倡导最佳实践。

发展适宜性实践理念的一个重要组成部分是个体适宜性的概念，也就是说，没有一个绝对的标准可以完全满足每个人的需求。因此，本书可以作为课堂实践的指南，而不是一个绝对的处方。

值得注意的是，本版所有章节都经过了大量的修改，包括关于发展适宜性实践和实际问题的最新思考。

本书经过充分修改和更新，以反映最新的立场声明和标准。读者还会经常看到近期其他重要的立场声明，包括美国幼儿教育协会和圣文森特学院弗雷德·罗杰斯早期学习和儿童媒介中心（Fred Rogers Center for Early Learning and Children's Media）的联合立场声明《技术和互动媒体作为0—8岁儿童早期教育的工具》（2012）。

本书为学习者提供了丰富的学习、研究和反思工具。

"学习目标"在每章的开头呈现，与章的主要标题和小结相关。这些目标突出了读者理解本章信息所需的知识。完成本章后，读者应该能够展示他们如何应用新知识和技能。

"反思"突出教师成为有意图的实践者的重要性。

"多样性考虑"描述了在典型课堂情境中可能出现的文化问题或冲突。读者将有机会从他人的角度进行思考，并发现共同点和平衡方法。

"发展适宜性实践的当前话题"关注当今许多教师所关心的问题，都与发展适宜性实践的原则有关。

"建议"突出了教师指导课堂实践的实用策略。

"家园交流"突出显示可用于就特定主题与家长进行交流的内容。

"发展适宜性实践的决策"是针对教师经常遇到的家长提问、管理要求设计的，帮助教师解释适宜性做法并对他人做出回应。这些非常现实的情况和场景再现了教师的日常困境，有助于读者学习如何解决问题，并向他人解释他们的工作。这些通常会为重要的课堂讨论和个人反思建立基础。

"小结"是简要的回顾，列出每章涉及的关键概念。

"思考"是为进一步学习而进行的活动，可用作课内或课外作业。

"自测"帮助读者评估自己是否已经掌握了每章的重点。

"应用：案例研究"帮助读者应用和反思本章内容。

致 谢

　　许多对话和经历促成了本书。30 多年来，我不断与新教师、老教师进行讨论，这些讨论形成我的问题和假设。我也非常感谢那些促使我找到更好解释方式的学生。同时，作为一名教育工作者，我很幸运一路上有同事支持和激励我成长。我特别要感谢已故的朋友和同事贝蒂·高·朗兹（Betty High Rounds），是他首先给了我这个写作灵感，然后在初稿阶段提供了有用的反馈，并且提供了许多关于瑞吉欧·艾米利亚的令人兴奋的材料。

　　当然，我也要感谢我的家人。他们一直不断进步，并且愿意忽略我身上存在的像我作品一样的许多缺点。书中提到的我的孙女莉拉（Lila）和罗斯（Rose），她们已经进入了高中生活——这太棒了！

　　我把我的作品献给我深爱的丈夫罗恩（Ron），他的求知欲和对学习的热情一直激励着我。此外，我要感谢在各阶段审阅文本的人，包括：帕洛玛学院（Palomar College）的劳雷尔·安德森（Laurel Anderson）；梅里特学院（Merritt College）的詹妮弗·布里法（Jennifer Briffa）；捷威社区技术学院（Gateway Community Technical College）的嘉娜·坎姆（Jana Camm）；兰斯顿大学（Langston University）的埃维娅·戴维斯（Evia Davis）；佛罗里达海湾海岸大学（Florida Gulf Coast University）的伊丽莎白·埃利奥特（Elizabeth Elliot）；麦迪逊维尔社区学院（Madisonville Community College）的艾普尔·格雷斯（April Grace）；圣劳伦斯学院（St. Lawrence College）的金·霍利（Kim Hawley）；萨姆·休斯敦州立大学（Sam Houston State University）的卡琳·米基·亨德森（Carlene Miki Henderson）；昆内特技术学院（Gwinnett Technical College）的谢伦·墨菲（Sherron Murphy）；亨德森社区学院（Henderson Community College）的布丽奇特·默里（Bridget Murray）；峡谷学院（College of the Canyons）的温迪·鲁伊斯（Wendy Ruiz）；三角洲州立大学（Delta State University）的科利斯·斯诺（Corlis Snow）。

第1部分 发展适宜性实践的界定

◎ 第1章　发展适宜性实践的界定

◎ 第2章　游戏在发展适宜性实践中的重要性

◎ 第3章　发展适宜性课程设计

◎ 第4章　关于多种课程模式的思考

第 1 章　发展适宜性实践的界定

学习目标

学习本章之后，你应该能够：

1-1　了解发展适宜性实践的内涵；

1-2　阐述发展适宜性实践的基本组成部分；

1-3　理解儿童发展的 12 个基本原则；

1-4　阐述不适宜的实践；

1-5　回应有关发展适宜性实践的 10 条误解。

塞思和玛莉亚是美国上百万婴幼儿中的两个，她们将在今年进入托育机构。塞思将进入"忙碌学习者"日托中心（Busy Learners Day Care Center）的两岁班，玛莉亚将进入"快乐时光"托儿所（Happy Days Nursery School）的半日班。两个孩子的家长在做出选择前都考察了所在社区的多个托育机构。

塞思的父母选择了"忙碌学习者"。他们在参观期间了解到了该中心的理念和活动。该中心手册上有如下声明。

我们相信儿童有能力进行认真的学习，所以我们中心为您的孩子提供了学习重要学业技能的机会，这种技能将使他/她成功升入您为其选择的学校。我们的课程包括强调发音练习的基础阅读技能和数学入门活动。在您的孩子从我们的两岁班毕业时，他/她将学会背字母表，分辨许多字母的发音，认识一些形状和颜色，从 1 数到 20。我们的西班牙语老师每周为两岁班上一个小时的课。

塞思父母参观教室时，发现孩子们安静地坐在桌边给单词"dog"和字母"D"涂色。墙上贴着前一天的活动安排，以及按照规格裁切的小狗轮廓图，老师们似乎认为完全控制就是对孩子们的指导。这符合塞思父母心目中有关学校的观念。

玛莉亚父母也是基于托育机构理念及他们参观后的感觉做出的选择。该机构的手册上是这样写的。

我们认为孩子们应该积极地参与游戏，实现全面发展。老师们每天都会为孩子们准备丰富多彩又充满趣味的游戏。当孩子们探究活动材料、学习与其他孩子玩耍时，就是在自主自发地探索世界。

玛莉亚父母在教室里参观时，发现不同小组的孩子们忙碌地穿梭于教室的各个角落：一个孩子在画架前画画，3个孩子在一个活动区里搭积木，一个孩子在推玩具卡车，3个孩子穿着华丽的成人服饰在聊天。另一组孩子在桌边和老师捏橡皮泥。教室中有许多谈话声。

两对家长都坚信他们在自己孩子入学的问题上做出了最佳选择。显而易见的是，这两个孩子将会获得完全不同的学习经历。这两个托育中心在教育理念上大相径庭。我们如何让这两种不同的理念和谐融合，促进婴幼儿的发展呢？

像塞思和玛莉亚入读的这两种差异显著的托育机构随处可见。从幼儿园到小学，差异普遍存在。在许多地方，关于发展适宜性实践的理念没有起到任何作用，也没有得到任何认可。这种现象的出现在一定程度上是由于人们倾向于避免接受与过去或当前认知水平相冲突的观点或知识。本书希望可以帮助学生、专业人士、家长和相关社区成员理解面向3—8岁婴幼儿的发展适宜性课程的内涵和意义，同时我们会分析在特定情境下将理念转换为行动的方法。

关于发展适宜性实践的讨论并不是刚刚开始，也远未结束。20世纪80年代到90年代，一系列由美国一些重要教育组织发表的关于发展适宜性实践的出版物，使这一讨论进入了一个新的阶段。随着21世纪有关如何确保"不让一个孩子掉队"的国际对话的进行，早期教育工作者和家长不断寻求适合

0—8 岁儿童的最佳学习环境和课程实践。本书将对这些对话的诸多方面进行讨论。

　　首先，我们来了解一下什么是发展适宜性实践。

发展适宜性实践的背景和历史

　　美国幼儿教育协会于1987年首次明确了发展适宜性实践的立场观点。美国早期教育机构认证体系的发展，要求对发展适宜性实践做出更加明确的界定，否则诸如"使用发展适宜性活动或材料"这样的说法会太过宽泛，会引发各种不同的解释。

　　第一份立场声明中关于发展适宜性实践的定义针对0—8岁儿童，并分别概述了适宜和不适宜的实践（Bredekamp，1987）。国际儿童教育协会（The Association for Childhood Education International，ACEI）在1988年发表了一篇文章，证实了游戏对儿童发展的重要性（Isenberg & Quisenberry，1988），而美国小学校长协会（The National Association of Elementary School Principals，NAESP）则在1990年阐述了自己关于高质量早期儿童项目的看法，并于2005年修订（NAESP，2005）。美国州教育委员会协会（National Association of State Boards of Education，NASBE）在全国入学准备特别工作组报告中提出了自己的观点（NASBE，1991）。美国幼儿教育协会和美国州教育部早期教育专家协会（National Association of Early Childhood Specialists in State Departments of Education，NAECS/SDE）联合发布了一项声明，即《3—8岁儿童发展适宜性课程内容和评价指南》，分为第一卷（Bredekamp & Rosegrant，1992）和第二卷（Bredekamp & Rosegrant，1995）。2003年，美国幼儿教育协会和美国州教育部早期教育专家协会联合发布最新的关于课程、评价和项目评估的声明。

其他立场声明包括：由国际阅读协会（International Reading Association，IRA）和美国幼儿教育协会提出的《学习阅读和书写：儿童早期阶段发展适宜性实践》，由美国幼儿教育协会和美国数学教师理事会提出的《儿童早期阶段数学：促进良好的开端》（NAEYC & NCTM，2002，2010）。另外，还有一些具体声明针对早期学习标准、入学准备、对语言和文化多样性的回应以及科技与儿童的关系等，将在本书后续相关章节中进行探讨。

在早期干预与早期特殊教育领域中，特殊儿童委员会（Council for Exceptional Children）的早期儿童部（Division for Early Childhood，DEC）1993年发表立场文件，最近又提出了一份综合指南（Sandall，Hemmeter，Smith，& McLean，2005）。早期儿童部和美国幼儿教育协会关于儿童早期融合的联合立场声明提出了对包容和质量的定义。

对这一问题的探讨仍在继续。1997年，美国幼儿教育协会对关于发展适宜性实践的立场声明进行了第一次重大修订，发表了《早期教育中的发展适宜性实践》修订版（Bredekamp & Copple，1997）。这一文件在前言部分承认知识基础不断改变（既源于研究，也源于专业人士之间持续进行的对话），需要每隔10年左右进行审查并出版修订文件。

许多早期教育专业人士、家长和社区，感谢该文件努力在这个千变万化的领域指明道路。早期教育领域面临的新趋势和关注点包括以下方面：

- 接受集体照料的婴幼儿数量持续增长；
- 特殊需要儿童被纳入常规课堂；
- 来自不同语言和文化的儿童、家庭数量持续增长；
- 对学前儿童的学业评价和入学准备越来越受到重视；
- 许多学校开设学前班；

- 在"良好开端，聪明成长"计划的推动下，美国大多数州制定了早期学习标准；
- 小学阶段面临标准化考试的压力以及《不让一个孩子掉队法案》的要求；
- 少数族裔和经济弱势学生与其他学生之间的学业表现差异不断扩大。

早期教育的一个新趋势是许多学校开设学前班

　　美国幼儿教育协会立场声明的第 3 版概述了当前早期教育项目运行的背景，当前面临的关键问题是：尽快缩小学业差距，使所有儿童都能成功；加强学前教育与基础教育衔接；认识到教师决策对教育有效性的重要性。

　　自从美国幼儿教育协会发表第 1 版立场声明之后，早期教育领域对发展适宜性实践的质疑和争论不绝于耳。吉普森（Jipson）认为该立场声明在确定适宜性的构成要素时忽略了文化差异性（Jipson，1991）。德尔皮（Delpit）指出该声明没有关注非洲裔美国儿童的特别需求，并印证了以欧洲裔为中心的偏见（Delpit，1988）。马洛里（Mallory）和纽（New）进一步对文化的有效性进行了探讨，并对残疾儿童的发展适宜性原则提出了质疑（Mallory & New，1994）。凯斯勒（Kessler）提醒专业人士应该谨防基于特定群体观点的实践"处方"，他主张教育目的应保持多样性（1991）。沃尔什（Walsh）认为声明中关于儿童发展的共识并不全面真实，忽略了关于学习和发展的其他重要观点（Walsh，1991）。维恩（Wien）指出目前的评论分为两个方面：将主流文化作为所有儿童的课程规范，忽视了其他文化及其价值和规范；没有将一些实践包含在内，比如对所有儿童都很重要的直接指导（Wien，1995）。有两位早期教育专家发表了一系列的对话文章，运用实例证明这场争论的本质是探讨发展适宜性实践是否对每个人都适用（Charlesworth，1998a，1998b；Lubeck，1998a，1998b）。1997年版立场声明认识到需要澄清和解决一些受到关注的问题，并"更加清晰地表达美国幼儿教育协会的立场，以使精力不再浪费在对显而易见的问题的无效争论上，而是花在对真正的不同观点的探讨上"（Bredekamp & Copple，1997，p. 4）。新版立场声明承认了该专业面临的更多问题，并继续鼓励讨论和辩论，指出这种对话对该领域专业知识的持续增长非常重要。

立场声明最初的目的之一，是希望为寻求美国幼儿教育协会认证的早期教育机构提供对发展适宜性实践的解释。当然，发展适宜性实践只是基本原则，适合不同的机构和情境。

所有努力的核心在于如何最好地服务发展中的儿童。对于所有的专业人士来说，熟悉这些立场声明是很重要的。

1-1　关于发展适宜性实践的立场声明

美国幼儿教育协会关于发展适宜性实践的立场声明指出了该声明的理论基础，并对早期教育中的关键问题和当前背景进行了讨论。

美国幼儿教育协会认识到，早期教育工作者每天都要做出许多决定，要牢记儿童学习和发展目标，并制定有意义的策略来帮助儿童实现这些目标。"发展适宜性实践的核心在于这种目的性，在于从业者在做决定时所需要的知识，在于他们总是以对儿童来说既具有挑战性又可实现的目标为目标。"（Copple & Bredekamp，2009，p. 9）。

发展适宜性实践的特点是"我们从理论和文献中了解到儿童是如何发展与学习的"（Copple & Bredekamp，2009，p. 10）。在后面的章节中，我们将考虑儿童发展和学习的一系列原则，这些原则决定了发展适宜性实践。

立场声明从 5 个相互关联的维度提出了指导方针（见图 1-1）：

- 建立关系，创造一个充满关爱的学习者社区；
- 通过教促进学，同时要考虑教师在促进儿童学习过程中的角色和使用的策略；
- 建构适宜的课程，同时注意内容和策略；
- 评估儿童的学习和发展；
- 与家庭建立互惠关系。

尽管有关这 5 个维度的适宜性实践与策略实例并非立场声明的一部分，但其中仍然提供了针对 0—3 岁、3—8 岁儿童的相关实例。

立场声明中还提及了一个质疑：立场声明是在暗示进行是/不是的两极化思考。

针对这一质疑，我们认为应该思考更复杂的维度，如"两者/和"，因为通常两种方式的结合是最佳的，教师和家长不应该只选择一种方法而忽略另一种。答案比简单的"是"或"否"更为微妙。

立场声明的最后一部分指出了实施发展适宜性早期教育所需的支持政策和资源。

图 1-1   立场声明为早期教育实践的 5 个维度提供指导

最新的立场声明反映了人们思考和决策的进一步发展，这将促使早期教育实践更加完善。

有意图的教学

如果教师是有意图的，他们会这样做：

- 创设学习环境，提供丰富的材料和经验；
- 鼓励儿童探索和思考；
- 与儿童相互尊重，开展对话；
- 了解每个学习领域的内容；
- 了解必要的学习标准和基准；
- 了解并使用适合不同情况的特定教学策略；

- 有计划，有目的，深思熟虑；
- 充分利用有教育意义的时刻；
- 仔细观察儿童，了解他们接下来的兴趣和能力；
- 采取适合个人和群体的教学策略；
- 反思并回应儿童的学习。（Epstein，2014）

发展适宜性实践——进一步定义

　　发展适宜性实践指的是将有关儿童发展的知识用于为早期教育实践制定经过深思熟虑的、适宜的决策，理解"最佳实践是基于对儿童如何学习和发展的认知——而不是假设"（Copple & Bredekamp，2009，p. xii）。有关不同年龄和阶段的儿童在特定的环境中如何发展与学习的研究都被用于创造学习的环境——与儿童的能力和发展任务相匹配的环境。这就意味着发展适宜性实践只能建立在对儿童的现有认识之上。发展适宜性实践并不是建立在成人对儿童的想象、期望或猜测之上。它完全不必以未来的目标为基础。

　　发展适宜性实践对儿童的了解是建立在翔实的数据和事实的基础之上的。首先必须了解，发展适宜性实践"不是课程，也不是一套可以用于支配教育实践的僵死的标准。相反地，它是一种理念，一种哲学，或者说一套与儿童一起工作的方法"（Bredekamp & Rosegrant，1992，p. 4）。那些以为发展适宜性实践是为实践既定标准从而使所有的机构趋同的人应该明白事实并非如此。相反，发展适宜性实践的真正目的是了解儿童，弄清楚我们能够从儿童和他们的家庭里学到什么，并以此作为特定环境下决策的基础。

　　将有关儿童发展的知识转换为对儿童进行培养和教育的实践，这需要成人做出很多的决策。在设计课程和制订计划时，我们需要考虑和决定的问题是："如何让课程和计划符合我们对儿童的认识？"如果我们的实践是对我们所掌握的有关儿童的知识的补充和完善，那我们的决策就是以发展适宜性实践为基础的。如果我们的实践与有关儿童的知识不相符，那么这个实践和决策就需要接受质疑和检验，并很有可能被替换。

对于早期教育实践者来说，一个很明确的任务就是学习儿童发展理论。如果没有这样的背景，教师很容易依靠模糊概念来做决策，这些概念部分是个人价值观，部分是经验，部分是对未来行为的想象。不适宜的期望导致不适宜的教学。如果你还没有完成有关儿童发展的基础课程或阅读，那么对你来说，在为儿童做计划和评估前先好好学习是非常重要的一点。本书简略回顾了相关的儿童发展理论，借此提醒读者在开展教育实践前应具备相应的理论基础。

很显然，仅仅依靠儿童发展理论并不能为实践者提供设计课程所需的全部知识。课程是各种决策的综合产物，这些决策包括课程内容（儿童将学习什么）、学习过程（儿童如何学习）、指导策略（教师如何教）和评估方法（如何知道儿童已经学会了什么以及如何制订未来的方案）。

这些决策的基础包括儿童发展理论，也包括家庭、社区、社会的价值观和取向。在专业人士的理论知识与家庭、社区的期望中寻求平衡是发展适宜性理论的重要内容。

1-2 发展适宜性实践的基本组成部分

正如美国幼儿教育协会的立场声明所指出的，发展适宜性实践的决策建立在3种重要的信息和知识的基础之上。

第一，关于儿童发展和学习的知识。这包括对年龄特征的了解，以便对什么样的实践最有可能促进儿童的学习和发展做出一般性预测。了解儿童的发展和学习可以让教师了解特定年龄段的儿童通常会是什么样的，他们通常会做什么和不会做什么，以及如何才能更好地学习和发展。这些知识将允许教师对环境、材料、活动、教学策略和互动做出初步决定。儿童发展知识在帮助教师了解儿童如何学习方面是最有用的，这样教师就可以整合既可实现又具有挑战性的经验。

第二，关于每个儿童个体的情况。这可以帮助教师适应并响应个体的变化。通过观察儿童，与儿童互动，思考儿童的工作，并与家长交谈，教师可以了解集体中每个儿童特殊的生活经验、优势、兴趣和学习方法。每个儿童都有自己的发展模式，而立场声明要求针对每个儿童实施发展适宜性教育。儿童的独特性与遗传和经验有关，如儿童生活的环境。教师要支持所有儿童的成长和发展，就必须利用他们知道的每个儿童的一切，包括个人的学习风格、兴趣、个性和气质、能力和不足。这些知识使教师和机构能够充分支持所有儿童的发展，包括残疾或发展迟缓的儿童。对每个儿童做出反应可以防止人们视差异为缺陷。将儿童作为个体来对待是发展适宜性实践的基础。有专家指出，使用"发展适宜性实践"可能会引起一些学校管理人员的戒备，因此，用"差异化教学"代替也一样（Kauerz，2013）。

第三，关于儿童生活的社会和文化背景情况。社会和文化背景包括家庭和社区的价值观、期望和行为，只有理解这些，才能确保学习经验是有意义的、相关的，并且要尊重参与的儿童和他们的家庭（Copple & Bredekamp，2009，pp. 9-10）。

关于发展适宜性实践的第一个立场声明与之后修订版之间的主要区别之一是，修订版更充分地认识到发展和学习中文化背景的作用。在第一份声明中，文化差异性被归为个体差异性的一部分。但目前大家已经意识到个体差异性与群体文化差异性是不同的，也就是说，在相同的时间内，个体儿童的发展既与个人经历有关，又受到所处文化背景中群体共享的行为预期的影响。

文化由价值、规则和行为预期组成，在家庭和社区中或隐或现地代代相传。在当代社会，儿童及其家庭来自不同的文化和语言群体，教师必须对此保持敏感并尊重他们。如果人们认识不到文化背景对儿童发展的重要性，那么儿童的发展将会面临很多问题。

当家庭和学校的要求不一致时，一系列问题会随之产生。当文化或语言差异在学校被当作缺陷而不是长处或能力时，问题也会出现，儿童的自尊心会受到严重的伤害，能力也会被低估。修订版立场声明将文化背景视为儿童保育与教育决策的重要考虑因素，这一点是非常重要的。

设计真正的发展适宜性教育方案必须特别注意 3 个方面的知识：不同年龄发展阶段儿童是如何学习的；每个儿童的能力、个性和需要获得的支持情况；每个儿童的不同文化背景。教师会发现，由于人和物的改变，这一年的

发展适宜性实践强调教师了解文化和家庭对每个儿童的
影响

决策跟上一年会大不相同。因此，一些人担心发展适宜性实践充满局限
性——因为他们担心立场声明会导致统一的方案，使所制订和设计的方案看
起来都一样——事实上这是不可能的。

做出发展适宜性决策时，至关重要的一点就是教师必须持尊重的态度。
这种态度可以使教师自然而然地接受儿童在发展中的差异，而非试图改变他
们或拔苗助长。尊重的态度要求教师能够认识并接受儿童的不同背景和家庭
状况。尊重的态度要求教师和家长在决策前进行沟通，以便更好地促进儿童
的发展。对学习过程的尊重使教师对于儿童以自己的方式和节奏发展充满信
心。尊重的态度要求教师在任何情况下都寻求发展适宜性方案，而不只是随
便找一个可以适用于所有情况的解决办法。对发展过程的尊重使教师在面对
问责时不会感到压力。他们明白在一个发展适宜性实践得到支持的环境中，
好奇心、经验、支持和适宜性指导最终会促进儿童知识和技能的提高。

综上所述，发展适宜性实践是一种基于儿童发展理论做出教育决策的
哲学。专业人士通过研究了解到年龄适宜性的知识，并通过理论学习和自
己的研究发现个体差异性。他们认识到文化也是儿童行为的强有力的决定
因素，因此在决策时将文化差异性也考虑在内。保持尊重是指导教师与儿
童及其家庭互动的原则，旨在寻求促进儿童发展的最佳方案。就发展适宜

性决策而言，了解儿童发展理论本身以及影响儿童发展和学习的相关因素都是至关重要的。

好奇心和经验可以帮助儿童学习新的技能与知识

1-3　儿童发展的 12 个基本原则

发展适宜性实践建立在有关儿童如何发展和如何学习的知识基础之上。所有教师都应该了解儿童 0—8 岁发生了什么变化，怎样才能最好地支持儿童的成长和发展。教师应该不断学习儿童发展课程。在立场声明中，美国幼儿教育协会列出了 12 个基本原则，这些原则来自几十年的研究、学习、理论和实践探索。

原则 1，发展和学习的所有领域——身体、社会性及情感、认知——都很重要，而且彼此密切相关。儿童在一个领域的发展和学习会影响其他领域的发展，并受其他领域的影响。

一个领域的发展能够限制或者促进另一个领域的发展。一个旨在促进儿童发展的课程认为所有领域都同等重要。所有的学习经历——而不是某个独立的技能或内容领域——都在为儿童发展提供机会。只把学习重点放在某一个领域，比如认知领域，势必打乱各个领域的内在联系。制定有关综合课程内容和教学策略的决策时必须将这一原则谨记于心。

原则 2，儿童学习和发展的许多方面都遵循着有据可查的顺序，并以已有的能力、技能和知识为基础。

有关儿童发展的研究表明，存在一种相对稳定并可预测的成长和发展模式，只不过在表现形式和相关的文化意义上具有个体差异。了解典型的发展行为和能力为教师提供了一个框架，这个框架引导教师如何认识儿童的普遍发展模式，如何更好地支持儿童学习并应对挑战。当教师知道具体概念和技能的学习顺序时，就可以做出适宜的课程决策。了解儿童发展次序中每个阶段的价值，也可以帮助教师顶住压力，在打好学习基础以前不提供不适宜经验。拔苗助长式的教育实践将使儿童的发展难以持续，儿童需要时间来按照顺序去经历每个阶段的发展。

原则 3，每个儿童的发展和学习速度都不一样，同时，每个儿童不同领域的发展和学习速度也是不均衡的。

对同龄儿童的发展进行横向比较是不可取的，也是危险的。每个儿童都有自己独特的发展方式和发展速度，众多因素如遗传、身体状况、个性和性格、学习方式、经验和家庭以及文化背景使不同个体具有很大的差异性。只按照年龄群体标准对不同的儿童持僵化的期待，不符合本原则要求——要为具有特殊能力、需求和兴趣的个体提供差异化支持。

每个儿童的发展都是独特的，受遗传、健康、家庭、学习风格和气质的影响

优质幼儿园的特点

美国幼儿教育协会列出了优质幼儿园的以下特点。仔细思考它们与本章讨论的发展适宜性实践原则的关系。

1. 儿童的大部分时间都在和材料互动，与其他儿童玩耍或工作。他们不会漫无目的地游荡，也不会被要求长时间静坐。

2. 儿童全天都可以参加各种各样的活动，玩各种各样的建构材料，使用假装游戏道具、颜料和其他艺术材料，玩桌面玩具，看书。不要求儿童在同一时间做同一件事。

3. 教师在一天的不同时间分别开展个体、小组和大组活动。他们不会把所有的时间都花在团体活动上。

4. 教室里装饰有儿童的原创作品，如儿童发明的拼写，儿童口授、教师记录的故事。

5. 儿童在日常生活中学习数字和字母，认识自然世界，开展有意义的活动，如制作或享用零食，为学习活动积累经验。

6. 儿童热衷于参与项目，有大段时间（至少一个小时）用于游戏和探索。尽可能少使用工作单。

7. 儿童每天都有机会在户外玩。从来不会为了有更多的教学时间而牺牲户外游戏时间。

8. 教师每天都与儿童进行一对一阅读或进行小组阅读，而不仅是集体讲故事。

9. 课程可以为那些领先的以及需要额外帮助的人而调整。教师认识到，儿童不同的背景和经历意味着他们不能在同一时间以相同的方式学习相同的东西。

10. 儿童及其父母都期待着上幼儿园。父母对送子女入园感到放心。儿童很乐意上幼儿园，不会经常哭，也不常生病。

原则 4，发展和学习是生物成熟与经验动态、持续相互作用的结果。

发展是成长中的儿童与所处的社会和物质环境相互作用的结果。例如，个体身体潜力的发挥可能会受到早期营养的影响。遗传塑造了人的性格，并通过与他人的互动逐渐稳定。这不是先天与后天竞争——而是先天与后天一起作用。

原则 5，早期的经验对于儿童个体来说，既有累积的效应，也有延时的效应。不同类型的发展和学习都存在最佳发展期。

儿童的早期经验，不管是积极的还是消极的，都具有累积效应，都会对儿童以后的发展产生影响。例如儿童通过和同伴游戏获得的社会交往经验会帮助他们发展社会交往技能和自信。这将使他们在进入小学后比那些没有在同伴交往中形成早期经验的儿童更有自信，并且在小组学习的情况下表现得更加自如。幼年时期是某些学习的最佳时期，我们需要充分利用这段时间。例如神经生物学的研究表明，人生最初几年的社会和感觉经验对大脑发展有积极作用，对儿童的学习有持续性影响。

原则 6，发展朝着更复杂、更自主和更抽象的方向进行。

儿童的发展变得越来越复杂，包括语言、身体运动、问题解决、社会交往以及其他各个领域的发展。儿童早期的学习是从肢体动作、感觉运动向象征性知识发展的。根据这一规律，教师可以通过提供一系列一手经验拓展儿童行为知识，并通过提供媒介和活动材料等帮助儿童掌握符号，加深对概念的理解。

原则 7，当儿童与给予反馈的成人建立安全且稳定的关系，并有机会与同龄人建立积极的关系时，他们的发展最好。

与有责任心的成年人建立温暖滋养的关系是必要的。对父母和主要照料者的依恋与语言和沟通、自我调节、合作、同伴关系和积极自我概念等方面的发展呈正相关。社会性和情感能力是以后在学校中取得成功的必要条件。

原则 8，多种文化和社会环境可以产生发展和学习，发展和学习受到多种社会和文化环境的影响。

只有了解儿童的家庭背景、学校背景和社会背景，才能更好地理解儿童的发展。这些背景是相互关联的，并且都影响着儿童的成长。如果得到尊重和支持，儿童就能在多种背景下进行学习。儿童应该在积累新的文化和语言经验的同时不放弃他最初的任何东西。最新理论告诉我们，一旦儿童的母语文化在幼年时期得不到尊重与加强，儿童的发展将失去重要活力。

原则9，在寻求理解周围世界的过程中，儿童的思维总是活跃的，学习的方式多种多样；广泛的教学策略和互动可以有效地支持所有儿童的学习。

发展适宜性实践的关键原则是以皮亚杰和维果斯基的理论及与之相关的后续研究为基础的，这些理论将在本书的后面部分呈现。他们认为智力的发展是一个建构的过程，通过与人、材料和经验的互动发生。儿童通过家庭成员、教师、同龄人和大一点的儿童以及无处不在的媒体了解世界。

当儿童形成并验证他们自己关于世界如何运转的假设时，他们的思维过程和心理结构也在不断调整。适宜的教育会创造一个能够为其提供所需材料和交互作用的环境。教师应支持儿童的主动学习，让儿童自己建构知识，尽可能少进行直接教学。

知识是通过与人、材料和经验的互动而构建的

原则10，游戏是发展自我调节能力以及语言、认知和社会能力的重要工具。

游戏是儿童积极构建他们对世界的认识的最佳环境。游戏"允许儿童的想象力、语言、互动和自我调节能力最大限度地扩展，并锻炼他们新获得的技能"（Copple & Bredekamp，2009，p. 18）。立场声明继续表示，研究表明游戏与基础能力，如记忆、自我调节、口头语言能力、社交技能以及学业成就之间存在联系。

全面理解游戏是什么以及它如何支持与推动儿童的整体发展是发展适宜性实践的一个重要方面，具体内容我们将在第 2 章全面展开。

原则 11，当儿童在略超出其目前掌握的水平上受到挑战，并有许多机会练习新获得的技能时，就会获得发展。

儿童能把自己看作成功的学习者，是因为他们在大多数实践中取得了成功。因此，教师的一个重要任务就是充分了解儿童的发展能力和兴趣，并呈现与他们能力和兴趣相匹配的课程，为他们设定有挑战性的、可实现的目标。此外，儿童能够完成略超出他们现有能力的学习任务，尤其是有了成人的支持，并与更有能力的同伴协作，能促进儿童发展到更为复杂的技能和知识水平，就像搭脚手架一样。我们将在后面的内容中对这一发展过程进行更多的讨论。

原则 12，儿童的经历塑造了他们的动机和学习方法，如坚持性、主动性和灵活性；反过来，这些性格和行为又会影响他们的学习与发展。

学习方法已被确定为入学准备的一个方面。这里强调的是"如何"学习而不是学习"什么"，涉及儿童的感受，如学习的快乐和热情，以及他们在学习中的行为，包括坚持性、灵活性、专注程度和自我调节能力。儿童的家庭经历和早期教育课程会影响他们的学习。教师也可以施加影响，通过加强与儿童的关系，与他们的家庭一起工作，并选择有效的课程和教学方法。

对上述 12 条原则进行认真研究，可以发现它们之间的相互关系。当教师在实践中进行决策时，这些原则将发挥重要的影响。在实践中，需要重点阐明的是：任何事情都不是非此即彼的，如不是儿童自发就一定是教师主导，不是过程导向就一定是结果导向。变化并不意味着绝对好或坏。发展适宜性实践要求我们寻找一种平衡，包括让每位教师都能感到与个人经验和价值观的平衡。许多课程方案都处于两极之间的连续体上的一点。有些部分是发展适宜性的，有些可能就不够适宜。发展适宜性实践的目的是考核教育方案的所有方面，以支持儿童的全面发展。

发展适宜性实践支持儿童全面健康发展

发展适宜性实践的当前话题

发展适宜性实践的不确定性

我们是否总是能确定当下的实践适合儿童的发展？

布里德坎普等在有关发展适宜性实践的一篇文章中，请教师考虑以下哪一个说法描述的是发展适宜性实践：

- 为 3 岁儿童提供持续 30 分钟的活动，其间儿童大多数时候在听教师讲课；
- 一位教师为一组 4 岁儿童阅读图画书；
- 在 1 小时自由活动时间中，儿童堆积木、玩桌面玩具、穿衣服等；
- 为小学二年级学生上数学课，教师站在黑板边教。

　　许多教师很容易就指出大声读故事书和自由活动时间属于发展适宜性实践，并对让3岁儿童长时间听讲和上集体数学课的适宜性提出质疑。但文章后面的更多信息使大多数教师改变了最初的看法。文章中提到长时间的听讲活动是为一些生活于边远地区的美国原住民社区的儿童提供的，教授者是他们社区中的成员。他们的文化认为相互帮助的价值高于独立的价值，并且他们希望儿童通过观察和非语言性交流进行学习。这位经验丰富的教师正在帮助儿童发展有价值的技能，因此，这个活动具有文化适宜性，因而也是发展适宜性的。此外，阅读故事书的背景信息显示大部分儿童的母语是西班牙语，而教师却在阅读一本儿童听不懂的英语字母书，尤其是其中还有一位听力受损儿童，但却没有任何人为他解释书的内容。教师过了很长时间才意识到儿童心不在焉。显然，这说明教师缺乏关于如何指导儿童学习第二语言的知识。

　　同样，自由游戏活动虽然提供了活动材料，却连续6个月没有更换，儿童不是开小差就是玩一成不变的游戏。教师扮演了一个消极的角色，只是纠正儿童的错误行为并按照昨天的日程表工作。现在这也可以被视为不适宜的实践，因为教师忽视了儿童学习的互动性。

　　全班集体上数学课之前，孩子们花了一个星期的时间，通过数学教具学习数学概念，并主动以合作的方式解决难题，因此，集体的数学课是帮助儿童学习数学概念的一种发展适宜性的方式。所以，判断是否发展适宜需要复杂的思考，涉及许多因素和知识。相对于快速地做出判断，"'我如何知道特定的活动是否适合发展？'的答案总是以'看情况而定'开头"（Copple & Bredekamp，2009，p.47）。发展适宜性实践并非一个狭义的关于做什么或不做什么的处方，它是为特定背景下的特定儿童选定发展适宜性行动方案。

在立场声明所包含的例子中，许多与发展不适宜的做法都与直接教学学业技能有关，仅侧重认知发展。"学业"指的是"一种正式的学习，将知识去语境化，并将其作为一种有组织、按顺序来获取的商品"（Cooper，2009，p.17）。布里德坎普等注意到，"（立场声明的）目的是拓展课程和教学实践，并将孤立地关注学业技能和练习的方式转变为指导的方式"（Bredekamp & Rosegrant，1992，p.4）。对适宜/不适宜的讨论的关键点可能在于对以下 3 个问题的不同回答：

- 处于这个年龄的儿童怎样学习最有效？
- 处于这个年龄的儿童最应该学习什么（无论他们是在哪个幼儿园还是在家里）？
- 儿童在学前期的学业技能学习经验与发展适宜性课程学习经验分别会对他将来的小学生活、青春期生活和成年以后的生活有怎样的影响？（Greenberg，1990，p.75）

大家普遍认为以下做法适宜儿童发展：

- 课程吸引儿童；
- 游戏丰富并得到教师支持；
- 综合课程；
- 允许儿童自主选择；
- 教师有意图地做出决策，安排学习经验；
- 教师调整课程和教学策略，以帮助每个儿童取得最佳进步。

大家普遍认为以下做法不适宜儿童发展：

- 高度控制，尤其是时间表不灵活；
- 严重依赖集体教学；
- 课程零散，没有与儿童建立有意义的联系；
- 严格遵守课程，不考虑儿童的反应；
- 关注点窄，如只关注读写和数学教学；
- 要求非常规范，并为实现这些要求制定严格时间表。（Copple & Bredekamp，2008）

多样性考虑

文化意识的重要性

在21世纪，传统上被低估的群体——通常被称为少数群体——将成为美国新的多数群体。随着家庭变得更加多样化，专业人员必须准备好满足他们独特的需求。

对专业人员的培养必须包含跨文化有效沟通所需要的态度和技能。

1-4　发展适宜性实践与非发展适宜性实践的结果

为什么许多早期教育工作者都认为对发展适宜性实践进行描述至为关键，并认为这样可以使更多教师践行发展适宜性实践呢？答案首先在于 4 个重要领域的发展：自尊心、自控力、抗压力和学业学习。

1-4a　自尊心

当儿童能够掌握生活中的新经历和挑战时，他们的自尊心就会增强。

这里的关键概念是胜任。当成人让儿童进行超出他们发展水平的学习时，失败就成为必然。当儿童不能胜任某项任务时，儿童并不能判断出其实是成人为他们选择的学习方式或任务错了。儿童只是感觉到这种学习对他们而言陌生而困难，他们无法达到成人的标准。一个儿童由于无法在教师讲课时保持静坐不动而引起教师的不满，而教师的不满伤害了这个儿童的

当儿童完成有意义的活动时，自尊心就会增强

自尊心。他因为不能完成指定的任务而一遍又一遍地被教师叫停，这会伤害他的自尊心。以学业为重的课程方案往往强调的是对狭义认知技能的掌握，会对儿童形成一种暗示，即其他领域的学习是没有价值的。"让儿童过早学习学业技能的另一个风险是使那些未能掌握学习内容并完成任务的儿童感觉力不从心。"（Katz，1988，p. 30）这些消极经验会影响儿童自尊心的发展。

1-4b　自控力

随着儿童认知能力的成熟，他们越来越能够按照成人的指导支配自己的行为。如果成人主要使用武断、强制性的策略来训导儿童，那么儿童就没有机会学习如何控制情绪，也没有机会逐渐将他们需要掌握的信息内化为自己的能力。这些儿童过多地受到了外部力量的控制，以至于他们不仅自尊心受到伤害（"我无论做什么都不能让老师和爸爸妈妈高兴"），自我控制能力也得不到发展（"我要拼命去做这件事，我知道他们迟早都会阻止我，并让我付出代价"）。

期望婴儿理解他人的需求或控制自己的冲动是不适宜的

所有的教师都认为需要用纪律对儿童的行为和冲动进行限制。发展适宜性实践与不适宜的实践，或者与那些有可能最终实现自我控制的策略（相对于只是暂时阻止错误行为的做法）的区别，在于教师选择的方法与他们对儿童学习能力的了解的符合程度。当教师不了解儿童在语言表达、认知推理、判断或者去自我中心方面的能力和局限时，他们很可能就会使用强制性的训导了。例如当教师对学步儿不愿意分享的行为感到恼火时，他们注意不到儿童的真实本性——学步儿确实无法理解和内化"他人的权利"概念，也无法控制自己的冲动。

伊普西兰蒂研究（The Ypsilanti Study）：
对自尊心和自控力的影响

戴维·韦卡特和他的同事发表的研究报告，强调了发展适宜性课程对儿童自尊心和自我控制能力的影响（Berreuta-Clement et al.，1984；Schweinhart，Weikart，& Larner，1986；Schweinhart & Weikart，1993，1997；Schweinhart et al.，2005）。

该研究的目的是评估高质量的早期教育项目是否对贫困儿童和面临学业失败风险的儿童既有短期效果，也有长期效果。

该研究在密歇根州的伊普西兰蒂进行，追踪调查了3组参加不同早期教育方案的儿童从离开幼儿园直到他们40岁为止的情况。3个组采用不同的教育方法和实践：第一组是对处境不利儿童进行直接指导，"教师按照研究要求直接教儿童学业技能，强制他们集中注意力，并对正确回答老师问题的儿童予以奖励"（Schweinhart & Weikart，1997，p.9），现在这被称为"数学和阅读直接教学系统"（Direct Instruction System for Teaching Arithmetic and Reading，DISTAR）。第二组采用传统的幼儿园课程，鼓励儿童积极参与围绕主题开展的自主游戏，这些主题包括社区、四季、假期等，在一种社会性的支持氛围中，教师对儿童的需求和兴趣做出回应。第三组是采用开放的教学模式，即高瞻课程，在这一组，教师和儿童结合多种兴趣共同设计学习活动，教师以开放式问答的方式引导儿童主动学习关键发展指标，采用计划—工作—回顾的模式。后两组都包含了社会性知识和学业技能的内容，并且都要求儿童主动学习（Schweinhart，1988）。

尽管这项研究招收的被试儿童数量相对较少，但其研究结果却被认为颇具启发意义。

该研究最初发现，所有参加过任一早期教育项目的儿童的智力分数都有巨大的提高，远远胜过没有接受过早期教育的儿童，而且随着时间的推移，这一差距在他们10岁时进一步扩大，由此可以得出结论：参与任何高质量的早期教育项目都会使处境不利儿童的教育经历发生重大的变化。研究者在被试19岁、27岁和40岁时都将其与控制组进行了对比（Schweinhart & Weikart，1993，1997；Schweinhart et al.，2005）。研究发现，比起没参与过任何一种早期教育项目的人，接受过早期教育项目的人更有可能从高中毕业，接受高等教育，找到工作。这种差距在15岁及之后更加明显，参加注重儿童自主性项目的儿童在社会性能力和责任感方面比参加直接教学项目的儿童发展更快。前者很少有接受特殊教育、犯罪、青春期怀孕或是领取救济金的情况出现（Schweinhart & Weikart，1997）。在23岁和40岁时，参加了以儿童为中心的项目的人接受了更高的教育，挣到了更多的薪水，更可能拥有属于自己的房子、第二辆车，已婚的也更多，接受显然更少的社会服务，很少有被逮捕的，更有可能参加社区志愿者工作。参加直接教学项目组的人表现出更多的反社会的性格和行为，包括犯重罪被逮捕，犯金融罪，行为不轨，失业，接受情绪障碍和干扰治疗（Schweinhart & Weikart，1997，p.9）。

这些显著的不同表明：自己拥有选择机会、建立对学习的信心、逐渐发展自我控制能力的儿童会收获良多。

将儿童经验与在学校和社区中取得更大成功联系起来的，似乎是使儿童能够与他人和任务积极互动的性格。这既不是基于智力表现，也不是基于学业知识。正是特定个人和社会态度的发展，使高质量的早期教育项目能够显著影响参与者成年后的表现（Schweinhart & Weikart，1993，p.11-12）。

根据这一发现，研究者得出结论：一个高质量的早期教育课程必须有大量由儿童发起的学习活动。这正是发展适宜性实践所建议的：让儿童发展决策、规划以及与其他儿童及教师相处的技能与素质。这种想法后来体现在高瞻课程方案中。

这些结果令人质疑让4岁的儿童接受正式教育的可行性，特别是侧重教师指导的课程，可能不是提高弱势儿童成功机会的最佳途径。要克服通往成功的障碍，弱势儿童必须有机会规划自己的道路。他们必须为自己学习，遵循自己的计划，并评估结果（Schweinhart，Weikart，& Larner，1986）。

研究结果显示，参加发展适宜性课程的儿童——这些儿童自己制订计划，自己发起活动，自己对活动负责——发展了终身学

在高瞻课程中，儿童有机会做出选择，并在学习中建立自尊

习的特质，"有主动性、好奇心、信任、信心、独立性、责任心和发散性思维"（Schweinhart & Weikart，1993，p. 12）。而接受直接教学、在成人限定目标和范围下学习的儿童，对自己、对教育或整个社区毫无兴趣（Schweinhart，1988）。

发展适宜性原则认识到发展的局限性，并将儿童引向更为积极的替代方案。然后，当儿童能够意识到其他人也像他一样喜欢玩那个玩具时，他就会被鼓励去寻找一个解决方案——轮流使用或合作使用。这样的教育方法使成年人成为儿童的促进者和引导者，而不是管理儿童的所有行为。只有当儿童能够理解并体验到为什么以某种方式做事是可取的，而不是被成年人简单地阻止时，他们的自我控制能力才能提高。

有关研究揭示了不适宜的惩戒措施对儿童后期行为的不良影响。小学一年级教师观察发现，与来自发展适宜性幼儿园的儿童相比，那些来自非发展

适宜性幼儿园的儿童较多敌意和攻击性，更易担心和害怕，更易兴奋和分心（Hart，1991）。发展适宜性幼儿园的儿童比非适宜性幼儿园的儿童更加善于合作。

学会做出正确的选择是自控力的一个重要组成部分。为儿童提供信息且支持儿童选择的环境和互动对健康的自我控制至关重要。

1-4c 抗压力

当代一些儿童心理学家认为，儿童被催促快快长大，由此带来的压力使儿童正处于危险中（Elkind，1988，2006）。催促儿童快快长大的方式有很多，包括提早进行竞争性运动，提早学习专业课程，提早面对成人世界的快速变化，以及承受着压力的家庭（比如离异和单亲家庭）中不断增加的情绪和身体问题。较早地在早期教育中引入学业知识是本书主要关注的"催促"方式之一。

当通过正规教学对儿童提出额外和不适宜的要求时，压力就成为一个普遍的危险。当儿童被要求学习与他们天然学习风格相悖的内容时，他们就会经历主观意愿与成人强加的期望之间的冲突。克制天性以赢得成人的赞许，要求儿童竭尽全力来抑制和控制他们的行为。比如 5 岁男孩不能按照教师要求的那样坐着听，或 18 个月大的学步儿每爬一下就被挪回去，这就是真正的压力。

一些研究证实非发展适宜性的环境对儿童施加了越来越多的压力。与发展适宜性教室中的儿童相比，非发展适宜性教室中的儿童明显表现出更多的压力行为，男孩更为明显（Sprung，Froschl，& Gropper，2010）。研究发现对早期儿童最具压力的活动是作业、等待及过渡活动（Durland et al.，1992）。无论是在发展适宜性教室，还是在非发展适宜性教室，少数族裔儿童和较低社会经济背景的儿童都表现出更多的压力行为（Burts et al.，1992；Charlesworth，1998a）。然而，当使用发展适宜性的全语言教学法教社会经济地位较低的非洲裔美国儿童读写时，他们的进步极为迅速，相应地，压力行为爆发频率减少（Sprung，Froschl，& Gropper，2010）。

为了了解非发展适宜性实践对统一的学习方式或时间的期望是如何将

儿童置于不必要的压力之下的，我们来看一看以下发生在太多的早期教育环境中的场景。观察学步儿在无法按教师要求静坐不动时所感受到的严重挫败感。想象当一个 4 岁儿童很想模仿教师的完美示范而无能为力时的焦虑。想象当一个 6 岁儿童只是因为不能区分字母而不能连贯地读课文，教师一次次纠正他时他所感到的羞愧和受到的打击。对失败的恐惧会让人无法承受，如果教师学习了什么是发展适宜性实践，就会发现哪些是不必要的冒险。

过早的学业期待可能会给儿童带来压力

1-4d 学业学习

儿童在后来的学业学习中的收益，能证明提早让儿童学习学业知识是值得的吗？事实上，被要求使用不适宜他们发展阶段的方法进行学习的儿童可能会早早地在教育上走上岔路。

当然，儿童可以成功地获得初步的阅读技能；然而，这种早期成就的风险在于，教学中考虑到在早期取得成功需要大量练习和实践，儿童的阅读能力被削弱。……可悲的是，在幼儿园里看到的是儿童愿意做这么多与他们年龄无关、无聊的事情，而到了二年级时就发现其中很多人对这些事情感到厌

烦。儿童没有获得相应的性格或技能。各级教育工作者面临的挑战是帮助学习者获得技能，加强良好的性格。（Katz，1988）

戴维·埃尔金德（David Elkind）指出了解和理解之间的真正区别。他认为，许多早期的学业学习只允许儿童获得表面知识，如学习识读单词，而不理解音的组成（Elkind，2012）。由于基础学习的重点是理解，早期引入学业可能不利于学习者日后的成功。

一个真正的危险就是这些儿童可能会习得性无助，也就是说，他们可能变得只依赖于教师组织的学习，而不是自发的学习——提出问题并自己解决问题的学习。因此，儿童学习的内驱力可能会遭到严重破坏（Elkind，1987b）。

事实上，一些证据显示，推迟而不是提前学习抽象学科知识更有积极效果，而且明确显示没有任何不利影响。对比一年级学生的阅读分数发现，来自非发展适宜性学前班儿童的分数比来自发展适宜性学前班的要低（Burts et al.，1992）。测验分数的差异并不能证明接受非发展适宜性实践的儿童所承受压力的合理性（Burts，Charlesworth，& Fleege，1991）。在一年级和二年级结束时，发展适宜性学前班与非发展适宜性学前班的平均分没有什么不同（Verma，1992）。其他研究都证实了发展适宜性实践中的儿童所获得的长远的学业收益。

一个值得关注的影响是，过早接触学业知识实际上会有损后来的成功，而推迟接触是有益的。丽莲·凯茨（Lillian Katz）的话可能是值得留意的："没有令人信服的证据表明从长远来看早期学业教学能够保证日后的学业成功，但有理由相信它可能会适得其反。"（1988）

1-5　对发展适宜性实践的误解

发展适宜性实践在推行中遭遇某些阻力和抵制是由于人们对其存在误解。之所以会造成这种误解，一方面是由于对儿童发展理论没有透彻了解，另一方面是因为当早期教育工作者在对发展适宜性实践的含义进行研究时，他们没有持有开放的态度，而是简单地认为实践标准是固定的、不变的。然而，不管其产生的根源是什么，这些误解都对人们接受发展适宜性实践造成了障碍。在我们试图理解发展适宜性的本质时，认识到这种困惑是很重要的。想要提倡发展适宜性实践，教师需要能够自如地解释为什么这些是误解，不是真相。

误解 1，发展适宜性实践只有一种正确方式。

这一不正确的界定让人误以为发展适宜性实践就等同于某一种课程。布里德坎普等认为这种错误理解来源于 1987 年版的立场声明，该声明将适宜性实践和非适宜性实践放在一起对比，使它们看起来像是相反的两极而并非一个连续体中的不同阶段。显然，误认为"只有一种正确方式"恰恰与回应独特性的意图相矛盾，后者强调的是有意为之的教师策略，旨在评估个人的需求和兴趣。

有些儿童将比其他儿童更需要成人指导、直接教学。经验有限的儿童、已有基础知识技能相对少的儿童以及来自不同语言和文化背景的儿童，需要教师不断调整教学策略，知道在特定的时间怎样做才是最好的。

某一课程如果需要进行专门设计以符合特定人群需要，那么就会和其他课程大不相同，但二者可能都是发展适宜性的。主要为居住在大城市的白人儿童服务的课程，与为居住在偏远乡村的西班牙裔农民家庭和外来务工人员

有些儿童可能需要比其他人更多的支持或直接指导，这取决于他们的经验

的儿童服务的课程，两者所提供的课程是不同的。教室中的儿童不会同时参与一个活动，这是因为他们有不同的学习方式和学习速度、能力和兴趣、需求和经验。信奉发展适宜性实践的教师会在特定的时间为这些特别的儿童寻求最佳的答案，而不是唯一正确的答案。

误解 2，发展适宜性课堂/教室是非结构化的。

当一些人听说在开展发展适宜性实践的教室中，教师对所有的教和学活动都不进行直接控制，他们就很担心教室里会一团糟。每个发展适宜性教室都是结构化的，只不过这种结构化不像在完全由教师主导的教室中那么显而易见。

结构化涉及教师为达到教学目的，规划教学设计，精心安排空间、时间、活动材料和互动。正如我们将在本书后面部分讨论的，在发展适宜性教室中，儿童自发的活动和教师主导的活动实现了平衡。

有目的的计划和有意的互动支持着儿童在各个领域的发展。儿童主动地参加并影响着课程计划，做出自己的选择，但这肯定是在教师掌控的范围内。偶尔来教室参观的人可能无法看到其背后的组织、计划和评估，看不出儿童是通过主动参与在学习。尽管发展适宜性教室中有多样化的活动和游戏，但它并不是杂乱无章和漫无目的的。

误解 3，在发展适宜性教室中，教师很少教甚至完全不教。

这种错误认识又一次围于如下观点：教师只通过指挥和控制教室中所有的学习活动来进行教学，包括指导、布置作业和纠正错误。这种误解隐含的意思就是说，在发展适宜性教室中，教师只是一个被动的观察者，他们并不真正地做很多工作去促进儿童的学习。

教师使用多种教学策略。如他们用一些策略——观察、设计、计划、安排和组织——创造了一个无形的结构化环境，以支持儿童的学习活动。他们还有一些策略隐含在与儿童的互动中。当儿童忙于游戏时，教师在一边评论、提问和建议，并提供信息和材料。教师们示范、质疑并帮助儿童改变他们的目标。

教师与儿童一起参与学习活动，帮助儿童通过努力达到更高水平。教师帮助儿童成立小组或寻找合作伙伴，使儿童在小组中能够互相支持、扩充知识。教师会在必要时通过直接指导和讲解促进儿童的学习。他们会安排小组学习，也会安排大组活动。教师发现如果他们总开口说话，儿童就不会学习。只有在观察中发现干预能够促进儿童的学习时，他们才会进行干预。发展适宜性教室中的教师通过大量直接或间接的教学策略促进儿童的主动学习。

当儿童忙于游戏时，教师在一边评论、提问，并提供信息和材料

误解4，发展适宜性课程不包括学业性学习内容，即一般被认为正规的阅读、书写和算术。

这个错误理解源自以下两种观点：一是认为没有接受过早期学业训练的儿童在以后的学习生涯中难以达到预期水平，二是认为儿童还没有为接受学业学习做好准备。两种观点都忽略了实质问题，即儿童在操作材料时学习，兴趣自然而然地将他们带入了与读写算有关的活动和科学探究："再读一遍！""那是什么意思？""我需要两块空地放桌子！""蒂米拿得太多了，我才拿了一个！"

儿童的兴趣是幼儿园学业教学的依据，并且促使儿童在小学阶段继续学习这些技能。因此，"学业学习是非发展适宜性的"这种说法过于简单化了。进一步来说，以单一的技能发展为重点，强调教师集体教学和抽象练习的教学策略，都不适合儿童。在发展适宜性教室中，学业内容和教室中的其他学习经验整合在一起，许多传统的教师主导的教学模式常用于年龄稍大的儿童。

日常阅读为以后的理解奠定了基础

戴维·埃尔金德的评论很中肯。

　　发展性的教育方法并不否认这些知识的重要性。这两种方法的区别在于孰先孰后。……从发展的角度来看，好奇心、主动性的发展必须先于特定信息的获取。……简单地说，发展性方法的目的是培养出"想知道什么"的学生，而心理计量学方法的目的是培养出"知道我们想要什么"的学生。(Elkind，1989)

　　正如莉莲·凯茨提醒我们的那样，我们希望儿童不仅是学会读写，我们希望他们以能使他们成为终身读者和作者的方式学习。如果我们强迫他们学习这些技能，而不是让他们从自发的兴趣和能力出发，长远来看，我们可能会让他们未来无法享受学习的快乐。

　　在关于发展适宜性实践的争论中，沃尔什（Walsh）指出问题并不是因为发生在学前班或幼儿园就不好，而是因为许多这样的做法对任何儿童都不合适。问题不在于幼儿园看起来像一年级，问题在于幼儿园和一年级（以及二年级和三年级）应该是什么样子（1989，p. 389）。

　　具有讽刺意味的是，当儿童被鉴定为"没准备好"入读严格的学业型学前班或小学一年级时，他们通常会被送到注重儿童主动性、实践性学习经验的"发展性"学前班或"过渡班"。发展适宜性实践被提供给了这些在缺乏适宜性的传统学习机构中"失败"的儿童。

　　误解 5，发展适宜性课程只对特定人群有效果。

　　受益于发展适宜性实践的人群"通常被认为是白人的、中产阶级家庭的儿童"（Bredekamp & Rosegrant，1992，p. 5）。这种观点意味着其他种族、文化或社会经济背景的儿童，或者有特殊需要的儿童，不会在发展适宜性课程中得到很好的服务。许多专家为社会经济地位较低的儿童设计了干预方案，他们觉得为消除学前阶段因缺少早期经验和启蒙而产生的不利影响，直接指导儿童的学业学习是基本手段。数学和阅读直接教学系统在很大程度上是按照既定的课程计划练习、死记硬背。

　　其他持反对意见的人，尤其是戴维·埃尔金德和戴维·韦卡特，认为数学和阅读直接教学系统对大多数来自各种社会经济背景的儿童来说都是不适宜的。

　　该教学系统对处境不利的儿童带来的不利影响更大，因为会让他们养成死记硬背的习惯，这可能会对他们以后的生活造成伤害。正如皮亚杰指出的那样，儿童通过操作环境来学习，而一个良好的早期教育项目会创设环境，使儿童能充分利用。该教学系统还限制了儿童的学习风格。（Shell，1989）

　　从长远来看，直接教学组的表现不如研究中的其他两个课程组。……直接教学侧重于学业目标，而不是儿童计划或社会目标，而且这种策略似乎并不符合它所服务的儿童的最大利益。（Schweinhart & Weikart，1997）

　　很多早期教育专业人士不确定直接教学和发展适宜性实践哪个更好。

　　许多（少数群体儿童）家长也认为，在发展适宜性的课堂上，非说教性的和由儿童发起的活动对他们孩子的成功是有害的。这些家长认为，与非正式课堂所特有的"游手好闲"的特点相比，用作业单和其他能证明信息和技能的材料更合适。

雷娜塔·库珀（Renata Cooper）表明了非洲裔美国人群体的态度，即"考虑到我们的经济和社会现实情况，我们的孩子在学校中没有时间玩游戏"（Lakin，1996，p. 10）。

从事特殊教育的教师和有特殊需要儿童的家长表达了相同的观点，认为特殊需要儿童需要尽可能接受直接指导和教学。

根据发展适宜性实践的基本原则，课程、环境以及针对个体需要和能力的策略需要进行调整以适合每个儿童，无论儿童经验或能力如何。由于不存在针对教室中所有儿童的统一标准，特殊需要儿童或拥有特定文化背景的儿童就不会那么害怕失败，也因此能够更加顺利、轻松地成长。在发展适宜性教室中，每个人都可以按照自己的速度和方式学习。2014 年，纽约市的学校系统验证了这种方法，为该市的贫困儿童开设了学前课程，使用浸入式、游戏式和项目驱动式学习方法（Bellafante，2014）。

此外，立场声明更加明确地指出，教育方案必须对其服务的儿童的文化差异性做出回应。教育方案必须适合所有儿童的需要、兴趣、语言和遗传特征。那些批评发展适宜性实践的人不承认文化价值观和经历的差异，他们似乎没有理解发展适宜性实践的一个重要方面就是儿童个人文化历史背景和教室环境之间的关系。如果文化得到认真对待，如果教师真正做到与家长和社区成员共同决定如何教育与照顾他们的孩子，那么教育方案的指导思想和设计都必然会有显著的不同。

在接下来对发展适宜性实践的讨论中很重要的一点是，我们谁都不能掉入如下陷阱，即相信我们知道哪种教育方式对儿童是最好的（Delpit，2006），或代表主流文化压制其他不打算融入甚至不曾意识到主流文化的人的观点。

开展发展适宜性实践的教师必须使他们的教室适宜每个儿童，并得到每个家长的支持。

在发展适宜性教室中，每个人都可以按照自己的速度和方式学习

家园交流

理解发展适宜性实践

亲爱的家长朋友：

　　我们收到了一些关于课程的问题，有些家长担心孩子能否为未来上学做好准备。

　　我们就此进行对话吧，因为这无疑是我们共同关心的问题。我们的课程受到我们对发展适宜性实践的理解的影响。发展适宜性实践鼓励我们将决策建立在知识的三个组成部分之上。首先是一般的儿童发展知识和理论——知道特定年龄的儿童通常能做什么以及他们如何学习。其次是个体知识——了解每个独特的儿童能做什么，具有什么兴趣、学习风格、需求和特征。这是我们通过观察、与您和您的孩子的对话了解到的。最后是对儿童生活的特定社会和文化环境的理解。同样，我们是从您那里了解到的。因此，我们今年的课程可能与其他学校不同，甚至与平行班不同。我们可以共同创造最符合您孩子需求的课堂学习环境，确保他们取得成功。

　　感谢您的提问，欢迎保持沟通。

××老师

误解 6，在发展适宜性的教室中，没有任何方法能辨别儿童是否在学习。

这种观点认为在发展适宜性教室中，测试儿童兴趣保持时间的方法绝不是传统易于应用的技巧。问责的压力将标准化测试带给了儿童。即使是最小的儿童也会经常面对突然袭击的小测验（"这是什么颜色？" "我有几个球？"）。我们并不能像测验儿童在认知方面的成就一样，随意地对儿童在各个领域的学习进行测量。儿童对世界、物以及人的理解是通过操作和互动方式的不断复杂化体现出来的。他们的语言、问题和专注程度表现出了他们的发展。发展适宜性教室中教学的精髓在于：不间断地观察儿童游戏、语言、互动以及借助读写等方式交流的能力。当教师做了专门的观察记录后，他们就能识别每个儿童的成长及变化模式。

教师的观察记录是为儿童设定进一步挑战的基础。这些观察记录也回答了成人有关学习的疑问。那些尊重儿童先天能力和自主探究渴望的教师都有着这样的信念，即儿童将在一个回应性的环境中获得发展。他们认为对儿童进行观察是实践这种信念的一种具体方式。

教师观察游戏中的儿童，思考如何最好地支持他们的学习

误解 7，只要有特定种类的玩具和材料就能进行发展适宜性实践。

这不仅是一种谬论，还是对重要观点的粗暴简化。当一些教育机构因为购买了蒙台梭利教具就把他们的课程称作蒙台梭利课程时，他们也犯了同样的错误。没有对教育理念的透彻理解和基本掌握，这些玩具只不过是教室中的材料而已。事实在于，材料是积极的学习环境中的重要组成部分，发展适宜性实践对学习活动中出现太多的纸笔活动颇为在意。发展适宜性教室中的教师认为，实践以及与材料的互动，帮助儿童建构感知运动的、前运算的和具体的概念。因此，在儿童的学习环境中，他们需要花费大量的时间和精力来精心选择玩具与材料。由于儿童需要的是无论处于何种能力水平都能够成功操作的材料，因此发展适宜性教室中的许多玩具都是开放式的，这些开放式玩具的使用方式也是多种多样的。除此之外，活动材料还包括传统玩具（如积木、书）和来自真实世界的材料（如水、沙子、成人服饰、厨房用具和古老的钟表）。判断发展适宜性教室中的材料的标准是：支持某种学习兴趣或目的。

误解 8，发展适宜性实践没有具体目标或最终目的。

这种观点认为，在发展适宜性教室中，儿童自己决定他们将要学习什么以及如何学习，这是对"以儿童为中心"这句话的错误理解——把以儿童为中心解释为由儿童做决定，由儿童支配或纵容儿童，更准确的理解应该是"敏锐感知儿童"（Bredekamp & Rosegrant，1992）。尽管限于学业技能的学习已经遭到了美国幼儿教育协会的反对，并被视为非适宜性发展实践，但是发展适宜性实践也是有具体目标和最终目的的。"所有有效的教育方案都明确地表明了它们的目标（或成果），教师的规划与他们和儿童一起开展的工作都是为了实现这个目标。"（Bredekamp & Rosegrant，1992，p. 5）关注当前美国各州发布的早期学习标准，可以为理想的结果提供一个框架。发展适宜性实践的目标是儿童所有领域的发展，是建立在对儿童年龄水平和儿童个体学习与发展需要的认识基础之上的。

儿童的需要、问题和兴趣是教师设计儿童中心课程时的主要考虑因素。另外，教师也需要知道在游戏和课程中如何、为什么以及什么时候去拓展学习的可能性。他们密切关注着儿童的进步，看着儿童从学习具体的课程中获得识字能力、计数能力、社交技巧、情绪控制能力，发展身体，达到国家要求的学习目标。

误解 9，在发展适宜性实践中，课程就是儿童的发展。

这种观点忽视了一个事实，即其他知识只有与有关儿童发展的知识一起，才能保证所有儿童的潜能都得到激发。尽管有关儿童发展的知识是决定发展适宜性教学实践的关键因素，但其他的因素也影响着课程决策。儿童的发展只是影响实践的 3 个方面之一，其他还包括文化因素（要考虑社会的价值观，即社会成员希望他们的孩子成为怎样的人）和知识因素（相关标准要求儿童了解什么）。这就使教育者有必要与社区经常性地进行交流，就下列问题做出决定：

- 儿童成为 21 世纪的公民需要什么技能和素质？
- 家庭和社区的价值观是什么？
- 哪些技能、知识是必备的？
- 儿童或儿童群体的兴趣在哪里？

关注这些方面与发展适宜性的概念并不矛盾，相反地，这将使所有决定真正适宜个体和文化。

误解 10，发展适宜性实践只是教育发展过程中的浪潮之一。

很显然，与过去相比，对教师的要求已经发生了变化，教师不再对那些他们认为不会太持久的事情过于认真。尽管如此，如果把发展适宜性想成是一种专业思想的演变，并且还将在几十年之后继续存在，那么这一理念就会融入专业思维和实践。发展适宜性实践的根源在于"过去的 100 年伟大思想家们——蒙台梭利、皮亚杰、弗洛伊德、施泰纳、埃里克森、杜威、埃尔金德、加德纳——的工作，以及关于大脑在儿童时期如何发展的最新发现"（Armstrong，2006）。所以今天的教师不再被要求全新开始或改变他们所做的所有事情，相反地，他们被要求结合自己有关儿童发展的知识开展工作。不变的问题是："我所做的是依据了我对这一个／一群儿童的认识吗？"教学策略可能会改变，但是知识和态度将一直不变。发展适宜性实践应该坚守能把所有早期教育工作者团结起来的价值观。讨论将不会停止，美国幼儿教育协会将会每 10 年左右对其立场声明进行回顾和修订。

本书致力于帮助学生、教师和其他对发展适宜性实践感兴趣的人，帮助他们思考在自身所处的特殊环境中实施发展适宜性实践可能产生的具体影响。

发展适宜性实践并不是一份确定的声明或一份绝对的行动计划，本书希望可以激发人们反思并检验当前的实践，帮助早期教育工作者为儿童创造最具支持性的学习环境。

优秀的教师要知道：

- 教什么和怎么教同样重要；
- 教师主导的和儿童主导的经验同样重要；
- 乐趣和学习同样重要。（Copple & Bredekamp，2009，p. 49）

小结

- 美国幼儿教育协会和其他专业性教育组织发表了立场声明，将发展适宜性实践界定为以年龄特点、个人兴趣和需要以及具有文化适宜性的发展性知识为基础的活动。
- 发展适宜性实践强调主动学习，由知识渊博、反应灵敏的教师使用广泛的教学策略来支持儿童主动学习。
- 美国幼儿教育协会详细地阐述了针对0—8岁儿童的适宜和不适宜的实践，并且指出了课程设计和评估的原则。
- 最重要的可能是对儿童及其特征的尊重。这种尊重引导教师不断反思自己的实践是否与儿童的发展相符。
- 教师对发展适宜性实践的含义存在大量误解。
- 透彻掌握有关儿童发展的知识和原理是根本。对儿童进行不适宜实践会造成负面的影响。

思考

1. 访谈几位教师，询问"发展适宜性实践"这一术语对他们意味着什么。请他们举出自己在教室中进行发展适宜性实践的例子，描述他们满足儿童个体需要的方法。然后与你的同学讨论。

2. 向家长了解他们对游戏的感受及他们关注的问题。与你的同学讨论。

3. 通读美国幼儿教育协会有关发展适宜性实践的论述，记录其中讨论的主要内容。

自测

1. 描述发展适宜性实践的含义。
2. 描述发展适宜性实践的关键组成部分。
3. 列出儿童发展的原则并进行讨论。
4. 讨论非发展适宜性实践对儿童的负面影响。
5. 讨论对发展适宜性实践的误解，并逐一做出准确的解释。

应用：案例研究

1. 假设自己是一位试图帮助家长理解儿童发展理论的教师，请结合具体的例子来说明本章讨论的儿童发展原则。
2. 假设你和一位小学教师对发展适宜性实践有非常不同的观点，反思各自背后的理论依据。找到一些例子来佐证。

第 2 章　游戏在发展适宜性
实践中的重要性

学习目标

学习本章之后，你应该能够：

2-1　定义游戏并描述游戏的关键要素；

2-2　阐述游戏的分类；

2-3　阐述游戏的社会性发展阶段；

2-4　阐述主要游戏理论；

2-5　了解游戏是最具发展适宜性的课程的原因；

2-6　探讨什么样的环境能够为游戏提供支持；

2-7　讨论有关游戏的常见问题，包括暴力游戏、技术对游戏的影响、有特殊需要儿童的游戏、游戏和早期学习标准；

2-8　讨论如何帮助家长理解和接受游戏。

全世界的儿童都在游戏。他们或一个人游戏，或几个人一起游戏，或和成人一起游戏。他们玩专门为他们制作的玩具，包括那些已经存在几个世纪的玩具，如球、环、娃娃，还有日常用品的微缩版。他们玩自己能够找到的东西，然后把这些东西变成游戏需要的道具。他们按照成人和大孩子教他们的方式游戏，于是像躲猫猫和捉迷藏这样的游戏代代相传。他们游戏的方式表明他们一直在观察成人世界的生活——抚慰假想的婴儿或用锤子不停地修理汽车。游戏时他们只对自己小声嘟囔或用独特的对话方式与同伴互相提示。

他们愉快地、自发地做游戏，其中复杂的游戏规则很容易被曾经玩过这个游戏的前辈认出来。他们从婴儿的时候就开始玩游戏，直到应该把注意力集中到学校功课上时，他们依然在玩游戏。游戏是童年不可分割的一部分。

多年来，儿童的游戏由于其普遍性而引起无数研究者和理论家们的注意。尽管这些研究者对游戏的基本假设在某些方面是不同的，但他们一致认为游戏对儿童的身体、社会性、情感和认知发展具有极其重要的作用。蒙台梭利率先指出，游戏是儿童的工作。在论述游戏的重要性时，这句话被反复提及。在本章中，我们将尝试超越这种陈旧的说法来理解为什么游戏是发展适宜性实践的核心。

2-1　什么是游戏？

定义游戏的方式多种多样，这取决于研究者/理论家或参与者的思维方式。当被问及儿童游戏由什么构成时，莫奈恩–诺赫特（Monighan-Nourot）会提到乐趣和自我选择（2003）。研究者在定义游戏时注意到游戏具有以下特征。

- 游游戏是具有内在动机的、自发的，儿童愿意游戏。虽然这种说法可能不适用于有特殊需求或发育迟缓的儿童，但通常来说，游戏的冲动似乎是天生的。
- 游戏包含创造和想象。
- 游戏让儿童主动参与其中，儿童沉浸在他们自己的游戏世界中。
- 游戏的目标是灵活的、自愿的，而且是可以在游戏过程中改变的，儿童在游戏中不会被规则所束缚，这样可能会使游戏朝着多个方向发展。
- 游戏时儿童的注意力放在游戏的方法、过程上，而非一个特定的结果上——是过程导向而不是结果导向；重要的是游戏本身，不管它会有怎样的结果。（Brown，2010）

弗兰伯格（Fromberg）为游戏的含义加上了更多词汇：有意义、情节性和受规则制约（2002）（更多关于"受规则制约"的内容见本章中关于维果斯基的部分）。早期有理论家通过定义游戏活动的特定元素探讨了游戏与工作之间的连续体（Dewey，1916）。一个关于游戏的很有趣的观点是认为游戏整合和统一了"显然自相矛盾的内容"（Monighan-Nourot，2003，p. 130），这种观点考虑到了游戏具有使人愉快和令人沮丧的两种相反特质。

儿童沉浸在自己的游戏世界中

　　因此，游戏的定义中应包含：游戏是愉快的、自愿的和自发的活动，而且游戏是不受现实情况和指令束缚的活动。莫奈恩−诺赫特将游戏定义为经验、象征意义和矛盾的统一体（Monighan-Nourot，2003）。阿姆斯特朗（Armstrong）将游戏描述为"一个动态的、不断变化的过程，是多感官参与的，互动的，有创造力的和有想象力的"（2006，p. 73），"由儿童发起的开放的体验，包括假装、打闹活动，或者自发地使用真实的物体进行创造性活动"（p. 75）。

　　这些定义排除了一些通常被视为游戏的活动。坐在电脑屏幕前玩电子游戏或操作玩偶不是真正意义上的游戏，参加足球比赛或其他社区组织的竞争性体育活动也不是真正意义上的游戏。思考下列在幼儿园中常见的非游戏活动：

- 教师发出指令，让儿童把彩色木块按一定规律排列好，这无疑是一个儿童带着特定目标的、亲手操作的主动活动，但这不是儿童自己选择和内在驱动的活动；
- 蒙台梭利教室中的儿童按照教师教授的专门方式操作材料时，儿童可能会感受到快乐，但这个活动不具备游戏的其他特征；
- 教师为儿童安排戏剧游戏中的角色（如"你演粗暴的大公羊"），这个戏剧游戏就不是真正的游戏。

　　相反地，当儿童（或成人）选择进行一些看起来更像工作的活动，如写一个故事或解一道数学题时，他们很可能是在游戏，因为这个活动是他们自由选择的、令人愉快的和过程导向的。到底是游戏还是工作，要看实际情况。

很小的孩子也做游戏。婴儿最喜欢玩自己的身体，也喜欢摆弄成人给他们的东西。他们喜欢和周围的人游戏，沉浸在重复、惊奇和互动带来的快乐中。我们可能无法从他们的游戏中找到代表性的元素，但我们可以从其中发现自由选择和使人愉快的元素。

2-2　游戏的分类

当我们继续定义游戏时，我们必须注意游戏的不同类别。皮亚杰（Piaget）根据自己对儿童的观察，将游戏划分成了许多种类（1962），后来斯密兰斯基（Smilansky）对这一划分进行了调整（1968）。游戏的这 3 个种类分别是功能性游戏、象征性游戏和规则游戏。

这些种类分别与一定的认知发展阶段相对应。不过除相应阶段之外，它们仍以某种形式出现在整个认知发展阶段。皮亚杰认为游戏伴随儿童心理结构的改变，贯穿儿童认知发展的各个阶段。

2-2a　功能性游戏

功能性游戏也叫感知运动或练习性游戏，在儿童 0—2 岁时最常见，在其后的各个阶段也都大量出现。

儿童通过与物体、人和语言的互动不断练习智力图式。儿童因在游戏中所进行的运动和感官探索而快乐。

以下就是功能性游戏：

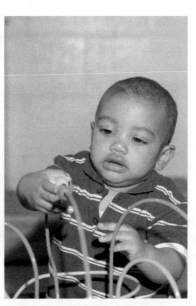

- 一个婴儿不断地移动玩具珠子；
- 一个学步儿爬到任何能够爬的东西上去；
- 一个 4 岁的儿童在完成一幅拼图以后，立即打乱拼图重新再来；

反复移动珠子的婴儿正在进行功能性游戏

- 一个 6 岁儿童只要醒着就要玩轮滑。

通过这些游戏，儿童对自己身体技能有了信心。对于婴儿和学步儿来说，功能性游戏是占主导地位的游戏形式。

2-2b　象征性游戏

象征性游戏也叫表征性游戏，出现于儿童 2 岁左右，之后以各种形式继续出现于儿童成长的过程中。象征性游戏包括建构游戏和戏剧游戏。

建构游戏。当儿童使用材料或物体去制造其他东西时，他们就在进行建构游戏。建构游戏是功能性游戏和更为复杂的象征性游戏之间的过渡和桥梁。儿童通过使用具体的材料制造有代表性的物体来进行创造和建构。建构游戏的实例如下：

- 一个 2 岁儿童在搭大积木，说着"我的房子"；
- 一个 3 岁儿童在建一座高塔；
- 一个 5 岁儿童仔细地挑选着标记物来说明他去农场的行程；
- 一个 7 岁儿童花了很长的时间用橡皮泥来做一个宇宙飞船模型。

儿童在进行建构游戏

戏剧游戏。当儿童在虚构的情境中扮演某人或某物时，他们是在进行戏剧游戏。这种游戏通常吸收了各种常见情境中的直接经验或间接经验。当两个或更多的儿童参加游戏时，这个游戏就被认定为社会性戏剧游戏，而且游戏的进行是以扮演角色的游戏者与一起协商主题的游戏者之间的互动为基础（Smilansky，1990）。

社会性戏剧游戏需要与他人合作

戏剧游戏也包括建构假想的事物，这可能比建构游戏要抽象很多。例如一个儿童用各种小东西搭起一座塔后，拿起这座塔说："假想一下我们正在一座真的这样的高塔里，好吗？"他还做手势，假装自己不得不努力保持平衡。

通过建构游戏和戏剧游戏掌握象征性游戏是学前儿童的主要任务。象征性游戏将儿童的游戏与学步儿的游戏明确地区分开来。象征性游戏为儿童读写能力、表征性抽象思维的发展奠定了基础，这将在本章后面内容中谈到。

对 3—5 岁的儿童来说，成为一名游戏高手是发展的巅峰。游戏高手擅长在即兴自发的戏剧中象征性地表现他们的经历，有时独自一人，有时与他人合作。他们将自己的幻想和日常生活中的事件演绎出来。通过假装游戏，儿童巩固他们对世界的理解、语言和社交技能。（Jones & Reynolds，2011）

以下场景中出现了戏剧游戏。

- 一个学步儿拿着一个大木块放在耳边，说："喂。"

- 一个 3 岁儿童小心翼翼地将一个插满钉子的小钉板拿到教师面前，唱道："生日快乐!"
- 一个 4 岁儿童摆弄着一些小人偶在房子里进进出出，与每个人偶交谈。

以下场景中出现了社会性戏剧游戏：

- 几个 5 岁儿童玩鞋店游戏，其中一个扮演店员，两个假装成正在试鞋的顾客；
- 一个儿童对另一个儿童说："好了，你现在是妈妈，我是准备去约会的姐姐。"

2-2c 规则游戏

规则游戏是学龄儿童和更大一点的儿童进行的一种游戏。这种游戏的前提是儿童理解并认同事先制定好的规则。儿童在这一阶段成为"严肃的游戏者"，具备一定的逻辑思维和控制能力与社交技能是非常必要的（Wasserman，2000）。有些游戏有正式的名称，而且是众所周知的；有些游戏则是由儿童简单约定，作为临时的非正式规则。在这两种情况中的游戏都可能让儿童进行逻辑思考，理解世界的规则。

在操场上做游戏需要制定规则

根据规则进行游戏的能力可从以下情境中看到：

- 一群 7 岁儿童为一个踢球游戏挑选球队成员；
- 两个 6 岁儿童一起下国际象棋，他们事先约定每个人可以移动两次自己的棋；
- 在课外活动中，儿童从丰富的器械中选择足球；
- 两个小组在坡道上玩跳跃游戏，并决定跳得最高的小组可以在下一轮游戏中第一个开始玩。

2-3　游戏的社会性发展阶段

在一项关于"儿童在游戏中的社会参与"的经典研究中，帕顿（Parten）描述了儿童社会性行为发展的各个阶段（1932）。

2-3a　旁观者行为

儿童只是在一旁看别人游戏就是旁观者行为。儿童做旁观者，可能是不愿意参加到其他儿童的游戏，也可能是正在通过观察来学习怎样游戏（Anderson，2002）。

3 个孩子正一起在沙箱里挖洞。另一个孩子坐在旁边看着。

2-3b　独自游戏

如果一个儿童自己游戏，不和其他人进行任何明显的互动，那他就是在独自游戏。这种游戏在年幼的、缺乏经验的游戏者中很典型，而稍大一点的儿童在进行复杂的扮演或不和别人一起的游戏时也会独自游戏。

2 岁的雷娜塔坐在楼梯上，正在玩叠叠圈。

5 岁的佩特拉坐在地板上，她的周围放着各种各样的农场动物和人偶，并且还有为

独自游戏可以让儿童探索自己的兴趣

这些人偶和动物准备的小房子。

2-3c   平行游戏

当儿童分享活动材料或在彼此附近游戏却并不想一起游戏时，他们就是在进行平行游戏。进行平行游戏的儿童不理会对方的游戏。这种游戏可能是小组游戏的前身。

两个男孩坐在地毯上用手推玩具汽车。两个人都一边喊叫一边推车，却不看对方一眼。

两个孩子都在用记号笔涂颜色。一个孩子放下了红色笔，另一个就拿起来。他们一句话都没说。

他们在进行平行游戏——彼此靠近，玩相似的游戏，但是没有交流

2-3d   联合小组游戏

联合小组游戏是帕顿划分的小组游戏中的第一种。这种游戏出现于以下情况：儿童在相邻的位置进行类似的活动，他们可能会共享活动材料，但不会全心全意地投入共同的工作。儿童之间会进行一些互动。

两个孩子在沙子中挖洞，他们同意共同使用一个自动卸载卡车，但每人都只挖自己的洞。

2-3e　合作游戏

合作游戏是小组游戏的第二种形式，这种游戏体现了儿童努力在协商游戏主题和角色任务。游戏者们的沟通交流决定了游戏的任务、角色和主题。如：

"好的，假装这个宝宝生病了，你应该马上把他送到医生那去。"

"嗯，你最好找辆车。"

游戏者重新开始了他们作为爸爸和妈妈的游戏角色。

了解本部分介绍的术语有助于识别儿童游戏的分类和发展阶段，这是了解如何最好地支持游戏的关键第一步（见表2-1）。尽管如此，在关注教师支持之前，我们有必要先了解一下"通过游戏来学习"的理论基础。

表 2-1　游戏的分类与发展阶段

游戏的分类	
功能性游戏（也称练习性游戏）	游戏的第一个等级，涉及重复性的身体动作
象征性游戏（也称表征性游戏）	学前儿童象征性游戏包括建构游戏和戏剧游戏。在建构游戏中，儿童通过使用具体的材料来创造和构建。在戏剧游戏中，儿童建构假想的事物
规则游戏	学龄儿童或更大一点的儿童的游戏，前提是儿童理解并同意使用一套预先安排好的规则
游戏的发展阶段	
旁观者行为	看别人游戏
独自游戏	儿童一个人游戏，和他人没有任何交流
平行游戏	儿童分享材料或在彼此附近游戏，但并不试图彼此协调或建立连接
联合小组游戏	儿童在彼此附近开展类似的活动，也许分享材料，但他们在游戏中没有共同的关注点
合作游戏	第二种形式的小组游戏，儿童努力与同伴协商游戏主题和角色

2-4　游戏和发展

一些著名的理论家影响了我们对游戏的认识。在过去大概 60 年的时间里，皮亚杰和维果斯基的观点在游戏研究领域一直居于主导地位。他们在游戏如何影响认知发展方面有着不同的观点，但都认为游戏是知识建构的媒介或手段。我们先来认识他们各自在游戏和认知发展方面的观点。

2-4a　皮亚杰和游戏

皮亚杰认为儿童的学习在建构中发生。这意味着儿童并非通过吸收环境中的信息或模仿他人的行为来获取知识，而是通过一个缓慢、持续的建构过程来建构知识和技能。当儿童发展到不同的阶段时，会不断调整他们对知识的理解。这里包括两个过程——同化（吸收信息并按照自己的喜好使用信息，而并非使自己的认知适应新的信息）和顺应（调整自己当前的认知水平或图式来适应新吸收的信息），儿童改变自己的思维模式，即智力适应。皮亚杰认为儿童在游戏时会遇到（同化）新的思想和观点。

当新的信息和情况与他们已有知识不相符时，儿童会感觉到混乱（失衡）。他们对现有知识进行调整以适应新的观点，从而掌握新的观点，并因此学习到新知识，达到新的认知水平（平衡）。皮亚杰认为游戏首先是同化活动（Kagan，1990；Berk & Winsler，1995），在这一活动中，儿童将周围出现的真实情况融入自己的心理结构中，实践新建构的观点，并建构经验的意义。在游戏中，儿童"凭直觉表达一项实践或情境的知识元素，这些元素与儿童已有知识结构中的理解和意义不能完全相符。在思考游戏时，儿童明确表达他们的疑问"（Monighan-Nourot，2003，p. 134）。即使当儿童和其他人一起游戏时，游戏也首先是儿童个体发展的一部分。

皮亚杰指出儿童需要 3 种基本知识：物理的、数理逻辑的和社会经验的。儿童通过参加观察物体并总结其物理性质从而获取物理知识。例如通过游戏，儿童发现小汽车在斜坡上跑得特别快，重物会沉到水里。儿童通过发现物体、人和观点之间的联系而增长数理逻辑知识。儿童玩积木的时候发现，把长积木放在底部会比把短积木放在底部更加稳固。游戏为儿童提供了建构这几种知识的必要经验。对于文化、社会习俗和规则，人们经常采取直接教学的方式。然而，与他人一起的游戏可以使儿童应用他们在社会情境中学习的知识。儿童使用口头语言、工具和材料，进行创造性的表达和调查，从而发展知识。

皮亚杰特别指出，象征思维或抽象思维是儿童智力发展的主要表现。通过戏剧游戏将扮演对象变为与最初形象完全不同的事物，这种能力预示着儿童表征思维的开始。

抽象思维要求儿童将自己此时此地的行为与行为的心理表象区别开。丰富的游戏经验让儿童在象征性游戏阶段获得持续的成长。"儿童进入'好像'框架并就此框架与其他人进行协商，这种能力为人类进入真实世界的精神领域打下了基础。"（Monighan-Nourot，2003，p. 134）

皮亚杰发现了儿童在与其他人合作互动的游戏中重构认知的另一种情况。当儿童与同伴争吵并反对对方的观点时，他们不高兴地发现，其他人有他们自己的世界观（Berk & Winsler，1995）。因此，在皮亚杰看来，游戏中的交往对减弱学前儿童表现出的自我中心思维具有至关重要的作用（Piaget，[1923] 1926）。

女孩们正沉浸在探索身体平衡的游戏之中

2-4b 维果斯基和游戏

与皮亚杰同时代的心理学家维果斯基也持建构主义观点，但与皮亚杰不同的是，维果斯基认为儿童日益复杂的心理活动源自社会和文化背景的影响。也就是说，社会参与和与他人的合作是转换儿童思维的强有力的力量。根据维果斯基的观点，儿童在挑战任务时与知识更渊博的成员进行的合作性对话，使他们学习用反映他们群体文化的方式来思考（Berk & Winsler，1995，p. 19）。如皮亚杰所说，与比自己成熟的同伴或成人合作时，关键要素不是冲突，而是"分歧得到何种程度的解决，责任如何分担，以及反映合作和互相尊重的对话如何开展"（p. 20）。我们会在本章后面有关成人支持游戏部分进一步讨论。

关于游戏本身，维果斯基只写了12页，重点讲述了学前期象征性游戏的重要性。在他的认知发展理论中，假装游戏也占据了重要位置。

游戏为儿童创造了一个最近发展区。在游戏中，儿童的行为总是超过他的平均年龄，超过他的日常行为；在比赛中，他似乎比自己高出一截。就像放大镜的焦点一样，游戏以浓缩的形式包含了所有的发展趋势，它本身就是发展的主要来源。（Vygotsky，［1930-1935］1978）

维果斯基提出"最近发展区"，认为儿童能独立解决问题的现有发展水平，与在成人引导或与更有能力的同伴合作解决问题的潜在发展水平之间，存在差距，这个差距即"最近发展区"（对"最近发展区"的讨论会在后面章节展开）。维果斯基相信教育先于发展，即通过指导和支持，使儿童主动建构新的认知。

维果斯基认为学前期游戏有两个显示其独特性及其发展价值的关键特征（有趣的是，与皮亚杰突出游戏的象征性特征不同，维果斯基认为象征性并非游戏特有）。第一个特征是指所有的象征性游戏创造了一个想象的情境，这个情境"允许儿童有一些不现实的愿望"（Berk & Winsler 1995，p. 53）。游戏首次出现在照看者要求学步儿延迟满足愿望并做出符合社会期许的行为时。儿童看到的是一种情况，做出来的却是另一种；他们依靠想象而非周围世界的刺激来指导自己的行为。在想象中使用替代物的能力是关键。当儿童用木棍来代表马时，这根木棍就成了区分象征意义的马和真实的马的关键。儿童把词语的意思和它所代表的客体区分开来，对于依靠抽象思维来指导行为非常关键。

第二个特征是，象征性游戏意味着儿童要想成功玩游戏，就必须遵守游戏规则（这与认为游戏无规则的研究者的观点不同，尽管规则是基于儿童对应该如何做的理解而外加的）。假装游戏受到规则的制约，就像玩过家家一样："不，你得先去上班，然后才能吃饭。"当儿童一起游戏的时候，他们建构与游戏的需要有关的意义。尽管假装游戏是儿童自发开展的，但在游戏中儿童不可以只按照自己喜欢的方式进行活动，他们必须遵守隐含的行为规则。

对维果斯基来说，游戏的这两个特征为两种相关能力的发展提供了支持：区分想象与其代表的实物和行为的能力，约束自己的冲动行为并有意识地调节行为的能力。

维果斯基与皮亚杰还有一个分歧，就是对认知发展中自言自语作用的理解。儿童在进行假装游戏或解决问题时，常自言自语。皮亚杰认为自言自语只是处于前运算阶段的儿童的一个思维特点，即自我中心和不考虑他人的想法，对儿童的发展没有什么积极作用。然而，维果斯基认为自言自语另有目的，而不是为了与他人交流。他觉得自言自语的目的是"与自己交流，进行自我调控，知道自己的思维过程与行动目标"（Berk & Winsler，1995，p. 37）。渐渐地，自言自语转化为了内在语言和言语思维。这样看来，自言自语是儿童学习如何思维的重要阶段。

2-4c 认知发展和游戏

皮亚杰和维果斯基之后的研究者发现了认知发展的各个方面与儿童参与象征性游戏之间的联系。游戏为儿童提供了练习发散思维的机会——他们以新奇的方式使用物体，不断提高自己思维的灵活性和创造性以解决游戏中出现的问题。"与成人通过'讨论'解决问题一样，儿童会把'讨论'替换为游戏，以游戏的方式来解决自己的问题。"（Monighan-Nourot，2003，p. 135）儿童参与象征性游戏能够提高创造力和想象力。瓦色曼（Wasserman）称游戏是创造力的主要来源，许多创新人物回忆说他们的游戏经验是其后来创造性表达的起点（2000）。

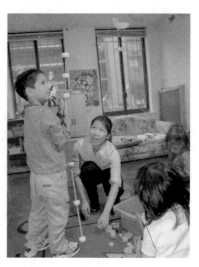

游戏加深了儿童对叙述性信息和客体的记忆。语言嵌入各种游戏，尤其是社会戏剧游戏之中。儿童获得了倾听别人正确表述词汇和增加自己词汇量的机会。在协商分工和解决纠纷时，儿童发展了语言和沟通技能。儿童通过游戏不断建立和修正概念。儿童的推理能力也受其参与象征性游戏的经验的影响。象征性游戏甚至能够帮助儿童区分想象和真实。可以说，儿童参与象征性游戏提高了他们的认知能力。

脚手架是指支持儿童做一些在没有成人帮助的情况下可能做不到的事

研究者指出，研究证实对游戏的重视不会削弱——事实上会促进——儿童的学业学习（Bodrova & Leong，2004）。"游戏与基础技能不矛盾：通过成熟的游戏，儿童学习基础技能，从而为迎接学业挑战做好准备。"（p.10）他们还报告了维果斯基的学生埃尔科宁（Elkonin）的研究。埃尔科宁列出了游戏影响认知发展的4种方式：

- 游戏影响动机；
- 游戏促进认知的去中心化；
- 游戏支持心理表征的发展；
- 游戏鼓励思考以后再行动。

2-4d　情感发展和游戏

埃里克森说，游戏在儿童自我发展中的作用，是使儿童将自己视为与他人相联系的独特存在（Erikson，1963）。通过游戏，儿童意识到自己的和他人的感觉，并能够考虑他人的想法。观察表明，游戏可以让儿童在一个不被禁止表达的虚拟世界中释放和表达感情。

当儿童在一个虚拟的世界中构建现实时，儿童有机会培养自信，并掌控

语言包含在与他人愉快的游戏中

现实。维维安·佩利（Vivian Paley）曾提到儿童自己写故事，然后把故事表演出来——结合了故事、写作、阅读和戏剧。教师帮助儿童记下他们的剧本，然后教师大声朗读给全班听。接着儿童以小组的形式一起表演他们的故事。佩利说，儿童的问题每天都在戏剧中得到解决。正如她所说，"没有什么活动比假装游戏更能让孩子们做好准备了"，"没有比这更可靠和无风险——只是假装的危险"（Paley，2004，p. 8）。儿童用幻想来释放他们的焦虑。佩利担心游戏，尤其是儿童在学校的游戏减少。她说："当游戏被减少时，他们该如何面对想象中的坏人呢？"

埃尔金德认为游戏把儿童从现实的压力中解脱出来，真实的生理学证据表明焦虑的减轻与游戏有关。贝特尔海姆（Bettelheim）提到，游戏不仅为儿童妥善处理过去和现在关注的事情提供了途径，而且为其做好准备接受未来的任务提供了工具。

游戏在不知不觉中教会了儿童获得智力成长最需要的习惯，如坚持不懈，这在所有学习中都非常重要。坚持是很容易通过愉快的活动，如选择性的游戏而获得的。但是，如果它不是通过令人愉快的事情，如通过像学校作业这样的活动，那么它就不太可能成为一种习惯。（Bettelheim，1987）

与游戏相伴随的快乐为儿童的坚持提供了一个积极的情感环境。游戏让儿童单纯地为了经验本身——不是为了外界的奖励或别人的表扬——参与其中。游戏激励儿童承担风险并赋予他权力，冒险是提高儿童学习能力和个人水平的必要元素。正如瓦色曼所说，游戏加强了儿童对个人能力的感知，并帮助他们树立"我能"的信念（Wasserman，2000）。

2-4e 社会性发展和游戏

游戏鼓励社会互动。通过社会互动，儿童获得只能通过亲身经历才能获得的社会技能。因此，花了更多时间在戏剧游戏上的学前儿童社会能力更强也就不足为奇了。游戏为儿童学习接受另一种观点创造了情境。在游戏中，儿童会面临有待解决的社会问题。灵活性和综合考虑多种观点的能力能使儿童进行协商，及时替换角色和脚本，以防止游戏中断。被视为"熟练的游戏者"（Reynolds & Jones，1996）的儿童具备这种能力。儿童受欢迎程度与以友好、非攻击性的方式解决冲突的社会能力有关。相处的技巧——轮流、合作、分享、妥协——在游戏中得到练习。积极的同伴关系和友谊是不断重复的游戏经验的结果。

正如维果斯基所指出的那样，游戏给儿童提供了学习社会习俗并进行相关实践的机会。在游戏中，儿童也得到了摆脱真实世界中的限制的机会。例如在游戏中，儿童可以冲破限制，使用或开展一般情况下不被允许的特殊材料或活动。游戏允许儿童"测试"社会接受的和不接受的行为。

这个关于社会性发展的讨论展示了儿童如何在社会背景下学习。维果斯基做出了强有力的阐明：不存在任何脱离社会背景的学习。

2-4f 身体发展和游戏

儿童的身体主要通过游戏获得发展。大小肌肉运动技能都在游戏中得到练习。儿童在跑、爬和跳的游戏过程中发展身体的控制能力。骑车或者跳跃的时候他们需要判断距离。绘画、切割或搭建东西时，他们的手眼协调能力得到发展。他们喜欢在运动中"测验"自己的身体。游戏使儿童对自己的身体充满自信，他们在游戏中提高了各种技巧和协调能力。游戏就是操作，能够转化为身体发展、技能提升和自我认知进步。

游戏包括妥协以及与他人合作

　　简言之，理论家和研究者发现游戏是学习的媒介，游戏使儿童各个方面的发展互相联系，彼此促进，并帮助儿童发展应对未来的技巧和态度。美国幼儿教育协会宣称："儿童自发的、由教师提供支持的游戏是发展适宜性实践的关键要素。"（Bredekamp & Copple，1997，p. 14）

反思

找回童年游戏的记忆

　　回忆你小时候喜欢玩什么和去哪儿玩。你最喜欢什么玩具？谁是你的玩伴？你大部分时间是在室内还是室外玩？当你思考游戏在儿童生活中的力量和重要性时，把这些回忆记录下来。在可能的情况下，与朋友分享你的记忆，并发现其中的游戏元素。反思是什么让你的游戏丰富而有意义。

　　这些回忆很重要，因为只有当老师们确信游戏所蕴含的力量时，他们才会成为真正的游戏倡导者。

2-5   游戏作为发展适宜性课程

在半个世纪前，很多早期教育工作者就已经认识到教室中的游戏对儿童的重要价值，其中包括约翰·杜威（John Dewey）、帕蒂·史密斯·希尔（Patty Smith Hill）和苏珊·艾萨克（Susan Isaacs）。他们认为游戏为儿童探究活动材料、提高认知和问题解决能力以及发展社会性提供了机会（Isenberg & Jalongo，2000）。现在流行的观点也强调这一点。

早期儿童工作者的主要组织（国际儿童教育协会和美国幼儿教育协会）的立场声明指出，游戏是促进儿童在所有领域获得适宜性发展的媒介（Isenberg & Quisenberry，1988；Bredekamp & Copple，1997；ACEI，2002；Copple & Bredekamp，2009）。

美国幼儿教育协会最新版立场声明阐述了发展的基本原则，其中第 10 条是："游戏是发展自我调节能力以及语言、认知和社会能力的重要工具。"当我们了解到儿童不只是接受别人灌输知识的"空罐子"，而是积极构建自己的知识时，我们就能明白正是游戏构建了主动学习的环境。正是通过游戏，儿童真正地学会了自我教育。

在许多地方，游戏受到了严重的挑战，因为家长和立法者对教师施加压力，要求儿童学习更严格、更具体的课程。后面我们将讨论如何帮助家长理解游戏对于学业成功的重要性，理解"游戏不是学习的敌人，而是学习的伙伴"（Brown，2010，p. 101）。但对于教师来说，能够清楚地表达游戏中蕴含的重要价值是至关重要的。

价值 1，游戏为儿童所有领域的发展提供条件。

游戏促进儿童所有领域发展并互相影响。例如当托马斯和威尔在积木区搭大型建筑并称之为"太空站"时，他们：

- 合作和分享观点；
- 解决问题；
- 发展手眼协调能力和良好的动作技巧；
- 努力理解平衡；

游戏可以延长儿童注意力保持时间，发展儿童的毅力、创
造力和专注度

- 表征概念；
- 延长注意力保持时间，发展毅力、创造力和专注度；
- 聆听并考虑他人的意见；
- 用语言表达自己的想法；
- 享受友谊和成就感；
- 学习基本的数学和科学概念。

想一想在这个游戏情境中，儿童还可能学到什么？还可能发展哪些能力？
还有什么课程能比支持儿童的全面发展更好呢？

价值 2，游戏强调学习是一个主动/互动的过程。

有意义的活动给参与其中的儿童提供了学习的情境。维果斯基帮助我们
认识到游戏引领发展，社会参与及与他人的合作是改变儿童思维的强大力量。
通过与"更有见识"的同龄人或成年人合作、对话和互动，儿童学会以更成
熟的方式思考和行动。看下面托马斯和威尔之间是如何交流想法的。

威尔："但我们不能住在那儿，因为人类不住在太空里。"

托马斯："嗯，但是我在照片中看到他们住在宇宙飞船里。他们跳来
跳去。"

威尔（对于他来说这显然是个新鲜的想法）："好吧，但是在太空站里没有人跳来跳去，因为太空站将会落到水里去。就把这儿当作水吧！"他一边说一边跑到对面的美术架上拿了一张纸。

与其他儿童的互动使儿童在遇到不同的观点时，努力使这些观点与自己原有的观点相适合，结果便是获得心理发展。

儿童在与他人互动的过程中学习新的思想

价值3，游戏提升学习动机。

儿童选择参与对他们富有意义的游戏活动，游戏也就为他们提供了强有力的学习动机和学习机会。他们自己决定是否参加游戏，自己选择游戏伙伴和任务、角色和参与时间。儿童之所以接受挑战，是因为他们对自己选择的游戏感兴趣并且做好了准备。

托马斯："不，那块掉下来了。"两个男孩一会儿看着对方，一会儿盯着他们的"太空站"。

威尔："是的，我知道怎么办了。把那块大积木放在角上。你先扶住它，我拿一块小积木顶着它。看，这样就行了。"

教师用一百节课的时间直接讲授大小和平衡的概念，都不如儿童在游戏中自己学会的东西多。

成人应该认真辨别什么是真正的游戏，什么是成人操控的隐含着成人教学目标的游戏，后者并没有真正允许儿童选择玩什么和如何玩。

价值 4，游戏允许差异的存在。

游戏允许儿童在发展能力、兴趣和学习方式方面存在差异。教师为儿童提供了选择机会。他们可以选择独自游戏或者在一起游戏，选择使用简单的或复杂的活动材料，选择进行建构、创造、比赛、操作、探究或表演——获得符合自己水平的成功。"如果一群各不相同的儿童接受千篇一律的教学，那么他们中的大部分人都可能遭遇学习上的失败。这一假设很有道理。"（Katz，1987，p. 3）在儿童自己发现和选择的最适合他们需要与兴趣的游戏中，这种失败就不会发生。很显然，在一个为游戏而设计或改造的教室环境中，特殊需要儿童、残疾儿童即使和再多的正常发展儿童在同一间教室学习，他们也能取得符合自己发展水平的成功（Sandall，2004）。

在托马斯和威尔旁边的活动区里，朱利奥正在往盒子里装红色的橡皮泥。他使劲压橡皮泥，想知道他能够往每个盒子里装多少橡皮泥。朱利奥在单独使用每个手指时存在障碍。在他旁边，希拉里和安娜正在商量怎么做比萨饼，她们把橡皮泥铺开并压成圆形。萨姆坐在桌子的另一端，正在用橡皮泥做字母 S，他高兴地指给朱利奥看："看，朱里奥，它在对我说 S 呢！"

游戏中的儿童可以给自己安排任务。他们很可能会在自己安排的挑战中赢得成功。他们更相信自己的学习能力了。

价值 5，游戏允许不断练习新获得的技能、能力和思想。

正如立场声明提醒我们的，当儿童有很多机会练习新掌握的技能时，儿童就能获得发展。只有在学习上不断取得成功，儿童的坚持性、动机才会得到加强。在游戏和活动中反复练习可以提高成功机会。

这就是为什么成人会经常看到儿童重复熟悉的谜题、建筑活动或相同的剧本。熟能生巧，不断练习能够培养儿童作为学习者的自信心。

价值 6，游戏促进自我调节。

儿童在戏剧游戏中学习规范自己的行为，因为他们所扮演的角色用其隐含的规则限制了他们的行为。在游戏中，儿童明白他们需要遵守某些规则和方式。一个儿童拿起电话和另一个儿童说话，另一个纠正他："不，首先你得说：'你好，这里是消防站，有什么紧急情况？'"这是他们在最近一次去消防站时学到的。或者儿童一起计划，知道恰当的角色行为和角色语言是什么："假装你是那个坏妹妹，好吗？"（每个人都知道"坏妹妹"和"好妹妹"的行为是不同的）尽管假装游戏是一种自发的活动，但儿童可能不会完全像他们所选择的角色那样行动。不过，在遵循其中隐藏的行为规则的过程中，他们学会了规范自己的行为。维果斯基说，只有持续的、有意的假装游戏才能培养反思和自我调节能力。

当环境经改造后适合所有儿童游戏时，有特殊需要的儿童也可以参与游戏。这个大托盘让这个女孩也能玩起来

价值 7，游戏对大脑发展有益。

学前期是大脑额叶区发展最快的时期，游戏对大脑的发展大有裨益。大脑额叶区的快速发展促进了大脑处理速度、记忆和问题解决能力的提高。大脑高级中枢的活动使学前儿童的注意力水平和抑制冲动的能力得到提高。研究显示，大脑高级中枢的发展是由那些需要自我调控和问题解决的剧本与角色扮演激发的（Bergen，2004）。通过与其他儿童一起游戏获得的多元经验促进了大脑高级中枢的发展。

此外，将感觉运动、认知和社会性情感体验联系起来的游戏为大脑发育提供了理想的环境。最佳的大脑发育发生在儿童与环境相互作用的过程中。游戏提供了大脑发育所需的刺激和整合机会（Johnson，Christie，& Wardle，2005）。

来自神经科学的发现

神经科学家指出，如果构成新学习基础的脑细胞被反复使用，就像在丰富的游戏体验中那样，那么脑细胞之间的连接就会变得紧密。"学习过程中参与的感官越多，大脑就越有可能接收和处理信息。"（Schiller & Willis，2008，p.54）游戏活动用到多种感官，游戏的情感维度会嵌入大脑的结构。健康的大脑发育对以后的学业成就至关重要。

矛盾的是，将学业课程和教学方法延至儿童早期阶段的主要社会影响之一，是对大脑发育和儿童在学校取得成功的条件的误解（Reed et al.，2012）。如果学业被定义为文本化的知识，需要有组织地、按顺序获得，那么游戏和其他基础活动的时间就会相应减少。"如果读写能力被定义为发展过程，那么想象性游戏就成为儿童早期课程的核心。如果读写能力被定义为技能的集合，那么想象性游戏就变成了一种奢侈。"（Cooper，2009，p.44）

价值 8，游戏帮助儿童获得基础技能。

在如今对考试成绩高度关注的大环境下，许多家长和教育工作者的关注点是确保儿童为将来在学业上取得成功做好准备。这种对儿童可测量的表现的不断关注，促使课程关注事实和较低层次的思维。这要求发展适宜性实践的支持者必须清楚并详细解释游戏和基本技能之间的联系。有数十项研究表明，游戏和许多复杂的认知活动，如记忆、自我调节、去语境化、口语表达、概括，以及成功的学校适应和更好的社会技能存在联系（Bodrova & Leong，2004）。

儿童在游戏的情境中能记住更多东西。如给儿童列出 10 个单词，在游戏环境中，儿童能更好地记住它们。儿童在游戏中使用更多的词汇和更高级的表达。游戏促进儿童的心理表征。在他们开始的假装游戏中，他们用复制品如玩具电话来代替真实的物体。然后，他们开始使用外观不同但功能相同的新物体，比如真的电话机。最后，大多数替换表现在语言中，不需要任何道具——儿童凝视天空，手放在耳边，踱步，同时与一个看不见的伙伴进行生动的对话。

这种心理转换的能力有助于抽象思维的发展。后来，在学校里，当儿童学习语言和数学的书面符号时，他们就会利用这种通过游戏发展起来的能力来进行符号转换。理解 H 和 K、猫和男孩、14 和 7 是表示声音、词与数字的组合的能力，类似于用积木来表示电话。

在儿童自发的游戏活动中，儿童表现出自己的认知。在促进读写能力的游戏环境中，当他们在餐馆点菜、在兽医诊所为生病的狗开处方、为街区内的道路制作标志时，他们表现出他们理解并使用读写材料的能力。理解书面语言的用途及其工作原理是读写萌发的重要组成部分。在关注游戏和识字之间关系的研究中，研究人员发现，随着儿童识字材料的使用，儿童语音意识也有所提高（Roskos & Christie，2001）。

因此，通过游戏，儿童能够以自己的方式来获取学业的成功，而不是像有的幼儿园那样采用错误的方式，即"在儿童还不知道如何做的时候就过早地要求儿童做"（Jones & Reynolds，2011，p. 11）。儿童通过目的明确、高质量的游戏学习到的技能是认知发展和学业学习的基本。

除了基本技能之外，游戏还能培养想象力和创造力以及其他素质，这些素质与儿童在 21 世纪获得成功有关。杰罗姆·布鲁纳（Jerome Bruner）曾提出适宜学习经验的困境："教育系统如何为年轻人进入社会做好准备，以应对一个越来越难以预测的未来？"（1991）

这个问题的一个答案至少是培养适应性、灵活性和创造性思维。假装游戏对这种能力的发展至关重要。阿姆斯特朗引用了发现新思维方式的发明家和科学家的话，说："几乎每一个对文化的重大贡献最初都可能源于在童年时代就生根发芽的淘气行为。"（Armstrog，20006，p. 75）"让我们假装……"是这种思维的基础，这种思维不只是会在测试中体现。

而且，当教师们面对那些认为直接教授基本技能比游戏更重要的怀疑论者时，他们可以指出，戴维·埃尔金德 2006 年报告的从学前到二年级的跟踪研究发现，在学龄前参与戏剧表演的儿童表现出较好的读写能力和数字技能。游戏和基本技能不是非黑即白的关系，二者是互相促进的关系。

高质量的游戏体验为儿童积累了重要的基础技能

戏剧游戏的两个主要效益

在游戏中，儿童用一个物体代替另一个物体，或想象某个物体。在这两种练习中，儿童都把不存在的物体的意义记在心里。这种意义与物体的分离为符号使用提供了基础。例如，当教师读一本书时，儿童理解他听到的词代表着书本上的物体和动作。

符号可以帮助儿童做以下事情：

- 学习词汇（读写）；
- 读和写（读写）；
- 理解地图（地理）；
- 使用数字，学习数字守恒（数学）。

依靠自我调节能力，儿童会停止自己的行为（冲动），实现自己的愿望。在游戏中，他遵循自己选择的角色和角色的规则，控制冲动和情绪反应。儿童扮演他所扮演的角色，而不是另一个角色。

自我调节能力促进儿童：

- 自主思考；
- 思考并控制行为；
- 控制冲动；
- 调节自己的言行；
- 遵守指示和规则；
- 计划并坚持完成任务；
- 与同伴合作；
- 提高决策能力。

价值9，游戏奠定社会性和道德发展的基石。

当儿童一起创造虚构的世界时，他们面临着需要解决的社会问题：如果两个玩家都想当妈妈会怎么样？如果假装的爸爸拒绝帮忙洗碗怎么办？苏瑞不会说英语，却想一起玩，怎么能让她也加入进来呢？也许最紧迫的问题是，如果他们说我不能打球，我该怎么办？

在游戏的环境中，儿童学会了从别人的角度看问题。

"哇，她也很想当妈妈。"

"苏瑞看起来想玩。"

"他们不想让我打球，因为他们说我推倒了他们的房子。"

儿童能考虑其他观点的能力增强了他社交的灵活性，并允许他在角色和剧本上做出妥协或提出替代方案，从而使游戏继续下去。

"好吧，苏瑞，你可以当那只小猫。"儿童意识到小猫不需要会英语。

"我们都当妈妈，带着孩子去公园玩，怎么样？"

有经验的儿童有能力以友好、非攻击性的方式解决冲突。学习相处的技巧——轮流、合作、分享和妥协——都是在游戏中练习的。事实上，这些技能只能通过体验来学习，而不是由成年人传授。积极的同伴关系和友谊是不断游戏的结果。最好的结果是获得尊重和体贴他人的技能，也感到自己有能力，被同伴接纳。研究表明，教师认为花更多时间在戏剧游戏上的学龄前儿童和小学生具有更强的社会性能力。2000 年，美国国家心理健康研究所发表了一项重要的研究成果，报告的题目是《良好的开端——让美国孩子具备在学校成功所需的社交和情感能力》（*A Good Beginning*：*Sending America's Children to School with the Social and Emotional Competence They Need to Succeed*）。这种通过游戏的互动而获得的社会性能力，相比任何一堆学前作业，更能对学业成功产生持久影响。

价值 10，游戏有助于儿童的情感发展。

丹尼尔·戈尔曼（Daniel Goleman）认为，情商比智商更能决定儿童的未来（1995）。游戏能同时促进智力和情感的发展。通过游戏，儿童会意识到自己和他人的感受，并能够移情，从他人的角度看待问题。游戏让儿童在一个虚拟的世界中表达和处理他们的感情，所以表达是安全的和可接受的。例如，有教师看到一个孩子正严厉地惩罚一个玩具娃娃，然后又安慰了它。她可能是在让自己接受成人的愤怒或者处理被一个新婴儿取代时的感受。

儿童在游戏的时候，可以直观地理解自己的感觉，并以既具体又抽象的方式来处理它们。现实世界的压力、痛苦和恐惧可以通过游戏来减少。想象一个孩子在父母分居后刚搬到新公寓，她在游戏中度过了一个又一个治愈时间，把衣服和盘子装进盒子里，运到另一个地方，然后再打开。游戏帮助她应对新的情况和生活中的变化。

儿童游戏的 3 个常见主题根植于儿童的情感现实和欲望：对保护的需要（"我是孩子，好吧，你可以做我的妈妈"）；对力量的需求（"我要成为超级飞行者，我比任何人都快"）；攻击和摧毁的需要（"你知道超级飞行器可以摧毁人们的房子吗?"）。游戏给了儿童控制这些感情和冲动的机会，让他们有机会不断学习分辨善恶。游戏可以让儿童理解他们与家人和朋友的关系，认识自己是谁。

超级英雄游戏满足了儿童变强大的愿望

理解游戏的价值

为什么游戏是最适合儿童的课程?

1. 游戏促进儿童各个方面的发展。
2. 游戏强调学习是一种主动/互动的过程。
3. 游戏提升学习动机。
4. 游戏允许能力、兴趣和学习风格存在差异。
5. 游戏允许不断练习新获得的技能、能力和思想。
6. 游戏促进自我调节。
7. 游戏有助于大脑发育。
8. 游戏促进基本技能的获得。
9. 游戏是社会性和道德发展的基石。
10. 游戏有助于儿童的情感发展。

　　多年来，戴维·埃尔金德一直在写关于现代儿童压力的文章，而游戏为他们提供了释放这种压力的机会。实际的生理证据表明，焦虑的减少与游戏有关。游戏使儿童感觉更好。

因此，游戏应该被视为最适合儿童发展的媒介。

根据这些重要的证据，一些研究者主张明确发挥政策的作用：使所有儿童平等获得优质游戏环境（Hampshire Play Policy Forum，2002；Hirsh-Pasek et al.，2009）。

多样性考虑

跨文化游戏

虽然全世界的儿童都在游戏，但文化决定了游戏典型类型，以及成人在游戏时如何与儿童互动。"文化有助于决定游戏是否被视为儿童在很少或没有成人参与的情况下自己做事情，或者说成人的参与是否有价值。"（Gonzalez-Mena，2008，p. 103）另一个文化差异是，游戏在多大程度上被视为童年的一部分以及儿童学习的媒介。这些想法将影响成人接受"游戏能为以后的学习奠定基础"这一观点的容易程度。这是至关重要的，特别是对于那些提倡发展适宜性实践的教师。

再想想为什么在某些文化中，儿童为玩假装游戏而打扮是不被接受的，或者只有一些儿童（比如男孩）是被接受的——文化价值观是如何影响这种态度的？

2-6 支持游戏的环境

游戏发生在特定的情境中，这种情境能够提供可以支撑游戏质量的特定条件。从下面的例子中找出可以支撑游戏质量的条件。

这个早晨可以选择玩装满木屑的感知桌。老师放了一些小塑料恐龙和几片绿叶。也可以选择玩放有 3 堆橡皮泥和一些小的烘焙用具的小桌子。还可以选择玩装满小汽车的盒子，它放在黑板后面的地板上，在文件架旁边。

操场上有一个装满围巾和旧领带的盒子，以及一些塑料环和塑料绳，正等待孩子们去发现它们。昨天，由于孩子们试图模仿电视里的英雄，操场上的游戏多次被打断。了解到很多孩子上周都去马戏团了，老师希望游戏主题中使用的材料能有所改变。

老师坐在戏剧游戏区的旁边剪材料，希瑟、罗伯和莉亚正在那儿用医疗道具包扎玩具动物。当他们因为听诊器而发生争吵时，老师问道："有哪个病人已经准备好回家了？"

老师注意到孩子们今天在戏剧游戏区重复玩商店游戏，她把一叠新制的钱递给一个孩子，并站在旁边，说："看起来他们需要更多的钱进行兑换了。"

仔细观察这些小片段，能了解成人可以如何控制条件以创设支持游戏的环境。布鲁纳指出具备以下条件会使游戏得到改善：

- 游戏玩伴；

- 适宜的游戏材料，尤其是其设计能够鼓励儿童整合各种经验；

- 成人在旁，不一定要参与活动，但要保证游戏"局面"的稳定。

（Bruner，1983）

也有研究者指出，物理环境中的元素，如游戏空间和材料的数量与安排，能够帮助儿童将注意力集中到游戏上。充足的、没有预设的时间是影响游戏持续时间和复杂程度的另一个物质变量。游戏也受到真实世界的经验以及更广阔世界中社会文化关系背景的影响。下面我们将分别了解这些方面。

当教师密切关注游戏时，他们知道什么情况下进行干预是有益的

2-6a 游戏的物质环境

教师安排的物质环境会对儿童选择游戏，参与并持续游戏，以及与他人互动的能力产生影响。伊丽莎白·琼斯（Elizabeth Jones）建议教师们把自己当成舞台管理者，创造能够促进表演的环境。当教师用明确的路径和界线规划游戏场地时，儿童能够快捷地选择游戏和材料，创设游戏的情节。室内家具和材料的安置、移动及使用的灵活性（"嘿，那个小凳子是我们的篝火！"）能够支持游戏和创造性表达。

场地很重要，场地缩小会增加攻击性，降低游戏行为的社会性（Ward，1996）。为共同游戏提供足够大的场地，为个人想象游戏提供足够小的场地，能够帮助儿童进行不同的游戏。很多戏剧游戏在分隔的空间而非开阔的大空间中进行（Ward，1996）。一位教师既为一个人玩小汽车的游戏建立了一个区域，又为 3 个人一起玩烘焙游戏准备了一张桌子。

材料会从发展和文化两个方面影响游戏。对真实生活中的物体进行逼真的复制，能够帮助还没有充分发展符号表征能力的儿童以及那些能分辨出与他们家庭和文化背景中不一样的物体的儿童。玩具小汽车就是一种逼真的复制品。同样，提供充足的零件——能够以任何方式使用和组合的开放性材料——能使儿童在游戏中自由创造。围巾、领带、绳子和圆环就属于这种。游戏需要足够多的小道具。

敏锐的教师也会营造一种让儿童感觉自由的、能够自己进行创造的氛围，提供能够推动游戏、鼓励更多儿童加入的小道具，就像前文中提到的游戏钱币和凳子。当儿童带着材料去其他地方时，教师不应该觉得有必要让儿童先把玩具收起来——在游戏结束的时候收就可以，以免打断他们的游戏。

时间是物理环境中的另一个变量。当教师给儿童大量时间进行不被打扰的积木游戏时，儿童就更可能对游戏进行拓展。一项研究表明，儿童完全融入一个高质量的游戏至少需要 30 分钟（Johnson，Christie，& Wardle，2005）。产生想法、选择角色、寻找道具、协商和沟通都需要时间。正如每个儿童拥有不同的发展阶段、性情和风格一样，有些儿童融入游戏需要更多时间。一个旁观者需要对游戏进行足够长时间的观察才能找到一个加入游戏的合适位置和方法，而一个一直进行平行游戏的儿童需要慢慢融入小组互动游戏中。足够的时间使儿童能够扩充和发展游戏情节，太少的时间会使他们只能进行重复的或非常简单的游戏主题。支持游戏的教师会为游戏提供完整的时间段，无论在室内还是室外。在户外，戏剧游戏在身体活动之后展开——通常需要超过 45 分钟的时间。当然，游戏时间也意味着不打断儿童的游戏以实现教师的目标，比如当儿童在积木区快乐地建构时，让儿童画一幅画带回家给妈妈。

2-6b 真实世界的经验

亲手操作的机会和现实世界的经验为儿童的想象力奠定了基础。教师通过安排实地考察、邀请社区的人到访、仔细选择儿童文学作品来提供经验。如果教师希望开启一个以马戏团为主题的游戏，她就必须提供道具，帮助儿童回忆他们的真实经历（那个在前一天打断了操场活动的攻击性游戏就是对电视节目非真实经验的模仿，电视没能给儿童提供充足的经验来进行探究）。

2-6c 教师干预

斯密兰斯基第一个提出成人干预儿童游戏会提升游戏的质量（Smilansky，1968）。她在对以色列低收入移民家庭儿童的研究中发现，一些儿童的游戏在社会性、想象力、言语表达能力或组织程度方面比其他儿童的低；实际上，有些儿童完全不参加假装游戏。她假定：儿童缺乏参加戏剧游戏的能力会与将来的学习困难相关，特定的教师策略能教会儿童新的游戏技能。

在当今世界，许多教育者担心儿童的家校经验不足以产出内容丰富的、充满想象力的、长期以来被视为童年象征的游戏。这种担心可能部分源于这样一个事实，即社会环境的变化使儿童大部分的游戏时间是和同龄人一起度过，而同龄人可能无法像具备娴熟游戏技能的优秀教师那样发挥作用。

　　此外，玩具制造商生产了越来越多的仿真玩具，这些玩具不会激发儿童对表征技巧的需求。所谓的教育玩具，是为向焦虑的父母营销而设计的，通常不会促进假装游戏。当今社会对学前课程学业性内容日益重视，还有许多成年人认为没有人监督的游戏是危险的和没有成效的，导致儿童游戏机会和技能的缺乏（Bodrova & Leong，2004；Gray，2013）。他们很可能需要成年人的帮助来培养他们的游戏技能（Leong & Bodrova，2012）。

　　斯密兰斯基开发了一个评估儿童社会戏剧游戏质量的体系，这些评估标准包括如下几点：

- 选择角色并保持与角色一致的行为；
- 在假装游戏中使用小道具、手势和言语；
- 把假装游戏扩充为一个个情节，而不只是简单模仿动作；
- 假装游戏能持续一段时间（学龄前儿童最少进行 5 分钟）；
- 至少与一个儿童一起游戏；
- 通过语言交流来协调和引导游戏。

　　最近有研究者提出了类似的系统（PRoPELS）来识别儿童游戏中可以被成人评估和支架的元素：

- 在游戏之前做好计划；
- 采取特定角色的行动和语言；
- 使用道具；
- 长时间游戏；
- 使用语言来设计场景和扮演；
- 借助场景和指示角色之间的交互作用。（Leong & Bodrova，2012）

斯密兰斯基提出了以下干预技巧：

- 为儿童的游戏提供真实的经验，并提供相关的道具；
- 仔细观察儿童的游戏，留意谁没有参与进来，谁需要成人帮助他们扩展游戏；
- 进行主动干预以帮助儿童发展他们的游戏能力。借用维果斯基的追随者们用以描述帮助儿童采取下一步行动的术语，这种干预或游戏指导是一种脚手架。

注重对儿童游戏进行适宜干预的教师肯定会发现一些待注意的事项（Smilansky & Shefatya，1990）。教师应该只在儿童需要支持时进行干预。当游戏进行得很好时，教师的最佳角色是做一个观察者，通过游戏了解儿童。当教师进行干预时，不应打断游戏，而应该保护游戏并使其持续进行。干预应该是简练的，教师应该尽快地撤离。当儿童表示他们更想自己游戏时，教师应该尊重他们的意愿。

当教师断定干预将有助于游戏时，要采取一些方法，包括帮助儿童设计和组织游戏，激发儿童提出新想法，示范说明游戏行为，提供小道具。

● **帮助儿童设计和组织游戏**。成熟的游戏者能够彼此描述游戏的情节是什么，每个人扮演哪个角色，以及游戏活动将如何进行。教师对游戏进行观察之后，最适宜的做法就是帮助儿童界定他们的游戏重点和目标。这在游戏情节还没有扩展时显得更加必要，因为在这种情况下，儿童在单独发展自己的游戏片段或没有明确地把他的目标告诉其他参与者。然后，教师就可以以游戏伙伴的身份进入游戏，通过请求指点并对儿童的行为和评论做出回应来影响游戏（Heidemann & Hewitt，2010）。教师可以通过提问来帮助儿童在心中组织游戏，并更多地用言语与其他游戏者进行互动，从而引发更加复杂的游戏。

"你要开着你的小汽车去哪儿？"

"你打算做什么晚饭？"

"你打算扮演谁？"

● **激励儿童提出新想法**。教师可以通过提问题、暗示或直接提建议的方式拓展游戏，教师的角色就像导演。这一方面能够激发儿童表征，邀请其他儿童参加游戏，另一方面能够拓展游戏。这种游戏指导可能来自游戏之外（外部干预）——当教师坐在旁边，对儿童提出评论和建议时，也可能来自内部（内部干预）——当教师与儿童一起游戏，扮演积极参与者的角色时。在这种更直接的干预中，教师提出具体的策略来帮助游戏发展，并在该情节中教授新的游戏行为。教师在心里想好具体的策略来促进游戏发展。

"或许你可以用积木来做笔记本。"

"我们还需要一个人演病人——你可以问问达伦。"

教师的提问可以帮助儿童组织或扩展游戏

"你用什么东西来给小宝宝保暖呢?"

凭借想象力,教师可以成功地扩展儿童的游戏。他们可以在游戏中示范策略。

"喂,我饿了——晚饭快好了吗?"

"你做晚饭时,我帮你抱一下孩子好吗?"

● **示范游戏行为**。当教师做示范的时候,他们实际上是在形象地展示游戏角色的假装行为该如何进行。他们可以只是在一旁做示范,并不与正在游戏的儿童发生互动,也不直接指导游戏——做儿童正在游戏中做的事情,但是用更成熟的方式。教师也可以评论自己的游戏。当儿童邀请教师参与游戏时,教师可以进行示范,并加入新的想法和信息。

他们也可以示范如何开启游戏。

"我觉得又累又饿。我坐在这里,等你准备好晚饭。"

"太好吃了。你怎么做的这道菜啊?"

"哦,我感觉不舒服。你能开车带我去诊所吗?"

● **提供道具**。教师适时提供与主题相关的小道具能够支持儿童的假装游戏。增加道具能够扩展游戏或使游戏变得复杂。

"我看到你要上车了,这里有票。"

当教师与儿童一起游戏时，可以示范行为并补充新的想法

"如果你想尝尝汤，用这个勺子吧。"

"你做晚饭的时候用这个锅好吗？"

教师如何支持游戏？

理解并重视游戏作为发展与学习最佳媒介的教师可以：

- 向他人解释为什么游戏能促进发展，从而获得支持；
- 确定游戏的种类和游戏的社会性发展阶段，从而知道儿童什么时候需要帮助；
- 创设支持游戏的环境；
- 提供增强游戏效果的材料；
- 安排好游戏时间，让儿童充分发展；
- 提供游戏的机会，以配合所有儿童的能力；
- 示范有益的互动，同时避免干扰；
- 引导儿童在精心设计的环境中游戏，帮助儿童达到早期学习标准。

然而，教师应该对干预持谨慎态度。有些教师的干预可能会打断游戏。当教师干预过多时，儿童会停止游戏。有时教师进入游戏后主导游戏，以至

于游戏变得以成人为中心。这显然是破坏性的。

　　教师还面临一个诱惑，就是打断游戏来教授概念。当教师进行干预时，他们的方法不应该破坏游戏，而应该保持和支持游戏。

　　在对游戏有疑问的时候，选择相信。它是儿童的课程。散漫的或具有潜在破坏性的游戏可能需要重新聚焦，但聚焦良好的复杂游戏不需要干预。……不管出于什么原因，成人打断儿童的游戏时，通常都很匆忙，以至于他们没有注意到儿童的目的。要记住"慢下来"。……当我们关注儿童游戏的过程时，我们对儿童的了解会更多，也更能帮助他们学习。（Jones & Reynolds，2011）

2-7　关于游戏的常见问题

　　当教师和家长考虑通过游戏来促进儿童学习时，经常会有各种问题，其中包括超级英雄或暴力游戏、技术对游戏的影响、针对有特殊需要儿童的游戏等。

2-7a　暴力游戏

　　当前在干预儿童游戏方面遇到的问题之一与暴力游戏有关。这些暴力游戏被教师称作"战争/超级英雄游戏"（这与通常看起来像打架的粗暴游戏不同，对儿童的身体和社交发展都有真正好处）。这常常是因为儿童接触某种电视节目的缘故。有人认为这种游戏仅是重复，受制于特定的电视节目，是对暴力的简单重复，没有任何发展价值可言。另外，教师担心这种游戏会让儿童感觉失控、恐惧并受伤害，会有不良后果。当然，现代社会中儿童耳闻目睹了很多暴力事件。许多当今畅销的玩具和电子游戏都与暴力有关，吸引儿童不断重复他们所看过的暴力故事。

　　对于这种游戏，有一些人很反对。他们有的主张完全限制这些游戏，或至少将其限制在特定的时间和地点，如只在户外游戏时间玩这种游戏。有的主张通过禁止武器的方式来限制这种游戏，如警告说"不许使用枪/刀"。执行这样的规定会带来持续的抗争。但一些支持者认为，基于电视主题的儿童游戏不应该以这些方式受到限制，因为这样的游戏可能会带来发展益处（Carlsson-Paige & Levine，1990，2005；Levine，2004；De-Souza & Radell，2011）。例如儿童可以在这种游戏中获得力量感，探索现实和想象的区别。然而不幸的是，当有人受伤时，超级英雄的游戏可能会突然结束。莱文报告说，似乎最痴迷于战争和超级英雄游戏的儿童，最难参与他们自己编的创造性和想象力游戏。

摆脱这种两难困境的一个方法，是允许儿童进行这种游戏，但教师要进行主动的干预以帮助儿童理解暴力和战争，并找出解决问题的其他方法（Carlsson-Paige & Levin，2005）。教师的提问能够帮助儿童考虑到暴力与其他选择的不同，拓展角色，产生更多的想象，减少简单模仿。教师可以鼓励儿童讨论媒体暴力，纠正儿童的错误概念，并为儿童提供安全保障。他们还可以帮助儿童将刻板的行为转变为有意义的游戏。例如，他们可以帮助儿童编造关于他们最喜欢的电视节目中的人物的故事。

教师应该把这个重要的论点告诉家长，帮助他们学习关于如何保护儿童免受暴力危害的更多知识，如让儿童玩开放性玩具而不是玩与暴力相关的玩具。可以参见美国幼儿教育协会关于儿童生活中的媒介暴力的立场声明（NAEYC，1990）。

2-7b 技术对游戏的影响

许多观察者最近注意到，当代美国儿童的游戏能力正在受到影响，这是因为科技、电脑和电子游戏的普及，对社交游戏和创造性想象力游戏产生了影响。屏幕时间——看电视、笔记本、触摸屏和电脑屏幕的时间——在儿童的生活中占据了越来越高的比重，这些时间原本是用来游戏的。这意味着儿童通常是别人日程的被动接受者。有三分之二的两岁以下儿童每天使用某种屏幕媒体的时间约为两小时——尽管美国儿科学会（American Academy of Pediatrics）建议两岁以下儿童不要看电视，主要是因为科技对大脑发育的影响尚未得到充分研究。6岁以下的儿童平均每天花在屏幕上的时间为2—3小时——至少是他们阅读时间的3倍。美国幼儿教育协会在2012年关于技术和互动媒体的立场声明中建议，禁止在针对两岁以下儿童的早期儿童节目中被动使用电视和其他非互动技术和媒体，不鼓励 2—5 岁儿童被动、非互动地使用屏幕媒体（NAEYC & Fred Rogers Center, 2012）。

　　20 世纪 80 年代末对儿童电视节目放松管制，允许玩具制造商既生产儿童电视节目，又在电视节目期间销售玩具。这样显然影响了儿童的游戏。此外，儿童花在屏幕上的时间越长，花在有趣探索、写自己的剧本或表演自己故事上的时间就越少。通常情况下，当儿童把他们看过的故事讲出来时，电视故事的剧本会成为一种制约，而不是作为他们自己故事的"跳板"。

　　并非偶然的是，儿童花在屏幕上的时间基本上是独处的时间，而不是与兄弟姐妹或邻居玩伴互动。他们待在室内，不活动，失去了在大自然中生活的许多乐趣。理查德·洛夫（Richard Louv）在《森林里最后一个孩子》（*Last Child in the Woods*）一书中，问一些孩子他们最喜欢到哪里玩。一个男孩回答说："到里面，因为电源插座在里面。"那些插座和插座连着的所有东西都在威胁着儿童真正游戏的能力。

　　屏幕并不是技术时代唯一的"贡献"。嵌入电脑芯片的玩具也影响了儿童的游戏。各种各样的玩具都在走向高科技，分析家估计每年上市的玩具中至少有 75% 都有芯片来控制动作、指挥游戏。

　　科技在儿童生活中的作用是教师和家庭必须探讨的一个大话题。

今天的儿童花在电脑屏幕前的时间可能比玩游戏的时间多

2-7c   针对特殊需要儿童的游戏

特殊需要儿童是需要优先考虑的儿童。为他们提供一个能够使其尽可能充分参与的游戏环境，是他们的家人和教师面临的巨大挑战。当教师了解特殊儿童在游戏中的局限和需要做的必要调整时，他们就能够帮助所有儿童参与游戏并通过游戏而学习。在特殊教育中一直存在着一种偏见，认为没有干预和明确的教学，就不会有预期的结果。

特殊儿童理事会（The Council for Exceptional Children）早期教育部门特别关注游戏对于残疾儿童的重要性。它的建议是这样的："游戏常规能促进互动、沟通和学习，这是通过界定游戏角色、促进儿童参与、鼓励小组游戏活动、使用专门的道具来实现的。"（Sandall，Hemmeter，Smith，& McLean，2005）

人们认识到，可能需要直接教学策略来帮助残疾儿童开展活动，适当使用材料，并做出选择。"研究表明，简单地将有特殊需要的儿童放在一个包容性的环境中，提供以游戏为基础的课程，并不能给他们带来与同龄人相同的好处。"（O'Neill，2013，p. 63）当教师观察每个儿童的游戏，并学习如何根据儿童的具体需求提供相应的支持时，就会产生许多调整的想法。

调整取决于特定的障碍，可能包括对物理环境的改变，如设置供轮椅和行人使用的、有明确标志的、足够宽的交通区域，特定的安静区域，额外的光线，无障碍的操场表面。环境应该是高低有序和可预测的，这样儿童可以知道设备和材料的位置。其他建议包括：

- 提供大量的时间，让儿童有充足的时间来游戏和探索；
- 提供适应性材料，包括使用简单的桌面画架，使用可调节设备来放书，把蜡笔插入网球以便于抓握，用尼龙搭扣将画笔固定在儿童的手上，在拼图中添加旋钮以便于操作，或者提供逼真的玩具，让儿童知道如何玩这些玩具；
- 简化活动，如将一个活动分解成更小的部分，或者画一些图画让儿童按照这些步骤去做；
- 利用儿童的喜好，鼓励儿童使用他们喜欢的材料、活动来游戏，如为痴迷飞机的儿童创造一个以飞机为主题的戏剧游戏；

- 提供专用设备，促进儿童参与游戏，比如让儿童坐在豆袋椅而不是轮椅上，这样可以更容易地参与戏剧游戏区的活动。
- 提供支持，通过引导性问题、口头指导、身体帮助、视觉线索和评论来鼓励他们的参与；
- 鼓励同伴支持，让特殊需要儿童在与正常儿童的游戏中得到支持（其他儿童也学会了帮助他人的亲社会方式）。

宽阔的通道和适应性设备能支持特殊需要儿童的全面参与

重要的是，教师要认识到他们的作用，这样所有的儿童都能从丰富的游戏体验中受益。

请参阅"发展适宜性实践的当前话题"来探讨游戏和标准的话题。

发展适宜性实践的当前话题

标准、共同核心和游戏

2002年，美国儿童保育局（the Child Care Bureau）发起"良好开端/聪明成长"（Good Start/Grow Smart）计划，之后美国所有的州和哥伦比亚特区都为3—5岁的儿童建立了与语言、读写和数学相关的早期学习标准。

定义学习标准。州立学校首席官员理事会早期教育评估联盟（The Early Childhood Education Assessment Consortium, Council of Chief State School Officers）对学习标准的定义是："描述对儿童在健康和身体、社会性和情感、学习方法、语言和符号系统、对周围世界的一般认识方面学习与发展的期望。"（2005）

学习标准集中在儿童的主要任务上，即学习提高听力、使用语言、与他人合作的基本技能，并将注意力集中在与学习相关的活动上。

早期学习标准强调应该与国家标准相一致，并指出儿童需要知道什么，能够做什么。共同核心课程标准提出的对学生语言和数学学习的详细期望进一步加强了这一讨论。

最大的问题是如何将儿童的游戏与学习标准联系起来。许多教育工作者担心，学习标准的出台将让儿童没有时间玩耍，因为所有的"要求"将占用太多的课堂时间。事实上，只关注标准将导致课程范围缩小，忽视社会性和情感发展以及学习的一般方法。教育工作者如何帮助儿童以合适的方式达到要求？

好消息是，这是可以做到的。学习标准和发展适宜性实践确实可以相辅相成。学习标准不是一套规定的课程和教学实践。学习标准并不规定如何教，而是规定教什么——一个应该作为目标的大纲。美国州长协会和州立学校首席官员理事会 2010 年的一份声明指出："这些标准定义了所有学生应该知道什么和能够做什么，而不是教师应该如何教。"例如，标准没有规定游戏的使用，但它作为一种有价值的活动和一种帮助学生满足文件期望的方式而受到欢迎（NGA & CCSSO, 2010, p.6）。

必须要做的是将学习标准纳入游戏，纳入课程和项目，以及纳入小群体和大群体活动（Gronlund, 2008）。游戏成为达到学习标准的工具，也是评估儿童在学习标准上取得进展的媒介。事实上，标准可以帮助教师看到前后学习之间的联系，从而加强他们的计划性。

最重要的是回顾莉莲·凯茨的告诫——区分学业学习和智力发展（Katz，2008）。因此，教师不会狭隘地专注于确保儿童从上下文中获取孤立的信息，而是专注于让儿童探索想法，发展更高层次的推理和探究技能。

为了将学习标准融入以游戏为基础的学习中，至关重要的是教师理解标准中的知识、技能和情感态度。

教师必须确保他们理解"儿童需要学习什么，然后预测他们如何通过经验学习这些"（Helm，2008）。制定全面的学习标准、具体目标，有助于教师准确地理解。这些都是衡量儿童进步和学习的准绳。一般来说，学习标准给予了足够的灵活性，使教师能够在儿童的活动和探索过程中，在他们最感兴趣和最有意义的时候，向他们介绍技能或信息。这就是为什么有许多教育者现在谈"协商游戏课程"，因为教师反复思考儿童的游戏和项目，同时确保他们在知识和技能方面取得进步。早期学习标准为教师提供了一个框架，让他们知道自己想去哪里，有意识地去做什么。

在将游戏与早期学习标准相结合的过程中，教师不断观察、评估、思考儿童的兴趣和问题，提供有助于儿童深化游戏的材料和经验。这回答了这样一种问题：如果"只是游戏"，教师就不能确定儿童是否在学习和进步。

游戏成为支持儿童完成学习标准、评估儿童发展的工具

2-8   帮助家长了解游戏的力量

在现代社会竞争激烈的环境中，家长往往最关心的是如何给他们的孩子"一个良好的开端"。当教师强调通过游戏来积极学习时，这些家长往往会感到困惑和怀疑：这对他们的孩子到底有什么帮助？管理者和教师在帮助家庭理解游戏如何为以后的学习奠定最好的基础方面发挥着重要作用。

教师可以采取几个步骤来帮助家长认识到游戏对学习的好处。首先，教师可以在游戏中让真实的学习清晰可见，让儿童在思维和学习上的成长清晰可见。通过图片、视频、文字、展示或记录，教师可以展现儿童在建构或戏剧游戏中具体的学习。伍德（Wood）建议教师：

- 使用鼓舞人心的文字，以支持游戏和发展适宜性实践；
- 引用与标准、核心课程和发展里程碑相关的例子；
- 在教室和大厅里展示儿童的作品；
- 记录儿童在室内外游戏和创作的信息，搭配着教师的观察和记录；
- 展现显示思考/学习过程的头脑风暴活动的记录和对话。

教师带着热情讲述故事，可以帮助父母看到孩子每天都在快乐地成长和学习。

家校通、公告板、博客或通过电子邮件发送的教师日志，都可以用来帮助家长。家长工作坊可以让家长参与游戏活动，体验游戏中学习的可能性。有机会在课堂上观察，然后与教师讨论观察结果，为家长提供了第一手经验。提供描述基于研究的游戏的好处的文章，可以有超越个别教师或学校专业理解的广度。

当教师自己致力于以游戏为媒介的学习时，他们会抓住每个机会与家长分享他们的发现和热情。参与持续的对话可以让家长获

教师准备通过展示来说明"玩中学"

得他们问题的答案，并成为最佳实践的支持者。对于教师来说，重要的是要明白，家长不会支持或接受他们不理解的东西。教师的一个重要作用是帮助家长尊重和重视游戏的力量。

教师必须认识到室内和室外游戏环境的重要性。最重要的是培养儿童对游戏的尊重，因为游戏是儿童能做的最重要的事情。在发展适宜性的教室中支持和促进游戏是教师最重要的工作。

儿童自发游戏是他们的最高成就。在游戏中，儿童为自己创造了一个世界。他们在重新创造自己的过去，想象自己的未来，同时把自己根植于当下生活的现实中。

小结

游戏：

- 是令人愉快的，是儿童自发的和自我驱动的活动，是儿童在各个领域学习和发展的媒介；
- 支持所有领域的发展和学习；
- 是学习的最佳媒介。

教师可以：

- 通过规划物理环境和适宜的干预来支持高质量游戏；
- 探讨与游戏有关的问题，包括暴力游戏、文化对游戏的影响、特殊需要儿童的游戏，并将游戏与早期学习标准结合起来；
- 帮助家庭了解游戏的重要性。

思考

1. 观察教室中的儿童并尝试找出以下各种游戏：练习性游戏、建构游戏、戏剧游戏和规则游戏。看看你能否找出本章描述的不同社会参与的实例：旁观者行为、独自游戏、平行游戏、联合小组游戏和合作游戏。分小组讨论这些实例。

2. 在参观教室时，观察教师为支持游戏都进行了哪些努力。注意物理环境的各个方面，如游戏场地的界线和大小、可用材料的数量和种类以及游戏时间安排表。

3. 记录在戏剧游戏中儿童之间进行交流的实例。儿童对世界的理解是什么样的？

自测

1. 定义游戏并描述它的主要组成部分。

2. 详细描述儿童游戏的种类，为每类游戏举一个实例。

3. 描述儿童游戏社会性发展阶段。每个阶段用一个实例进行说明。

4. 分别讨论皮亚杰和维果斯基有关游戏和认知发展的观点。

5. 说明游戏对儿童各个领域发展的作用，说一说游戏具备哪些特征，使它能成为最适宜的课程。

6. 描述能够支持高质量游戏的物理环境的要素，以及斯密兰斯基证实的适宜的干预行为。

7. 讨论帮助家庭理解游戏重要性的方法。

应用：案例研究

1. 一个缺乏经验的教师问你，为什么她班上 3 岁的孩子们不能遵守传统游戏规则，也不听取她对游戏的建议？哪些信息会有助于她理解？

2. 你所在幼儿园的园长希望在你的时间表中取消所有自由游戏时间，将精力集中到教授学业技能上。你会利用什么信息或文献来解释你的观点，从而证明游戏有为学业技能打基础的重要价值？

第 3 章　发展适宜性课程设计

　　高质量的游戏或高质量的学习体验并不是偶然发生的。如果教师能够制订课程计划，那么儿童就拥有了可以激发好奇心、探索心和创造力的环境和材料，以及支持他们进行建构的经验和互动。自发的游戏和教师的计划是相辅相成的，尽管这两个概念听起来可能相互矛盾。这里的计划不是教师快速填写教案、设计任务并控制儿童的传统形式的计划。传统形式的课程计划缺乏对发展适宜性的充分理解。发展适宜性的计划是基于对课程的理解，让课程在拥有特定儿童的特定教室环境中，以及在学习标准和其他社区要求的环境中发展的一种方法。

　　关于儿童发展一般规律的知识能够帮助教师确定儿童的学习任务，但是对课程设计真正有用的信息是儿童的个性、兴趣、学习风格、家庭文化和背景，以及与社区的联系和相关标准。教师不能仅依据发展理论、课程清单来制订计划，也不能仅通过买来的图书资料和教师用书进行备课。他们必须真正了解如何将自身对儿童发展一般规律、学习方式的理解与特定儿童即将学习的具体知识"编织"在一起。此外，在现如今由国家和大纲定义学习标准的时代，教师必须懂得如何通过综合活动来实现学习目标，而不是设计一个孤立的课程。

本章探讨了制订发展适宜性课程计划的一般思路。

3-1　什么是课程?

教师的任务之一是通过自身对课程设计的理解，为儿童的早期学习设计课程。伊丽莎白·琼斯在其关于儿童课程的著作中指出："课程是在教育环境中发生的事情。它可能是既定的，也可能是生成的，还可能是偶然的或未知的。"（Jones，1977）

教师面临的挑战是如何在"早期错误"（对学前阶段课程内容重视不够导致学习碎片化甚至丧失学习机会）和"小学错误"（对特定的、有限的课程目标过分关注，或对儿童的特殊需求、兴趣或者发展性特征关注过少）之间保持平衡（Bredekamp & Rosegrant，1995）。也就是说，一些针对大多数儿童的课程即使对最小的儿童来说也是要求过低的，而另一些课程又对大多数

确定并清晰表达对儿童学习和发展的期望目标，包括社会技能

儿童和小学生要求过高。与课程计划相关的美国幼儿教育协会立场声明给出了适合从出生到小学阶段的儿童的课程计划：

- 确定并清晰表达对儿童学习和发展很重要的期望目标；
- 课程全面、有效，目标明确，包含所有为后继学习和学业成功奠定基础的要素；
- 教师能确保对重要学习目标的关注，并增强儿童课堂体验的连贯性；
- 教师要在为儿童提供的学习体验中优先考虑有意义的联系。当他们遇到的概念、语言和技能与他们所知道和关心的事物相关，并且新的学习本身以有意义的、连贯的方式相互关联时，他们学得最好；
- （幼儿园）教师与小学教师进行合作，共享有关儿童的信息，并努力提高跨年龄、跨年级的连续性和连贯性，同时保护每一年级内的完整性和适宜性；
- 婴幼儿保育工作者也应对课程进行计划（尽管他们可能并不总是这样称呼它），为重要的日常活动和经历制订计划，以促进儿童的学习和发展，并达成预期目标。（Copple & Bredekamp，2009）

课程包括教什么（课程内容）和如何教（教学方法）。相关标准对课程内容做出了要求，让教师自行决定教学方法。教师可以在这里引入他们对发展适宜性实践的理解。值得推荐的方法包括：整合课程，以便让儿童全身心参与进来；依靠儿童先前的技能和知识；将教学方法与课程内容整合。

2003 年，美国幼儿教育协会和美国州教育部早期教育专家协会联合发布了关于课程、评价的立场文件（NAEYC & NAECS/SDE，2003）。在课程方面给出的建议是：教师应实施"经过精心计划的、具有挑战性的、引人入胜的、发展适宜性的、符合文化和语言背景的、综合的、可能促进所有儿童获得积极结果"的课程。该立场文件的目的不是选出一个"最好"的课程——事实上，根本就没有最好的课程——而是要确定：课程有效性由什么组成？一个有效的课程有如下体现：

- 儿童积极投入认知、身体、社交和艺术各方面活动；
- 课程目标定义明确，阐明了利益相关者对儿童的基本期望，并得到所有利益相关者的认同；
- 课程基于对相关儿童的认识，并围绕儿童发展和学习的一般规律进行组织；

美国幼儿教育协会表示，一个有效的课程包含重要的内容，
儿童可以通过探究、游戏以及有针对性的、有意图的教学
学习这些内容

- 重要的内容是通过调查、游戏以及有针对性的、有意图的教学学到
  的，教学策略与儿童的年龄、发展水平、语言和文化相匹配；
- 课程建立在儿童先前的学习和经验之上，支持儿童在家和社区中学习
  到的背景知识；
- 课程内容综合，包括重要的发展领域，如身体健康和运动技能、社会
  性和情感、语言、认知和思维以及学习品质，也包括科学、数学、社
  会学习和艺术等学科领域；
- 课程的内容经过专业标准的验证，是对美国数学教师理事会、美国科
  学教师协会等相关专业组织的标准的落实；
- 《技术和互动媒体作为0—8岁儿童早期教育的工具》清楚地表明，当
  技术和互动媒体的整合建立在儿童发展规律上时，儿童的活动和互动
  可能会得到加强（NAEYC & Fred Rogers Center，2012）。技术和媒体
  可以用于支持儿童的学习并扩大儿童获取新内容的渠道，而不是取代
  创造性游戏、对真实生活的探索、体育和社会交往等活动。

美国幼儿教育协会的立场声明明确表示，这些是指导性原则，"教什么"和

"怎么教"的具体细节由教师、早期教育机构根据自己的理念和目标确定。

"开端计划"标准现在正应用于美国许多幼儿园，指导参加开端计划的数十万儿童的教育工作。开端计划的标准认为课程应该包括：

- 儿童发展和学习目标；
- 实现目标的经验；
- 教师和家长在帮助儿童实现目标方面的作用；
- 支持课程实施所需的材料。

以下是开端计划有关儿童发展和学习的特定目标：

- 与成人和同伴建立积极的关系；
- 发展信任感和安全感；
- 发现并解决问题；
- 表达想法和感受；
- 批判性地思考；
- 增强自信心；
- 尊重他人的感受和权利；
- 发挥创造力和想象力；
- 独立工作或与他人合作；
- 发展读写、计算、推理、问题解决及决策的能力，做好入学准备。

（Head Start Bulletin #67）

通过上述所有文件，我们可以明确的是，好的课程不仅是活动或课程计划的集合。将课程视为"一套连贯的学习经验框架，使儿童能够实现既定目标"（Copple & Bredekamp，2009，p. 42）是有益的。在某些情况下，幼儿园会选用特定的课程。

决定选用某一课程时应该考虑它是否符合既定的目标、价值观（包括所服务家庭的价值观和愿望），是否满足儿童的社会文化和个体特征。课程的质量是核心。管理人员通常会选用处方式课程或所谓的"去教师"的课程，认为那样的课程可以解决教师缺乏经验或合格教师较少的问题。伊丽莎白·琼斯将这些课程称为"罐装课程"，这意味着它们是为了适应许多消费者的口味而被大规模生产的。不幸的是，这些课程大多狭隘且薄弱。更为明智的做法是支持教师的发展，让教师计划和实施有效的课程。

标准化运动

对课程的另一个关注点是课程"应该是什么"，即儿童应该学习的内容是什么。开端计划制定了一个《儿童成果框架》（*Child Outcomes Framework*）。美国已有近40个州制定或正在制定早期学习标准，而美国幼儿教育协会与美国州教育部早期教育专家协会发表了联合声明，提出了有关研发和实施相关标准的建议（NAEYC & NAECS/SDE，2003）。有全国性组织制定了读写领域和数学领域的内容标准（NAEYC，1998，2009）。《英语语言和数学共同核心标准》（*Common Core State Standards for English Language Arts and Mathematics*）已被大多数州所接受。

无论教师对将标准纳入早期学习环境有什么样的顾虑，界定早期学习标准都有其积极的方面。正如美国幼儿教育协会和美国州教育部早期教育专家协会在立场声明《早期学习标准：为成功创造条件》（*Early Learning Standards：Creating the Conditions for Success*）中所述，"通过定义早期教育的期望和结果，早期学习标准可以为早期的积极发展和学习带来更多机会"（NAEYC & NAECS/SDE，2002，p. 2）。格伦隆德（Gronlund，2006）和泽贵尔特（Seefeldt，2005）指出了早期学习标准的其他几个积极方面，主要包括：

- 将标准与我们已经在做的事情进行匹配；
- 与国家其他主要标准联系起来，为入学准备做出贡献；
- 为确定下一步行动提供帮助，提供连续课程；
- 对儿童提出更高的期望；
- 为沟通提供基础；
- 提供问责机制。

美国幼儿教育协会2009年的立场声明指出："标准需要跨学科、跨年级保持一致，并适合儿童的发展和学习。"（Copple & Bredekamp, 2009）

不幸的是，各州学习标准对于这些方面的关注表现得较为不平衡。

每个州的标准都是在几乎没有协调的情况下制定的，涉及认知和学业技能，例如语言、识字和数学；大多数人并不十分关注社会性及情感发展、身体健康、学习品质，例如好奇心、坚毅和灵活的思维。

因此，早期学习标准的潜在危害引起了早期教育工作者的关注。一般来说，消极方面是儿童可以量化和衡量的表现越来越受关注，而真正的学习和学习倾向等无法衡量的方面受关注较少。更具体的负面因素包括：

- 按照标准进行教学以致失去课程的独特性和适宜性；
- 由上至下的课程存在潜在风险，即对儿童持不恰当期望；
- 依靠直接指导以确保符合标准；
- 关注肤浅的学习目标；
- 使用测试或其他不恰当的方法来评价发展。2003 年对开端计划的重新授权不再评价儿童的社会性及情感发展，而强调前读写和前数学技能的获得。（Hirsh-Pasek et al., 2009）

学习标准经常涉及课程内容，而课程内容又被整齐划分为非常独立的主题。

学习标准是当前教育环境的现实，无论教师对什么年龄的儿童进行教育，他们都需要考虑如何最好地满足学习标准，同时开展发展适宜性的学习活动。学习标准告诉教师应该教哪些内容（what），但它没有告诉教师应该如何教（how）。这些决定可以由了解实施发展适宜性实践原则和机制以及学习标准内容的教师做出。有意图的教师可以将这两个方面融为一体（见图3-1）。

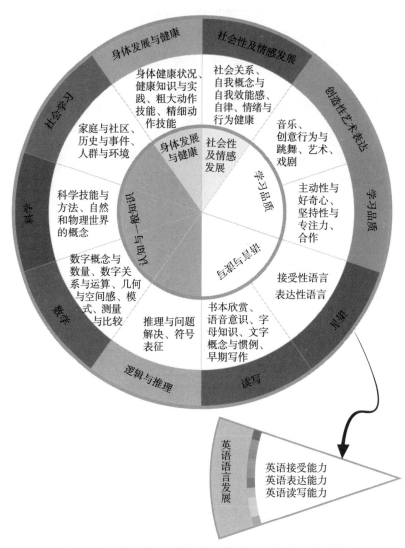

图 3-1   开端计划儿童发展和早期学习框架用于指导课程

3-2   综合课程

经验丰富的教师认识到他们在教各个领域的重要内容，并且长期以来，不同领域内容都已融入活动中。例如，当儿童在教室里和教师一起烹饪食物时，通过数食谱上标明的面粉杯数学习数学，通过阅读食谱、使用测量和烹饪等词汇来学习语言和读写。通过指出面糊和将要品尝的成品的变化来学习科学、团体参与的技巧以及许多其他事情。教师也认识到项目和主题活动能够让儿童有机会将他们所学的技能付诸实践。

烹饪是融合数学、语言、读写、科学和社交技能的课程

综合课程理念部分来自对发展的综合性的考虑——某一领域的发展（如身体发展）不可避免地会影响其他领域的发展（如社会性及情感的发展）（Bredekamp & Rosegrant，1995）。综合课程包括各领域，如科学、数学、社会学习、艺术、技术和读写。各领域融合在项目中，而不是作为单独的学科。综合课程允许儿童在没有人为分割领域知识的情况下形成有意义的心理联系，充分探索所有领域，同时追求感兴趣的主题，使用在有意义的环境中获得的知识和技能。综合课程的目的是使这些知识对儿童更有意义。综合课程容纳不同的个人学习风格和多元智能（Gardner，2000；Campbell，Campbell，& Dickinson，2003）。

早期教育课程通常使用项目教学法（Chard，1998a，1998b；Katz & Chard，2000；Helm & Beneke，2003；Helm & Katz，2010），或一种通用的主题方法——称为"结网"（webbing）——开展，这点将在本章稍后进行介绍。所有这些方法的共同点是强调从儿童的兴趣和生活经验出发，创设具体的活动情境，以某种方式将学习联系起来，让儿童有机会将技能和知识应用于有意义的问题中。深入研究一个主题，经过一段时间，可以让儿童得到真正的理解。多种参与方式，代表儿童不断增长的理解力、行动力和表达能力。丽莲·凯兹曾经说过，我们往往会低估儿童的能力。项目教学研究者指出，当内容是有意义的并与儿童的学习风格相匹配时，儿童确实能够进行复杂的学习。

综合课程有许多好处。

- 综合课程为儿童提供连贯的经验，引导儿童进行有意义的建构。儿童通过有意义的内容和技能来学习知识，而不是只关注零碎和孤立的——而且通常对他们来说毫无意义的——技能。

- 课程领域之间相互割裂会使儿童不知道如何应用知识。仅通过数学课学习算术原理并不能帮助他们理解数学在日常生活中的应用。相反地，如果我们邀请所有父母去野餐，那么了解要制作多少张邀请卡就是一个相关的数学问题，它可以让儿童在自己的活动中应用知识。

- 综合课程让儿童可以有大块时间来学习，而不是等待教师从一门学科转换到另一门学科，忍受无数次零碎的过渡（现在我们语言课上完了；接下来，我们将学习数学）。儿童的身体和精神不得不随时抽离，既浪费时间又扰乱他们的注意力。

- 当教师没有"课程全覆盖"的压力时，儿童就有时间和机会参与到能真正学习和掌握知识的重复活动中，这通常会让儿童在还没掌握新知识之前，有足够的时间自我激励并不断整合。综合课程往往会加深儿童对相关主题的兴趣，让儿童有机会重新审视和扩展他们的学习。在下一章对瑞吉欧教学法的讨论中，您将了解借助通常持续数月的优秀项目，儿童的理解力不断提高。

- 学习的内在动力是长期参与感兴趣的项目和活动的结果。

当教师将知识和技能划分为仅对成人有意义的学科领域时，需要经常借助外部激励因素（贴纸、考试成绩）来激励那些对主题似乎不太感兴趣的儿童（Bredekamp & Rosegrant，1995）。

也许最令人鼓舞的进步是将综合课程扩展到学前阶段之后，去改变年龄较大儿童的学习方式（Hurless & Gittings，2008）。领域课程可以通过儿童感兴趣的项目进行整合。

3-3　课程计划循环

那么，教师如何为发展适宜性课程制订计划呢？计划不是教师为了满足相关要求而随意开展的与教学割裂的活动。例如，在某些机构中，教师可能需要在周四下午之前提交下一周的课程计划，以便主管可以利用本周剩余的时间来确认计划是否满足要求。这通常意味着许多教师为了赶时间，在周四的午睡时间匆忙填写课程计划。这样的计划很可能不是经过深思熟虑的和有目的的。教师经常会依赖过去的想法，或者从书架上的一本教师资源用书中复制一些东西。这样的计划通常基于儿童的一般性知识和他们所应学习的一般性目标。使用这样的课程系统使满足所有儿童的需求和实现课程目标的机会相当渺茫。

相反地，发展适宜性课程计划是一个循环的一部分，这个循环发生在教师与儿童日常互动的背景下。该循环包括以下内容：

- 通过观察和记录系统了解儿童个体与集体；
- 回顾观察和记录，并评价每个儿童与预定目标的距离；
- 通过聚焦式观察了解儿童的兴趣、体验和疑问；
- 确定策略、材料和经验，以促使儿童在有意义的活动中实现目标；
- 通过观察结果评价计划的有效性，并进行更新完善。

请看图 3-2 的课程计划循环示例。如第 1 章所述，课程计划循环允许教师使用 3 种知识来源做出发展适宜性决定：①有关儿童一般性年龄特点的知识；②有关个别儿童长处、兴趣和需求的知识；③有关儿童所处社会文化背景的知识，以确保学习经验既是有意义的，又是相互关联的。

由上可见，课程计划被嵌入日常生活以及教师和儿童之间的所有互动中。接下来，让我们分别探讨循环的每个组成部分。

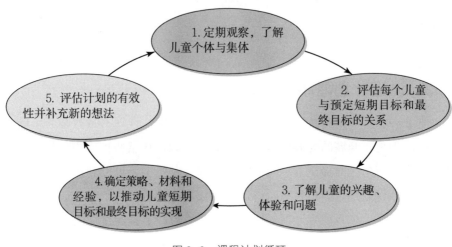

图3-2 课程计划循环

3-3a 系统观察和记录

在接下来的章节中，你将会发现很多关于为儿童创造适宜的学习环境的讨论。适宜的环境能够促进儿童各方面的发展。教室中各个区角的环境设计、时间安排以及专门的材料和活动，都让教师有时间和机会对儿童进行定期观察。以下是有关教室安排和管理的一些方法：

- 让儿童获得属于自己的材料并自己发起活动，这样教师可以自由地在房间里走动，观察不同区角的儿童并与之交流互动；
- 为儿童的创意、探索和建构提供开放式材料，让教师不必忙于提供帮助和指导；

- 为儿童创设清晰和独立的工作区域——控制参加各种活动的人数——以免教师频繁解决儿童冲突之苦；
- 提供能够让不同能力的儿童都能成功使用的材料；
- 为儿童提供大块时间参与活动，这样教师就不会陷入过多的转换和过渡；
- 有明确的清洁制度和其他让儿童承担班级责任的制度，这样教师就不用时时刻刻都在忙碌；
- 设计一个时间表，让教师有机会与儿童个体、小组以及全体进行互动。

当教师意识到创造观察机会的重要性时，他们就会明白创设教室环境是把自己从无时无刻关注儿童中解放出来的最佳方式。尽管通过与同事或志愿者的合作，教师也许可以安排正式的观察时间来集中和专门地做笔记或使用评价工具，但大多数教师发现他们最佳的观察时机是在自己和儿童进行互动的时候。

让我们看一个例子。教师在时间表中安排了小组时间，他每次只观察和倾听一小部分儿童。

假设在某一天，教师设计了玩橡皮泥的活动。在活动时间，他注意到：克里斯特尔对物体如何改变表现出浓厚的兴趣并理解了测量的知识；拉颇彻通过上周读的《小红母鸡》记起了烤面包时要用到面粉；罗德尼能够在活动中保持全神贯注，这和他在大集体活动中的表现不一样；达蒙仍然觉得等候轮流的时间很难熬。记录下此类信息十分重要，可以帮助教师了解每个儿童当下的发展情况。提前设计时间表和活动会便于观察的开展。教师观察儿童使用材料的方式、同伴之间的互动以及游戏的复杂性。教师总是关注想要达到的目标。

观察需要记录。有趣的是，有关小组的所有这些信息，从长远来看，除非被记录下来，否则是没用的（甚至会被遗忘）。教师必须掌握快速记笔记的方法，以便日后整理。即使只是记录一两个单词，也有助于教师在日后整理记录时补充观察细节。以下是教师发现的快速记笔记的方法：

(a)

(d)

(b)

(e)

(c)

当教师计划一个小组活动（a）时，他可以观察到谁需要他的帮助（b），谁拿剪刀有困难（c 和 d），谁已经掌握了技能（e）

- 将铅笔和便笺簿或档案卡放在口袋里，随时做简短的记录；
- 在每个区角放笔记板和笔，以便做简短的记录；
- 在笔记板上贴每个儿童的名字，一有机会就填充内容，这样做的好处是可以保证所有的儿童都被关注到；
- 及时拍照，以便之后记录时能忆起整个事件。

在一天结束时，教师会有大量关于不同儿童的笔记。因此，关键是要有一个有效的系统来收集和组织这些信息。许多教师发现为每个儿童准备一个手风琴文件袋或活页笔记本是非常有用的。还有人会使用电子文件夹。教师可以在整个学年内增补观察记录。它可以进一步细分为身体技能、社会性和情感、认知和概念、创造力、语言和读写，以及算术和数学概念等部分。当教师坐下来整理时，他或她只需要确保细节是完整的（包括日期），然后将它粘贴或放置放在适当的地方。细化每个发展领域的记录系统使教师能快速检查，从而看到哪些儿童需要更多的关注，以及哪个特定区域没有观察信息。

有些观察将涉及多个儿童或多个发展领域。教师可以快速地将观察记录的复印件放到相应的地方。

观察结果可能会被记录在班上所有教师共同使用的共享文档或线上日志中。教师还可以在大笔记本上做笔记。当有多位教师在教室中与儿童一起工作时，这种做法不仅可以成为一种交流方式，而且还可以成为反思、对话和共享思维过程的媒介（Stacey，2009）。

除了观察，教师还可以收集作品。在一段时间内收集的绘画作品和书写作品，可以用来记录儿童的成长和学习。这些可以作为观察的补充，不仅可用于评价和计划，同样可以用于与家庭分享信息。

例如，教师将玩橡皮泥小组活动的笔记添加到儿童的档案袋中。

3-3b 评价

每隔一两个月，教师就会通过阅读积累下来的观察记录，评估儿童的个人需求和进度。随着时间的推移，教师整理好的客观观察记录就形成了一幅儿童画像，可以作为儿童在某个方面发展和某个特定时间学习的总结。相关标准中明确定义的目标和指标为评价提供了工具。换言之，教师总结儿童的能力，然后将其与最终目标进行比对。

克里斯特尔问了几个"怎么办"和"为什么"的问题，都是关于面粉和盐是如何变成橡皮泥的。

克里斯特尔说："我们已经放了一杯面粉，所以现在我们只需要把杯子装一半。"

拉颇彻说："我记得小红母鸡做面包的时候，没有人愿意帮助她。"（书是在一周前读的）

活动时间为 15 分钟。罗德尼静静地坐着看并参与活动，在整个过程中得体地交谈——没有坐立不安或心不在焉。

达蒙两次抓勺子。当轮到克里斯特尔搅拌时，他抱怨道："我还想要搅拌一次。"当他被告知必须等罗德尼搅拌之后，他哭了。

这样的信息允许教师制订个性化计划，同时在心中对某个儿童设定特定的目标。教什么以及如何教的想法与个别教育目标紧密相连。评价就像途中停下来看看取得了怎样的进步，而这些进步与最终应该到达的目的紧密相关。评价包括反思和解释。正如一位教师所言："如果我们不知道自己想去哪里，那么我们如何知道怎样可以到达那里，或者我们离终点还有多远？"

一些广泛使用的课程具有明确定义的目标和指标，教师可以将其用作发展评价工具。工作取样系统包括持续观察、进步报告和发展检核清单（Meisels & Atkins-Burnett，2000）。开端计划就拥有一个工作取样系统。开端计划的教师现如今被要求使用开端计划成果框架。对结果的强调不应被认为是让儿童为考试做准备，而是教师为了具体指导所有儿童而收集儿童进步的信息，并因此提高儿童学习的质量。这些收集来的信息被用于制定课程发展目标，记录儿童的学习。

高瞻课程有一个根据关键发展指标而组织的学前儿童观察评价系统（COR）（Hohmann & Weikart，2002）。教学策略金牌评估系统（The Teaching Strategies Gold Assessment System）（确定了社会性和情感、身体、认知、语言的 38 个目标和指标）可以用来评估儿童集体和个人的进步（Heroman，et al.，2010）。

有效的课程计划者：

- 思考自己的行动；
- 培养接纳的态度；
- 寻求儿童的观点；
- 注意细节，发现更多可能性；
- 由儿童主导交流与对话；
- 支持儿童之间建立联系；
- 力促儿童发挥长处；
- 不断挑战儿童，让儿童在自我追求的道路上走得更远；
- 更深入地学习儿童发展理论；
- 不断发现满足儿童要求的新方法；
- 扩大课程的可能性；
- 敢于尝试新事物。（Curtis & Carter，2008）

所有这些评价工具都使用了基于表现的方法。也就是说，教师观察儿童在一日生活中的活动状况，而不是创造测试的情境。基于表现的评价方法包含了收集和记录儿童各发展领域进步信息的策略。

让我们一起回顾一下玩橡皮泥游戏的案例。对于每个儿童，教师都在档案袋中积累了大量的案例，以反映每个儿童在所有发展领域的能力和进步。在设计一日活动时，教师坐下来浏览这些具体的内容并做简短总结。在为克里斯特尔做的有关认知发展的笔记中，教师写道："克里斯特尔表现出极大的好奇心，问了许多具体的问题。她知道了一一对应以及整体由多个部分组成。"

对于达蒙，教师总结了他的社会性和情感发展情况："达蒙对等候轮换仍然存在困难，与同伴一起时经常表现得很沮丧。"

这个评估总结表帮助确认儿童当前的能力和需求。通过这些评价总结，教师能够逐渐为小组中的每个儿童设计适宜活动。

教师使用笔记来评估儿童、设定目标和计划适当的课程

3-3c   推动儿童发展的计划

由于教师面临着为儿童个体乃至集体制订计划的挑战，因此计划循环的下一步是列出所有的发展需要。从本质上讲，这意味着识别所有可能性，这样就能够更好地帮助儿童。接下来，教师考虑设计哪些类型的经验和学习活动来促进儿童。教师设计的课程之所以对每个儿童都有吸引力，不仅因为教师理解某一年龄段儿童的普遍特征，更因为头脑中有着具体的儿童。因为儿童拥有一系列选择，所以教师需要吸引那些他想要鼓励去参与的儿童，并以此作为个别教育计划的一部分。在普通的周课程计划中，教师经常会记下他们特别想在活动中支持和鼓励的儿童，以提醒自己与他们互动。

达蒙在《班级总结表》上被列为几个在轮流和合作技能方面特别需要帮助的儿童之一。教师计划了一项艺术活动，儿童可以与伙伴一起制作盒子。当天，教师鼓励达蒙与性格随和的里卡多搭档。当男孩们合作建造盒子时，教师表扬了他们。达蒙为获得积极的认可而高兴，并且按照里卡多的要求耐心等待他们要用的红色颜料。里卡多也很喜欢这一活动，而教师在他的《观察记录表》中记下的是他执行了一个计划，帮助达蒙加强社会技能。

针对克里斯特尔，教师安排她制作比萨，将比萨切成块，确保每个儿童都可以吃到一块。教师希望培养她对数字、整体与部分关系的兴趣，也希望这个活动是适宜的。

个性化计划有助于教师将目标和指标、对个别儿童的评价以及每日计划、每周计划联系起来。

同样的个性化计划也可以用来为婴幼儿以及稍大一点的儿童构建适宜的课程。教师观察婴儿和学步儿，并记录他们在小肌肉和大肌肉控制、语言方面里程碑式的发展，之后在发展连续体中评价他们的进步。教师观察婴幼儿在感知觉发展上的表现，并为其提供适宜的材料和体验，帮助这些最年幼的儿童增强和练习新技能，从而迈向下一个台阶。

3-4　主题计划法的优缺点

主题计划法有一些真正的优势。长期以来，主题计划法一直是很多教师使用的一种方法，即围绕一个中心思想设计一系列活动。主题计划法的第一个优点是相关的经验网络允许儿童建立有意义的联系。当儿童在大部分游戏和工作中找到共同点时，他们就能够在个人经历之间建立联系，构建概念。

主题计划法允许通过不同方法和媒介探究概念。如果一个特定的活动不能引起儿童的兴趣，或不适合儿童的学习风格，可以选用其他的方法。

主题计划法的第二个优点是能够提供综合的学习经验，儿童可以一次性学习和发展多个领域的技能。

主题计划法还可以使儿童尽情投入自己感兴趣的主题。根据儿童注意力的持续情况，围绕着特定主题开展的游戏和项目可能会持续几周，甚至几个月。主题计划法允许家庭参与学习活动，因为家庭和幼儿园共享资源，可以在家中强化儿童的学习活动。

第三个优点是，主题提供了一种支持教师围绕特定主题进行思考的方法。当教师试图将相关的想法和活动连成网络，帮助儿童探索主题时，可以激发儿童的创造性思维。当教师确定并支持儿童的主题时，发展适宜性的计划就产生了。

在最坏的情况下，主题计划法会以非常不恰当和限制性的方式缩小儿童的学习范围，这是应该避免的。传统的主题计划法完全由教师决定儿童需要学习什么以及如何学习。教师预先确定课程的发展方向以及学习效果。教师决定什么样的知识体系适合儿童，何时以及如何教授这些知识。毫无疑问，教师拥有"大局观"，因为他们了解儿童以及儿童需要学习和发展的知识。然而，这仅仅是从教师的立场出发，忽视了儿童主动性和兴趣的重要性。

传统的主题计划法为每个单元都制定了固定的时间表。在通常情况下，教师会提前制订计划，在学年开始前就确定好每周的主题。由此，教师经常在 9 月就可以说出来年 2 月的主题计划（例如情人节和社区小助手活动，进行安全教育，邀请警察、消防员和医疗人员进行演讲）。同样，4 月可能会开展关于复活节、播种、植树以及动物宝宝的主题活动。这些主题计划不乏热门的话题和节假日。

当教学计划被提前这么长时间确定时，教师会感到按照计划进行教学的紧迫感，于是让儿童匆忙地从一周的教学活动转向另一周的活动。但是这种固定的计划安排不能灵活地回应儿童源源不断的兴趣，也不能满足儿童重新认识主题的需要，因而不利于儿童从更深的层次来认识主题。教师怎么可能总是提前知道什么样的主题能够引起特定儿童的兴趣，以及儿童的兴趣可以持续多长时间呢？

受限于预设的教学计划，还会面临另外一个缺点，即排斥其他的兴趣点。如果教师只是武断地认为儿童所发起的其他主题不适合在这个时候展开，这还不算特别过分。事实是，教师可能会因为自己已经制订好的教学计划而排斥其他的兴趣点。儿童的想法似乎不足以使教师改变主题。教师已经花费了大量的心力来制订主题计划，因而很难放弃计划而去根据儿童的想法或教育契机来组织活动。

一些教师年复一年地重复开展这些主题，每年都会拿出布满灰尘的盒子和重复的教学计划，为不同的儿童组织活动。这种课程计划方法被伊丽莎白·琼斯称为"用防腐剂保存的尸体"，因为这些课程计划曾经富有生命力，

主题计划法的一个缺点是，教师可能很难放弃他们的计划
来跟随儿童的兴趣

但现在已经了无生气，使教师因为不断重复而不厌其烦。主题成为"需要完成"的任务。

　　儿童对自身周围发生的事件很感兴趣，其中很多事件是关于节日的。电视和商场中会传递出大量关于节日的信息，并且多数家庭和社区中的儿童都对此有真实的体验。如何利用节日元素来组织真实的、以儿童为中心的课程，而不是肤浅地附和流行文化，是需要教师深思熟虑的。

　　这个主题是否适合儿童的背景？是否反映了儿童的真实生活或兴趣？假期、恐龙、颜色或字母等主题与早期学习标准有何关系？对儿童来说有意义的结果，只有在教师进行有意识的思考后才能产生。当教师习惯性地选择自己最喜欢的活动时，它们就不会产生。(Curtis & Carter, 2011)

　　一些教师认识到以教师为主导的计划与儿童特定兴趣之间的矛盾，于是将制订的课程计划张贴在墙上，在实际开展教学活动时则不管这些课程计划，而以儿童发起的游戏为基础。从根本上来说，这种方法是消极的，因为教师在制订毫无用处的教学计划上浪费了大量的心力，而这些时间本可以用来探究如何进一步支持和增强儿童自发的兴趣，并将活动与评估和目标联系起来。还有一些人认为应该完全放弃计划，仅根据儿童的兴趣来组织活动——这被伊丽莎白·琼斯称为"随机/不确定课程"。当某些事件发生后，如果没有人深入探究，就会失去很多生成课程的机会。不幸的是，这种计划方法，或者放弃计划的方法，并不有利于建构式学习所需要的对问题的深入探究和经验的不断丰富。这两种计划都不是很好的教学方法。

那么问题来了：主题应该从哪里来？

将儿童兴趣作为有意义课程的基础

为了让儿童真正投入探索和游戏中，材料和活动必须引起儿童的兴趣。因此，计划循环的一个重要组成部分就是了解对群体中的个体来说感受强烈的问题和体验。

当教师在了解和观察儿童自身兴趣、问题的情况下决定活动主题时，他们就会将自己和儿童解放出来，追随真正感兴趣的主题，在能力允许的范围内尽可能地深入探索。这与我们所了解的儿童如何最好地学习的理念相吻合。当儿童不断自我激励，探索对他们有意义的问题时，当他们发现事情"未被发现"时，他们就会学习。请注意图 3-3 在不同的计划方法中儿童发起活动和决策的不同。这使我们想到了生成课程。

教师利用儿童浓厚的兴趣和问题来策划活动，比如动物医院

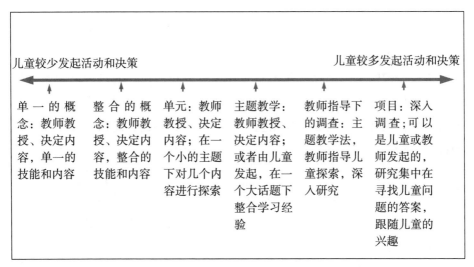

图 3-3　不同计划方法中儿童主动性和决策的程度（Helm & Katz，2010）

3-5　生成课程和项目教学法

生成课程描述的是人们探索与社会相关、有智力参与、对儿童个体有意义的内容时开发的课程类型。基本思想是：有机的、整体的学习源于课堂参与者（儿童和成人）的互动。"作为关心儿童的成人，我们为儿童做出能够反映我们价值观的选择；同时，我们需要保证计划的开放性，并能灵活地对儿童的各种需要做出回应。"（Jones & Nimmo，1994，p.3）

在生成课程中，教师和儿童都可以提出活动方案并做出决定。这意味着，有些时候真正的课程是儿童感兴趣的事情与教师认为在儿童发展过程中必须开展的活动之间相互妥协的结果。换言之，儿童的兴趣和问题可以成为计划中的活动主题，在这些主题的范围之内，教师设计能够将早期学习标准和课程要求嵌入的活动（Gronlund，2006）。

生成课程包含这样一个循环：仔细观察和倾听儿童的兴趣和游戏，反思正在发生的事情，支持儿童的想法、问题和思考（Stacey，2011）。生成课程永远不会仅仅建立在儿童的兴趣之上，教师和家长同样有可以纳入生成课程的有价值的兴趣点。生成课程中所涉及的所有成人的价值观和关注点有利于教室文化的形成。

这种课程之所以被称为"生成"，是因为它总是对最初规划过程中没有考虑到的可能性持开放态度（Jones & Reynolds，2011）。

生成课程的基础是观察儿童的兴趣、经历和活动。通过仔细观察和倾听，教师可以了解儿童的问题、知识、技能和兴趣。教师在观察结束后所做的计划，关注的是能够引导儿童保持更深层次兴趣、建构新知识的活动和材料。

生成课程：

- 由教师设计，允许儿童和教师合作，每个人都有发言权；
- 重视回应儿童，教师设计的活动建立在儿童的兴趣之上；
- 灵活，因为课程计划是不断发展的，而不是事先制订的；
- 在教师的引导下，为儿童提供进一步构建知识的机会；
- 让儿童的学习和教师的想法看得见；
- 以杜威、皮亚杰和维果斯基的理论为基础。（Stacey，2009）

儿童与教师合作、讨论并计划接下来的活动。教师不断地观察儿童的反应，并努力思考发现新想法或新材料的可能性。最好的生成课程的计划是事后进行的，这样教师能够考虑到儿童的反应并预测下一步的发展方向。一位教师将以生成的方式进行计划描述为"回应与预期、跟随与启动"（Pelo，2011，p. 159）。教师跟随儿童的引导，然后，引入新的活动来维持他们的兴趣并深化他们的探索——这是一种微妙的平衡，需要对儿童做出真正的回应，而不仅是关注要达成的目标。

生成课程的想法从何而来？琼斯（Jones）和尼莫（Nimmo）1994年时给出了许多建议。

- 儿童的游戏、议论和问题。不同的儿童拥有不同的兴趣。例如暑假过后，一个儿童在户外玩野营游戏，另一个儿童则不停地说自己的弟弟还没有牙齿。
- 成人的兴趣和爱好。例如一位家长想让孩子了解堆肥的知识，一位教师喜欢寻找鸟窝。
- 环境中的物品、事件和人。例如操场一角的小山可以引发儿童对重力的探索；参观邻居家的花园，可以成为儿童观察蔬菜生长的机会，或引发儿童对土壤中蚯蚓活动的探索。

课程可能来自探索环境中事物的机会

- 发展任务。儿童需要进行大量练习才能掌握每个发展阶段要掌握的任务，如使用剪刀，发展跳跃能力，探索友情。
- 家庭和文化影响。例如请外国家庭介绍家乡传统，请老奶奶讲述自己的童年故事。
- 每日共同生活中出现的事情。例如讨论公平使用新电脑的方法，找出分配教室杂务的办法。
- 意外的新发现或刚刚发生的事情。例如一场暴风雨在操场上冲出了很多水沟；春天到了，毛毛虫来了。
- 课程资源材料。虽然这些资源材料不是教师课程的主要来源，但它们经常能够提供一些与环境、儿童兴趣和教师需要相适应的主题。例如在发现儿童对消防员这一话题的浓厚兴趣后，教师可能会在材料中找到与消防员相关的资源。
- 学校和社区对儿童学习持有的价值观。例如全班参观拐角处的疗养院前，讨论为他人制作节日礼物。

(a)　　　　(b)

课程可能来自儿童自身的发展兴趣，比如玩拼图游戏或发展自理能力

这些只是深入寻找儿童活动主题的一些起点。这是对主题计划的重新定义（Curtis & Carter，2011）。在以儿童为中心的主题计划中，教师从儿童的游戏和生活经验中识别出主题，然后将这些想法转化为材料和活动，以激发儿童不断产生新想法和新问题。好的计划可以为儿童的游戏和探索做好充分的准备。好的计划要求教师在观察儿童与材料互动或活动时退后一步，发现接下来会发生什么。在儿童的发展目标和行动目的之间，教师需要计划具体的发展方向。这种深思熟虑不可避免地会引发下一个计划的制订。

课程可以是让儿童学习成为社区的一部分，比如在教室里做值日

由于教师为儿童提供各种体验和媒介去探索，所以持续的活动可能会发展成长期项目（Chard，1998a，1998b；Katz & Chard，2000；Helm & Beneke，2003；Lewin-Benham，2006；Helm & Katz，2010；Beneke & Ostrosky，2013；Bentley，2013）。这些在创造性课程（The Creative Curriculum）中被称为"研

究"（Dodge，Colker & Heroman，2010）。教师和儿童在其中一起深入探索。

好的项目能够为儿童提供在多个课程领域，例如科学、数学、社会学习、交流和艺术进行探究的机会。"事实上，将文字、数学或科学概念融入对儿童来说非常有吸引力的探究中较为容易，这样他们就会有内在的动力去书写、绘画并深入思考他们的工作。"（Stacey，2011，p. 9）

项目是整合课程并鼓励儿童发展多种知识和技能的工具。并非每个生成课程都能够发展成为长期项目。教师会认真追随儿童的兴趣方向，并在适当的时候帮助他们接受新的想法。"通过这一过程，课程不断地生成，教师和儿童一起不断地学习。"（Jones & Reynolds，2011，p. 109）

生成课程是动态的、持续发展的，永远不可能进行完全预测。它是一个有机的过程，在真实的行动和互动中成长，使儿童和教师都保持高度的积极性和良好的学习能力。然而，重要的是要认识到，不是"不管什么样，都能称为生成课程"。相反地，它与教师主导的课程一样，是高度结构化的。不同的是，它的结构不是来自预设的计划，而是来自知识渊博的教师对儿童的回应。

家园交流

课 程 选 择

亲爱的家长朋友：

有家长询问我们班使用什么课程的问题。我们的回答比给你一个名称要复杂得多。我们使用的是所谓的"生成课程"。让我解释一下它意味着什么。我们知道儿童在发现他们感兴趣的活动和问题时最投入，所以我们通过倾听他们的对话、观察他们喜欢的活动及倾听您对家庭活动的描述来密切关注他们的兴趣。然后，我们判断哪些主题和活动可能会引起一些孩子的兴趣并开始探索。我们提供学习材料和经验，希望有助于加深孩子对该主题的学习。

同时，我们注意到政府制定的学习标准，因此我们不断选择有助于孩子实现这些标准的活动。您可能会发现，我们正在将强制性的学习目标与孩子的特殊兴趣结合在一起，以找到能够满足二者的活动和体验。虽然这意味着我们的计划经常是灵活的，并且随着孩子对学习的参与而改变，但这并不意味着失控。我们在做决定时是非常有目的性的，会重点关注孩子的发展和成就，并以此作为确定下一个方向的依据。

我们也认识到每个家庭有不同的兴趣，欢迎把您的想法告诉我们。我们也会随时告知您孩子感兴趣和喜欢的活动，以便您在家中随时跟进。

在班里，课程是活的，它使我们的学习既愉快又富有成效。

××老师

生成课程和标准

现在许多教师提出的问题是：如何理解生成课程？如何将生成课程与满足特定学习标准的需求相协调？

教师可以回顾项目中发生的所有重要的游戏和学习，并了解活动达到了哪些标准。这是将生成课程和学习标准联系起来。通常来说，教师在指导儿童完成项目和研究时会注意这些标准。随着儿童工作的完成，教师可以识别过程中儿童所使用的具体技能、知识。这使教师既能够对标准负责，同时又可以开展适宜儿童发展的活动来支持儿童的学习。

观察、记录可以帮助教师评价儿童在学习标准方面的进展，这些学习标准是通过他们感兴趣的探索活动来实现的。显然，这种评价的前提就是熟悉标准并理解儿童的"语言"，这些"语言"可以很轻松地转化为有意义的课堂活动。

教师还可以使用学习标准有目的地进行计划。有位教师使用各种可用物品让儿童玩水，为儿童提供愉快和适宜的体验，这可能会激发儿童进一步探索的兴趣。她同时也打算观察他们中有多少人已经掌握了沉浮的概念，在"科学"部分学习标准下的"比较物体、识别物体之间关系"方面取得了多大的进步。

应该指出的是，家庭在帮助教师设计和实施课程方面发挥着重要作用。首先是理解并支持教师在开发课程方面的努力。这些课程可能看起来并不成熟，当教师传达他们为儿童制定的目标以及儿童积极学习的过程时，家长将明白，特定的要求仍然会得到满足，只是可能会是以一种不那么刻板的方式。因此，教师有义务与家长进行有效沟通，描述儿童的学习过程和结果。

其次是积极参与关于儿童兴趣和学习方式的对话。家庭拥有第一手信息，可以与教师共享。

再次是帮助教师确定可用资源并提供资源。家长可以提供重要的想法，本人也可以成为资源，还可以提供材料。

当教师记录儿童的工作时，家长将会发现儿童投入其中，于是自己也可能参与其中，从而加强儿童学习的可能性。

3-6　生成课程设计策略

教师了解生成课程的适宜性后，可以采取一些关键步骤制订课程计划。

3-6a　观察与反思

对忙于游戏和工作的儿童进行观察，是发现儿童的困难和兴趣以及他们已经拥有的技能和知识的关键。我们已经讨论过，在儿童达到预先设定的目标和指标的过程中，观察起非常重要的作用。请注意，记录儿童在游戏中的表现能够指导教师制订满足儿童需要的计划。

在反思观察时，教师应该问：我具体看到和听到了什么？对于儿童来说，这种经验称为什么？儿童知道什么？儿童怎么做的？儿童觉得什么是令人沮丧或困惑、有意义或具有挑战性的？儿童对自己和教师感觉如何？在游戏或探索中想做些什么？有哪些经验、知识或技能得到了构建？将要遇到哪些问题、创意或困难？在儿童下一步的活动中，我或同事可以为他们提供哪些帮助呢？（Curtis & Carter，2011）

对这些问题的回答有助于教师定义儿童自己选择的主题，并发现已经开始的课程。找到有关儿童游戏问题的答案也有助于教师确定最能支持儿童探索的学习活动。观察是一个持续的过程，贯穿于教师制订计划、为儿童提供活动的过程中（见图3-4）。

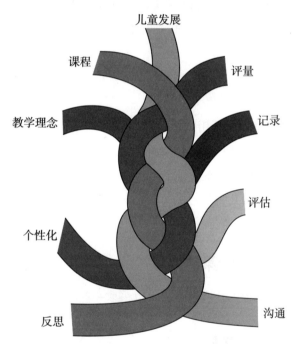

图3-4   教师在课程设计、评估、记录和交流时，
整合关于儿童一般发展规律、个体发展特点和相关
学习标准的知识——一个也不能少

以下观察记录说明了教师确定主题和计划主要事件的过程。

教师的笔记：珍妮和拉蒙正在玩沙子。拉蒙将沙子装到桶中，然后将桶倒扣过来。沙子"流"到地上。他看起来很失望，然后重新将桶装满，将沙子拍打得更实。他再一次将桶倒扣过来。沙子又一次散落在地上。之后，他

把珍妮的桶抢过来，开始往里面装沙子。珍妮说"不行，拉蒙"，把桶夺了
回来。拉蒙奋力想把它抢回来，说："我想用这个桶，因为这个桶里的沙子
不会散。这是我昨天用的那个桶。"

解释：昨天一场雨过后，沙池里的沙子变湿了，孩子们在桶里装满沙子，
倒在地上，沙子成了桶的样子。拉蒙以为能让沙子保持固定形状的东西是某
个特定的桶。他打算测试一下自己的想法，但是非常沮丧的是别人正在用这
个桶。他把桶抢了过来，而不是请求借用一下。珍妮知道如何维护自己的
利益。

在观察到拉蒙的兴趣和困惑后，教师可以计划一系列的活动帮助拉蒙探
索湿沙和干沙的特性，以及其他容易定型的材料。通过考虑个别儿童的兴趣、
问题和需求，教师可以计划专门针对个别儿童的活动（Buell & Sutton，
2008）。思考哪些活动可能有利于儿童进行更深层次的探索，这经常通过
"结网"的过程来实现。

3-6b　结网

结网是进行头脑风暴的过程，要求自由构想某一探索活动的可能发展方
向，列出可能建立起来的各种联系。由一件事情引向另一件事情，由一个想
法激发出另一个想法，就像是形成一张巨大的蜘蛛网。在某一兴趣引导课程
转到其他方向之前，这张网总是包含很多的可能性，包括由于缺乏兴趣、对
特定群体缺乏适宜性或缺乏适当的资源和经验而被排除的想法。随着儿童和
家庭参与到讨论和活动中，这张网吸纳其他的想法，生成新的想法。这张网
有助于教师保持开放态度，为可能展开的学习活动准备材料并制订计划。结
网是实验性的计划，是尝试新思想、关注正在发生的事情并进行评价以及开
展下一步活动的起始点（Jones & Nimmo，1994）。

结网的功能不是创建教师精心设计的计划活动——"本月课程计划"；
相反地，它是教师思考的起点。正如一位教师所说："我认为这个最初的网
更像是一本旅行指南，提醒人们'做好准备……''一定要花一些时间……'
'随身携带……'。这个'网'不是一张带有红色标记的地图，不需要坚定不
移地遵循。"（Pelo，2011，p. 159）结网允许教师在自己的计划中更具创造性

和趣味性，而不仅是按逻辑线性地开展活动。例如，下图显示出在沙池游戏中教师基于拉蒙的想法所进行的思考和学习（见图3-5）。

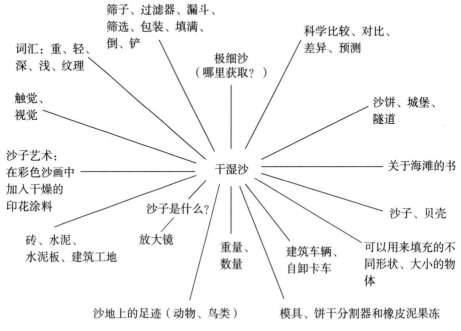

图 3-5   教师思考探索湿沙和干沙活动可能性的网

上图代表了教师对潜在学习的思考，列出了可能的活动和材料。这是教师在关注儿童的兴趣并支持儿童朝着既定学习目标前进的重要方式。有时，教师会发现分成"活动网"（计划中的内容、时间和方式）和"内容网"（为什么或可能的结果）很有用，这样他们就可以检查发展的各个方面以及所需的知识或技能是否都有涉及。这种思维方法在教师试图向家长展示儿童的进步时也非常重要。图 3-6 展示了一个活动网，而图 3-7 展示了一个内容网。

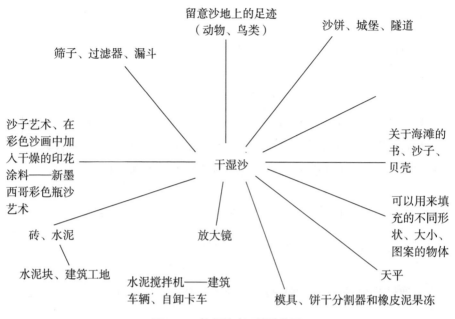

图 3-6　考虑活动可能性的网

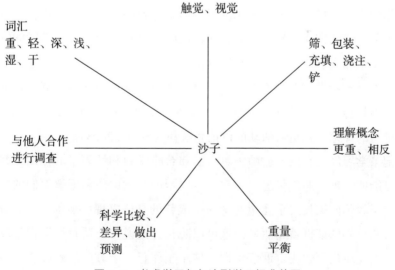

图 3-7　考虑学习如何达到学习标准的网

3-6c   创设环境

在对网进行一些初步思考后，教师继续制订计划。在实施以儿童为中心的课程时，制订计划的第一步是提供环境。教师从活动网中选择一个焦点，精心设置环境，选择材料和活动来帮助儿童探索。教师可以创设一个激发点，即用来激发儿童兴趣的事件或经验。然后，教师仔细观察儿童如何使用所提供的材料，在游戏中谈论和表达了哪些经验，以及有哪些疑问和认识。通过这种方法，教师可以知道还需要为儿童提供哪些支持和材料。

3-6d   为维持儿童的探索并进一步强化探索制订计划

第二步是为维持并进一步强化探索制订计划。进一步的观察将帮助教师了解儿童提出的新想法、解决方案和答案，或其他可以扩展经验的材料。第三步，通过补充建议或提供支持新想法的新材料来丰富游戏。

3-6e   展示学习经验

作为最后一步，教师要为儿童提供展示学习经验的材料和机会。当儿童接触各种各样的媒介并被鼓励去表达自己的想法和经验时，他们就能够扩展自己的思维和表达能力。这是在课堂中发展儿童读写能力。教师还要为如何向其他人（包括儿童和他们的父母）展示儿童的学习情况做计划。教师可能需要：项目各阶段儿童作品的样本；讲述正在进行的工作的照片或幻灯片；教师撰写的评论；儿童对活动的讨论和解释（Seitz，2008）。

记录学习经验有助于教师了解自己在合作学习和计划中的作用，并为下一步可能的发展方向提供思路。它还可以帮助儿童记住和理解他们的学习过程，便于教师向家长展示儿童在学习中成长的具体表现。准备得越充分，教师思考和计划的证据就越明显，这可以防止有人说发展适宜性课程是放任主义，任由儿童的愿望决定课程走向。展示工作显示了教师的责任，扩展了儿童的学习，并使学习可见（Seitz，2008）。

意大利北部的瑞吉欧·艾米利亚学校很好地阐释了设计发展适宜性的、以儿童为中心的课程的 4 个步骤。

思考这些计划步骤。

金是一名学前班教师。她在班里戏剧游戏区配备了几个玩具婴儿和相关的婴儿用品，例如尿布、爽身粉和奶瓶。这是为了回应班中母亲怀孕或刚有弟弟妹妹的儿童。

教师观察儿童扮演的角色，并仔细聆听他们的谈话。当她听到有儿童讨论在让婴儿上床睡觉之前需要给他们洗澡时，她添加了一个婴儿浴缸和一些塑料沐浴玩具。教师还精心策划活动以扩大学习范围，例如查看班上儿童婴儿时期照片、衣服和父母制作的婴儿书，阅读有关婴儿的书，探望新生儿，并参观幼儿园的婴儿室。因此，对这个主题的兴趣持续了又一周。

有一些对话引发了教师添加其他材料以进一步丰富戏剧的想法。一个儿童在给婴儿做检查后，陪她"妈妈"去看儿科医生，随后，一些年轻妈妈开始玩带娃去看医生的游戏。教师随后添加了医生的道具。后来教师增加了一个小便盆，因为教师听到其中一个儿童说，"医生总是要检查婴儿的尿"。

添加其他医疗设备以扩展对医生工作的认识，包括称重和测量，这导致教室增加了一个图表，显示儿童当前的身高和体重，以及他们出生时的体重和身高，其中有的是家长提供的信息。

在整个活动中，儿童忙着谈论他们对小婴儿的看法和感受、其他人的职责、婴儿成长和发展需要，以及许多其他认识，包括性别角色（是的，父亲可以看护婴儿）。教师在学习周期完成后又设计了一个活动网，并向家长说明。

虽然教室里的所有儿童都参与了这个项目的一些活动，例如参观婴儿室和阅读有关婴儿的书，但有些儿童也有兴趣追寻其他问题。所有儿童同时进行相同的探究是不常见的，因为他们会有不同的兴趣（Stacey，2011）。

在这段时间里，也许是因为看到了婴儿书，几个儿童开始制作自己的书。他们在写作中心度过了几个上午，使用那里提供的图书制作材料。与此同时，其他对婴儿主题不太感兴趣的儿童继续建造精致的街区。

通过设计并投放能够吸引儿童兴趣的环境和材料，教师发现儿童会产生多样的想法。观察儿童游戏时，教师可能就在同时为几种不同的兴趣设计方案。在上述案例中，教师为写作中心提供丰富的材料，比如准备一些旧书，让儿童拆开后了解书的装订，建立一个作者角，在建构区加入建筑材料和摩天大楼的图片。环境的设计要让儿童能够发现自己的兴趣点，而不是强迫儿童学习其他人都在学习的东西。

3-6f 生成课程计划

"传统上，基础教育的特点是预设课程，专家理性地确定一年级或四年级应该教什么。……它依赖于概括，而不是个别教师的创造力和对个别学习者的关注。"（Johns，2012，p. 67）标准化课程可能是教师思维的敌人，但大型教育系统中允许"响应官僚需求的线性规划和评估"。事实上，课程越标准化，就越有可能有更多的儿童落在后面，个人教育需求得不到满足。

为儿童设计发展适宜性课程的教师明白，只有当教师和儿童都真正投入并有动力寻求自己的问题的答案时，才会发生真正的学习。"动机促进学习。动机是引导学习者完成课程的正能量。"（Wien，2008，p. 16）当教师关注儿童的兴趣时，就会产生深入的调查。"在教师的议程中留出空间或创造一个切入口，可能会出现一些意想不到的事情。"（Wien，2008，p. 25）

它需要有能力将这种兴趣扩展到整个课堂活动中。它的广阔之处在于它向更多事物敞开了大门，而包容性在于它将儿童的兴趣纳入了官方课程。（Wien，2008，p. 25）

有研究者为希望支持儿童积极参与有意义学习，同时满足核心课程州标准的公立学校教师提出了三步法。

首先，建立一个知识库，包括相关法律法规内容标准和校长的立场等。这是教师必须遵守的信息。

其次，以所要求的内容为起点，研发符合儿童兴趣的课程。他们建议对基础内容进行替代、补充和丰富，调整节奏以满足个别儿童的需求，也可以让班级更彻底地探索主题。在单个活动或项目中涵盖尽可能多的标准。

最后，成为展示儿童参与有意义学习的专家。开发用于谈论决策和学习的话语体系。与您的校长、同事和家长不断沟通。（Goldstein & Baum，2014）

毫无疑问，在课堂上采取生成课程法的教师可以教授标准化课程，让儿童成为追求自己兴趣的更强大的参与者，达到更高水平的思考和参与。在当今以考试为重点的课程环境中，这需要教师有足够的勇气，并相信持续探究和深入参与学习过程实际上可能有助于儿童取得好成绩。布朗（Brown）说："游戏不是学习的敌人。它是学习的伙伴。"（2010）海森（Hyson）同意："游戏不是学习后的休息，而是学习的途径。"正如韦恩所说，摆脱标准化课程中的线性目标清单可能会让教师将其嵌入更丰富、更整合的活动中，例如生成课程中。在这些活动中，学习可以以故事的形式展示，而不是通过测试来衡量。

正如一位教师所说，这可能会挑战传统对教学的定义，因此它不再只是意味着传播知识，而是成为细心的观察者和倾听者，提供灵活的时间，并通过更高层次的问题来引导儿童的思维过程，同时在课堂上补充内容以支持思考，表征思考（Wien，2008，p. 108）。

选择在班中创建适合发展的体验式学习的教师需要勇敢和自信，并寻求志同道合的同事的支持。他们还需要能够向管理者和家庭清楚地阐明他们的理念、方法和可证明的结果。

3-7　计划表是什么样的?

在讨论了生成课程的设计之后可知，显然传统的从周一到周五的填充式计划表并不是很有效。教师需要这些表来向校长、督导人员等表明自己在思考他们提供给儿童的活动。教师还要开动脑筋，尽可能使自己的设计回应儿童的问题和兴趣。当教师根据记录去设计课程时，他们通常是先观察，再记录，然后根据进展补充新的想法。因此，他们需要的计划表要能允许更加开放的研究、更多的尝试和想法。这样的计划表能随时添加儿童的想法和他们的家长出于兴趣而可能贡献的材料。这样的计划表考虑到儿童发展的规律和兴趣，而不是把儿童和教师限制在预设活动中。

斯塔西给出了一个四列计划表，其中包含：观察；教师反思；邀请、谈话等回应；跟踪观察（Stacey，2011）。一个灵活的计划表也可能如图 3-8 所示。

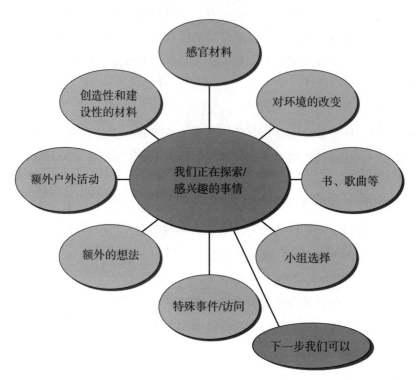

图 3-8   灵活的计划表允许教师根据观察到的兴趣和需求做出反应

灵活的计划表记录了新出现的兴趣以及为支持这些兴趣而对环境所做的改变。这种计划表不是事先花费数小时制订、试图在主题之间建立人为的联系，而只是提供一个基础，并随着活动的发展而发展。计划的负担仍然落在教师身上，但在课堂上与儿童的互动会影响到工作的方方面面。它是真实而快乐的工作，所有阅读它的人——家长、领导、其他教师等——都参与到活动中。这种计划表让教师可以再次享受计划的乐趣，而不必担心在截止日期之前填满所有空格。

许多想要转向更发展适宜性的计划表的教师常常犹豫不决，因为过去的计划表暗示了一种特定的计划模式。他们担心自己的领导不会接受不同方法。当一群大学生向当地主管部门询问是否可以接受表格的更改时，他们惊讶地发现自己得到了鼓励而不是否定。主管部门很高兴看到这么多新鲜的想法。

主管部门的主要兴趣是证明教师对发展的理解和对技能的关注，以及计划的基本原理。因此，不应让对变化的恐惧限制了计划方法的灵活性。

多样性考虑

对变化的看法

改变可能是困难的，也可能不是，这取决于所在文化对适宜或灵活含义的理解。有时，教师会说他们感到不安心，因为他们不太确定自己是否能适应课程的灵活性。有些文化支持改变，有些则不支持。你自己的文化背景是否让你能够在个人生活或职业生活中自如地做出改变？如果不能，你能做些什么呢？

3-8　改变计划流程

对于用过传统的、以教师为主导的计划法的教师来说，改用以儿童为中心的方法可能最好小步前进。通常，当接受了发展适宜性实践理念教育的新教师开始工作时，他们会沮丧地发现他们所学的东西没有得到实践。理念可能会为变革提供基础。

在整个计划周期中，观察贯穿始终：观察以了解儿童的能力、技能和兴趣；观察以确定活动的进展；观察以了解儿童的想法和问题；观察以评估教师的计划在多大程度上促使儿童学习，获得丰富体验。定期进行观察对于改变计划过程至关重要。

1. 第一步是开始真正地倾听儿童，尝试找到他们的问题和兴趣点。可以对儿童游戏过程进行录音，用于日后回放。维维安·佩利（Vivian Paley）指出：教师听到儿童谈话并对其所听的、所做的加以思考时，学到了什么？设计支持兴趣的材料或活动是一个开始。例如一位教师在注意到儿童忙于用记号笔活动后，添加了更多的记号笔。

2. 习惯传统的基于主题的设计法的教师，可以尝试在儿童生活事件中寻找主题，而不是预先设计一个学期的主题计划表。例如在班上儿童有弟弟妹妹出生后，教师将婴儿设计在活动中。

3. 试着让主题的结束在时间上是开放的。如果时间表是开放的，教师就不会有在儿童探究欲望被满足之前让儿童尽快进入下一主题的压力。如果不计划在周五之前结束主题活动，而是继续保持材料和活动到下一周，教师可能会发现儿童在用更加复杂的方法使用材料。这样会有更多的时间用于回顾，并使游戏及学习更加复杂。

4. 注意儿童在教室的各个区怎样使用材料。增加能够让儿童卷入、激发儿童探究的材料。打开思路，不去教概念。比如计划给创造区增加感官材料的教师就不会关注概念。计划用真实建筑材料和相关使用说明的图片丰富积木区的教师，是在刺激其他形式的建构，而不太关注"最高"这一概念的教授。

5. 看看儿童在完成什么样的发展性任务。关注儿童在每一方面的发展，考虑可以用来支持儿童各方面发展的材料和活动。教师注意到儿童正发展精细动作，于是计划在书写中心提供新的工具，如打孔器和蜡纸；看到出现了合作游戏，于是在表演中心增加了新的道具。

6. 儿童感兴趣的领域可能会扩展。比如在儿童扮演父母带婴儿去看医生时，教师增加新的医疗设备，这就是对儿童的支持。探究过播种和植物生长的儿童可能会对教师让他们观看做饭——作为食物成长的自然结果——很感兴趣。

7. 有些教师承受着遵守国家课程指南、实现学习目标的压力，可能会发现很难去考虑改变——需要准备太多的材料，因为所有的设计都需要材料的支持。然而，在主题学习背景下制订长期计划和学习目标，可能使满足儿童和教师的需求成为可能。

如前所述，教师可使用回顾的技巧，确认儿童是否在参与整合课程时达到了各学习标准。这意味着在项目完成之后，教师可以不必再考察儿童获得的技能和知识，而直接去查看儿童在他们的工作中到底做了什么。

8. 与其他的教师进行头脑风暴和协作有助于改变计划过程。与其他人一起思考，会帮助教师扩展关注点，转变狭隘的主题设计观念，使生成课程在深思和对话中发展。

计划发展适宜性课程的这些小步骤可能
会将教师推向重要的方向。学习规划以儿童
为中心的课程是一个成长的过程。布斯
（Booth）描述了一个项目，该项目允许儿童
与教师就生成课程进行合作。布斯描述了她
采取的步骤以及她学到的不同做法。例如，
她学会了在项目开始时和制订计划时与儿童
进行更多的协商，放慢速度让儿童参与项目
的所有步骤，让儿童开辟全新的调查领域，
并更深入地观察"儿童正在努力理解或完
成什么，并根据我可以提供的挑战来制订计
划"（Booth，1997，p.82）。为发展适宜性
课程制订计划的过程可以让教师成长，并体
验自己的创造力。

有效的课程计划是一个动态的过
程，需要教师掌握大量的知识和
技能

这种课程计划不简单，但它是令人兴奋
的，它为教师和儿童提供了学习和成长的动
态机会。德布·柯蒂斯（Deb Curtis）将其比作学习在海中游泳——花费大量
时间让自己的身体沉浸其中，从而了解海浪的本质（2011）。

柯蒂斯说，教师必须能够预测将要发生的事情并紧紧追随，同时保持完
全的观察力，觉察每一刻正在发生的事。人永远无法真正控制或改变波浪。
人只能学会如何回应波浪。（Curtis & Carter，2011）

回应是发展适宜性课程计划的全部。

小结

1. 发展适宜性课程计划涉及教师活动循环，包括：
- 观察和记录；
- 反映并评估儿童在实现特定发展目标方面的进展；
- 观察并反思，以了解儿童感兴趣的主题；

- 确定支持儿童进步的策略、材料和经验；
- 评估计划的有效性并开始新的周期。

2. 根据有关专业组织发表的关于强调儿童全面发展和主动学习课程的立场声明，教师应采用各种策略来帮助儿童进步。

3. 长期项目可能对儿童和教师有利。这让儿童和教师都可以组织他们的思维并体验学习所需的重复。教师必须注意不要拘泥于计划。

4. 生成课程是指在特定环境下由儿童和教师共同协商的、对儿童生活有意义的课程。"结网"是指确定潜在学习活动的头脑风暴过程。

5. 教师根据观察制订计划，创设环境，支持并丰富儿童的学习活动，提供展示的机会。

6. 教师可能必须制作新的计划表，以便在儿童的带领下灵活开展活动。

7. 从以教师为主导的计划开始，先小步走，可能会使计划过程更适合儿童的发展。

思考

1. 从所在社区的教师那里找到几份课程计划表，看看它们是否支持开发以儿童为中心的课程。

2. 和同伴一起动脑筋并制作计划网，可以分活动和内容两方面，可以用"婴儿"这个主题。想出尽可能多的支持主题的材料、活动和经验。反思你的活动中有多少可能的学习，是否涉及所有领域的学习。

3. 和同伴绕着你们某学校建筑走一走。将你在这个可能会激发儿童兴趣、教师据此能设计相关材料和活动以扩展儿童兴趣的环境里看到的所有东西列出来。

4. 列出你作为儿童会喜欢的所有活动，并在小组内分享。做一个表并把它贴出来。现在列出你作为成人喜欢做的或感兴趣的所有东西。你能基于其中一些活动来设计儿童体验吗？

自测

1. 描述各立场文件所指出的发展适宜性课程的几个关键组成部分。
2. 描述课程计划循环及其组成部分。
3. 讨论生成课程的含义以及来源。
4. 设计法中的"结网"是什么意思?
5. 讨论采用某一计划表时要考虑的因素。
6. 在从教师主导向儿童主导转变时,教师可以首先采取哪些步骤?

应用:案例研究

1. 一位新入职的教师抱怨他总是无法将观察纳入日常工作中。与他讨论课程安排,以支持他观察和记录个别儿童的信息。

2. 与经验丰富的同事一起,对儿童的工作和游戏进行一段时间的观察,然后将观察结果与相关早期学习标准联系起来。

第4章 关于多种课程模式的思考

学习目标

学习本章之后，你应该能够：

4-1 描述蒙台梭利教学法，并讨论该课程模式如何遵循发展适宜性实践的原则；

4-2 描述银行街教育模式，并讨论该课程模式如何遵循发展适宜性实践的原则；

4-3 描述华德福教育模式，并讨论该课程模式如何遵循发展适宜性实践的原则；

4-4 描述瑞吉欧教育模式，并讨论该课程模式如何遵循发展适宜性实践的原则；

4-5 描述高瞻课程模式，并讨论该课程模式如何遵循发展适宜性实践的原则；

4-6 描述创造性课程模式，并讨论该课程模式如何遵循发展适宜性实践的原则。

本书自始至终强调的一个理念是，发展适宜性实践并不是一个严格的"处方"，而是一个提供决策和反思所需信息的指南。当教师、管理者及家长为儿童和特定教育项目做出决定时，他们就创建了自己的发展适宜性环境和课程。关于各个年龄段儿童特点的知识有利于为儿童提供有趣并且适宜的活动、材料和体验，这些知识同样会为其他发展适宜性课程提供相同的基本要素。然而，对个体不同兴趣和能力的细心回应，对儿童所处多种社会和文化背景的尊重与重视，确保每个发展适宜性课程都承载各自不同的特点，反映了决策时不同的着力点。

随着教师不断接触不同机构所采用的各种各样的课程模式，他们会听到多种不同的名称。有些时候，课程是在没有教师参与或征得教师同意的情况下采用的。理解每种课程模式所提供的内容，并思考每种课程理念可以如何与发展适宜性实践原则相适应是非常重要的。许多机构都使用了将一些课程模式相结合的相对折中的做法。

本章会对几种众所周知、流传广泛的课程模式进行简要介绍。读者思考和讨论的重点应该是：每种课程模式是如何遵从发展适宜性实践原则的？我们将按照这些课程模式出现的时间顺序进行介绍。对这几种课程模式进行介绍的目的是提供相关信息，而不是要推荐这些课程模式。在这里我们不对各种经过包装的适应市场需求的课程展开探究，因为从前面的讨论中可以很明显地看出，绝大多数这样的课程并没有达到发展适宜性实践的要求。

4-1 蒙台梭利教学法

让我们首先讨论最"年长"的蒙台梭利教学法。

4-1a 历史和哲学思想

玛利亚·蒙台梭利（1870—1952）是意大利第一个获得医学学位的女性。通过对儿童的观察，蒙台梭利认识到了每个儿童的独特性，并且观察到了被称为"敏感期"的特殊时期。在这一时期，儿童会对特定的学习刺激特别敏感。蒙台梭利描述了儿童发展的 4 个阶段，每个阶段都有自己独特的发展特点和挑战：0—6 岁是感知觉探索阶段，这一阶段儿童形成他们独特的智能；6—12 岁是概念探索阶段，这一阶段儿童发展抽象能力和想象力；12—18 岁是对人进行探索的阶段，这一阶段儿童逐渐理解自己在社会中的位置，并懂得如何为世界做出贡献；18—24 岁，年轻人开始进行更为专门化的探索，寻找社会中适合自己的工作。蒙台梭利相信每个人需要寻找一个有意义的工作。

蒙台梭利理念中的另一个概念是"吸收性心智"，指儿童可以毫不费劲地在外部环境中进行无意识的学习。蒙台梭利着迷于每个儿童所具有的学习能力。蒙台梭利理念中的一个重要部分是：应该尊重儿童的能力、发展速度和学习节奏。她相信儿童有能力集中精力并做到自律，成人需要为此提供支持的环境。蒙台梭利同样认为尚处在第一个发展阶段的儿童不能从想象中受益，成人应关注感知体验的价值。

蒙台梭利理论是世界各地蒙台梭利学校的指导原则

在罗马的贫民区工作一段时间后，1907 年，蒙台梭利创建了融合自己的教育理念和方法的学校。从那时起，蒙台梭利学校开始在美国和其他地方扩散开来。多数蒙台梭利学校招收 2—6 岁的儿童，部分可能会持续到小学及以上。如今在美国，我们可以发现有些蒙台梭利学校仍然严格地遵循最初的方法，而有些学校的实践则有所调整，以适应美国文化和思想（American Montessori Society）。蒙台梭利的思想对早期教育产生了广泛的影响。

4-1b　蒙台梭利教育的关键组成部分

蒙台梭利学校使用独特的教学方法、材料，教师经过特殊培训，都遵循蒙台梭利教学方法。蒙台梭利教育含有以下重要组成部分：

- 教师受过专门的蒙台梭利理论和教学方法培训；
- 与家庭建立合作关系；
- 混龄教学；
- 多样化的蒙台梭利材料和体验，按照儿童的需要精心并有顺序地呈现；
- 日程安排中为儿童提供大块完整的时间，让他们解决问题并沉浸于学习中；
- 教室氛围鼓励儿童社会互动，进行合作学习。

蒙台梭利认为，0—6 岁儿童关注的是通过感官体验现实，而不是想象

4-1c　教师教育

蒙台梭利教师需在经过认证的蒙台梭利教师教育机构中接受专门培训。教师培训强调如何通过观察来了解儿童为进行什么样的活动做好了准备，教师在什么时候在多大程度上进行干预。教师同样要研究可以促进儿童实现目标的具体材料和活动。教师还学习使用精心设计的蒙台梭利教具，将所规定的一系列任务按照设计好的次序呈现给儿童。

教师，以前被称为"导师"，最终目的是帮助儿童进行独立学习，因此教师的作用

蒙台梭利教师按照精心规定的顺序向每个儿童展示活动

更像是儿童学习的促进者。教师和儿童在一起时最为活跃。他们基于对儿童需求和发展水平的评估，为儿童展示如何使用材料并呈现活动。教师经常根据活动任务的顺序为儿童个体或小组呈现他们的课程，以此来帮助儿童学习具体的技能和概念。在培训中，教师被教导要按照活动的步骤给出指引。在多数蒙台梭利教育机构中，教师面对的是由3个年龄段儿童组成的混龄小组，如3—6岁等。

4-1d 教师实践

教师的主要职责之一是创设有准备的环境。因为认识到激发儿童好奇心和兴趣的重要性，蒙台梭利对环境秩序和吸引感官的材料极为重视。蒙台梭利教室被分为多个学习区，其中开放的架子陈列着精心准备的材料。许多区域与其他典型教室中的环境是不一样的。在下一部分关于课程要素的讨论中，我们会重点介绍这些区域。这里我们要强调的是：准备环境是教师的职责。

蒙台梭利教师还要创设安静和有秩序的氛围。在蒙台梭利教室中，与他人谈话有一些特定的规则，这再一次强调了尊重。儿童经常忙于各自的工作，因此蒙台梭利教室通常非常安静，并且有一种"任务在身"的繁忙氛围。当教师与儿童交谈时，他们常常是私下里低声说话。儿童经常在各自的垫子上工作，教师来回走动，不时评论和询问。当然，教师也鼓励儿童间的合作学习。蒙台梭利相信，小组中年幼的儿童可以向年长的儿童学习，年长的儿童也可以在教年幼儿童的过程中学到东西。蒙台梭利强调教师作为环境保持者，应该在宁静的教室中为儿童提供学习机会。

教师将儿童引入工作后，又一次担负起观察者的角色，留意儿童需要在哪些方面得到进一步的支持或练习机会。

4-1e 课程材料和活动

蒙台梭利最为著名的是其教具，这些教具一般由木材制成，并且非常漂亮。儿童在使用教具的过程中，通过尝试显而易见的、可以自我更正的错误直接获取学习经验。蒙台梭利粉红塔是其中比较有名的教具，它是一组按尺寸大小排列的粉红色立方体，最小的立方体体积为 1cm³，最大的立方体体积为 10cm³。当儿童正确地按尺寸顺序进行操作时，他们能够成功地搭建起粉红塔。另一个例子是一组木质圆柱体（带有抓手），圆柱体直径逐渐增大，可以插进相应的圆孔中。

蒙台梭利教具还包括感官（sensorial）材料以及概念（conceptual）材料。

感官材料及相关活动能够让儿童通过感觉来进行排序和分类，并能帮助儿童扩展和完善感知觉。使用这些材料能够帮助儿童形成关于大小、形状、颜色、质地、重量、味道和声音的概念。这些材料包括嗅觉瓶以及一系列的立方体等。

这一系列带有抓手、直径不一的木制圆柱体是一种蒙台梭利教具

概念材料是指用来引导儿童进行读写算和社会学习的具体学习材料。在 3—6 岁儿童的蒙台梭利教室中，你可以看到世界地图拼图、以每 10 个金色珠子为一组代表十进制的数学计数板，以及其他用于学习数学概念的具体材料，还有一系列的砂纸字母。在教室中，通常你可以看到语言区、数学区和感官区。

蒙台梭利还主张为儿童介绍各种各样的实际生活技能，比如洗碗、扫地、浇花等。因此，在蒙台梭利教室中还有学习实际生活技能的区域，这一区域中摆放着各种真实的工具，儿童在这一区域进行真实的工作，比如擦镜子、削果皮或是准备自己的点心和饮料。这与娃娃家游戏是不同的，那里的各种

儿童正坐在自己的垫子上独立地使用数学材料

用具可能都是玩具。在年幼儿童的蒙台梭利教室中是没有表演区和表演服装的，因为蒙台梭利认为想象不应该出现在年幼儿童的课程中。传统蒙台梭利教室中还不包括创造艺术区（在某些美国蒙台梭利教室中或许会有）。艺术材料可能会用来帮助儿童发展小肌肉运用技能，以提高书写能力，但是不会被用来促进儿童创造性表达。

切苹果做点心是一项实用的生活技能

在教具还没有恰当地呈现给儿童之前，儿童不能自由选择该教具。教具呈现之后，儿童可以选择他们想使用的教具，并且必须按照所教导的方法来使用这些教具。教师会询问儿童是否想尝试一项任务，完成任务的过程中是否需要帮助，是否准备好来完成这项任务。

4-1f　蒙台梭利思想的影响

蒙台梭利思想对我们本书中讨论的发展适宜性实践产生了持久性的影响。蒙台梭利的一个重要理论是儿童理应得到尊重并获得独特的发展。另一个能够产生共鸣的理论是：儿童本质上是自我教导的，通过自己活动来学习并不断适应。提供有准备的、具有吸引力的环境，使儿童可以在教室中独立活动，这也是我们在发展适宜性实践中一直强调的事情。各地优秀的早期教育机构一直都强调能够提供实际操作经验的高质量材料的重要性。

4-1g　蒙台梭利课程模式和发展适宜性实践

根据一些公认的关于好的教育实践的假设，当代有一些人对蒙台梭利教育模式提出了质疑。传统的蒙台梭利教育强调工作，不重视想象，至少对6岁以下的儿童是这样。这看起来和我们在发展适宜性实践中所看到的游戏的中心地位是不相容的。因为儿童没有对材料进行探索的自由，必须按照教师展示的方式来使用这些材料，所以有些人质疑，这种模式将如何发展大多数教育者所重视的儿童独立解决问题和思考的能力。根据当下关于发展适宜性实践的讨论，蒙台梭利教育模式中对活动程序的严格规定以及教师对空间、时间和材料的严格控制同样受到质疑。虽然每个儿童在他（她）的坐垫上进行特定工作，会呈现出一种富有秩序和儿童对自己负责的景象，但有些人仍对儿童之间有限的社会互动机会产生忧虑。在早期教育中，蒙台梭利思想及其培训一直都独立于其他的教育模式，是历史上一个独立又独特的存在。

4-2　银行街教育模式

4-2a　历史和哲学思想

在美国早期教育的历史中，露西·斯普雷格·米切尔（Lucy Sprague Mitchell，1878—1967）是一个重要的名字。她与卡罗林·普拉特（Caroline Pratt）和哈丽特·约翰逊（Harriet Johnson）一起，创建了游戏学校（Play School），这所学校被称为"美国第一批可以被称为'发展适宜性'的幼儿园之一，2 岁、3 岁、4 岁的儿童通过游戏来学习"（Greenberg，1987，p.77）。之后，米切尔和约翰逊合作，于 1916 年在纽约创办了教育实验局（Bureau of Educational Experiments）。"这个名字所反映的教育理念是，教育实践应该建立在对儿童的研究之上，从而来更好地理解儿童发展。"（Shapiro & Mitchell，1992，p.15）教育实验局计划的独特之处，在于试图将一所试验性的学校和研究组织结合起来，构成一个发挥实际职能的组织。3 年之后，他们又创办了一所儿童学校。这所学校作为教育实验局的一部分，加入了普拉特的游戏学校，并增加了一个班级接收 8 岁的儿童。这在后来就成了银行街学校（the Bank Street School）。

米切尔在跟随约翰·杜威学习期间，深受杜威思想的影响，相信教育有着影响和改造社会的力量。她提出"完整儿童"（the whole child）这一概念，并希望为教师创造机会来培养儿童身体、情感、社会性和认知发展。

普拉特是最初一批银行街学校学生，单元积木（unit blocks）就是她发明的

银行街教育模式背后蕴含的理念是"儿童是主动的学习者、实验者、探索者和艺术家"，有时也会被称为发展—互动方案。该方案深信学习是在社会情境中发生的。儿童通过与环境的互动进行学习。发展—互动方案还认为认知和情感发展不是相互分离的，而是交织在一起。

发展—互动方案的一个基本原则是，认知功能——获取信息并给信息排序，做出判断和推理，解决问题，使用符号系统——的发展，与个人和社会交往过程中自尊和认同感的发展密不可分，其中包括对冲动的控制的内在化。（Cuffaro，1977）

发展不是发生在儿童身上的事情，而是儿童在社会和物质世界中互动的结果。这些想法与维果斯基的理论和最近的大脑研究产生了共鸣。

银行街教育方案重视儿童以下方面的发展：

- 能力，即个体如何充分利用资源并灵活地应用技能和知识；
- 个人特质，包括自我管理能力、做出选择的能力、主动性、冒险精神以及在不放弃独立性的情况下接受帮助的意识；
- 社会化，一是控制和疏导冲动，调节自己的行为；二是发展与他人的关系，一种彼此关爱、公平、负责和合作的关系。

　　因此，银行街教育方案的目标包括：与儿童的家庭和社区共同承担责任，促进儿童的整体发展，发展儿童的能力及其使用个人能力的动机，发展儿童的自主意识与个性、关爱他人和环境、创造的能力。

　　研究者说，银行街的教学方案并不是银行街所独有的，它包含着 6 个普遍、重要的发展原则：

- 发展包含个体在理解世界过程中所经历的从简单走向复杂的变化；
- 每个儿童的发展都有一系列的可能性，从来都不是固定在发展连续体的某个点上；
- 儿童的发展具有稳定性和不稳定性，既需要一些过去的、熟悉的挑战，也需要一些新的挑战；
- 儿童具有积极地与环境进行互动的内在动机，发展独特的自我概念至关重要；
- 儿童的自我概念是在与其他人和物的活动中建构的，并且在互动中得到检验；
- 成长和发展包含着个体与其他人之间的冲突。（Shapiro & Mitchell，1992）

　　银行街教育方案是以儿童为中心的教育，强调儿童有不同的学习速度和学习方式。银行街教育方案不变的一个观念是：学习应当同时融合多个学科——我们称为"整合"课程；在合作小组中，儿童能够进行最好的学习。

4-2b　银行街教育方案的结构

　　银行街教育方案的思想基础是：如果儿童可以了解和研究人类世界，那么他们就可以理解自己所接触到的事情。银行街教育方案关注对儿童来说极为有趣的主题——自然和社会世界"怎么样""是什么""为什么"（Cuffaro，1977）。

　　五大社会学习主题——文化人类学、历史、政治科学、经济学和地理学——被整合在课堂活动中。由此，社区成为儿童教育开展的环境。艺术和科学被编织在以社会学习为中心的体验和活动中，以此来帮助儿童理解周围世界。

在教室中，儿童的活动材料大多是开放性的，如积木、水、木头、纸和颜料、泥土。儿童可以自由选择想要的活动材料，自由选择独自或与小组一起进行操作。儿童被鼓励用自己的方式进行学习。

银行街教育方案中同样有常见的小组活动，如做饭、出游、户外活动、听音乐和讨论。

游戏是发展—互动方案的核心，是"帮助儿童建构和重建、形成和再形成知识的最有力的方法之一"（Cuffaro，1977，p. 52）。

创造性艺术在采用银行街教育模式的班级很常见

4-2c 教师的作用

在银行街教育方案中，教师起着非常重要且核心的作用。教师要为儿童创造物质的和心理的学习环境。信任是儿童学习环境中一个必不可少的因素，因此教师必须建立起与儿童的互信关系。

教师扮演促进者的角色，尊重每个儿童

　　银行街教育方案不仅要求教师理解儿童的发展特点，同时还要求教师基于如何开发和利用每一种活动材料的知识，每天为儿童提供学习机会。教师选择、投放活动材料，发展儿童的主动性和独立性。教师必须认识到每个儿童都是独特的个体，教师的主要职责之一便是仔细观察儿童。教师的另一个重要角色是儿童发展的促进者，尊重每个儿童的发展并做出回应。

　　教师重视社会互动和教室氛围，重视建立家庭与学校的联系，以理解儿童的体验，并对教育活动及其目标做出解释。儿童生活中所有成人之间互相合作和信任，为儿童在社区中的行为以及对儿童的期望提供了示范。

　　纽约的银行街研究生院负责银行街教育模式的培训。银行街的创始人米切尔最初所写的信条表明了儿童和教师教育理念。

银行街的信条

我们希望儿童、教师和我们自身的哪些潜力得到发展？

- 对生活的热情（来自用五种感官感知世界）；
- 好奇心（将世界变成一个令人兴奋的实验室，让人永远成为学习者）；
- 面对变化时的灵活性，以及放弃不再适合当前的模式的能力；
- 在一个充满新需求、新问题和新想法的世界里勇敢而高效地工作的能力；
- 在对他人进行评判时既温和又公正的能力；
- 敏感（不仅对他人的外在正式权利敏感，而且对其通过自己的研究看到美好生活的内在权利敏感）；
- 参与学校内外民主生活的能力（这是推进我们民主理念的最佳途径）。

我们的信条既要求道德标准，也要求科学态度。我们的工作基于这样一种信念：人类可以改善他们所创造的社会。

4-2d　银行街教育模式和发展适宜性实践

许多教育者都认为第一所银行街幼儿园的原则和实践与今天所提倡的发展适宜性理念有着直接的联系。当然，它们之间有一些明显的共同要素，例如：

- 强调游戏；
- 认为通过与环境中的材料和他人的互动，儿童能主动建构对世界的认识；
- 认为儿童是一个完整的个体；
- 认识到家庭参与和家园交流的重要性；
- 重视教师作为观察者和促进者的作用。

4-3　华德福教育模式

4-3a　历史和哲学思想

华德福教育是以奥地利哲学家鲁道夫·施泰纳（Rudolf Steiner，1861—1925）的教育哲学为基础的。施泰纳提出了人智学，这是一种"精神科学"，允许个人对精神世界进行研究。他的一个关键理解是，人是身体、灵魂和精神的统一体。施泰纳感到学校过于强调学业，美学的一面被忽视了，美应该与知识一起发展。他用头、心和手来描述这 3 个元素。

施泰纳在 1907 年写了他的第一本关于教育的书《儿童的教育》（*The Education of the Child*）。1919 年，应德国斯图加特华德福·阿斯托里亚烟草公司所有者的要求，第一所以他的理念为基础的学校开办。这家公司的名字成了"华德福"这个名字的来源。

后来，美国、英国、瑞士、荷兰、挪威、奥地利和匈牙利以及德国其他城镇相继开设了受这种教学思想启发的学校。欧洲大多数华德福学校曾一度关闭，第二次世界大战后重新开放。全世界有近 1000 所独立的华德福学校，其中 250 多所在美国。美国的一些华德福特许学校还得到了公共资金的支持。

在华德福学校，学习是跨学科的，融合了实践、审美和智力因素，并与生活的自然节奏相协调，目标是使人的思维、感觉和行动融为一体。施泰纳

认为，平衡所有能力将使个人变得强大、自由和健康，从而革新社会。华德
福教育强调想象在学习中的作用。儿童工作的方方面面都强调创造力。学校
和教师有很大的自由来定义课程。

施泰纳将 7 年作为一个阶段，每个阶段都有自己的学习要求，事实上，
这些阶段与皮亚杰所描述的类似。

从出生到 7 岁，学习在很大程度上都基于经验、模仿和感官。通过实践
活动学习，即"手"的部分，是华德福幼儿园的重点。

在小学阶段，即 7—14 岁，儿童发展艺术性和想象力。华德福理论强调
发展儿童的情感生活和艺术表达，即"心"的部分。因为阅读教学要到 7 岁
才开始，所以大多数儿童直到三年级才正式阅读。

在青春期，随着抽象思维和概念判断能力的发展，人主要通过智力理解
和道德思考（"头脑"的部分）来学习，包括承担社会责任。

华德福教育的既定目标是培养平衡的个人，他们有头脑为自己思考，有
心为他人服务，有勇气为共同利益采取行动。

华德福教育强调想象在学习中的作用

4-3b 华德福课程

华德福学校和教师有很大的自由来定义他们的课程。在儿童早期，人们会有

大量时间在设计、功能和氛围都像家一样的环境中自由玩耍，使用天然材料，并参与生产性工作，如烘焙、园艺和烹饪。每天的故事时间都强调口语，教师们除了律动游戏（艺术体操）外，还经常讲故事、玩木偶、玩游戏、唱歌等。艺术体操是华德福学校所独有的。这是一种通常伴随着口头语言或音乐的运动艺术，包含角色扮演的因素，强调整合。其他活动包括涂鸦、绘画和制作蜡模。

华德福学校的儿童可以参加一些生产性的工作，比如烤面包

0—7岁儿童的课程强调一日常规和年度常规。儿童每天一起做家务、讲故事等，每年都会庆祝来自不同文化的季节性和宗教性节日。

华德福课程充满灵性，因此包含了很多而不是某一种宗教传统。每所学校的教师决定哪些节日和庆祝活动最能满足自己的需求和传统，目标是让儿童尊重世界，相信世界是一个有趣的好地方。课程的目标是培养儿童身体协调能力、手指灵活性、倾听技能、社会交往能力和主动性。游戏是儿童发展社区意识的一种非常重要的方式。

事实上，在儿童早期，直到四年级，华德福教育模式都不鼓励儿童接触电视、电脑和录制好的音乐等。

小学开设了多种艺术课程，包括绘画和雕塑、戏剧、律动、声乐和器乐等视觉艺术，以及针织、编织和木工等手工艺。此外，还有体育和园艺等活动。艺术不是作为一种自我表达的手段，而是作为一种学习、理解和与世界联系的手段，

华德福教育的目标是让儿童对世界有基本的尊重，相信世界是一个有趣的、适合生活的地方

以建立不同的理解。在大约一个月的时间里，研究将集中在综合了所有科目的某个主题上。教师首先通过故事和图片介绍概念，以便将学科教学与艺术相结合。例如，英语是以世界文学、神话和传说为基础的，历史包括对世界伟大文明的研究，数学包括算术、代数和几何，科学包括地理、天文学、气象学、物理和生命科学。自始至终，儿童会学习两种外语，通常是德语、法语或西班牙语。

教师很少依赖标准化的教科书。相反，每个儿童都会以书的形式编写自己的课程。学校强调社会教育，让儿童分组工作。华德福的教室通常有 25 个或更多的学生。

4-3c　教师的角色和培训

华德福教师的工作重点是培养每个儿童的本性，让儿童逐渐理解和欣赏他们作为人类成员和世界公民的背景和在世界上的地位。在大多数华德福学校，教师会跟着儿童升班，至少跟 8 个年级。这有助于建立和儿童的关系，深入了解每个儿童，支持不同的学习速度，因为他们希望每个儿童在准备好时都能获得技能，相信儿童与生俱来的发展能力和天赋。

经过培训的华德福教师会仔细观察每个儿童，并定期与家长会面，以全面了解儿童。在这里，学习是非竞争性的，也没有等级划分。教师会在年末写下对每个儿童的详细评价。

教师的另一个角色是权威。施泰纳认为，教师的任务是成为教室里不容置疑的权威，因为儿童渴望权威。这个角色是受尊敬的、权威的、慈爱的。因此，教师的职能不是作为促进者，而是在各种活动中领导儿童。施泰纳认为这是实现平衡的方法，因为这样儿童会接触到他们可能不会自己选择的想法和活动。然而，教师的工作不是向儿童提供信息，教师并不扮演一个无所不知的角色，而是帮助儿童找到答案。

教师角色的核心是培养对学习至关重要的特殊师生关系。引用施泰纳自己的话，"精神科学教我们如何激发灵魂的某个特定部分，从而在教育者和儿童之间建立某种联系，让某种东西从教师直接流向最深层的情感——儿童的灵魂生活"（Steiner，1970）。他认为，帮助儿童学习与教师自身的学习和发展是分不开的。儿童道德品质的发展与任何其他领域的发展一样重要。再次回顾一下，施泰纳要求教师接受某些人智学理念，但他们不会直接在学校教授这些理论。美国也有人质疑用州政府的钱来支持华德福方法是否合适，因为它基于一种特定的宗教世界观。

华德福的一个原则是，所有学校都应该自治，因此个别教师在学校内拥有高度的自主权。大多数华德福学校不是由校长或班主任管理，而是由教师学院管理，由教师学院决定教学方法（董事会决定行政事宜，如财务和法律问题）。教师还与家长密切合作，鼓励家长积极参与学校的非课程活动。

华德福学校的教师必须拥有大学学历，然后在提供认证的华德福教育中心之一接受专业教育。该认证课程面向全日制学生，为期两年。如果选择参加夏季集中授课班，则为期三四年。第一年包括人文主义和华德福教育学基础，另外还有课程应用和艺术活动方面的课程。课堂观察和实践教学也是其中的一部分。

4-3d　华德福教育模式和发展适宜性实践

华德福教育模式的一部分内容清楚地展示了发展适宜性实践的理念，其中包括：

- 重视儿童早期阶段的游戏和活动；

- 强调综合课程与主题学习；
- 强调减轻儿童早期阶段学习的压力；
- 高度关注个性；
- 深度理解发展阶段；
- 强调"完整儿童"。

发展适宜性实践的当前话题

课程方法与既定课程

当教师和管理者做出有关课程的决策时，他们可能会受限于市场上的课程包或预先设计的脚本、活动和其他材料。这些课程的优点似乎主要在于节省教师的时间和精力——课程设计者已经完成了这项工作。另一个明显的优势是，在对教师的个人知识和技能没有信心的情况下，管理者可以对特定内容的教学有一定的信心。但是，从发展适宜性实践的原则出发，其缺点是设计者不了解所有教室中儿童的特定发展需求、学习风格和兴趣，也不了解家庭或社区的愿望或需求。这些知识有赖于相关教师通过个人观察、反思和评估获得。

教师能更好地发展儿童的知识和技能。教师理解各种教学和学习策略，并能够加以实施。预先设计的材料可能会提供活动、资源和想法的基础，但不能提供最终的适宜性课程。

4-4　瑞吉欧教育模式

4-4a　历史和哲学思想

第二次世界大战结束后不久，在一些致力于儿童发展的家长的领导下，意大利北部的城市瑞吉欧·艾米利亚创办起了学前学校。从那时起，意大利学前教育机构开始得到扩展，并将婴儿和学步儿中心包括在内。现在，这些机构都由政府资助。

这些机构的几个特点引起了世界教育界的关注，从 1981 年起已经有超过 15000 位参观者慕名到访。在这些机构的创办理念中，居于首位的是儿童通过与成人的积极合作不断建构对世界的理解。另一个值得注意的理念是，儿童可以使用很多种语言来表达对周围世界的认识和参与。一个名为"儿童的一百种语言"的展览，从 1984 年（在欧洲）、1987 年（在北美）开始巡回展出以来经久不衰。该展览所呈现的关于儿童探究和表达的案例令人震惊，引发了一系列关于儿童能力的深层次探讨，并使大家开始思考我们的传统教学是否低估并轻视了儿童的工作能力、长时间保持注意的能力以及发展和表达对世界的认识的能力。

除了儿童优美和创造性的表达，瑞吉欧教育还有一些特质也值得大家在思考优质教育时给予重视。曾有文章将位于瑞吉欧·艾米利亚的戴安娜学校（Diana School）称为"世界上最好的十所学校之一"，称其有很多值得学习的地方（1991 年 10 月 2 日）。但是大家需要注意的是，瑞吉欧教育不应被看作可以在其他背景或国家中进行复制的一种教育模式或课程，那些多年研究瑞吉欧实践和理念的教育者也应该有这样的认识。"相反，瑞吉欧的工作应当被视为一种教育经验，在不断更新和不断调整的教育项目中反思、实践和再反思。"（Gandini，1997）瑞吉欧教育者不断反思教学，挑战自身思想和实践，并为他人提供支持。卡利娜·里纳尔迪（Carlina Rinaldi）曾经说过："瑞吉欧模式不是一种可以教授的教学方法，而是一种思考儿童、学校、教育和生活的方式。"

4-4b 瑞吉欧教育模式的关键概念

瑞吉欧教育模式含有以下重要概念：

- 儿童形象——儿童是有能力、坚强、富有创造性、拥有各种想法和权利而非需要的个体；
- 环境是第三位教师——精心设计环境，促进儿童的社会建构，让儿童在这一空间中记录生活，同时发展美感；

- 关系——重视儿童、教师、家长之间的关系，这是瑞吉欧教学方法发挥作用的重要因素；
- 合作——在每一层面进行合作，如教师之间、儿童和教师、儿童和儿童、儿童和家长以及社区都合作；
- 记录——用语言和可视的手段来记录儿童的经历和工作，并为儿童提供回顾、反思和解释的机会；
- 设计（Progettozione）——这个意大利词语比较难翻译，意思是制订灵活的计划以便今后对儿童的想法进行进一步的研究，并通过与儿童、家长甚至社区之间的合作，设计实施计划的方法；
- 激发——仔细"倾听"儿童的兴趣，并设计出进一步激发儿童思想和行动的策略；
- 儿童的一百种语言——鼓励儿童使用象征性的手法来表现思想，并为他们提供各种媒介。

这是瑞吉欧教育理念的一部分。如果想更深入地探究瑞吉欧的理念和实践，可以参考《真正的童年：探究教室中的瑞吉欧·艾米利亚》（*Authentic Childhood: Exploring Reggio Emilia in the Classroom*）（Fraser & Gestwicki，2002）。

瑞吉欧教育模式使用"激发"这个词来引发儿童的兴趣，引导儿童进一步思考

4-4c   项目的结构

瑞吉欧教师并不期望所有儿童都做同样的事情，儿童的原创性很受重视。儿童可以在小组中独自开展工作，活动的地点可以是教室内外，或者是幼儿园的任何一个地方，也可以是中心广场、工作室或艺术工作室（后面会详细介绍）。活动可以持续进行数个小时、数天或数个月。

在幼儿园中，每25个儿童组成一个班级，每个班级有两位教师。这一组的儿童、教师和家庭会在一起度过3个学年。每一年幼儿园会随着他们需要和兴趣的改变而提供不同的活动环境，但会保持这种关系的持续性。同样，对规模相对较小的班级以及配备3位教师的婴幼儿班级来说，这种关系也会保持3年，每一年会更换活动环境，以便提供新的探索领域和挑战。

随着项目工作的开展，教师仔细地给儿童分组，每组儿童通常不超过5个。教师相信在小组中工作能让儿童理解交流的节奏和方式。同伴之间发生矛盾冲突——反对、协商和假设——不仅被视为儿童社会性学习的机会，还被视为儿童认知发展过程中一个必不可少的组成部分。

在小组中进行长期项目可以让儿童理解交流的节奏和风格

4-4d　环境是第三位教师

环境被认为具有传达信息的强大能力，这些信息包括欢迎、引起注意，以及与文化、历史、价值观相关的成人和儿童的兴趣。

每件事、每个环境都能为儿童提供经验。经常被人们所忽视的地方，如浴室、厨房、走廊以及入口，都被装扮得非常漂亮，并重视细节上的美感，如颜色、光线、植物以及物品摆设。家具和区域的安排以及小物品的摆设，都体现了教师的良苦用心。

每个幼儿园都有一个中心广场区，仿效人们聚集和交流的城市文化中心。这里有舒适的椅子——可以邀请家长坐在这里，还有服装表演区，以及其他可以观看和参与的有趣活动。不同班级的儿童可以在这里一起游戏和开展项目工作。

我们可以看到艺术工作室配备了充足的艺术创作用具、自然材料以及可循环利用材料，并有一位指导教师（在艺术方面受过训练，支持儿童进行创造性工作的教师）与儿童一起工作。除此之外，瑞吉欧的每间教室都有一个迷你工作室，为儿童开展长期项目提供材料和空间。这些材料被细致地保存在透明的容器中。家长和儿童帮助教师积累与整理材料。

4-4e　将儿童的兴趣作为课程

瑞吉欧课程的精髓是根据儿童的兴趣来设计教育项目。教育项目可以来自多种途径，如从教师的计划中来，或从一些突发事件中来，比如儿童的想法或对教师所提问题的回应。几乎任何可以引起儿童兴趣的经验都可以成为项目开展的基础。每个项目都会非常深入且细致地展开。在这一过程中，儿童会使用多种探索方法，并选择多种可视的形式进行表达。在长期的项目工作中，儿童创造性地使用材料来呈现和交流他们的学习，使用"一百种语言"进行表达。

最能展示瑞吉欧教学方法的是探索狮子的案例——"狮子的画像"。这一案例是 1987 年在瑞吉欧开展的一次活动，现在通过录像已经广为人知了。

当时教师们计划了一次去城市历史中心的出游活动，繁忙的市场上满是

古老的石狮子。教师最初的目的是带领儿童
来认识市场，但录像发现儿童迷上了狮子雕
像，儿童抚摸这些狮子，爬到狮子身上，从
各个角度来进行探索。那一次教师带了画板
来记录儿童的探索。在随后的又一次出游
中，教师们带上了相机。返校后，教师为儿
童提供相互讨论石狮子的机会，并将所拍摄
的照片挂在墙上，供儿童进行探究。随着时
间推移，项目不断向前发展，儿童使用黏
土、颜料、木偶和戏服、皮影不断更新他们
的经验。狮子成了开展这一内涵丰富、不断
扩展的项目的基础。

对狮子的研究可能是瑞吉欧最著
名的项目之一

　　在活动进行的每个步骤中，教师们观
察、讨论和解释他们所观察到的现象，并为
儿童提供更多的选择。通过小组讨论以及思想和经验的重组，儿童的认识得
到增长（要注意的是，除了项目工作外，在教室内外还继续开展很多活动。
项目工作只占据每天的一部分时间。其他时间花费在传统的活动中，如在非
常逼真的家庭中心玩假装游戏、积木游戏、体能游戏，履行班级职责，或者
只是与朋友进行交谈）。

4-4f　教师的角色

　　瑞吉欧坚信游戏在儿童建构知识和发展认识方面起着支配作用，并且这
种作用决定了学比教更加重要，但这并不是说不需要教——教是为了给儿童
提供学习发生的适宜条件。

　　在任何一个好的发展适宜性项目中，教师都是倾听者和观察者，问儿童
问题，反思儿童的回答，从中了解可以运用哪些材料和概念来拓展儿童的认
识。但是瑞吉欧教师在倾听和观察儿童方面所达到的深度是令人难以置信的。
他们定期做笔记、拍照片，并用录像记录儿童的游戏、讨论和工作。这些记
录是每周与其他教师进行数小时讨论的基础。这些记录有利于教师关注儿童

思想和问题的不断转变，并能帮助教师向儿童和家长展示儿童学习到了什么以及学习是如何开展的。同时，这些记录还能帮助教师产生一些想法，形成一些假设，这些可能会成为日后小组活动的基础。

瑞吉欧的一个基本原则是，在有关儿童的复杂对话过程中，至少需要由两位教师组成团队。每周由几位教师一起对记录进行回顾，交流各自对儿童的看法，并达成共识。教师每周获得 36 个小时的工作报酬，其中有 6 个小时可以用来讨论观察记录和其他的教学计划，参与专业发展活动。教师是合作伙伴，这为儿童和家长提供了与同伴进行合作的示范。另外一些成人也可以参与到讨论中，如工作室指导教师会帮着整理记录，共同思考项目的开展以及可以运用的表达方式；教学顾问也会参与到讨论中。教学顾问的角色很难用一个词或者是美国教育体制中的术语进行描述，"协调者"或"教育指导者"都不是非常恰当。

每位教学顾问负责数个幼儿园和婴幼儿中心的教师的专业发展工作，并与教师一起来解决教育问题，帮助教师建立起与儿童和家长的良好关系。在这种持久的对话中，各方良好的相互关系以及对儿童的认识得以建立，内涵丰富的生成课程由此产生。这些"资源人"的任务不单单是回答或解决儿童的问题，还要帮助儿童发现答案，更为重要的依然是帮助儿童提出好的问题。教师和儿童之间的互动使每一个人在学习过程中都发挥重要的作用。教师把自己视为儿童学习过程中的合作者，持续地参与研究和学习，积累知识，并和儿童共同享受学习。

肯尼迪（Kennedy）认为瑞吉欧幼儿园之所以如此不同，与他们"和塑造儿童一样塑造教师"（1996，p. 25）有着很大的关系。瑞吉欧的教师对自己所要培养的儿童和建构的发展适宜性实践有着极为清晰的理解，而且这种理解是持续发展的。因此，持续地探究儿童和最好的教育实践，被教师视为自己工作的一个基本组成部分。教师之间的对话强调"持续的、不断深入的探究"（p. 25），而不是立即得出解决方案或结论。

4-4g　瑞吉欧教育模式和发展适宜性实践

从对瑞吉欧的审视中，我们可以学习到什么？瑞吉欧的思想和实践持续吸引着那些对优质早期教育感兴趣的人们。一些美国学者质疑瑞吉欧教育模式是否适合美国（Katz，1994），或者即使是适宜的，那么有关美国社会与意大利不同的文化信仰和对儿童的期望的问题该如何解决（New，1993）？这些学者所提出的问题源于"儿童至少部分上是历史和文化的产物"（Kennedy，1996，p. 94）。然而不管是否如此，事实上，要对儿童进行科学、客观的描述，需要我们再次审视自身的文化和历史。

在思考瑞吉欧教育模式的优势时，休·布雷德坎普（Sue Bredekamp）认为瑞吉欧的实践"已经超越了发展适宜性实践，至少其目前的实践是这样，尤其是在对知识的社会建构的强调、对教师作为儿童经验共同建构者和儿童学习过程记录者的清晰描述方面"（Bredekamp，1993，p. 13）。

她指出了美国早期教育工作者所要应对的挑战：

- 重新建立"能干儿童"形象；
- 促进概念的整合，增强儿童和家长的体验；
- 进一步完善对发展适宜性的定义；
- 平衡相关标准与人们的质疑；
- 反思教师专业发展；
- 拓展对教师角色的理解。

对美国的早期教育工作者来说，重新建立"能干儿童"形象是个挑战

在考虑从哪里开始着手实践瑞吉欧教育模式时，凯茨假设最初可以"将我们集体的和个人的精力投放到提高与儿童日常互动的质量上，使这些互动变得丰富、有趣、有吸引力、令人满意和富有意义，就像我们在瑞吉欧教育模式中所观察到的那样"（Katz，1997，p. 110）。她还认为，瑞吉欧经验的一个重要的影响是，要看到当整个社区全身心地致力于儿童发展时会产生怎样的可能性（Katz，1997）。或许瑞吉欧学校对美国早期教育最大的影响是激起了早期教育专家对最适宜和最优秀教育实践的思考与讨论。

美国许多地区的教师和学校已经开始反思他们的教育实践，并尝试基于瑞吉欧教育模式来实施一些改变。

多样性考虑

文化对学习体验的影响

有趣的是，这些课程模式是在特定的时间和地点、基于创始人的特定哲学发展而来的。想想，当时社会和历史文化如何影响被认为对儿童非常重要的学习经历？还请注意，上述课程模式中有两种是在意大利开发的，只是时间不同。二者有哪些相似之处和不同之处？

家园交流

为孩子选择幼儿园

亲爱的家长朋友：

你们中的一些人一直在探索不同幼儿园提供的各种课程模式，尝试为孩子找到最合适的地方。在做出选择时，有一些重要的问题需要思考。

1. 你认为教育理念的重点是什么？该幼儿园的教育理念是否符合你自己对孩子的期待？

2. 这种课程模式与你对孩子个人学习风格和兴趣的理解是否相符？有什么不匹配的吗？

3. 该幼儿园有哪些家庭参与的机会？家庭参与和投入肯定与孩子的学业成就有关。

请继续访问和提问。许多幼儿园采用折中的方法，博采众多课程模式之长。也有一些是特别设计的方法，遵循更严格的原则，以保持其创始人设计的风格。

如果你有任何问题，请告诉我们。

××老师

4-5   高瞻课程模式

4-5a   历史和哲学思想

这一模式是在戴维·韦卡特（David Weikart）的引领下发展而来的。戴维·韦卡特早期在佩里项目（Perry Project）工作，这是 20 世纪 60 年代最为著名的干预项目之一。在第 1 章中，大家已经阅读了在伊普西兰蒂和密歇根所开展的 3 个实验性学前项目的结果。实际上，韦卡特和他的同事认识到，"开放框架"项目（open-framework program）在支持儿童积极参与自我选择的学习活动上很有效，并由此开发出了高瞻课程（the HighScope approach）。从 1962 年起，人们开始使用高瞻课程。你可能会回想起对最初参与高瞻项目的儿童所进行的一项纵向研究，该研究一直追踪到这些儿童 40 岁的时候（HighScope Foundation，2005）。追踪研究表明，当高瞻项目中的儿童长大成人之后，他们在生活中表现出积极的情感和态度。

如今，高瞻课程被广泛应用在公立和私立、半日和全日学前教育机构以及许多开端计划机构中。这一课程包括婴幼儿教育。高瞻教育基金会提供高瞻课程理念培训，开展研究，出版相关的书籍和视频，为那些希望更多了解这一模式并希望开办示范学前学校的人员提供支持。

高瞻课程基于皮亚杰关于儿童发展的建构主义理论。"课程的基本假设是儿童是主动的学习者，他们通过自己设计、实施活动并对活动经验进行反思而获得最好的学习。"（Epstein，1993，p.30）课程的理念是儿童需要在与他人、材料、思想和事件的积极互动中进行学习。

高瞻课程的关键组成部分如下。

- 儿童是积极的学习者，花费大量的时间在各学习中心进行探索。
- "计划—工作—回顾"循环。儿童在教师帮助下选择每天将要做的事情，制订计划，在工作时间实施他们的计划，并与教师一起对自己的工作进行回顾。
- 儿童主动学习 8 个内容领域：学习品质；语言、读写和交流；社会性和情感发展；身体发展和健康；数学；创造性艺术；科学和技术；社会学习，这些内容与国家教育目标小组确定的入学准备要求一致。
- 关键发展指标包括与 8 个内容领域相关的经验，被用作设计教师主导的小组活动的重点。
- 学前儿童观察评价系统使用逸事记录法记录儿童的进步。

反思

考虑不同的模式

在上述不同的教育模式中，你听说过或经历过哪些？你对它们的理念和实践有何想法？你会将这些方法中的哪些想法运用到自己的课堂中呢？当决定采用某个课程模式时，你会问什么问题来确保发展适宜性？

4-5b 材料和活动

大多数高瞻课程的教室看上去就像一个典型的好幼儿园，为儿童提供各种兴趣区。高瞻课程推荐的兴趣区包括积木区、艺术区、娃娃家、玩具区、计算机区、读写区以及沙水区。高瞻课程为材料选择提供了普遍的指导原则，但并未规定具体的材料。教师将材料有组织地摆放在兴趣区，儿童可清楚地看到并独立获取这些材料。美术和音乐是日常活动的一部分。

在高瞻教室中，每天的日程安排都保持一致，并在墙上用图画展示出来，以便儿童熟悉课堂活动开展的次序。日程安排为小组和团体活动、户外游戏以及工作时间都预留了时间。制订计划是每日的常规活动。教师与小组或个体儿童一起制订活动计划，这可以使每个儿童表达自己的意图。正如爱泼斯坦（Epstein）所指出的，计划是"有目的地选择"，儿童明确自己的目标，并决定实现目标所要采取的行动。在工作结束时，儿童还有时间反思自己的计划是如何得以实现的。这种有目的的计划和反思有利于发展儿童的思维技能（2003）。

当儿童能计划自己的活动时，他们变得非常专注

为了与当下的教育实践保持同步，高瞻课程也发展儿童的读写算技能，但同时慎重地指出，他们并不使用反复训练或纸笔练习的方式。相反，教室为儿童提供有利于发展和拓展其语言、逻辑能力的活动和材料。高瞻课程的教室强调环境充满文字，要有大量的故事、书以及书写工具，同时也为儿童提供大量

机会进行计算、比较和一一对应的练习。高瞻读写学习的一部分内容是在儿童认识字词前，让他们学会识别和解释符号。由此，儿童的工作和物品可以全部通过独特的符号识别出来，如五角星代表乔伊，三角形代表萨姆。

4-5c　教师的角色

教师可以通过接受一段时间的培训或工作坊、阅读高瞻教育研究基金会出版的相关材料来学习高瞻课程。教师的基本角色是参与儿童活动的合作者，而不是管理者或监督者。高瞻课程培训强调教师应该这样做：

- 采用积极的互动策略；
- 关注儿童的长处；
- 与儿童建立可靠的关系；
- 支持儿童提出的游戏点子；
- 发展提问的技巧，促进儿童的学习、反思和交流；
- 选择问题解决法来帮助儿童学习处理社会性冲突。

教师的一个重要角色是对儿童进行观察。高瞻教师每日都要记录儿童在日常活动中的重要行为。高瞻《学前儿童观察评价系统》为教师整理儿童活动的信息提供了框架。这些信息有关儿童对关键经验的理解。

这些每日观察记录被用来制订小组活动计划，由此，课程可以为评价提供支持。高瞻课程强调团队观察和交流，共同实现儿童发展目标。高瞻课程为教师做出适当的决定提供了指导（见图 4-1）。

4-5d　高瞻课程和发展适宜性实践

高瞻课程和发展适宜性实践原则存在以下共同之处：

- 以皮亚杰的理论为基础；
- 核心是主动学习；
- 强调动手操作材料；
- 教师在引导儿童的注意力方面发挥作用；
- 强调选择和活动区；
- 强调观察和评价的重要性。

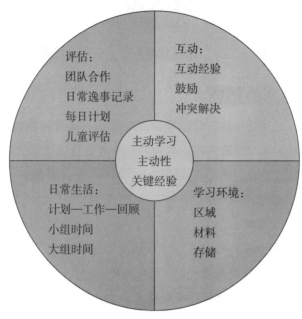

图 4-1　高瞻主动学习轮

4-6　创造性课程模式

4-6a　历史和哲学思想

黛安·翠斯特·道奇（Diane Trister Dodge）是创造性课程的开创者，也是教学策略公司——这一组织研发创造性课程的材料并提供教师培训——的创始人。道奇在儿童保育一线的工作经验，让她看到有必要开发一种课程模式，并以此为框架来指导教师参与儿童活动、做出决策。第 1 版（1978）和第 2 版（1988）创造性课程的理论基础是，课程实施的第一步是帮助教师将他们的教室布置成有助于有效学习的兴趣区。随着人们在如何定义课程、如何使用有关课程的各种概念来实施发展适宜性实践方面达成更多的共识，创造性课程也得到不断的发展。第 3 版创造性课程于 1992 年面世，提出了课程目标、儿童学习目标、教学指南以及家庭工作准则等，同时还提供了追踪儿童进步的工具《儿童发展和学习评估表》（*The Child Development and Learning Checklist*）。

其他的有关儿童如何进行学习的研究和报告成了创造性课程进一步发展的动力。除此之外，公众不断要求对学校加强问责，这必然要求课程重视系统评估，使教师了解儿童个体和集体，并为他们制订适宜的活动计划。第 4 版创造性课程于 2002 年面世，进一步拓展了教师在支持儿童主动学习中应当发挥的作用。最新版本的创造性课程（2010 年版）是一套完整的资源，支持经验丰富的教师创建适合发展的课程，并进行有目的的教学。

儿童发展研究和理论是各版创造性课程的基础：

- 积极的互动和关系是儿童在幼儿园和生活中取得成功的基础；
- 社会性及情感能力是影响学业成功的重要因素；
- 建设性、有目的的游戏支持儿童学习；
- 物理环境影响儿童的行为及互动的类型和质量；
- 家园伙伴关系促进发展和学习。

教师必须使用各种策略来支持儿童的社会性和情感、身体、认知和语言发展，其中一个关键的策略是成为儿童的观察者。持续评估帮助教师了解儿童的需求、兴趣和与特定发展目标相关的进步，并规划有意义的学习体验。然后，教师们将相关标准中确定的读写、数学、科学、社会学习、艺术和技术的学习整合到日常学习活动中。创造性课程拥有一个基于观察的评估体系，涵盖从出生到学前班的所有儿童（见图 4-2）。

创造性课程包含 9 个基本特征：

1. 理论基础包括杜威、埃里克森、皮亚杰、维果斯基、史密兰斯基和加德纳的思想，以及最近关于脑研究、耐挫力研究和对美国幼儿教育协会发展适宜性实践原则；

2. 教师的任务包括建立积极的关系，创建一个爱的集体，爱和教育不可分割；

3. 强调教师对儿童不同发展阶段的典型技能、行为和理解有全面的了解；

4. 强调与家长建立伙伴关系的重要性，强调了解每个家庭，与家长分享儿童进步信息，沟通儿童不同的学习方式；

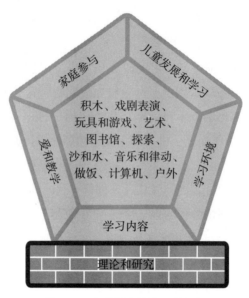

图 4-2　学前创造性课程的框架

5. 强调创设学习环境，包括设立和维护兴趣区，制定时间表和每日常规，让儿童学会如何与他人相处和解决问题，为教师做决策做准备；

6. 要求教师采用各种教学策略与儿童互动，对学习经验进行仔细观察、规划和指导，并评估儿童的进步；

7. 课程包括教师培训，以支持儿童在语言、数学、科学、社会学习、艺术和技术方面的发展；

8. 为教师提供了一系列支持儿童发展技能和理解概念的策略，包括为实现特定目标而计划日常小组活动，以及指导儿童随着时间的推移参与研究主题；

9. 儿童的具体发展目标（Heroman，et al.，2010）包含在创造性课程和评估系统中。

儿童发展目标让教师清楚地了解到，在发展和学习的主要领域，处于每个发展阶段的儿童应该知道并能够做些什么。目标示例见图 4-3，完整列表见表 4-1。创造性课程的理念经过拓展，还被应用到婴幼儿保育和教育项目中，影响了学龄儿童教育以及家庭看护中心的理念。

技术是创造性课程的内容领域之一

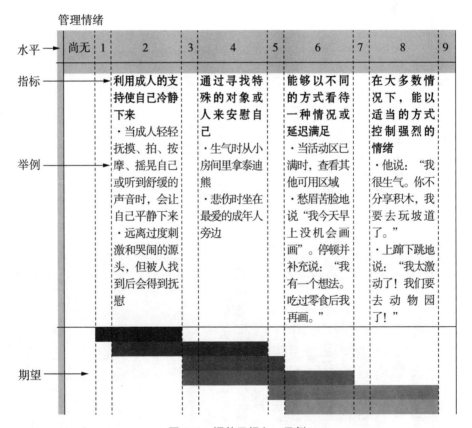

图 4-3　评估目标之一示例

表4-1　发展和学习目标（0—6岁）

社会性及情感

1. 调节自己的情绪和行为
a 管理情绪
b 遵从规则和期望
c 适当地照顾自己的需要
2. 建立并维持积极的关系
a 与成人建立关系
b 对情绪线索做出反应
c 与同龄人互动
d 交朋友
3. 以合作和建设性的方式参与小组活动
a 平衡自我和他人的需求和权利
b 解决问题

身体健康

4. 展示移动技巧
5. 展示平衡技能
6. 展示粗大运动技能
7. 表现出良好的运动能力和协调性
a 使用手指和手
b 使用书写和绘图工具

语言

8. 倾听并理解日益复杂的语言
a 理解语言
b 遵循指令
9. 用语言表达思想和需求
a 使用不断扩展的词汇
b 表达清晰
c 使用常规语法
d 讲述发生在另一个时间或地点的事
10. 参与适当的对话并使用其他沟通技巧
a 参与对话
b 运用语言规则

认知

11. 展示积极的学习方法
a 参与
b 坚持
c 解决问题
d 表现出好奇心和动力
e 表现出思维的灵活性和创造性

12. 记忆并联系经验
a 识别和回忆
b 建立联系
13. 使用分类技能
14. 使用符号和图像来表示不存在的东西
a 抽象思维
b 参与社会性戏剧游戏

读写

15. 表现出语音意识
a 注意并辨别尾韵
b 注意并辨别头韵
c 注意并辨别越来越小的声音单位
16. 展示字母知识
a 识别和命名字母
b 运用字母发音知识
17. 展示对文字及其用途的认识
a 使用和欣赏图书
b 使用文字概念
18. 理解并回应图书和其他文本
a 参与阅读对话
b 运用读写技能
c 复述故事

续表

发展和学习目标（0—6岁）

19. 展示读写技能
a 写名字
b 通过书写传达意义
数学
20. 使用数字概念和运算
a 计数
b 量化
c 将数字与其数量联系起来
21. 探索和描述空间关系与形状
a 理解空间关系
b 理解形状
22. 比较和测量
23. 展示对规律的了解
科学和技术
24. 使用科学探究技能
25. 展示对生物特征的了解
26. 展示对物理性质的了解
27. 展示对地球环境的了解

28. 使用工具和其他技术完成任务
社会学习
29. 展示对自我的了解
30. 展示对人们及其生活方式的基本理解
31. 探索与熟悉的人或地方相关的变化
32. 展示简单的地理知识
艺术
33. 探索视觉艺术
34. 探索音乐概念和表达
35. 探索舞蹈和动作概念
36. 通过动作和语言探索戏剧
英语语言习得
37. 展示在听和理解英语方面的进步
38. 展示英语口语的进步

4-6b   关注环境

创造性课程强调在班里创设 11 个重要的兴趣区：积木区、戏剧游戏区、玩具和游戏区、艺术区、图书区、探索区、沙水区、音乐和运动区、烹饪区、计算机区以及户外活动区。各兴趣区应当包含各种各样的材料，这些材料的组织应当满足儿童的发展需求，并促进学和教。教师鼓励儿童在大量适宜的材料中主动进行选择。教室被设计成一种包容性的环境，传递出欢迎多元化的信息，并为儿童提供独立自主的机会，为儿童个体的兴趣和能力提供支持。

在使用创造性课程方案的班级中，儿童非常主动和投入。通过探究和游戏，以及基于以往学习经验所开展的聚焦的、有目的的教学，儿童学习创造性课程所要求的内容。

4-6c   与课程相关的持续评价

创造性课程的评价系统是观察儿童发展并跟踪课程目标进展的工具。该评价系统可用于任何发展适宜性课程。它包括 38 个基于研究的目标，分为社会性和情感、身体健康、语言和认知 4 个发展领域，以及读写、数学、科学和技术、社会学习和艺术等内容领域。另有两个目标评估英语习得水平。

创造性课程的评价始于教师在课堂活动中对儿童的观察和记录。然后，他们分析收集到的信息，看看它与目标的关系。教师学习如何设计适当的活动来帮助儿童在每个目标上取得进步。教师每年都会对每个儿童的进步进行 3—4 次评估，并将其与人们对相似年龄或班级/年级的儿童的普遍期望进行比较。最后，教师总结评估信息并撰写报告，改进教学实践，指导学习，并与家长和管理人员共享信息。

这些进步使教师能够看到每个儿童在特定时间点的水平，以及随着时间推移的整个发展道路，因此也适用发育迟缓或残疾的儿童、高级学习者，以及英语作为第二语言的学习者。

4-6d   问责和创造性课程

正如前面所指出的，教师现在被要求帮助儿童达到相关学习标准。此外，还被要求提交正在取得的学习成果的证明文件。

创造性课程的配套评价系统可以自动生成与每个标准相关的儿童进度报告。特别是自《不让一个孩子掉队法案》以来，教师被要求使用"基于科学的"模式。无论这意味着课程以科学研究为基础，还是课程在用科学方法进行测试时有效，创造性课程都满足这一要求：课程理念基于领域公认的理论和研究，所有的发展和学习目标及教学策略都是基于证据的，课程的所有内容都经由领域专家审查。

4-6e　创造性课程和发展适宜性实践

从发展适宜性实践视角考察创造性课程，可以发现创造性课程的如下特点：

- 基于研究和理论提出各种概念；
- 儿童积极游戏，深入探索有意义的话题；
- 根据儿童发展目标、国家和州早期学习标准开展有目的的教学；
- 强调材料和环境布置的质量；
- 聚焦观察和评估，为实现完整儿童的发展目标提供支持；
- 重视与家长之间的关系以及教师和儿童之间的关系。

创造性课程是一个综合的系统。40 多年来，随着新研究的发展，人们对教学取得积极成果的期望越来越高，教师们对如何最好地支持他们工作的想法越来越多。创造性课程目前已在世界各地的大多数开端计划教室中使用。

小结

了解课程模式的理念和实践非常重要，借此可以判断它们如何符合我们对发展适宜性实践的理解以及个人想法、兴趣和教学风格。现在要花时间比较蒙台梭利、银行街、华德福、瑞吉欧、高瞻课程和创造性课程等多种课程模式，并考虑每种课程模式的哪些元素符合你自己的教育理念。

思 考

1. 以图表的形式，比较本章讨论的6种课程模式，如主要理论观点、环境和材料要求、教师角色、与发展适宜性实践相关的要素。与小组同学讨论。

2. 尝试访问正在使用这些教育模式的教师。与全班同学分享你的发现。

自 测

1. 能理解蒙台梭利教学法的关键要素。

2. 能理解银行街教育模式的关键要素。

3. 能理解华德福教育模式的关键要素。

4. 能理解瑞吉欧教育模式的关键要素。

5. 能理解高瞻课程模式的关键要素。

6. 能理解创造性课程模式的关键要素。

7. 讨论各课程模式符合发展适宜性实践原则的方面，以及任何似乎不符合发展适宜性实践原则的方面。

应用：案例研究

1. 蒙台梭利和瑞吉欧方法都源自意大利。描述这两种方法之间的异同。哪一种最接近你在本章中读到的关于发展适宜性实践的观点？华德福方法也来自欧洲。你看到相同点和不同点了吗？

2. 讨论高瞻课程、银行街教育和创造性课程之间的异同，它们都是在美国创建的。

第 2 部分　发展适宜性的物质环境

第5章　发展适宜性的 物质环境：学前期

学习目标

学习本章之后，你应该能够：

5-1　描述3—5岁儿童的天性，能说出他们的典型行为；

5-2　知道可以通过物质环境来支持学前儿童的需求；

5-3　讨论能够满足学前儿童主动性、创造性、在游戏包括户外游戏中学习及自我控制等发展需要的环境要素；

5-4　了解对学前儿童友好的时间表所具备的特征；

5-5　讨论良好的过渡环节的构成要素；

5-6　描述学前班的主要问题；

5-7　明确学前儿童发展适宜性物质环境中不应该存在的要素。

儿童如果幸运地在婴儿期和学步儿期拥有了积极的生活体验，那么就能自信地面对世界，并真心希望自己能够成为世界的一部分，希望了解世界是如何运转的，怎样才能在其中发挥作用。他们已经形成了初步的自我概念，做好了学习与其他人互动的准备。成人在经历了学步儿的反抗和对自我的强调之后，看到3岁的儿童渴望顺从会格外惊讶。

学前儿童尽管仍有些自我中心，但正走向体验如何与同伴交往的发展阶段。与其他儿童共同游戏不是一项单单靠语言就能教会的技能；通过日复一日的真实体验，学前儿童会领悟出如何修正自身的行为以使自己在游戏小组中更易被接受。友谊的问题占据着学前儿童的脑海。在所有的警告中，对学前儿童最大的威胁就是："你不是我的朋友！"

学前儿童是健谈者，他们会兴奋地向别人表达自己的观点。交谈是强有力的，随着学前儿童对行为产生原因以及替代行为理解力的增强，学前儿童慢慢地学会进行自我控制。他们面临着完善精细动作技能的挑战，同时他们也仍在发展大肌肉动作技能。总之，游戏在 3—5 岁学前儿童的生活和学习中占据着主导地位。

5-1   学前儿童是什么样的?

到 3 岁或 4 岁时，儿童已经经历了多种环境，有了各种体验，以至于儿童与儿童之间的差异变得更为明显。这使得我们很难准确地对儿童的特征进行定义，因为对于每种定义，你都能找到许多不符合的例子。然而，对于大多数 3 岁、4 岁和 5 岁的儿童来说，至少在大多数时候，还是有一些共同的特征的。

学前期是童年期中相对而言时间较长的发展阶段，这一阶段儿童发生的变化非常显著。3 岁儿童游戏、交流和理解世界的方式与 4 岁儿童非常不同，而 4 岁儿童与绝大多数 5 岁儿童也有质的不同。这一时期比婴儿期和学步儿期都要长。所以，在 3 年左右的时间里产生发展差异是可以理解的。

本章按照美国幼儿教育协会发展适宜性实践立场申明（Copple & Bredekamp，2009）来讨论 3—5 岁儿童的发展。这一年龄段被称为"学前期"，不过这个词并不能表达它自身作为一个发展阶段——而不只是真正学习开始前的一个阶段——的重要性。"虽然大多数 5 岁儿童在发育上更像学龄前儿童，而不是学龄儿童，但学前班通常与小学相同。"（Tomlinson，转自 Copple & Bredekamp，2009，p.188）因为许多幼儿园和学前班（prekindergarten and kindergarten programs）都是包含在学校体系之中，所以对年龄稍大儿童教学和评价的决策会对其产生影响。通常学校体系在制定规划和提供教学所需材料时，将 4 岁和 5 岁儿童与年龄稍大的儿童归在一起考虑。但是，如果教育要与儿童的发展状况相符合，就必须要认识到儿童的真实特征和需求。2009 年的发展适宜性实践立场声明特别提到 5 岁儿童，他们不完全是学龄前儿童，也不完全是小学儿童。

我们在了解了这些注意事项以后，再一起来思考怎样描述学前儿童。学前儿童精力充沛。在学步儿期结束时，他们已经掌握了大部分大肌肉运动技能。

然而，他们动作的协调性和敏捷性还不够，这些需要在学前期结束时才能明显表现出来。协调能力逐年提高，如两岁儿童能跑，能扔球，但他们运动的质量与 5 岁儿童有着显著差异。通过活动来增强协调性的需求使得学前儿童保持积极运动的状态，而注意时间的延长使得学前儿童能够专注于自己的活动，不像学步儿那样总在不停地运动。

学前儿童对成人照料和持续帮助的依赖逐渐减弱，但他们仍然在情感上或因为试图取悦、模仿成人而与成人有着密切的联系。这种情感联系激励学前儿童采用成人有关适宜或不适宜行为的标准。学前儿童会发展出良心并变得更为自我控制，然而，这是一个缓慢的过程，学前期仅仅是个开端。在学习成为团队成员的同时，这一年龄段的儿童仍在与自我中心的思维方式做斗争。

随着学前儿童逐渐摆脱对成人的依赖，其他儿童对他们来说变得日益重要。这个年龄段的儿童正在寻找朋友并学习作为一个朋友该如何表现。

嗡嗡不停的谈话声是良好的学前教室的一部分，它清晰地表明了学会说话的 3 岁、4 岁和 5 岁的儿童正全神贯注地交谈，这些交谈以独白、双重独白（看起来儿童在一起交谈，但实际上他们是各谈各的）、提问题、评论、争论、讲故事以及讨论游戏的形式出现。交谈是学前儿童了解世界、自身和他人的基础。因此，对于那些母语与教室里的语言不同的儿童来说，有着特殊的挑战。

然而，真正区分学前儿童与年龄较小儿童的是他们参与日益复杂的游戏形式的能力。学前儿童进行想象和假装游戏时表现出惊人的流畅性、想象力，同时渐渐地开始与其他儿童合作。儿童游戏时非常专注、认真、投入，在游戏的过程中，他们的身体、认知、社会性、情感和语言得到发展。

在学前儿童的教室中，总是会有嗡嗡不停的谈话声

　　游戏能让儿童通过自身的体验理解世界，并对成长和发展的各个方面产生强大的影响。儿童在游戏中变得有能力为自己做事情，有控制感，有能力测试和练习技能，肯定自己。游戏对儿童发展胜任感很重要。（Isenberg & Jalongo，2000）

　　学前儿童对游戏乐此不疲。他们单独游戏，和别人一起游戏，在室内游戏，在户外游戏，在任何他们能够游戏的时间游戏。

　　不幸的是，当今教育界中的各种因素已经使游戏对学前儿童的价值有所降低。许多幼儿园太过强调学业技能这一狭窄的课程目标，而极其不重视设计出一种有利于进行丰富多彩和富有成效的游戏的环境。

　　学前儿童是什么样子的？他们已经在学步儿期对自己进行了彻底的"试验"，现在的他们自信极了，满怀热情地探索着周围的世界和人。他们热切地去学习如何在这个世界上生活，意识已经从绝对自我中心（即仅仅关注自己）开始向外拓展。他们就像是敢于冒险的探险家，对更多了解周围的世界并在其中做更多事情有着永不满足的追求。

发展适宜性的教室

这里看起来像是有人待过

这里曾有兴奋的孩子

我能从标记上看出来

它们新鲜、强烈、清晰

墙壁满是工艺品

桌子上摆满书

架子有点乱

整洁几乎是"难能可见"的

在杂乱的陈列中

期待第一个学生

他今天会来

来到这个充满机遇的地方

老师知道

随着孩子们继续成长

还有很多东西需要学习

所以她利用了他们的力量

捕捉到了他们游戏的程度

通过各种构建激发可能性

他们会在路上相遇

这里看起来确实有人待过

这里曾有兴奋的孩子

我能从记号上看出来

它们新鲜、强烈、清晰

是努力工作和快乐奋斗的标志

强大的学习来自于此

这是一个适合孩子们的地方

一个不需要生拽硬拉孩子去的地方（Sigmund A. Boloz）

学前儿童做些什么？

如果你班上的孩子 3 岁、4 岁或 5 岁，当你读到这个问题时，你的脑海中可能会浮现出这样的画面：还有什么是他们不做的？

在画了 15 分钟后，他们会举起自己的画让老师看，忙着与朋友交谈他们在纸上画了什么，并讨论各自的观点。他们大喊大叫，咯咯笑，反驳自己的朋友和老师。他们搭房子，拆房子，他们会为谁的房子最高而争吵。在讨论中，他们展示了各自不同的经历，正是这些经历塑造了他们对世界的看法。"这是帝国大厦，它是世界上最大的建筑。""不，它已经不再是了。我爸爸给我看过一个更大的建筑。"他们戏弄别人，玩过家家时排斥他人。他们请求帮助，他们为不想清理找理由，他们吹嘘自己的成绩。他们打破老师的限制，他们高兴地分享，他们要求轮流。他们穿着高跟鞋在房间里晃，他们玩有 35 块零件的拼图，他们用长长的、复杂的语言讲述假期去探望奶奶的故事。他们坚持要一个额外的告别吻，他们头也不回地离开爸爸，他们会告诉你他们家周末做的一切事情。他们玩"西蒙说"游戏却没有真正地理解规则，他们坚持认为该轮到自己玩"糖果乐园"了，他们自创了一个词来描述风中飘扬的泡泡——"飞泡泡"。他们会还击，被抓到时看起来很内疚，会躲到一个角落里玩一会儿。他们会恳求你再讲一遍故事，他们会仔细地把自己的名字印在纸上（字母顺序经常是颠倒的），并且他们会要求你看着他们印下自己的名字。他们在桌子上找到自己的位置，坚持再用一次剪刀，他们会骄傲地向你展示他能系上所有的小扣子。他们会因一本好书尖声狂笑，问一个接一个的问题，他们在玩过家家时坚持扮演宝宝。他们把自己倒挂起来，沿着走廊奔跑，并且告诉你你能（或不能）来参加他的生日聚会。

你可以接着列举。他们所做的和能做的事情还有很多。对于腿、手和大脑能够做的事情，他们有能力也有信心，虽然这些技能仍然处于发展之中。因身体或智力方面有特殊需要或因为语言不同而受到限制的学前儿童，主动找到了自身影响世界的方式。他们满怀想法、能量和热情。他们每天都活力四射，而且经常会越界并测试极限在哪里。然而，不同的是，他们现在知道了限制的存在，理解为什么要有限制，并且有些时候甚至会服从限制。

5-2　学前儿童需要什么?

在思考学前儿童需要什么以获得发展时，第一步要考虑的问题是学前儿童都做些什么。他们需要这样一种环境，既可以为他们的充沛精力提供支持，又能为他们更多地了解这个世界提供挑战性经验。回想一些研究者对儿童在进入正规学校教育前这一阶段的相关论述也是非常有益的。埃里克森提出学前期的社会性发展任务是形成一种与内疚感相对的**主动感**。

主动感指形成自己作为一个行动者的意识——有能力，充满想法和能量，有热情探索更大的世界。伴随着这些年所积聚的力量和能力，儿童学会自己发起活动，欣赏自己的成就，并在做事时变得非常具有目的性。他们如果不被允许按照自己的意志行事，那么在尝试成长为独立和有能力的个体的过程中会感到内疚。充满求知欲的学前儿童需要这样一种感觉：我能做事，能做成事，并且有很多好主意。

皮亚杰对前运算阶段的描述有助于解释学前儿童的思维和学习过程。这一时期儿童的认知尚是一种非逻辑的精神活动，更多的是基于有限感知的直觉思维；思维具体，以自我为中心——仅能理解自己的观点；综合和逻辑概括的能力有限。因此，需要依据这些特征来为学前儿童提供适宜的学习经验。皮亚杰认为对前运算阶段的儿童来说，游戏是适宜的学习媒介。

维果斯基帮助解释了环境中的其他人——同伴和成人——如何为学前儿童的学习提供支持。在社会互动环境中，学前儿童修正旧观念并形成新观念，更有经验的伙伴或提供帮助的成人为儿童搭建了脚手架，帮助儿童获得在没有他人帮助的情况下不可能达到的行动、思维和问题解决水平。3—5岁儿童通过这种与他人的互动进行学习。

学前儿童的发展任务包括行为模式的社会化，形成认同感，开始发展道德感和自我控制，开始认识自己在世界中的位置。

语言能力的不断发展对所有这些发展任务来说都是至关重要的。教师必须设计出能够鼓励这种学习的发展适宜性环境，使其适宜所有学前儿童的发展。

　　环境可以激发不同的经验，这取决于在物质环境中对空间和材料、时间以及人与人间接触程度的安排。具体的课程目标可能会受到教师幕后所做的决定的影响，这些决定最终影响儿童的行为。如在将合作和问题解决技巧作为一个主要课程目标的教室中，教师可能会故意摆放有限数量的材料，以激发儿童关于轮流使用物品的对话和讨论。在一个强调培养读写技能的班级中，教师可能会在儿童的视线水平上放许多常见物品的图片和文字符号。在包含有许多特殊需要儿童的班级中，环境和活动会依据个性化治疗计划进行调整，从而帮助儿童获得最优发展。任何教育目标都将在物质环境中有所反映。

　　当教师为每个儿童制定个性化目标时，他们通过环境布置来创造条件。

　　如果教师想帮助一个安静的儿童或者一个正在学习英语的儿童在午餐时进行对话，教师可能会将这个儿童安排在另一个更为健谈的儿童旁边。另一位教师认识到一个特殊儿童在屏蔽干扰方面需要帮助，她可能就会创造出几个小的、受到保护的工作区，在里面投放对这个儿童来说有着特殊吸引力的材料，并鼓励他选择一个朋友一起来探索。如果有两个儿童需要在精细动作技能发展方面进行特定练习，教师会为他们提供剪刀和旧杂志；如果儿童身体有残疾，那就需要对活动工具进行改造，如给剪刀加特殊把柄。

　　因此，物质环境可以为这一阶段儿童的整体发展目标、个体目标以及具体课程目标的实现提供支持。所创设的物质环境除了能够促进具体目标的实现外，还有利于解决或预防与个体或这一年龄段儿童发展相关的典型行为问题。在为学龄前儿童创设物质环境时，教师要考虑很多问题。

主动性源于学前儿童觉得自己有好的想法

5-3　支持学前儿童发展需要的环境

伊丽莎白·普莱斯考特（Elizabeth Prescott）说，儿童所储存的关于幼儿园的记忆似乎"主要是触觉印象"（Prescott，1994，p. 9）。这表明在幼儿园中关注物质环境是非常重要的。在对物质环境的经典讨论中，普莱斯考特描述了布置物质环境时要考虑的 7 个要素，她将其称为维度。教师在设计环境时，要考虑需创设的特定环境应位于发展连续体的什么位置，对环境所做的调整是否会有益于儿童。

物质环境的 7 个维度

1. 柔软度和坚硬度；

2. 开放性和封闭性；

3. 简单和复杂；

4. 融入性和隔离性；

5. 高活动性和低活动性；

6. 冒险性和安全性；

7. 大组和小组活动。（Prescott，1994，pp. 9-15）

普莱斯考特主张平衡各维度来创造一种鼓励儿童进行各种游戏的最优环境。

维度 1，柔软度和坚硬度。柔软的、有韧性的、对触摸有回应的物体能够在环境中创造出一种柔软感，并提供各种感官刺激，如手指画颜料、橡皮泥/黏土、沙发、枕头、地毯、草坪、水、沙子、土以及能够抱、摇、拍的动物。硬度，如瓷砖地面、木质家具、自行车道会传递出一种"不可改变"的信息，这一信息刺激儿童调整自己以适应环境，这会让儿童和教师不可避免地感到疲劳和压力。硬度也包括人造灯，尤其是荧光灯的亮度。其他的灯光可能有利于创造出一种更加柔和、更类似于家庭的氛围（平衡意味着环境既具有回应性，又具有抵抗力）。

维度2，开放性和封闭性。开放的设备和材料可以以多种方式使用，没有一种唯一正确的使用方式，也不会专断地结束儿童探索，能够使儿童感知环境的开放性。沙土、积木、拼贴画和其他艺术材料都是开放的。活动的形式也可以是开放的，儿童从教师准备和计划的若干活动中自己进行选择。开放性与儿童的选择联系在一起。

封闭性材料只有一种正确的玩法；智力拼图和各种蒙台梭利材料是封闭性的。尽管这种材料有利于儿童获得成就感，但儿童一旦掌握这种玩法或因为尚不能正确使用而受挫时，可能会对它们感到厌倦。如果大多数情况都是在教师指导下进行小组或个人活动，那么这种课程被称为封闭性课程，有明确结果的经验也是封闭性的。尽管开放性、封闭性的材料和经验各自都有许多优势，但普莱斯考特认为，对需要体验成功和主动感的学前儿童来说，开放性的材料和经验尤为重要。

维度3，简单和复杂。观察儿童与材料互动时，明显可以发现一些材料比其他材料更能支持儿童的活动。最简单的游戏单元仅包含一种材料并且只有一种明显的用途，没有即兴发挥的空间，例如秋千和三轮车。稍微复杂一点儿的游戏单元会组合两种不同类型的材料。更复杂的游戏单元则会混合3种不同类型的材料，如在沙堆上添加一把铁铲或为橡皮泥盒添加小的擀面杖。非常复杂的游戏单元可能会在沙堆上添加水或模具，或者在橡皮泥和滚筒的组合之上添加装饰材料，如戏剧游戏区会添加烹饪书、便签本和购物车。

维度4，融入性和隔离性。环境的这一维度是指环境对边界做出规定，并为儿童提供进行私人活动和控制自己领地的机会。划分区域能够使儿童工作时免受干

拉橡皮筋的板子就是一种开放性的材料

橡皮泥游戏由于添加了滚筒和其他雕刻工具而变得超级复杂

扰。每一间教室都必须有供儿童集体活动的区域，但同样重要的是，要为儿童提供能够独处或与整个集体分开的区域，从而保护他们的私人物品和个人兴趣。同时，还要提供小而安静的区域，在这里仅能容纳一两个儿童。当教室与外部世界相联系时，比如通过窗户或教室的访客，也会带来理想的融入（Gonzalez-Mena，2008）。

　　维度5，高活动性和低活动性。这一环境维度关注儿童四处走动的自由。在高活动性的环境中，空间和设施都用来促进大肌肉运动和主动运动，比如跑、跳、骑三轮车。教室中会创建出交通路径让所有儿童来去自如地活动，包括需要学步车和轮椅的儿童。在低活动性的环境中，儿童被要求安静地坐着进行活动，比如听故事、玩智力拼图。对活跃的学前儿童来说，过低的活动性会产生一些问题。一个平衡的环境会提供不同空间和材料。

　　维度6，冒险性和安全性。柯蒂斯（Curtis）和卡特（Carter）提到了对环境中的冒险性和安全性的需要（2003）。尽管儿童需要被保护起来，远离显而易见的危险，学会安全活动，例如警惕火，小心使用器具，但是绝对不能忽视为儿童提供冒险机会的重要性，比如让儿童尝试攀爬、从高处跳下等。教会儿童如何小心地去做有趣的、具有挑战性的事情与因为不够安全而禁止儿童进行任何形式的冒险或创新，这两者之间是有区别的。

维度7，大组和小组活动。教室的社会结构，同样需要在大组和小组之间取得平衡，不能偏向或忽视其中任一方面。大组活动包括集体听故事，小组活动可能涉及表演故事，个体活动可能是一对一读书。这些经验都是必要的、有价值的。

在考虑设计物质环境时，关键是对这些维度的利用不能只选其一。大多数适宜性环境都考虑每一维度的两个方面。教师的一个重要任务是要评估环境是否有利于实现恰当的平衡，并与儿童和幼儿园的发展水平及需求相符合。关注维度也有利于问题解决。普莱斯考特指出，一些常见问题，比如儿童不

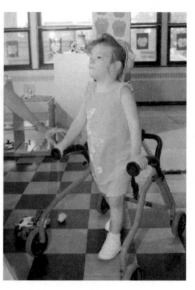

宽阔的通道有助于所有儿童，包括那些使用学步车的儿童舒适地移动

分享，不参与活动，或在上午活动结束时烦躁，可以通过环境来解决（Prescott，1994）。

当儿童和教师走进教室，家具和材料的布置可以传达出关于期望的活动和行为方式的信息。如果教室的大部分空间都被桌子和椅子占据，显然教师期望儿童能在大多数时间里坐下来进行一些安静的活动，这里面暗含着大量的教师控制。而如果教室中设计了多个不同的学习区域，看起来儿童将会更加积极地操作他们自选的材料。物质空间的布置方式隐含着某种哲学，它对儿童在学习活动中可以做和将会做的事情具有明确的影响。

5-3a 　 促进主动性的环境

发展主动感是学前时期的一项重要任务，鼓励儿童做出选择和计划的环境能够让儿童作为决策制定者主动参与。他们会将大多数时间花费在自己选择的主动游戏中，而不是花费在教师主导的课程上。

反思

你最喜欢的地方

想象你在参观一个你感觉最舒服的地方。普莱斯考特说的哪些元素出现在这个地方？你能做些什么来把这些元素引入你的教室呢？

教师可以通过明确可行的选项帮助儿童选择特定的游戏区域。每一种活动都需要在清晰界定的区域内开展，这一区域通过空间、家具和其他明显的分隔物而与其他区域分开。这就意味着房间被分隔成许多小的区域，并且看起来包含许多显而易见的选择。架子、桌子、地毯、胶纸标记和其他有创意的隔离物（如鞋袋、格子或脚踏小钉板、成排的低悬植物、树桩墙、纸盒、串在一起的冰激凌盒、悬挂的竹帘）的布置是为了创造出视觉界限，同时仍然方便教师监控（Curtis & Carter, 2003；Greenman, 2005a）。如果涉及特殊需要儿童，教师必须将开放的地面空间改造成方便轮椅或学步车的区域。各个区域之间的交通路径需要加宽。桌子可能需要调整，以便把轮椅放在下面（Gould & Sullivan, 2004）。

教师决定什么兴趣区适宜特定的小组。典型的幼儿园可能包括创造艺术区、积木区、戏剧游戏区、图书区或图书馆区、音乐和律动区、操作区或桌面玩具区、科学区或发现区、大肌肉运动区、书写区、木工区、沙水区和电脑区。应该为各个游戏区贴上标签，这样儿童就可以"读到"各种选择。标签应设置在儿童的视线水平上，既可以是图片，也可以包括英语和儿童母语的文字。标签中包含样品，比如一块积木或者一支彩笔，对于视觉有障碍的儿童和英语作为第二语言的儿童来说非常有益（Dodge, Colker & Heroman, 2010）。

为进一步鼓励儿童的主动性，教师要确保材料摆放在附近较低的、开放的架子上，从而方便儿童拿取他们需要的材料。当班中有运动能力受限

儿童在有明确定义的游戏区和详细标记的架子之间进行
选择

的儿童时，可以在区域中配备双份材料，并将材料放在两个高度不同的位
置。将材料存放在桌面高度或地面高度能够避免儿童因弯腰或够不到而失
去平衡。容器必须敞口或透明可见，或使用儿童能够理解的标签清楚标出
（这些标签应该能够让有视力障碍的儿童触摸到）。在布置材料时，在每种
材料周围留出空间能够突出不同材料间的分隔。教师应该贴上物品图片或
形状标记，这样能够使儿童一眼就发现应该把材料放回到哪。因为材料摆
放在可预知的地方且方便可用，儿童学会承担起对环境的责任，发展作为
学习者的主动性。

我们还发现，有组织地存放材料似乎能产生更复杂、更持久的游戏，帮
助儿童建立联系，并计划未来的行动，因此，有可能支持儿童的主动性和想
象力。（Prescott，1994）

环境可以巧妙地支持儿童想法。可以有机地结合在一起的那些游戏区，
在位置上会彼此相邻，如图书区和书写区紧挨着，戏剧游戏区和积木区相
邻。要在教室中设置一个儿童可以展示个人作品的区域，这有利于传达对
他们想法的重视。这一区域可以是一根晒衣绳，儿童的作品和他们的签名
别在一起；可以是一个指定的摆放已完工作品的架子，也可以是为正在开

存放在区域附近的材料为儿童的适当行为提供间接指导

展的工作而设的一个区域，或者每个儿童都可以张贴海报的架子。大多数教室装饰是由儿童创造和设计的，并展示在儿童的视线水平上。儿童非常想看到他们可以对自己所处的环境施加影响，而不是完全由成人来创设环境。教室中的一个关键问题是：儿童对环境是否有一种主人翁意识？

各兴趣区中的开放性材料能支持和激发儿童的创造性、决策能力与创造性思维。只要所提供的许多材料无所谓正确或错误的使用方法，是过程导向而非结果导向，就有利于激发儿童作为学习者的主动性和自尊感。开放性材料可以照顾到儿童个体能力的差异，因为儿童可以根据自己的能力使用这些材料。

当儿童能够决定参与哪种活动以及何时停止这项活动时，他们的主动性就会被激发出来。在鼓励学前儿童慎重选择活动的过程中，一些教师发现签名制度很管用。例如可以是在艺术区布置计划板或选择板，板上带有多个挂钩或书袋，可以用来添加儿童名签，一个名签代表有一个儿童选择在艺术区工作。简单一点儿的方法可以是在兴趣区悬挂带有彩色标记的衣夹、腕带、项链来表示这一空间现在是否可以游戏。戴上或移除项链或签名能够帮助儿童做出有意识的决定，从而控制在一个区域中游戏的儿童数量。

良好的材料存放让儿童有机会：

- 感受到控制感和胜任感；

- 了解事物间的关系；

- 开展更复杂的游戏；

- 学会负责；

- 爱护材料和尊重他们自己的工作；

- 感受自己是环境的主人。

这些挂钩是帮助儿童为自己的活动做出选择的一种方法

高瞻课程模式基于计划—工作—回顾的次序来开展活动，教师支持儿童先仔细思考工作计划，然后实施计划，随后再与教师一起总结。

如果环境意在使儿童的独立性得到最大发展，那么就能够鼓励儿童发展主动性。教师通过环境设计和使用图画、文字，引导儿童逐步在脱离教师直接指导的情况下使用兴趣区。

如将便于使用的罩衫挂在艺术区附近。一沓新的画纸正好位于画架旁边。这里还有方便使用的别针，以便儿童将画纸固定到画架上，同时画架背后还有为晾干图画而设计的带着夹子的框。为事后负责清理这一区域的儿童提供图文说明，引导儿童将绘画作品挂起来晾干，洗手，并将罩衫挂回到原处。

儿童一旦可以独立进行他们所选择的活动时，会产生一种对其发展来说非常重要的成就感。

当儿童能够在教室中担当富有意义、需要承担责任的角色时，其主动性会被激发出来。学前儿童非常喜欢做重要的、真实的工作。教师可以经常让儿童维护教室常规和秩序以满足他们的这种渴望。整理教室是大家共同承担的责任。一个提示或一份工作表格可以帮助儿童轮流履行职责，比如浇花或清扫台阶，并认识到参与集体分工是非常重要的。儿童由此开始形成一种观念，认为自己和他人都是集体的重要成员。

参与班级分工有助于培养儿童的集体意识

发展适宜性实践的决策

困境：一位年轻教师与一位经验更丰富的教师在争论。年轻教师坚持认为应该在教室里为年幼的儿童提供计算机作为选择。另一位教师认为，儿童需要积极参与游戏，而不是坐着看电脑屏幕。事实上，她认为儿童使用电脑有潜在危害并且是非必要的："技术变化如此之快，儿童最好等到长大后再使用电脑。"年轻教师则认为，儿童生活在一个交互媒体的世界中，世界对数字素养的需求将影响儿童发展和学习。这两种不同的看法有何区别？你会怎么做？

思考：一些教师不认为计算机需要出现在幼儿园，但这似乎忽视或曲解了大多数关于早期教育技术的研究（Clements & Sarama，2003），以及美国幼儿教育协会和弗雷德·罗杰斯早期学习和儿童媒介中心 2012 年的立场声明。计算机通常是积极的社会互动和情感成长的催化剂。好的计算机软件鼓励儿童谈论他们的工作，并参与比其他游戏区更高级的认知游戏。计算机可以让创造力绽放。计算机可以支持新型协作，并可以增加残疾儿童与其他正常发展的同龄人之间的社会互动。

在幼儿园里合理使用计算机需要在发展适宜性原则的指导下进行仔细规划和决策。必须选择高质量的软件。

应该提供两把椅子，一把在计算机前面，一把在侧面，并且计算机应彼此靠近，以便儿童之间互动和分享。儿童可以选择计算机，班里并不设置固定的计算机时间。和其他活动一样，计算机活动的参与与否由儿童决定。只有当计算机对儿童的发展有贡献时，才在教室中使用计算机。此外，在电视或计算机屏幕前的总时间应受到限制。

建议

培养主动性的环境

确保为学前儿童提供促进主动性发展的环境：

- 鼓励儿童在有明确界定和标记的兴趣区中自主选择游戏；
- 投放可以供儿童自取的材料；
- 为儿童提供在教室中展示作品的机会；
- 提供能够鼓励儿童创造和使用的开放性材料；
- 建立帮助儿童做出有目的的选择的制度；
- 为儿童的独立和履行职责提供机会。

5-3b　促进创造性的环境

儿童创造性的发展在本质上是与儿童的认知发展、身体发展、表达性语言发展和自我发展联系在一起的。因此，有利于让儿童自由表达他们思想和感受的环境，有利于培育儿童审美感和欣赏感的环境，以及为创造性活动所提供的材料和时间，都是整体环境的组成部分。在一个问题而非答案占主导地位的环境中，创造性会得到培养。创造性是环境的一部分，它鼓励每个儿童的创造过程以及成果，而不是为儿童提供限制他们思考、破坏他们努力的"示范"。

儿童在学习使用多种媒介表达的过程中发展创造性

当教师单独设置创造性艺术区和音乐区时，他们应该留意到，创造性体现在儿童游戏的过程中，体现在教室的每一个区域。比如积木区中儿童精心搭建的建筑表现出他们的创造性；在发现区/科学区中，创造性表现在儿童探索和形成问题的过程中；在书写区，儿童在寻找表达自己思想的新方法时表现出创造性。要想通过指定特定材料促进创造性从而提高游戏的质量是不太可能的。但是，教师必须要一直留意能支持儿童发展创造性的因素。以下是一些有利于创造性的因素：

- 在儿童做出个人游戏选择、进行自我表达时，教师要表现出接纳的意愿和兴趣，并对他们的创造性工作表现出真正的欣赏；

- 在教室的所有区域都为儿童准备好方便取用的开放性材料，并摆放得美观、合理；
- 教室空间是变动的，而不是一成不变的；
- 课程不断回应儿童需求，随着儿童活动新方向不断重新设计；
- 让儿童有机会使用多种形式进行创造性表达；
- 注意美感，如教室布置和环境创设的方式、材料存放的方式以及儿童作品展示的方式等；
- 重视自然世界和自然材料的美丽，而不是创建一个看起来好像根据购物清单订购的教室；
- 为家庭提供儿童创造性发展的信息，以及体现儿童创造性思维的记录。

5-3c　在游戏中学习的环境

对物质环境的精心准备能够传达出教师对"在游戏中学习"信念的支持。如果教师相信儿童通过积极地与材料、其他儿童以及教师进行互动能够得到最好的学习，那么教师就会在教室中提供构思巧妙的场所供儿童游戏，并提供游戏材料。各个区域的布置以及教室的设计就会有利于儿童获得有意义的游戏经验。

看看你所处的周围环境：

这是一个美丽的地方吗？

环境是否支持家庭参与？

环境是否鼓励社区参与？

这里有倾听和交谈的地方吗？

这里是否会激励儿童去探索和学习？

这里是教师学习和工作的好地方吗？（Greenman，2005a）

许多教师并没有很多机会来参与教室的设计；一些设计师和建筑师已经完成这项工作了。对于那些幸运地参与了最初设计的教师，塞皮和珍妮（Ceppi & Zeni，1998）、柯蒂斯和卡特（Curtis & Carter，2003）及格林曼（Greenman，2005a）的书中提出了可能会产生的问题和争议。如果教师被指派到一个特定的教室，他们可以开始构想新的学习环境，忘掉这个房间曾经的用途，重新开始进行设计。正如格林曼所说的，物质环境的创设计划来自"固定的空间、在里面生活的人、课程目标和哲学理念以及资源"（Greenman，2005a，p.217）。创设强调教师教、儿童学的传统教室相对来说比较容易，但是学前儿童的发展适宜性教室，强调的是"主动和个性化学习、自治和社会交流"（Greenman，2005a，p.217），教师面临的挑战是创设一种有活力的、吸引人的氛围。教师必须检查儿童经验的质量，包括吃饭、睡觉、独处、成人对儿童的宽慰和安抚。

在决定怎样去设计教室时，格林曼建议首先从固定的空间开始：门、窗户、水池、浴室和插座。思考光线和空气、人和所提供材料的流动模式。列出教室中将会发生的每项活动，不管是大组活动还是小组活动，是吃点心、穿衣，还是教师与父母交流。思考有特殊需要儿童对物质环境的特别需求。决定哪些兴趣区将会成为课堂学习环境的一部分，哪些区域不光服务于一种目的，例如用于吃饭、玩桌面玩具或艺术创作。

区域的布局决定着儿童能在何种程度上参与有意义的游戏。教师应该将脏乱和整洁的活动、喧闹和安静的活动、需要空间来展开的活动和那些更受控制的活动、桌面和地面以及其他角落的活动分离开来。教室布局草图见图5-1。

接下来，教师需要考虑如何布置教室中的通道。要认识到笔直的、不间断的通道有利于儿童奔跑；宽敞而空旷的空间多用来开展某些活动，如集体活动；设计通道时要避免对游戏造成干扰；一些兴趣区，例如图书区和积木区，要避免设置在通往小房间和盥洗室的过道旁。本章前面对各个区域间的分隔物进行过讨论，对于试图将精力集中于自身游戏上的儿童来说，分隔物在屏蔽干扰方面同样是非常重要的，但要确保教师在任一地方都能监控到整个教室。

图5-2展示的是某教室的示意图。注意喧闹游戏区域（戏剧游戏区、积木区、大肌肉运动区）的布局。同时注意那些极有可能经常需要用水的区域

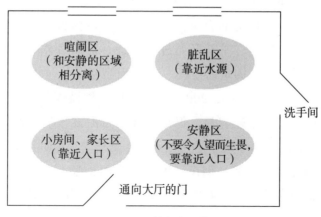

图 5-1　教室布局草图

是如何进行巧妙安排的。这里没有无效的空间。儿童的书写区、绘画区以及植物区要位于靠近自然光线的地方。儿童进入教室的通道引人入胜，不会让儿童觉得有压力。对想要分析和提高教室学习环境效能的教师来说，相关环境评价量表（Harms & Clifford，2004）是一个有用的工具。

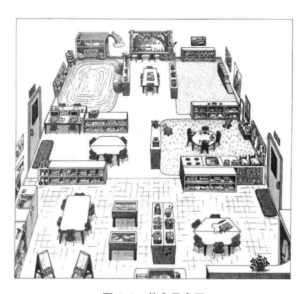

图 5-2　教室示意图

　　如果班中还有特殊需要的学前儿童，教师要有意识地调整，以使各能力水平的儿童都可以去游戏。通向兴趣区的通道和入口要宽阔，材料的摆放要便于儿童取放并能避免视觉或实际的凌乱，这些都将使教室环境得到改善，有利于所有儿童的发展。

　　对于教师来说，非常重要的是分析他们的教室布局是否为儿童所有发展领域（大肌肉运动技能、精细肌肉运动技能、自理能力、语言、认知、情感和社会性经验）以及不同课程领域（艺术、阅读、建构、操作、科学、数学、音乐、戏剧游戏和运动）提供了平衡的学习机会。同样重要的是，教师不能陷入这样的认识中，即认为儿童的学习就像兴趣区的分布一样是相互分割的。

　　我们规定各个区域的界限，是为了让儿童可以思考他们的游戏，并且能够在得到保护的情况下持续进行有意义的游戏。界限的本意并不是表示某种特定的学习只会发生在某个区域，或者学习是单维的。换句话说，教室里各个区域都是儿童进行创造性游戏和假装游戏的场所，同时儿童在艺术区可以进行创造性表达、科学发现、操作、计划，以及大量社会和语言等领域的学习。界限也并不是用来限制灵活性的（如当儿童拿一块积木到戏剧游戏区当相机用时，说"积木应该放在积木区"是不适宜的）。例如一种新兴的识字方法建议将图书和书写材料融入每个兴趣区，鼓励儿童翻阅关于科学的图书并在他们的建筑上书写标记。这些做法有利于教师不那么孤立地看待各个区域，同时仍能保持教室井然有序，从而便于儿童进行富有成效的游戏。

　　教室的布局也不是一成不变的。随着儿童兴趣和游戏行为的扩展，可能会需要新的游戏区或对游戏区进行扩充。

　　对于鼓励游戏的物质环境，设置独立的兴趣区并不是唯一的办法。精心选择和摆放的材料会鼓励儿童来使用它们。科学区放置的天平和石头暗示儿童进行某项活动；电话旁摆放的记事本和铅笔则启发儿童开始学习记录。今天，橡皮泥游戏桌上有一碟闪亮的珠子，是在鼓励儿童进行雕刻；而上周同一张桌子上摆放的是一套小餐具，启示儿童利用橡皮泥办一次茶话会。精心安排的材料帮助儿童开始游戏，不需要教师告诉他们"我们今天将要……"。

　　游戏经常是交互式的。通过提供专为小组设计的游戏空间，能为儿童的社会交往提供支持。对于刚开始进行社会互动的儿童来说，仅供两人使用的活动区有利于早期社交技能的发展，因为儿童可以开展平行游戏，并有机会面对面交流。可以摆放一张小桌子和两把小椅子，让儿童来玩橡皮泥、桌面玩具或者聊天。可以创设容纳更多儿童的区域，每个儿童都有自己的位置。4个或5个儿童组成小组对于学前儿童来说是非常好的。教师精心设计提示，暗示一次可以有几个儿童来这个区域活动，如在艺术活动桌旁安排4把椅子，玩水区挂上3件罩衫。积木区地毯上有3块大方块，暗示容纳3个人玩；书写区桌子上有两个小本子，将参与书

教师把4张纸放在艺术桌上，暗示可以有4人在那里工作

写的儿童数量限定为两个。支持儿童有目的地选择同样会限制每个区域中儿童的数量。

　　然而，并不是所有的游戏都是社交游戏；有些时候儿童需要并希望单独游戏，如看书，或专心完成一些具有挑战性的任务。教室中应当设置一些小的游戏空间，并创造出一种允许儿童退出的宽松氛围，或临时设定一块单独游戏区域（Curtis & Carter，2005）。比如当儿童选择独自进行建构时，他应当可以在地毯上粘贴胶带条，表明那是他个人的建筑区域。

反思

在一个发展适宜性教室环境中，儿童经常：

- 领导……而不是跟随教师；
- 创造……而不是复制；
- 活动……而不是等待；
- 创造线条……而不是给线条涂色；
- 谈话……而不是被动倾听；
- 发起……而不是模仿；
- 提出问题……而不是回答教师的提问；
- 解决他们自己的问题……而不是解决教师的问题；
- 艺术创造……而不是做手工艺品；
- 强调过程……而不是结果；
- 使用真实的技能……而不是操练和练习；
- 创作图书……而不是填写工作手册；
- 决定……而不是等待允许；
- 明智地选择……而不是被告知；
- 制订自己的计划……而不是跟随教师的计划；
- 再一次尝试……而不是宣告失败。

　　儿童玩游戏需要大量时间。教师可以通过为儿童提供足够长的"时间块"来更好地营造儿童的游戏环境。在此时间块内，儿童可以完成并完善活动，而且不会受到不必要的打扰。

　　教师同样是游戏环境中的一个重要组成部分。没有得到推动的游戏经常得不到充分的发展。也许最重要的是，教师要相信在学前期这几年时间中，游戏有利于儿童的全面发展，这样教师就会以一种有益于儿童的方式来表现他们对游戏的支持和赞赏。教师对于游戏的态度会渗透到教室的整体氛围中。

多样性考虑

"脏乱的"活动

教师通常会遇到一些家长，他们抱怨孩子们玩"脏乱的"活动，不喜欢处理湿衣服、脏衣服、溅有颜料的裤子等。家长不喜欢这些活动以及与之相关的混乱状况可能是出于文化的原因。现在，请列出教师可能会给出的理由，既照顾家长的感受，也可以让儿童参与探索和创造性游戏。

多样性考虑

欢迎有特殊需要的儿童

教师可以通过改造教室以满足不同能力儿童的需求：

- 在教室中摆放包含残疾人的图片，展示各类残疾人参加工作、生活、演奏乐器或参与娱乐活动等的场景；
- 在戏剧游戏区准备包括"残疾"娃娃在内的玩偶，为玩具娃娃添上眼镜、助听器和支架会激发儿童提出问题，并为儿童提供直接找到答案的机会；
- 邀请残疾人到访，他们可以为儿童讲故事、演奏乐器或做木工；
- 为儿童提供的所有物品应该布置得引人入胜并便于拿取；
- 允许所有的儿童来尝试使用特殊工具，例如加宽的颜料刷或加大的剪刀，然后指出为什么残疾儿童在活动时间会优先选择这些工具；

- 在活动中使用多种感官材料，比如在戏剧游戏中添加不同质地的布料，在烹饪和科学项目中添加香味和可触摸材料；
- 鼓励所有儿童独立。

5-3d　户外游戏环境

户外活动被视为游戏环境中一个至关重要的部分。发展适宜性的学前课程同时重视儿童室内和户外的游戏和学习经验，并认为两者是同等重要的（DeBoard et al，2002）。我们不能仅仅把户外游戏视为儿童（和教师）的发泄时间，即回到室内开始认真的学习活动之前的一种休息。相反，儿童在室外可以拥有在本质上完全不同的多种学习经验。

儿童需要操场为之提供身体方面的挑战和冒险机会，他们需要摇摆、滑行、打滚、攀爬、跳跃、奔跑、投掷、踢、骑行。为满足所有这些喜好，儿童需要空间和器材，同时，监督儿童活动的教师需要鼓励他们，而不要给他们过多的警告和限制。

除了身体上的挑战外，户外游戏环境必须同时支持儿童进行更多思考的

在户外使用材料时，儿童会有非常不同的体验

活动：挖掘，种植，玩水和沙，找到一个安静的地方坐下，或者探索新的环境。儿童进行创造的机会蕴含在户外的艺术和建筑材料以及戏剧游戏的小道具中——课程很容易就在户外开展起来。许多幼儿园通过设计能够促进儿童欣赏自然环境的户外场地、开展园艺或观鸟活动来强调对自然环境的重视。

环境传达的信息

你的教室传递了怎样的信息？

有研究者建议教师评估他们想要传达的信息（Dodge, Colker & Heroman，2010）。这些信息包括：

- "这是个好地方。"
- "你属于这里。"
- "这是一个你可以信任的地方。"
- "有些地方你可以独自一人享受，如果你想的话。"
- "在这里，你可以自己做很多事情。"
- "这是一个探索和试验你的想法的安全地方。"

思考教室环境的哪些方面传递了这些信息。

家园交流

户外活动的重要性

亲爱的家长朋友：

我们想与您谈谈鼓励孩子享受户外环境的重要性。提供户外体验能让我们从自然世界中受益，但这往往是一个挑战。理查德·洛夫在《森林里最后一个孩子》中，指出要帮助孩子们发展与户外的关系，理解户外活动对身体和情感的益处。我们的户外活动安排不仅仅是"发泄情绪"，而且是为了让孩子们能够学会欣赏我们周围的景观，对附近丰富的动植物产生好奇心和求知欲。

最近，我们开始在大自然中散步，经常边走边收集感兴趣的材料。在我们的门口有这些探索的照片，以及我们收集的一些材料，它们引发了我们的阅读和对话。我们希望您也能将此活动作为家庭活动的一部分，并与我们分享您与孩子们在户外的一些经历。欢迎在"展示与播报时间"介绍您和孩子们搜集的材料。

我们有几本《森林里最后一个孩子》可供借阅，书中有一些与您的孩子一起享受户外活动的好主意。

××老师

建议

支持游戏的环境

下面这些做法能够提供游戏性环境：

- 教室的布局暗示儿童，主动游戏是学习的主要方式；
- 在教室中设置不同的兴趣区，既保护儿童的游戏，又能够屏蔽干扰；
- 材料的摆放能够吸引儿童的积极参与；
- 教室中有不同大小的区域，既包括促进小组互动游戏的区域，也有隐蔽的游戏空间；
- 提供大段时间让儿童进行游戏；
- 教师成为游戏的促进者；
- 精心设计室内外游戏区域和材料。

为儿童的户外游戏设计材料和活动区是非常重要的。图 5-3 展示的是为 3—5 岁儿童所设计的适宜性户外环境。

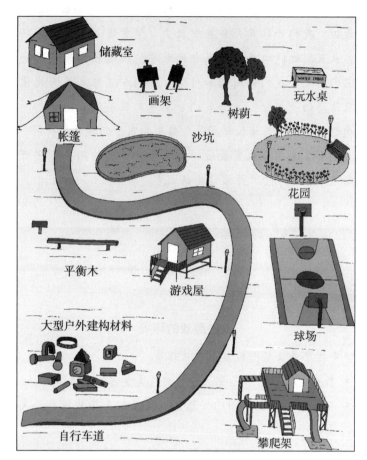

储藏室

画架

树荫

玩水桌

帐篷

沙坑

花园

平衡木

游戏屋

球场

大型户外建构材料

自行车道

攀爬架

图 5-3　适合 3—5 岁儿童的户外设计

在设计户外环境时，安全性是要考虑的一个因素，安全的环境有利于儿童自由地游戏。糟糕的操场设计和器材选择以及缺乏维护是造成多数操场事故的原因。在器材周围设置通道并留出充足的空间对于避免拥挤来说是非常重要的。恰当安装固定的器材并对之进行例行检查是教师要承担的重要职责，同样，教会儿童对安全负责也是教师的重要任务。

户外环境日常监测清单

- 户外空间由篱笆和带锁的门围起来；

- 所有植物都是无毒的；

- 操场排水良好；

- 天气炎热时能够防晒；

- 在攀爬和滑行设备下铺柔软的垫子等，至少要有两三厘米厚；

- 每天检查游戏设备，查看设备是否有掉落或破损的零件、碎片以及锐利的边缘，是否有生锈、油漆剥落、绳子磨损等；

- 每天检查游戏区，清理垃圾、碎片、动物粪便；

- 大型器材要稳稳地固定在地面上，各部分连接牢固；

- 使用围栏，防止儿童（如玩滑梯或攀爬时）从高处摔落；

- 要在各个设备之间设置供儿童安全运动和教师充分监管的空间；

- 秋千要与骑车区和跑步区隔开；

- 用于环境美化与维护的化学制品和工具要锁在远离游戏区的地方；

- 各种设施要适宜并促进儿童（婴儿、学步儿、学前儿童、学龄儿童）发展。

　　我们必须要为有特殊需要的儿童提供积极的支持，以使他们参与户外游戏。支持既包括对环境的改造，也包括使用特定的策略。当教师考虑为儿童提供更多、更优质的多感官并用的活动并为增进所有儿童的独立性而努力时，就是在支持有特殊需要的儿童。对环境的改造可以从极其简单到异常复杂，必须根据儿童的个性化需求来具体规划。

5-3e 促进自我控制的环境

当环境为儿童提供一种稳定感、秩序感和可预测性时，正在学习控制自身行为的学前儿童可以从中受益。

兴趣区的设置可以清晰地传递出以下几个方面的指导信息，包括期望在每个区域中开展什么样的活动，在哪里使用材料，每个区域容纳多少人，这间接指导儿童养成恰当的行为习惯。

随着儿童了解到哪些行为是适宜的，他们更有能力在脱离教师直接教导或控制的情况下，以一种让人接受的方式活动。

其他能够间接影响儿童行为的决策包括：为儿童提供的材料既不是太简单（枯燥），也不是太复杂（挫败）；材料数量充裕，以避免争吵或者长时间等待；时间表可预测、平衡，有助于产生安全感；教师在场并随时支持儿童的学习。对这些因素进行控制可以避免出现易引起教室冲突的一些问题，如过于拥挤，注意力分散，过度的刺激和过多的噪声，监管过少和疲劳等。对物质环境的关注有利于营造出一种积极的社交氛围。

海报或标志可以以图的形式来提醒儿童，在教室中哪些行为是大家所期望的，是提示儿童进行自我控制的有效工具。集体活动时间，张贴在教师身后墙壁上的图画提醒儿童："认真听。把手放好。坐端正。"还可以在教室中添加其他关于自我控制的信号。比如将儿童的名字张贴在地毯上，帮助他在故事时间找到自己的位置。在这个位置上他会受到最少的干扰，因为这个位置使他远离了一个爱说话的朋友，并靠近教师。在地板上画两个脚印，可以提醒儿童在等待刷牙时站在那里，由此可以避免拥挤和在盥洗室中玩水。儿童希望自己能够好好表现，因此这些信号是非常有用的。

在集体环境下，要求严格的社交规则可能会让儿童精疲力竭。教师需要为儿童提供一个当他们感到疲惫、不开心或失控时可以从集体中"撤出"的私人空间。

设置一个小的、安静的和柔软的区域，并把它的用途清晰地解释给儿童听，这样儿童就知道他们可以从集体中"撤出"。在儿童学习控制自己情绪的过程中，从集体中撤离甚至是一种必需。可以用被单或毯子、木箱、桶、家具背后或下面的空间创造出类似帐篷的空间。私人空间不需要占用太大的地方，它是促进自我控制的环境的一个重要组成部分。

让学前儿童感到他们自身得到尊重，将有助于他们遵守社会交往规则。照顾到儿童对归属感的需求的物质环境能够传递出尊重每个儿童的信息。每个儿童都需要在教室中拥有一个私人空间，一个保存个人重要物品的地方，比如存放从家里带来的玩具、写给妈妈的便条或者是从操场上找到的石头。这一空间，不管是一个小舒适区或是一个小篮子，需要贴上标签，便于儿童使用，并且要与其他人隔开。在教室中呈现与儿童个人关系密切的材料，同样可以表达出对每个儿童的尊重。图画、图书、玩偶、戏剧游戏的道具和服装，都需要体现出儿童家庭和社区文化的多样性，这是反偏见环境的一部分。

促进自我控制的环境同样允许儿童通过身体活动来发泄情绪。教室中的吊袋、拳击板、撕扯角以及指定的大喊大叫密室、户外的踩踏区，都明确地告诉儿童，通过身体活动来表达强烈的情感是可以接受的。当儿童来到教师身旁说"我想要撕一些纸来塞枕套"，这意味着这个儿童已经学会了在生气的时候控制自己的冲动，并将这种强烈的能量以一种为人接受的方式发泄出来。

在鼓励儿童积极讨论问题并寻找双方都同意的解决方案时，促进和平与协商的场所为儿童提供了空间：一个僻静之地，儿童可以选择去那里解决他们的问题（Lamm et al.，2006）。经过教师的教导、示范和提醒，儿童开始学习自己协商解决问题。注意：这一空间并不是惩罚儿童或让儿童暂停活动的地方，而是儿童可以自愿去与同龄人协商问题的地方。

建议

促进自我控制的环境

教师可以通过以下方式为儿童提供自我控制的环境:

- 物质环境的设计要能避免因儿童厌烦、受挫、拥挤和疲劳所产生的问题;
- 物质环境的设计要能清晰地传达对儿童适宜行为的期望;
- 使用海报和其他可见的线索提示儿童表现出适宜的行为;
- 提供允许儿童从集体中"撤出"的私人空间;
- 使用能够表现尊重每个儿童权利和差异的材料;
- 提供发泄情绪时可用的结实材料;
- 为儿童示范问题的解决。

5-4 学前儿童的日程表

如果将培育儿童的主动性和自我控制作为重要目标,将主动游戏作为儿童的主导活动,那么一个好的日程表会非常重要。它将会为儿童提供大段不被打扰的时间,并让儿童知道下一步要做什么,从而获得安全感。非常重要的一点是,日程表不能与教育目标相悖。当日程表不是提供可预测的活动顺序,而是变成僵化的时间表时,就忽略了儿童的需要,成了一种强加和干扰。

如何为学前儿童设计出适宜其发展的日程表呢?教师必须根据课程目标、需要共享的空间和设备、每日开放时间以及人员情况来调整日程表。然而,不管如何变化,满足儿童需要的日程表会有一些确定的特征。

第一,好的日程表具有可预测性。不管排在第一、第二和第三位的事件是什么,它们总是按照一定顺序进行的。当儿童认识到每日活动的流程时,他们会自信地进行活动。他们没有必要去猜测下一步的活动是什么。知道一日活动次序和节奏能够让儿童感到安心，为教师提供帮助。

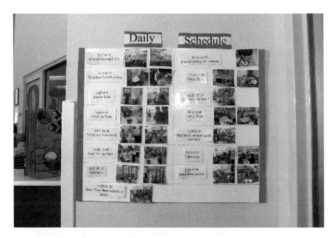

带图片的海报提醒儿童日程安排

第二，好的日程表具有灵活性。乍一看，这一原则似乎与上一条恰好相反。但是如果我们理解"时间块"的概念，那么就会发现这两条原则是并行不悖的（Hearron & Hildebrand，2008）。

教师并非按严格的时间表来决定什么时间结束一项活动，而是根据儿童的参与状态或躁动情况做出判断，从而决定是否缩短或延长一个时间块（见表5-1）。考虑时间块而不是精确的时间点，能够让教师为儿童提供充足的时间，使儿童深度投入游戏，而不会因为坚持严格的时间表使儿童的活动受到不必要的干扰。

表 5-1　体现时间块灵活性的日程表样例

活动	灵活性
儿童入园，进行自选活动	在以下情况下缩短时间 • 儿童对活动不投入 • 后面计划开展实地考察活动或有来访者 在以下情况下延长时间 • 儿童深度参与活动 • 天气不好

续表

活动	灵活性
教师指导下的室内活动，例如清理活动、吃点心和集体活动时间	在以下情况下缩短时间 • 儿童异常活跃 • 儿童需要更多的游戏或户外活动时间 在以下情况下延长时间 • 有特殊的来访者或活动 • 有需要讨论的事项
儿童自选的户外活动	在以下情况下缩短时间 • 天气恶劣（开展室内大肌肉运动来替代） • 其他活动的时间块被延长了 在以下情况下延长时间 • 需要时间去往特定的户外环境 • 操场上的活动为儿童带来了特别的乐趣

星期一，费利西娅老师的教室显得异常热闹。许多儿童看起来非常累，他们在自由选择时间从一个活动区跑向另一个活动区。45分钟之后，她决定给出信号让儿童收拾玩具，之后他们转向地毯区。她为儿童弹了几段安静的音乐，儿童像蝴蝶一样翩翩起舞。过一会儿，他们分享了两个安静的小故事。吃过点心后，他们走向户外。费利西娅在操场活动中增添了美术材料和玩水游戏。儿童在美妙的天气下享受了超过1个小时的户外游戏时间。第二天，儿童进行复杂的积木建构游戏和戏剧游戏，费利西娅将自由游戏时间延长至75分钟，略微缩短了集体时间和户外游戏时间。

灵活的时间块同样允许根据特殊事件或天气而对活动做出调整，但不会影响儿童对可预测活动次序的安全感。

B.J.的爸爸在星期三的集体活动时间来到了班上。他是一个乐队的吉他手，喜欢和儿童一起唱歌。大家兴趣高涨。集体活动时间延长至将近40分钟。周四，费利西娅计划到附近春游一次，让儿童与一些花匠进行交谈。她知道春游需要占用很长时间，所以在和大家一起唱了一首歌之后，用几分钟时间讲解了在春游途中要做些什么，并提醒他们遵守安全规则。5分钟之后，他们已经准备好出发了。

第三，好的日程表能够平衡设置儿童自主活动时间与教师发起的活动时间。为了让儿童真正参与游戏，在他们选择和实施自己的计划时，教师需要为他们提供连续的时间。在需要儿童遵从指示时，教师会在较短的时间比如清理时间管理儿童的活动，或发起大型集体活动，如进餐、小组教学或讲故事。在学前儿童的发展适宜性课程中，儿童发起的室内外自主活动占据了一天中的大多数时间。

第四，好的日程表会平衡儿童活跃与安静、室内与户外的学习经验。儿童需要不同的学习经验，因此，在日程表中交替安排活跃与安静的经验能够避免让儿童过于疲劳、枯燥和失控。需要儿童集中注意力的活动，如大型集体活动，应该安排在早些时候、在儿童过于疲劳之前开展。可以在儿童活跃的户外活动结束之后，安排一些短暂的、安静的集体故事时间或音乐活动时间，帮助儿童在午餐之前放松一下。

第五，好的日程表为儿童的活动提供合理的节奏。没有什么比被催促着度过一天更能削减儿童的自信心。如果儿童一直被催促，会破坏积极的学习环境，一天中多次对儿童说"快去"会导致儿童的厌倦和争吵。有益的日程表会为儿童留出充足的时间，让他们以自己满意的方式完成任务，同时考虑到每个儿童工作方式的差异，在安排上避免出现无所事事的等待时间。例如已经完成盥洗的儿童在等待其他人的时候，可以由一位教师带着在地毯上玩手指游戏。儿童年龄越小，在自我服务环节就越需要更多的时间。有特殊需要的儿童也需要更多的时间。

第六，好的日程表能够认识到儿童在注意保持时间上的差异。大多数 2 岁儿童只能参与极其简短的大组活动，在自由游戏时间需要为其提供大量的选择和不同的活动来吸引他们的注意力。许多 3 岁儿童对自我发起的活动的兴趣能够持续 45 分钟甚至更长，4 岁或 5 岁儿童可以保持比这更长的有效活动参与时间。对于 3 岁或刚刚入园的儿童来说，他们的集体活动时间可以持续 10—15 分钟。年龄更大一些或更有经验以后，集体活动时间可以延长至 20 分钟。

发展适宜性实践的决策

困境： "对我来说一天中最糟糕的时间就是让儿童准备好去操场。我的主管坚持让儿童安静地排成一条直队走出去，但是让儿童等待队伍排直并安静下来对我们所有人来说都是一件很痛苦的事情。我该怎么办？" 如果你面临这种情况，会怎么做？

思考： 最可能的情况是主管担心儿童在走廊里行走时的安全问题。很长一段时间内，我们将对秩序和控制的渴望与这样一种观点相混淆，即保持秩序和管理的唯一方法是对儿童采用半军事化的做法，在成人的指挥下实现理想的控制。尽管不让儿童疯跑乱冲以免受到伤害无疑非常重要，但是我们还可以有更适宜的方法去让儿童集合，并让他们认识到什么是安全的行为，以及如何保持安静以尊重教室中其他人的权利。

可能的行动： 一些教师认为排队对年幼儿童来说是不适宜的，他们希望能够避免让儿童排队，并尝试更多的创新方法。这些方法充分利用了学前儿童的想象力和集体参与意愿。

他们可能会在走廊中玩一个安静的"排头做什么我做什么"游戏。轻拍脑袋，蹲下来，再起身把双手伸向空中，然后一只手挥舞一下，再挥舞另一只手。当他们做完这些的时候，很有可能已经走到操场门口了。不需要再像原来那样提醒儿童走向操场。他们是如此专注于这个游戏。

建议让儿童假装成某一个安静的东西，这一东西通常要能够与儿童先前的经验建立起"思维联系"。在读完关于第一场雪的故事后，黛德丽建议每个人都假装成一片飘落在走廊上空的雪花："小心！不要让任何人碰到你，否则你就会融化。"安妮在带儿童走出教室的时候，提议儿童寻找红色的东西并告诉她。让儿童的思维集中于某一点上，有利于儿童控制好自己的行为。

使用"魔法绳"。在绳子上拴上珠子，巧妙设计珠子之间的间距，使之既能让儿童走在一起，又能留出一定的空间以避免拥挤。"魔法绳"是让队伍排齐的一种不那么直接的方式。

一些教师坚持让学前儿童学习排队行走的另一个原因是：他们在以后的学校生活中需要掌握这种技能。这种观点不适宜，因为它强调"儿童的未来发展比现在的良好发展更为重要"。让学前阶段的儿童为未来成长阶段做准备，忽视了童年本身作为发展阶段的意义。有些儿童由于得到教师的尊重以及适宜的回应和期望而拥有自信，另外一些儿童由于未实现教师不适宜的期望而不自信。与后者相比，前者在今后能够更好地遵从指导。

5-5　过渡环节

过渡环节是儿童从一个活动转入下一个活动的时间，是日程表中需要成人进行最周密计划的时间段。过渡环节包括来园时间，从集体活动过渡到兴趣区的时间，清洁整理兴趣区、准备吃零食的时间，外出准备时间等。为避免混乱，在这些时间段内儿童需要教师给予关注和指导。由于残疾、沟通、社交情感或社交技能的限制，一些儿童可能会觉得过渡过程特别困难（Hemmeter et al.，2008）。遗憾的是，在太多的过渡环节中，教师大部分注意力放在试图控制儿童令人不满意的举动上。对我们来说，重要的是要认识到许多这样的问题都是不适宜儿童发展的，如在去操场上玩之前让儿童等待每个人安静地排好队，或在没有任何东西吸引他们注意力的情况下试图控制他们的行为。

对于学前儿童来说，发展适宜性的过渡环节体现出以下原则。

- 提前告知活动即将发生变化。唐突而随意地打断儿童的游戏表明教师不重视他们的游戏，也容易引起抗拒。在清理时间到来之前，教师走到每个兴趣区，宣布："距离清理时间还有 5 分钟。请考虑结束你们手中的工作。"

- 视觉或听觉信号，或两者的结合，并且是儿童熟悉的模式的重复，能够引发儿童根据惯常经验产生注意和相应行为。这些信号可能是清理时间的歌曲、特定音乐、竖起的停车标志或手指（Thelan & Klifman，2011）。这些能够确保吸引儿童的注意力。环境也能做出提示，比如午睡之前把房间变暗。遵循一致的活动流程能够帮助儿童知道每天的活动安排。

- 当教师的指导清晰具体时，儿童可以更好地理解下一步的活动。"将玩具放回架子上的时间到了"比"清理时间到了"更能为儿童提供帮助（清理什么？手、桌子、玩具还是其他东西？）。教师与儿童进行眼神交流或轻轻抚摸儿童，确保引起他们注意。教师叫儿童的名字，确保儿童认识到教师的指令是针对他们的。限制每次给出的指令数量是适宜儿童年龄特点的，同时也能够避免混乱。在收拾好大多数的玩具之后，教师可能需要提醒儿童洗手，准备吃点心。

- 让一位教师先带领儿童开始活动，避免等待。当一位教师正在鼓励还在收拾玩具的儿童完成工作并留意盥洗室里的情况时，另一位教师与已经坐好等待吃点心的儿童进行交谈或带领他们玩一个手指游戏。在一位教师陪伴着已经穿好外套的儿童来到操场上时，另一位教师可以来协助那些需要更多帮助和时间来拉好拉链的儿童。如果下一个活动没有必要等到每个儿童都准备好再开始，那就鼓励儿童正常推进，不"惩罚"那些动作较快或较慢的儿童。教师要创建一些专门用于过渡环节的歌曲或游戏，以便给儿童带来欢乐。

- 合并儿童发起的活动可以帮助没有其他成人配合的教师。当教室里只有一位教师时，就像许多幼儿园和家庭托儿所一样，教师会安排儿童在完成过渡任务后进行可以自己做的活动，比如在圆圈时间开始前读一本书；或者当儿童在餐桌旁等着的时候，播放音频一起唱歌。让儿童保持忙碌和专注是成功过渡的关键。

- 如果可能的话，把整个集体分成多个小组。当不是所有人一起移动，每个人都有目的地移动时，混乱会减小到最低，因为每个儿童都确定自己要去哪里。

例如，当集体活动时间结束时，教师唱一首歌，分批解散儿童，让他们回到自己的小床上，并在床上为他们准备好了图书。

- 在过渡期及之后分配任务。让儿童承担管理教室的职责或特定的任务，或者为他们提供帮助同伴的机会，有利于儿童在过渡时间获得特定经验，同时让教师有时间在过渡环节给需要更多帮助的儿童提供更多鼓励或指导。

例如，午睡后，萨拉已经穿好鞋，准备到户外去玩游戏了。在等待的时候，她帮助玛利亚和柯莎穿鞋子。

- 定期回顾过渡环节可以减少不必要的过渡。当教师认识到管理过渡的重要性时，他们也可能会问自己是否可以减少过渡。回顾日程表，省略任何不必要的过渡。计算儿童在一天中被要求过渡的次数会很有用。此外，当教师发现个别儿童在有计划和管理的过渡期间仍然存在问题时，他们可能需要考虑借助特别的注意和回应来帮助儿童进行过渡（Hemmeter et al., 2008）。

建议

发展适宜性的日程表

学前儿童的发展适宜性日程表应该呈现以下要素：

- 具有可预测性；
- 时间灵活；
- 平衡儿童发起的活动与教师发起的活动；
- 平衡儿童室内/户外活动经验，动静结合；
- 活动节奏合理；
- 认识到不同儿童在注意时间上的差异。

精心设计的过渡环节有助于一日活动的平稳转换，以下是一些小贴士：

- 提前告知儿童；
- 提供熟悉的提示；
- 提供清晰、简单、个别化的指令；
- 由教师发起下一项活动，或提供儿童可以完成的活动；
- 不让整个小组的儿童一起移动，以尽可能地减少混乱；
- 让儿童在过渡环节承担职责。

过渡时间，儿童可以一起工作

5-6 今天的学前班

曾经，学前班是在儿童进入学校之前的缓冲期。"正如最初设想的那样，学前班是准备年，主要是为了支持儿童对集体学习的社会性及情感适应。"（Tomlinson，摘自 Copple & Bredekamp，2009，p. 187）。儿童花费半天时间和其他儿童一起游戏，通过积木、艺术材料和规则类游戏来学习如何与他人相处。简短的集体活动时间让儿童沉浸在故事和歌曲之中，发展集中注意力和听从指令的能力。

然而，如今的大多数学前班提供了截然不同的体验，将课程局限在不同内容领域严格按序排列的技能上。

从学前班开始，有关课程标准侧重于读写算教学。弗吉尼亚大学最近的一项研究表明，学前班教师在阅读教学上花费了大量的时间，儿童接触社会、音乐、艺术和体育方面的机会大幅度减少。儿童自发选择的活动减少了三分之一以上，取而代之的是直接教学和测试。测试意味着所有的儿童都被要求在相同的标准和时间范围内取得成绩，但儿童的发展速度非常不平衡，所以测试的意图是不可能实现的！

大多数学前班儿童很可能会花很多时间用纸和笔学习抽象的学业材料，甚至可能全天都是如此。米勒（Miller）和阿尔蒙（Almon）2009 年的报告称，全日制学前班的儿童平均每天花 2—3 个小时在读写算和备考活动上，而自主选择的时间每天只有 30 分钟。"在美国，大约 95% 的适龄儿童在上某种类型的学前班，现在学前班通常被视为第一学年"（Tomlinson，摘自 Copple & Bredekamp，2009，p. 187）。许多学前班教师报告说，他们被要求从教室里移除积木和娃娃家。学前班课程的重点发生了根本性的变化，因此很难将学前班课程与年龄更大的儿童的课程区分开来。

反思

你在学前班的那些日子

你还记得学前班的日子吗？你喜欢什么活动？你还记得教室的样子、你最喜欢的地方和材料吗？根据你的了解，你认为今天学前班带给儿童的记忆会是什么？

学前班的两难困境

为什么对大多数儿童来说学前班生活已经发生了彻底改变？一个原因是，人们歪曲和误解了关于早期阶段儿童能力的研究。对早期大脑开发重要性的理解，使得许多人相信尽早为儿童引入学业内容和方法是适宜的。普遍流行的观点是：现在的儿童更加聪明，在成长的过程中接收到了电视和幼儿园带来的大量刺激。家长经常要求给他们孩子教更多的东西，期望孩子在学前班中就学习阅读。班上教师说他们很少或根本没有权力来决定课程和教学方法。政策是由行政管理人员制定的，而管理人员在做决策时，会受到公众要求制定更为严格的教育标准的影响以及对标准化测试依赖程度增强的影响。除此之外，小学教师也会对学前班施加压力，因为他们面临对学生成绩的更高要求。

"对学前班儿童要求更多"的发展趋势，已经导致出现了大量有争议的教育实践，包括：越来越多的对筛查和入学准备测试的不恰当使用；劝阻或拒绝儿童入学；分层教学；留级现象增加。

马歇尔和泰勒（Marshall & Taylor）于2003年进行了相关讨论。美国越来越多的州提高了儿童上学前班的年龄，这进一步证明人们对学前班教育和学前班儿童的期望已经发生了变化。

在这种变化的背后存在着两种主要的观点。一种观点是学校将实行同质化教学。虽然有证据表明儿童在混龄班可以更好地学习，并且会做出更多积极的社会情感反应，但许多学校正在竭尽所能地进行同质化的教学分组，在这种小组中教学不必根据个体儿童的需求做出调整。第二种观点是一种善意的观点，即儿童需要得到保护，我们不应该对他们的认知能力和情感成熟度提出不适宜的高要求。现在学校要求儿童做好准备，却没有根据每个儿童的优势和需求做出恰当的调整。

在2011年美国幼儿教育学会年会的主题演讲中，维维安·佩利（Vivian Paley）提出了一个问题："谁来拯救学前班？"作为对当今学前班课程与教学问题的回应，美国州教育部幼儿专家协会（NAECS/SDE）于2001年发布了一份原则声明，提出以下建议：

- 教师和管理人员要保证提供既有效又适宜儿童发展的教育项目，不屈从于公众不断增强的对技能的强调或引入学业标准的要求，公众没有我们所知道的关于儿童发展和学习的知识；
- 儿童应当依法进入学前班，不能强迫家庭延迟他们孩子的入学时间；
- 教师与管理人员应该拥有有关评价策略和技术的知识，并且负责任地使用；
- 应拒绝把留级作为选择；
- 测试应该是有效的、可信的，并且有益于计划的制订和家园信息共享，而不是被当作筛选的工具；
- 应该欢迎所有儿童来到多样化的机构中。

早在2009年就有研究者指出，学前班"本身值得特别关注，而不仅仅是作为学前阶段的最后一年或小学的第一年"（Copple & Bredekamp，2009，p. xi）。美国幼儿教育协会提醒早期教育工作者，尽管学前班是儿童从学前教育走向小学教育的重要过渡环节，但让儿童为小学做好准备并不意味着让学业学习取代游戏，强迫儿童掌握一年级的技能，或用标准化测试来评估儿童的成就。国际早期教育协会（The Association for Childhood Education International）曾发表过相似的观点（Moyer，2001）。

然而，专业和现实之间的差距仍将存在。一位教师指出学前班儿童没有休息时间，因为读写活动占据了太多的时间，以至于没有空闲时间来吃点心和休息（DeVault，2003）。相反，发展适宜性的学前班：

- 室内和室外活动区有足够的空间供儿童自由、安全地活动；
- 除了户外游戏时间，每天都有大量时间进行高质量的运动；
- 设备适合身体发育特点；
- 教室氛围温暖、回应，日常活动令人愉快；
- 教师关注儿童在教室里的互动，并教授解决问题的适当技能和态度；
- 空间安排和材料投放鼓励、合作、解决问题，鼓励对话和小组讨论；
- 儿童有机会做出选择；
- 运用高质量的课程和教学策略，包括提出发人深省的问题，鼓励儿童使用各种代表性方法，鼓励儿童与同龄人互动和合作；
- 环境富含语言和读写要素，提供练习听说技能的机会；
- 开展差异化教学，让不同层次的儿童在同一活动或课程中获得新的知识和技能。

要实现这些目标，教师面临着巨大的挑战，他们既要满足行政和家长的要求，又要了解什么对儿童有益。所有发展适宜性学前班有一个共同点：关注儿童的整体发展。尽管全国各地的学前班都出现了学业期望不断提高的趋势，但那些关注学前班发展适宜性的人可以：

- 承认新的期望中哪些是正确的，承认最终目标的重要性（实现目标的教学策略可能更多元）；
- 向其他人展示学前班读写教育的应然状态并记录儿童的进步，从而促进适宜的实践；
- 随时了解当前的方法和政策。
- 倡导发展适宜性实践。（DeVault，2003）

适宜的学前班课程为读写算学习奠定基础

准备好上学了吗

我不明白，

不知何故，似乎人们把重点放错了地方，

就像旋律

与歌词不匹配。

我以为是学校为孩子们做好准备，

而不是孩子为学校做好准备，

也许我们已经放弃了或

破坏了规则。

幼儿园不应是

作为一个支持学习的地方，

不是小孩子的血汗工厂吗？

看看给父母的建议，
孩子们需要知道的是，
怎么样就可以上学了，
要在之前做好准备，
评估和记录
最终的入学考试，
身体素质，社交能力
以及学业准备。

我不明白，
不知何故，似乎人们把重点放错了地方，
就像旋律
与歌词不匹配。
为小孩子而建的血汗工厂，
这说起来似乎荒诞可笑，
但我没有听到人问，
幼儿园为你的孩子准备好了吗？

我不明白，
不知何故，似乎人们把重点放错了地方，
就像旋律
与歌曲不匹配。
我以为是学校为孩子们做准备，
而不是孩子为学校做好准备。

也许我们已经放弃或
破坏了规则。（Sigmund A. Boloz）

5-7 不适合学前儿童的物质环境

在学前儿童的发展适宜性物质环境中，你不会发现下面这些。

• 物质环境的设置暗含频繁的、直接的教师教学。因为游戏在学前课程中占据中心地位，因此，物质环境的设置必须有利于儿童的运动、交流和活动。如果物质空间和家具陈设只允许儿童坐着，教师排好桌子的目的是让儿童关注他/她在教室中的名次，那么物质环境为儿童提供了消极的学习经验。

• 日程表以教师上课时间为主。当对教师讲话和结构性教学的重视程度远远高于对儿童发起的游戏的重视时，呈现在日程表上的儿童自由游戏时间（不管室内还是户外游戏）会非常短暂。游戏在这里的作用是让儿童在短暂的课间休息时间"成为儿童"，从教师指导的"真正的学习"中获得短暂的休息。

• 练习簿、抄写本、教学抽认卡和其他抽象的材料。如果这些材料在学前儿童的教室中占据主导地位，则表明教师未认识到学前儿童学习和思考的真实方式。强调由这些结构性材料所代表的特定技能，反映了教师只是狭隘地关注课堂学习中的认知发展，而不是致力于促进儿童的全面发展。

• 暂停椅。在教室的中心位置摆放标示"暂停"的椅子，表现出了教师在控制儿童行为上对权力和惩罚的依赖。在学前教室中设置这种"不快乐的地方"是不适宜的。

• 艺术作品范例。在一个强调创造性的教室中，儿童能够使用各种各样的开放性材料，儿童可以在教室中的任何地方使用这些材料进行创作。他们的创造性没有因为必须要遵照教师的范例、不被鼓励用自己的方式来进行自我表达而受到抑制。

小结

学前儿童的发展适宜性物质环境包括：

- 为不同的主动游戏体验而精心设计的、相互分离的兴趣区；
- 面积足够大，以鼓励社会互动；同时也有一些足够小的、用于独处或双人游戏的区域；
- 有可以从集体中"撤出"、能带给人归属感的个人空间；
- 有精心选择的、开放性的材料，其摆放方式能够吸引儿童进行探索；
- 教室装饰反映出儿童的兴趣、认同感、对活动的参与和计划；
- 户外游戏区域既能为儿童提供大肌肉运动的挑战，也能提供进行其他活动的空间和材料；
- 日程表具有可预测性，同时也能根据儿童的需要和兴趣进行调整；
- 过渡环节的设计能避免混乱、困惑和无所事事的等待。

相比小学阶段的儿童，学前班的儿童体现了学龄前儿童的发展特点，他们需要能对其做出发展性回应的环境和课程。

思考

1. 参观一个幼儿园教室。思考普莱斯考特关于物质环境的维度。列出你所发现的与每一维度相关的具体内容。标出这个教室在各维度连续体上所处的位置，然后与同学一起讨论你的发现。

2. 通过观察，画出这个教室兴趣区的缩略图，标出存储区、工作区等及其分隔物、通道和行走路线。标出每个区所容纳的游戏人数。

从以下几个方面评价教室环境：

- 嘈杂区域和安静区域、整洁区域和脏乱区域分离；
- 材料取用和存放位置有明确标志；
- 保护游戏区不受儿童行走的影响；
- 通往兴趣区的过道和入口有清晰标记；
- 没有无效的闲置空间；
- 既有足够大的集体游戏区，也有足够小的双人和单独游戏区；
- 注重美观且有利于儿童创造性发展的材料；

有什么明显的可以改善的地方吗？如果有，请在纸上重新设计一下。

3. 通过观察，列出来你看到的能够帮助儿童的提示：

- 将玩具放回哪里，清理哪些地方？
- 怎样计划自己的游戏？
- 一个区域可以允许几个人游戏？
- 儿童的个人空间在哪里？
- 在特定活动中该怎样表现？

4. 再一次针对所观察的教室，从以下几个方面对日程表进行评价：

- 由时间块设置带来的灵活性；
- 活跃和安静时间互相交替；
- 大部分时间分配给儿童发起的活动；
- 穿插教师主导的活动。

5. 观察几个过渡环节。记录以下方面的证据：

- 教师提前给予通知；
- 使用熟悉的歌曲和其他提示；
- 确保儿童知道应该做什么；
- 避免了无所事事的等待时间；
- 在过渡环节让儿童承担真实的职责。

6. 你是否在教室中看到有特殊需要的儿童？为促进他们的活动参与，物质环境做出了哪些调整？

7. 参观当地学前班。本章所描述的有关适宜性物质环境的哪些原则在该教室中有所体现？哪些没有体现出来？如果可能，与教师谈谈哪些行政要求影响到日程表设计、活动安排和物质环境设置。

8. 根据本章讨论的原则，为 4—5 岁儿童的班级制订一个半日活动计划表。

自测

1. 学前儿童是什么样的？他们会做些什么？
2. 学前儿童需要什么样的环境？
3. 在创设鼓励主动性、创造性、玩中学（包括户外游戏）和自我控制的环境时，需要考虑哪几个问题？

4. 一个好的日程表具有什么样的特征？

5. 教师能够做哪些事情以实现平稳过渡？

6. 指出在发展适宜性的学前班可以看到的特质以及令人质疑的做法。

7. 列出在发展适宜性的学前班所看不到的东西。

应用：案例研究

1. 你是一位学前班教师，你最近收到了一些尖锐的评论和问题，都是关于你为什么允许儿童在教室中做出选择。请向那些4—5岁孩子的家长解释你的观点。

2. 假设在你所负责的班级中有两位教师和24个5岁的儿童。制订一个具体的过渡计划，明确自由活动结束时间以及整理、洗手、准备吃点心等过程应该如何安排。确保对每位教师的行动做出规划，并使用本章所讨论的有关原则。

第6章 发展适宜性的物质环境：学龄期

学习目标

学习本章之后，你应该能够：

6-1 描述学龄儿童是什么样的；

6-2 说明学龄儿童需要怎样的环境；

6-3 说明有利于培育儿童勤勉感的环境包含哪些要素；

6-4 说明促进儿童早期读写、数学和科学学习的环境在设计时要考虑哪些要素；

6-5 明确有利于关系建立的环境包含哪些要素；

6-6 讨论制定发展适宜性日程表时要考虑的因素；

6-7 知道适宜性课后托管环境包含哪些要素；

6-8 描述发展适宜性学龄儿童教室内不应该存在的要素。

我们的社会在儿童的生活中武断地设了一座里程碑——6岁的时候进入"大"学校。尽管现在很多儿童可能在这个年龄之前就已经开始进入教育或保育机构，传统的思维模式仍旧将进入"大"学校与儿童开始学习未来生活所需的知识和技能联系起来。尽管儿童已经意识到成人对这一标志性事件的重视，但他们自身并没有突然地发生任何实质性的变化。6岁、7岁和8岁的儿童与比他们小1岁或者更小的儿童相比，在学习方式和能力方面并没有太大的差异。比起更小的儿童，这一年龄阶段的儿童在与父母分离的时候已经不那么无所适从了，但他们仍旧非常渴望得到对他们来说很重要的成人的认可，并建立起与这些成人的关系。他们非常喜欢和其他儿童在一起，不断学习使自己成为一名集体成员的技能。他们依然是活跃的小朋友，对身体的控制能力在不断增强，并不断练习大肌肉动作技能与小肌肉动作技能。他们对于周围世界的理解仍然与他们的具体经验联系在一起；因为受到前运算阶段思维模式的限制，他们会在判断和逻辑思维方面出现错误。周围世界的很多东西对于他们来说依旧是新鲜而又有趣的。发生改变的一件事情是，成人期望这个阶段的儿童能够掌握在社会文化中被视为必需的技能。因此，儿童在正式进入学校时，很可能会伴随着兴奋和期待的心情，同时也有对成功适应学校的焦虑和担心。

在大多数情况下，一天中在学校待六或七个小时对儿童来说是全新的体验。对于父母都在工作的儿童来说，上学前、放学后以及假期还必须接受其他的看护服务，这通常意味着儿童又需花几个小时待在另外一种环境中。美国《共同核心州立标准》和《不让一个孩子掉队法案》的出台给教育系统带来了很大的压力，后者将在学年结束时进行的高利害测试变为学校的一种常态，随着教师和管理者聚焦于最终结果，将大量的发展适宜性实践抛在一边，大多数学龄儿童的生活已经变得愈发标准化，并且充满焦虑和不愉快。不幸的事实是，许多小学新入职教师会发现，小学教室中几乎没有本书中所讨论的发展适宜性实践。然而，我们没有理由来放弃本章中的观点，相反，我们会拥有更多的理由来努力让专业人士知道更多关于发展适宜性实践的知识。只有这样，他们才能继续呼吁决策者为专业人士的参与留出空间，使决策能够更适合儿童的发展。

在本章中，我们将会对最适宜学龄儿童发展的小学和课后托管机构的物质环境进行讨论。

6-1　学龄儿童是什么样的?

在6岁左右开始正规学习之前，儿童已经经历了许多事情，他们过去的生活和成长方式多种多样且独一无二。在每一个一年级的教室中，很可能有些儿童从出生开始就幸运地享有家庭的爱护和关注，而有些儿童因父母没有能力履行职责，因此受到虐待、冷落或忽视。

当教师讲有趣的故事时，有些儿童会开心地大声喊叫，而有些儿童却会因为不理解某些词而感到困惑，也不习惯拿书；一些儿童能顺利地适应班级中的新挑战和新关系，另外一些儿童则表现出退缩、羞怯、害怕和不信任；有些儿童能够读写自己的名字并渴望更多的挑战，有些儿童则吃力地学习语言，似乎并不期待自己在这个新的世界中取得成功；有些儿童兴高采烈地攀爬、荡秋千、奔跑、跳跃，有些儿童则因为身体方面的限制或是缺乏经验而不能做这些活动；有的儿童和父母一同在田野里劳动，另外一些儿童却从来没有干过家务活；一些儿童掉了第一颗牙齿，并满怀希望地把牙齿放在枕头底下，期待着有关牙齿的童话故事的发生，而另一些儿童则因为糟糕的营养和卫生、缺少牙齿护理或是一些意外事故而掉了许多牙齿；有些儿童的校外生活非常繁忙，会去学习其他课程，去朋友家拜访，参加各种家庭活动，而有些儿童的大量校外时间则花在了观看多数不适合的电视节目上。

这种种差异受到多种因素，包括文化、社区以及他们家庭的社会和经济状况的影响，同时，还受儿童自身性格以及发展速度的影响。尽管儿童之间存在着巨大的差异，他们仍然具有一些共同的特点。

学龄儿童的共同之处在于他们进入了生命中的另一个阶段。他们已经能够很好地控制自己的身体、思维和情感，并拥有良好的交流能力，拥有做任何自己想做的事情的潜能，即使这些事情在以前看来是不可能做到的。许多学龄儿童最突出的特点也许是他们渴求知道和理解更多的东西。对拥有各种能力的渴望是他们前进的推动力，他们愿意在自己感兴趣的事情以及对成人来说非常重要

对能力的渴望是小学阶段儿童进步的驱动力

的事情上花费时间和精力，使自己能够出色地完成这些事情。学龄阶段是进行创造的时期，这时的儿童想去做事情，想把事情做好。他们能够完全沉浸于自己强烈的兴趣中。

和朋友一起做事情是学龄儿童极其感兴趣的事情之一。儿童在小学低年级所建立起的友谊，与学前阶段建立的友谊相比，持续时间往往会更长一些。学龄儿童在建立友谊时仍旧会经历痛苦和伤心，但是这些友谊为学龄儿童提供了探索社会关系的重要机会，也使他们变得不再那么以自我为中心。与同伴的互动给儿童提供了重要的反馈，这些反馈融入儿童对自我的认识中。

体能是学龄儿童共同活动的基础

身体能力也是学龄儿童自我概念的一个重要组成部分。身体能力通常是进行一般活动的基础，也是与其他儿童一起游戏的前提。学龄儿童是很棒的游戏者。传统童年游戏几乎未曾改变地代代相传。这一年龄段儿童的成长速度变慢了，身体变化较为缓慢。他们在大肌肉运动方面的兴趣和技能掌握情况可以从他们的无穷精力和活动中反映出来。学龄儿童依旧很难保持长时间的安静。

时间对于学龄儿童来说仍然是一个比较模糊的概念。他们会讲述有点不太连贯的故事，有些故事是过去的经历，有些故事则关于未来会发生的事情。而他们则是活在"此时此刻"的人，尽情享受着现在的生活。

学龄儿童都做些什么？

学龄儿童花费了大量的时间在家庭之外参与正式的、有组织的学校教育，以及不那么正式但同样是有组织、有趣味的课后活动。在这些活动当中，他们花大量时间听讲、端坐，并努力学习新的技能。在不同的课堂上，他们可能会花很多时间手握铅笔写作业，等待轮到自己朗读，努力完成黑板上的作业，或试图去吸引朋友的目光并与朋友交谈，直到教师要求他们保持安静；他们可能会花点儿时间等待每个人都排好队，然后去体育馆、自助餐厅或是操场；或者因为不能安静地等待，他们还可能会被罚不得游戏。

在另外一些教室中，儿童可能会将大部分在校时间投入到和一个朋友一起进行阅读，写一个关于去面包房的故事，享受教师为他们读书的乐趣，然后在积木区建造一个面包房。由此，学龄儿童的体验可以是极其不同的，这取决于教师、管理者及其团队的决定。

放学后，有些儿童就回自家院子里或是在社区里玩耍，享受属于这个年龄儿童的自由：他们可以自由地交谈，自由地游戏，或和朋友们闲逛。有些儿童则由车接到课后机构或是家庭看护中心，他们要在这些地方多待上几个小时，直到父母接他们回家。在这些地方，他们可能会参加设计好的娱乐活动，在成人的监督下写家庭作业，或者看电视。当他们终于回到家里时，很有可能会看更久的电视——许多学龄儿童每周花在看电视上的时间比他们在校时间还要长。他们与父母在一起的时间很可能也会比他们小时候少。

无论他们的课后安排和课堂经历是什么，学龄儿童积极地争取与朋友在一起。他们想和朋友一起交谈、游戏、做事情。朋友是他们生活中新出现的、具有重要影响力的人物。朋友的言行是对他们非常重要的事情。学龄儿童和他们的朋友一起创造出了一个独立的世界，这个世界只有儿童能够进入。学龄儿童花费大量时间与其他人在身体、情感、认知和社会性方面做比较，这对他们自我概念的发展来说非常重要。

不管课后安排是什么，学龄儿童最想和他们的朋友在一起

另外，儿童的家庭及其各自的文化也塑造了他们的行为。他们可能花时间帮助照顾更小的弟弟妹妹，与祖父母交谈，或是帮助家长准备家庭聚会的玉米饼或春卷。他们可能会帮助完成农场的杂活，去上舞蹈课，或是陪家长去自助洗衣店。他们也许会把时间用在复习课上学习的知识，看大点儿的男孩子们在街角打架，或者因自身的特殊需要而去接受个别化评估及治疗。星期六的早晨也许会被用来参加有组织的体育项目，看卡通片，或是为跟爸爸来一场周末旅行做准备。

所有这些不同的学龄儿童都正在成为社会中的成员，学习这个社会的行为方式、习俗和知识。人们寄予厚望，而他们也预备着更加充分地参与到周围的世界中。他们准备好来获取各种能力，也即将被视为一个有能力的人。

6-2　学龄儿童需要什么？

学龄儿童需要一个他们能够体验到自己能力的世界。埃里克森指出这一年龄阶段儿童所面临的心理社会冲突是在勤勉感与自卑感之间取得平衡。这是指儿童需要感受到一种完成任务的成就感，而这些任务是成人所认为的对于儿童参与社会具有重要影响的事情。他们想让自己成为被认可的成功人士，而不想因未达到成人期望而感到失败。因此，成人必须选取那些儿童可以实现的任务并为他们完成任务提供支持，培养儿童的胜任感。"胜任"不仅仅指他们在学业任务上取得成功，还包括其他被视为有价值的成就。成就是多种多样的，包括玩好一种运动，演奏一种乐器，把车道上的落叶扫走，照顾兄弟姐妹，或者成功把其他人逗笑。促进儿童能力发展的环境给予他们时间、空间、材料和机会来练习正在学习的技能。这一环境同样传递出对儿童明显表现出的不同能力和兴趣以及造成这种不同的文化背景的接纳与认可。

学习新技能是证明能力的另一种方式

学龄儿童需要一个允许他们以自己的速度或能力发展各种技能、不将其与其他人做比较的环境。这一环境能认识到儿童在发展速度及学习准备上存在的差异。在一种合作的而非竞争性的环境中支持儿童发展会使儿童受益。

在获得社会认可方面，对学龄儿童来说非常重要的一点是，他们没有自卑感。支持集体参与、同伴互动的环境有利于培育儿童成为集体成员的技能和满足感。学龄儿童需要机会去选择他们的同伴，与同伴在一起，并需要别人承认他们的友谊是非常重要和富有价值的。

学龄儿童还需要机会来沟通和发展他们的交流技能。这意味着他们需要一种既支持表达又支持倾听的环境，这种环境能够将言语与其他交流方式联系起来。一个支持读写能力发展的环境体现了阅读和书写的实际用途以及其中的乐趣。

阅读的乐趣是读写能力发展的一部分

皮亚杰描述了前运算阶段儿童的思维特征。他指出这一阶段持续到 7 岁左右。这就意味着大多数学龄儿童仍然保持着与前运算阶段相关的学习风格及思维方式。教师在进行环境设置时必须承认这一事实，并使用具体的方法来支持儿童的学习，即让学习与真实的经验相联系，并允许儿童来建构认识。学龄儿童没有改变他们在学前期的主动学习方式，因为他们的心理特征还没有发生改变。有利于前运算阶段儿童的环境能为儿童提供蕴含积极学习经验的材料，为他们提供时间和空间，让他们去追求自己的兴趣，去体验这个世界。

学龄儿童急切地盼望着融入更广阔的环境，他们需要这样一种环境，即支持勤勉感的发展，有利于他们了解周围的世界（包括发展读写技能），还有利于关系主要是同伴关系的发展。

学龄儿童物质环境设置上的显著不同反映出了教育理念的深刻变化。时间和空间的安排决定了儿童可以获得的学习机会、课程的每个细节、教师的互动风格，决定了儿童可以成为什么样的学习者。在讨论学龄儿童发展适宜性物质环境时，显然我们必须对传统的排排坐学习模式（sit-in-rows-of-desks-and-work）提出质疑，质疑这种模式是否与儿童的学习方式和发展需求相匹配。

学龄儿童物质环境的不同之处

对比一下这两个 6 岁儿童的处境。乔尔就读于埃尔姆高地小学（Elm Heights Elementary School），拉托雅就读于帕克伍德学校（Parkwood School），两人都是一年级学生。

乔尔一进入教室就立刻走向自己的课桌。他的座位是靠门那一列的第三张课桌。乔尔向他的朋友罗德尼挥了挥手，罗德尼坐在靠窗那一列最前面的位置上。乔尔原想走过去与他交谈，但是老师从讲桌上抬起头，并提醒大家拿出他们的书。这是他们安静阅读自己从图书馆借来的图书的时间。昨天乔尔发现他借的书太难懂了，但是因为借了一周，所以他还是得坐在位置上看书，直到铃声响起。他的好朋友们没有一个是坐在他附近的。老师在开学一个月后就对他们的座位全部进行了调换，这样学生就不会坐在自己好朋友的附近，并试图去说话了。

　　铃声是每个人收起书的信号。老师让一个学生来到教室前面，带领大家宣读誓词。国旗挂在教室的前面，旁边放有一张很大的日历和历任总统照片。老师的讲桌、档案柜以及储藏架都摆放在教室的前面。教室后面放置着供学生存放午餐盒的架子以及悬挂外套的衣钩。教室门旁设置了一个公告板，上面张贴着一周日程，内容是不变的。

　　大家通常会被要求回答有关星期、月份和年份的问题，开展关于日历的讨论。同样，大家会讨论天气并填好天气表。然后，老师把他们要完成的作业写在黑板上。在学生写作业时，老师检查每个阅读小组。乔尔的阅读小组通常第三个被叫到，因此他安静地坐在自己的位置上做作业。他把阅读作业本翻到第17页，回答了一些昨天课上所讲的有关一只小狗的问题。他在正确答案的下面画上线，但第四个问题中有一个他不认识的词。他举手提问，但老师说："继续做你的作业，我过一会儿来告诉你。"乔尔开始做所布置的下一项作业，这项作业是完成数学练习本第34页和第35页上的第二部分。他发现这些问题和昨天老师在黑板上所演示的减法问题属于同一类型。这些问题对乔尔来说非常简单，所以他很快就做完了。第三项作业是为本阅读小组读下一个故事，同时写10个单词。

　　老师现在只叫到了第二个阅读小组，乔尔已经坐得不耐烦了。他站起来去拿铅笔刀，尽管他的铅笔并不需要削。在回座位时，他选择了一条很长的路线，以便去和罗德尼谈论昨天晚上球赛的事情。当他俩忍不住地咯咯笑起来时，老师朝他们看并警告说："如果你们现在不完成作业，那么休息的时候你们就要留在这儿继续写作业。"乔尔回到自己的座位上，开始写自己的拼写作业。

　　轮到乔尔的阅读小组时，老师让他先读。他在读第二句的时候被一个词卡住了。老师说："乔尔，这个词读作'thing'。大声读出来。你应该在阅读上投入更多的精力，而不是和罗德尼讲话。如果你每天不努力学习，你觉得你能在期末测试时获得好成绩吗？"乔尔重复了这个词语，一会儿他又遇上一个不会的词。老师打断了乔尔，因为其他坐在自己位置上做作业的学生开始变得焦躁不安并有点儿吵闹了。老师对他们讲了几句话。当所有儿童都读了一遍之后，老师让他们坐在自己的座位上再把故事默读一遍，然后结束了他们"座位上的"学习。乔尔简直已经等不及去吃午饭了。在短暂的休息过后，他们又回到自己的课桌上听老师的数学课了。

　　现在让我们将视线转向帕克伍德学校。拉托雅走进她的教室，先环顾四周找到她最好的朋友乔伊的位置。她看到乔伊坐在书架附近的地毯上，于是走过去和乔伊坐在一起。两个女孩开始一起看乔伊挑选的书，也是她俩最喜欢的一本书。图书区展示了与书相关的大幅海报以及图片，还有一系列的手偶和一个小舞台。学生从书架上挑选书后，到各种各样的地方进行阅读，有些到阁楼上，有些找到了自己一个人待着的安静角落，有些坐在矮桌旁，还有些坐在窗户旁的台阶上。老师在教室里四处走动，和大家打招呼。人来齐以后，她在竖琴上弹了一个和弦，大家听到后都转到了集合区。老师坐在放有一本大书的画架旁边。她开始读这本书，大家加入进来，和她一起阅读，这本书是大家都特别喜欢的《好奇的乔治在动物园》(Curious George at the Zoo)。读完这本书，全班对一些单词进行了讨论，这也让他们想起了上一个星期参观动物园的经历。老师把书拿走，并在画架上放上一个便笺簿，在上面写下大家对故事的讨论。教室里充满了笑声和交谈声。写完后，老师把便笺张贴在墙上。

接下来是书写时间。拉托雅从她的盒子里拿出笔记本和铅笔，走到书写区附近的几张拼在一起的桌子旁。旁边的墙壁上张贴着最近各小组与老师一起写的几个故事，还有一些学生自己写的想和其他人一起分享的故事。

许多小学教室里，儿童坐着工作

墙壁上还贴着几张海报，其中有一张上面是英文字母表。有几个学生来到拉托雅所在的桌子，有些学生拿着他们的作业本去了地毯区，更多的学生选择到边上的课桌去写故事。从昨天起拉托雅开始写她的故事。她正在写一个小女孩去动物园的故事。她决定在这个小女孩所看到的动物中加上一只猴子。于是拉托雅走回阅读区，找到刚才读的那本大书，想知道怎么拼写"猴子"这个单词。她开始浏览这本书，直到认为找到了"猴子"（monkey）为止。她把这本书拿给乔伊，然后两个人一起判断出拉托雅找到的这个词的真正意思是"时机"（moment）。于是她们继续查找，直到发现"猴子"这个词，然后拉托雅把它写进了自己的故事里。

老师走过来与学生讨论他们所写的故事，并且称赞了拉托雅写出的新句子。她询问拉托雅是否同意老师把她的名字列入分享故事的名单里。拉托雅非常高兴。她走过去把乔伊叫来，让乔伊也来听她的故事。

在读完故事后，老师宣布现在是自由选择活动区的时间了。轮到拉托雅时，她走到计划板旁边，将自己的姓名牌贴到有5个空格的积木区牌下面。看一看教室里的场景吧。此时，学生正在多个区域里忙碌着。3人正在艺术区做一个很大的纸恐龙，两人在聆听区戴着耳机翻书并互相谈论，还有几人正在利用很多种小材料进行建构。另外一组学生正在玩游戏。有3人在制订一个参观自然博物馆的计划，列出想要得到解答的问题。另一人正在布置一个小店，忙着为货物标上价格。

拉托雅想为猴子造一个笼子。她让乔伊和另一个朋友也来到积木区。笼子造好后，他们挂了一个指示牌，上面写着"注意，不能触摸"。吃完午饭，他们计划在操场上扮演猴子。他们问老师可以用什么来当笼子。老师建议用储藏室外面的大盒子。

不幸的是，虽然大家都认可学龄儿童通过主动参与和游戏获得最佳的学习效果，但这一点常常被小学忽视。小学教师努力地去实现所规定的学业目标，但这些学业目标只是狭隘地对每一年级儿童的认知发展进行了详细的规定。实际上，小学《共同核心州立标准》要求采取跨学科的方法，既注重深度内容学习，又注重数学和语言艺术技能的应用。

美国幼儿教育协会对小学发展适宜性实践的立场声明和实例提醒我们，必须明确倡导让儿童在小学阶段进行主动学习。

发展适宜性实践倡导儿童主动学习

家园交流

小学教室的变化

亲爱的家长朋友：

　　你们中的一些人惊讶于我们教室里的座位安排，桌子不是成行的，孩子们在不同的区域里工作，有时甚至在地板上！你们说孩子们行动相当自由。我们知道这看起来不像你印象中的小学教室，甚至不像这所学校的其他教室。

　　正如你们中的一些人所想，这种安排并不是一种破坏学习的安排，它符合我们对这个时代发展的认知，以及我们在学习环境中支持孩子的理念。6岁、7岁和8岁的孩子在主动投入学习时最容易集中注意力。当他们能够与同龄人互动，一个人经常帮助另一个人时，他们就会主动投入。当孩子身体舒适，饮食和运动的需求得到满足后，他们就会主动投入。我们发现，我们的安排促进了孩子的发展。当孩子们被要求管理时间以完成工作并照顾自己需求时，他们会表现得惊人的成熟。

　　一定要来和我们共度一段时间，这样你就能看到这种不同的课堂环境如何帮助孩子们更好地学习。

××老师

对公共教育的担忧

人们对小学教育质量提出了大量的批评。卡内基小学学习研究特别工作组（Carnegie Task Force on Learning in the Primary Grades）于1996年总结了小学教育未取得成功的几个关键原因：

- 对许多学生期望不高；
- 严重依赖陈旧的或无效的课程和教学方法；
- 教师的教学准备很差或是没有得到足够的支持；
- 家校联系薄弱；
- 缺乏问责体系；
- 学校和学校体系对资源的利用无效。

2001年通过的《不让一个孩子掉队法案》纠正了其中一些问题。该法案主要呼吁如下几点：

- 对结果问责，对儿童的测验结果以及学校提出具体的要求；
- 强调依据科学研究来开展工作；
- 拓宽家长的选择范围，特别是允许家长将孩子转出表现欠佳的学校；
- 加强地方控制权，增强地方灵活性。

然而，许多教育者对当前为实现这些目标而使用的一些策略感到诧异和失望。"在美国，语言和数学的强制性能力测试从三年级开始，导致用于其他学科学习的教学时间减少了约三分之一。"（Copple & Bredekamp，2009，p. 258）比起让学生知道如何将学业技能应用到具体问题和真实场景中，现在许多学校系统将精力投放在让学生获取各种技能，以便在测试中取得理想的成绩。学生为了眼前的测试成绩而牺牲了复杂思维技能的发展。教育专家需要站出来，呼吁为学龄儿童创建更为适宜的学习环境。

> **反思**
>
> ### 一年级的经历
>
> 想象自己在一年级的教室里。老师是谁？他或她长什么样子？声音是什么样子？你坐在哪里？你（在教室里）喜欢什么，不喜欢什么？你的记忆中上课是以教还是学为中心？你的教室更像乔尔的还是拉托雅的？哪些经验是你想增加到今天的一年级课堂上的，哪些是你想要避免的？

6-3   发展勤勉感的环境

在学龄儿童进入小学开始接受正规的学校教育时，环境需要能够传递这样一种信息——儿童是主动的学习者。教室环境的设计应当有利于儿童以一种自然的方式进行学习，这样儿童能够体验到成功感和胜任感。传统的教室布局是让儿童面对讲台和黑板排排坐，这种方式让教师成为关注的焦点，不利于儿童之间的交流。在这样的环境设置中，儿童很快学会让教师来管理他们的全部学习，并且在对自己的成就进行自我评估时变得依赖教师的观点。当有些儿童很难适应这种不活跃的、限制性的环境时，会被教师认为他们在课堂表现中非常失败并得到消极反馈，由此，这部分儿童作为学习者的自尊心会受到加倍的伤害。

如果环境期望儿童自己决定做什么、怎样做以及到哪里去做，那么它将促使儿童对学习更加积极投入。基于这一原因，发展适宜性的小学教室为儿童的一日学习提供广泛的选择机会。儿童会选择一个活动作为他们一日在校学习的主要内容。这意味着教室将提供不同的学习区域，以便儿童能够从教师为他们准备好的各式各样的材料和媒介中做出选择。拥有不同兴趣、学习方式和能力的儿童能够在学习区中找到对他们个人而言富有意义的活动（Stuber，2007）。

发展适宜性教室的学习区鼓励儿童之间的互动

这些学习区很可能会与学前班的活动区有某些相似之处，但是学龄儿童教室环境的独特之处在于区域的规模和复杂方面。比如，尽管在小学班和学前教室中都能看到积木区，但是年龄更大儿童的积木区会因为人们认识到他们需要构建更为宏大的建筑物以及与小组成员一起来实施共同的计划，而将积木区变得更大或是在里面放上更多的积木。教师还可能会在积木区融入有关阅读、写作、数学的内容，为这些建造者们创造一些挑战。挑战卡片可能会询问："建造一座 10 厘米高的塔需要多少块积木？建造一座 15 厘米高的塔还需要多少积木？"（Faulk & Evanshen，2013）"找一两个朋友过来帮助你一起思考如何搭建八面塔。"积木区附近可能会展示有关建筑设计和世界各个国家建筑的图书。教师也可以把书写材料放在附近，这样建造者们可以设计、贴标签或者对他们的作品进行描述。教师还可以为那些需要继续展开的项目提供一些额外的空间，直到全部完成。

小学教室环境的不同之处还包括儿童承担责任的程度。学龄儿童被要求在有限的成人监管下对自己的工作完全负责，他们要帮助教师准备和照看这些材料，并且独立工作（Scully，Barbour & Seefeldt，2003）。空间和材料的设置要求儿童拥有更高的技能水平。

除了积木区，小学教室通常还包含其他的活动区，比如创造性阅读和写作区、数学/操作/游戏区、创造性艺术区、科学区、戏剧游戏区、聆听区以及计算机区。

使用学习区模式的好处之一是，它有利于在小学教室中开展发展适宜性实践所推荐的整合课程。

无论学习什么，这个年龄的儿童都只有通过具体的经验才能学得最好；他们需要看到联系，并寻求跨领域的一致性和相关性。当教师鼓励儿童建立跨学科的联系时，他们同时促进了智力增长、社会联系和学习兴趣，使学习更深入、更广泛。综合课程开发了儿童的兴趣和感知觉，同时加强了各领域的学习。整合内容的目的不仅是让学校变得更有趣，让儿童热爱学习，它还支持儿童将新经验与先前的知识联系起来，这有助于增强儿童的记忆和推理能力。（Tomlinson，2009a）

发展适宜性实践的决策

困境： 你学校一年级的课桌都很整齐地排成一排，"我们一直都是这样做的"。作为一位新教师，你想要验证一些你在大学里学到的关于主动学习和综合课程项目的想法。你想从某个地方开始，并认为最好的地方可能是改变教室的布置。但你害怕受到那些更有经验的老师的批评。你会做什么？

思考： 首先，做好准备。仔细思考你想做什么，以及为什么要做。确保你能向其他老师和管理人员清楚地解释一下。为那些也想要了解学习是如何进行的家长准备一份材料。确保你仔细考虑了你的目标、学习要求和孩子的需求。然后，从一件小事开始。也许环境是最容易改变的事情，而且这个改变肯定会支持你将主动学习可视化。当孩子们因为灵活的座位安排而感到愉悦时，观察他们的互动和在工作中相互支持的方式。花时间听他们讲话，你可能很快就会得到有待更深入探索的话题。用照片和日志记录进展，这样你就可以与其他人分享了。不断反思学习进程，以及环境如何影响学习。

　　学习区模式不是根据不同的学科，比如科学、社会研究、数学、阅读等，将一整天分割成不同的时间块，并为每门学科分配固定的时间。相反，忙碌的儿童会主动地将不同的学科内容和技能融入活动中。学习区有利于教师利用有意图的经验、策略和材料来拓展课程目标。儿童在学习区模式下所进行的学习是亲自动手操作的、基于经验的、个性化的，适合每个儿童特定的需求、兴趣、风格和能力。一旦教学时间大部分都被用在项目工作上，教师就可以自由地观察每个儿童并与他们进行互动，从而评估儿童的需求并设计今后的教学策略。

教师可以自由地与儿童一对一互动

　　当教师尝试通过学习区和合作项目来设计课程时，他们需要对一些问题做出决定。教师需要决定建立起什么样的机制，以便鼓励儿童参与有关标准的学习任务。教师需要决定是否每天都开放所有的学习区，是否每天都留出时间让儿童到学习区活动。

　　其他的决定还包括：在规定的时间内，每个儿童是否必须参与各个学习区的活动？是可以自由地选择离开某一个区域，还是只有在教师的指导下才可以离开？一些教师想要保证儿童能够平衡地选择各种学习机会，因此他们要求儿童每天或每周必须至少参与一定数量的区域活动。制订计划，让儿童了解各学习区参与要求。其他监测儿童使用区域情况的方法包括：给儿童一定数量印有他们名字的彩色门票，在他们想进入某个特定区域时上交（Kostelnik，Soderman & Whiren，2008）；或者要求儿童在颜色标记卡上盖上自己的图章，在进入某个区域时留下该标记卡。也有些教师认为这样的制度阻碍儿童学习如何独立地做出选择，也不利于他们投入到长期项目中。这些教师相信任何一个区域都能够融合多种学习机会。就像前面所提到的，教师必须根据他们对儿童发展特点、经验以及需求的了解做出决定，同时也必须考虑到其他的影响因素特点，比如学校的指导方针、家长与社区的偏好以及教师的舒适感等。

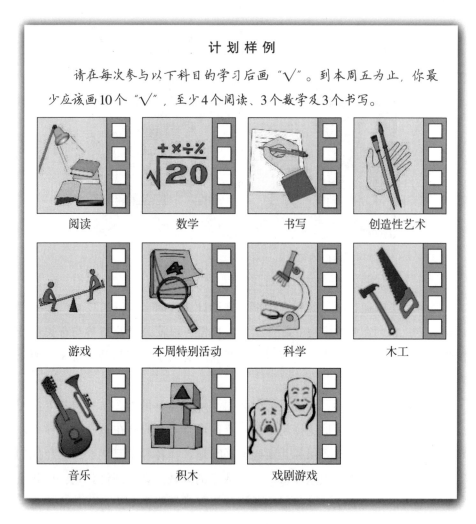

计 划 样 例

请在每次参与以下科目的学习后画"√"。到本周五为止，你最少应该画10个"√"，至少4个阅读、3个数学及3个书写。

阅读　　数学　　书写　　创造性艺术

游戏　　本周特别活动　　科学　　木工

音乐　　积木　　戏剧游戏

　　教师还要决定：是否所有的学习区都应该提供自由探索的机会以指引儿童学习？应该要求儿童以指定的方式完成特定的活动吗？学习区共有 3 种类型：自我指导/自我纠正式、自我指导/开放式、教师教导/探索式。第一类学习区允许教师为实现特定目的而设置活动，材料本身能够告诉儿童他们对材料的使用是否正确，例如在拼图游戏中，儿童需要使数字与拼图的编号相匹配。第二类学习区所提供的材料能够让儿童进行多种多样的学习，并且根据每个儿童能力和兴趣的差异而有所不同，比如积木区不为儿童提供任何的指导或是建议。第三类学习区会为儿童提供机会去探索那些教师以前已经介绍过的概念。例如在课上学完相关的课程后，让儿童在学习区使用滴管对颜色进行调配，或者用盐和其他调料来探索冰的融化。教师可以根据儿童的需要设计学习区。

多样性考虑

不同的教学观

　　教师必须认识到，家庭文化影响对教与学的期望。一些文化可能认为教师必须指导学习，儿童必须听从教师的指示。在这种情况下，家长可能会对发展适宜性实践强调儿童作为积极学习者的理念感到困惑或不安。此外，文化决定了家长对教师职业和权威的态度，这可能使他们就课堂目标、方法进行对话的意愿强弱不一。显然，这些态度会影响沟通，教师应该理解这些态度。教师需要厘清自己对家长参与和投入的期望。

　　如果教师将让儿童主动学习作为一种主要的教学方式，那么他们需要围绕儿童共同感兴趣的主题和项目来组织儿童的学习经验，这些主题和项目允许儿童探究自己感兴趣且与学习目标相关的话题。需要花费"数日、数周甚至是一整年时间"（Bredekamp & Rosegrant，1995，p. 171）的项目能够让儿童沉浸于长时间的探索、观察和研究之中，这为儿童提供了跨学科探索富

有意义内容的机会。项目可能包括"重点教学内容以及儿童选择的活动"（Copple & Bredekamp，2009，p. 259）。因此，学龄儿童的主动游戏成为课程的主要方式，而不仅仅是被当作额外的或是补充性的内容。例如，生活在海边的儿童可能对探索某个话题非常感兴趣，教师可以借此来发展儿童语言、数学、科学、社会以及艺术和音乐技能。

在项目学习中，儿童在达到学习要求的同时追求感兴趣的话题

精心选择的材料也是物质环境的一个重要组成部分。材料要能够挑战儿童的好奇心，并能够持续支持儿童对主题的复杂研究。教师要为儿童提供多种具体的、真实的并与儿童生活相关的材料，包括让儿童进行操作和探索的材料，比如建构材料、艺术媒介、科学设备、手工艺品以及计算机。教师努力设计出吸引人的材料展示方式，以便儿童使用和操作。颇具吸引力的教室环境表明教师认识到儿童需要快乐地投入学习。教师精心选择所有的材料，以表示他们对儿童不同种族和文化、身体能力、性别及社会经济背景的尊重，同时，教师所选择的材料还应该引人入胜。

提供若干独立学习区的一个好处是，能够让儿童在其他的时间段内选择工作的地点。显然，教室中没有足够的空间，做不到既按照传统的方式布置一排排的桌椅，又摆放上独立兴趣区所需的桌子、架子以及其他家具。为单个儿童和小组提供的小桌子以及独立的工作区域能让儿童来选择对他们来说最舒服的地方进行工作，不管是自己单独工作还是和其他人一起工作。儿童甚至可以选择坐在地板上工作。枕头和地毯能够营造出让儿童放松工作的空间。"灵活的课桌设置能够为儿童提供单独工作、两人合作或小组工作的空间。教室里有各种各样的空间，包括舒适的工作区，儿童可以在这里互动和合作，也有安静阅读、建构、书写、玩数学或语言游戏以及探索科学的地方。"（Copple & Bredekamp，2009，p. 293）展示桌和墙面使儿童得以对自己和他人的作品继续进行思考。教室中没有对儿童运动、谈话以及从其他人那里获取帮助的明确或隐含限制。这种教室里没有固定的"前面"，所有空间都在发生着一些事情，教师和儿童都是移动的，而不是待在某一固定的位置。

如果教师坚持让儿童坐在座位上以方便组织活动，而不够重视儿童的身体舒适感和自然发展倾向，那么儿童会感到教室环境对他们来说是陌生的。在学习区中，儿童更有可能拥有勤勉感，而不会因为不能按照具体限定的方法、在明确指定的地点来完成所规定的狭隘课程而产生自卑感。

6-3a 计划板

当儿童感到他们正在做出与自己学习相关的重要决定时，他们的勤勉感也会得到培养。许多小学教师利用各种形式的计划板来帮助儿童对他们的学习活动做出有意识的选择。对于 6—8 岁儿童来说，为他们准备一个计划板非常合适，它能让儿童在所有可能的活动中做出选择，而且很可能是和同伴们一起做出选择。儿童有自己的姓名牌，可以放在口袋里，挂在挂钩上，或者放在让放名字的任何地方。

对学龄儿童来说，计划和组织个人活动并实现目标的能力是他们需要发展的一个重要技能。不仅仅是决定"到哪里去工作"这些最简单的问题，儿童可能需要在教师帮助下制定目标，并对复杂项目的每一个步骤进行全面的考虑。与教师及同伴进行交谈，并把想法写下来，这可能会有所帮助。与他人交流取得的成功及遇到的问题，同样能够帮助儿童学习怎样掌控他们的活动进程。高瞻课程将这种方法称为"计划—工作—回顾"。塞尔玛·沃瑟曼（Selma Wasserman）在她的著作中将学龄儿童称作"认真的游戏者"（2000），并提到"游戏—汇报—再游戏"，意思是在获得了最初的主动学习经验后，儿童通过向别人解释他们做了什么、发现了什么，通过反思他们的发现、问题和所学到的东西而得到帮助。接着是"再游戏"——根据已经掌握的概念和技能来进行另外的实践，并有可能将活动延伸至新的领域，更加深入地理解概念。通过对活动做出反思，儿童学习对自己和他人的工作进行评估，互相提出建议，并在复杂项目中进行合作。

6-3b　档案与作品样例

当儿童能够看到在自己设定的学习任务中取得进步时，也会产生一种勤勉感。教师可以设计一些能够帮助儿童记录自己进步的工具，比如成长档案袋。

每个儿童都有自己的文件夹，里面放有他们的绘画作品、他们写的故事、他们学着阅读的单词、他们开展项目的照片以及其他作品样例。当儿童参与作品收集时，他们会回顾自己的作品并加深理解（Laski，2013）。儿童、家长和教师都可以从学习档案中受益，因为这些材料展示出儿童所做的工作是如何与州和学校系统制定的学习标准联系起来的。

其他关于学习档案的观点指出，设计学习档案的目的是为儿童提供关于他们学习的有形证据。例如把那些年幼儿童所认识的字母和数字装到信封里，或者像西尔维娅·阿什顿-沃纳（Sylvia Ashton-Warner）与辛迪·克莱蒙斯（Sydney Clemens）所描述的，将儿童自己选择要读的词装进信封（Ashton-Warner，1964；Clemens，1983）。还可以把儿童阅读过的图书列成清单放进档案中。

儿童在翻阅个人成长档案袋的过程中发展勤勉感

教师需要在教室中心设置一个便于拿取的地方来存放学习档案，这样在儿童准备好的时候就可以随时往学习档案里添加东西。传统的小学教室为每个儿童提供了一张课桌，让他们把个人作品存放在课桌里。基于主动的、学习区模式的教室除了有统一的学习档案存放区外，还为儿童提供了个人存放区。

有关儿童工作和进步的证据在教室中随处可见。教师要在教室中营造出一种共同拥有这些作品的感觉，这样，在展示对儿童来说非常重要的东西时，他们就会感到舒适自然。成果列表和庆祝儿童所取得的各种成果的海报是儿童勤奋工作的证明。还可以编写或者创建项目小组的集体档案。

培养勤勉感的环境

教师可以通过以下方式培养儿童勤勉感：

- 创建学习区，让儿童在个人兴趣和能力层面上进行积极学习；

- 精心挑选和布置具体的材料，激发儿童的好奇心和生产力；

- 创设非正式且灵活的物质环境，允许儿童单独或分组工作；

- 利用计划系统帮助儿童学习计划和反思他们的活动；

- 使用档案和其他方法帮助儿童衡量自己的进步，并建立个人存放区。

工作档案袋材料清单

工作档案存放在教室里，是把儿童随时间积累的作品汇集成册。有些作品可能会在季度末或年底发给家长，有些可能会放在教室。当教师完善档案袋时，需要做出这些决定。虽然教师对此非常熟练，但随着知识和经验的积累，肯定会做出一些改变。以下是关于将哪些内容纳入儿童工作档案袋的建议。

书写：日记、书写文件夹、周末新闻、图书、共享写作、定向写作、笔记、信件、感谢信、化学变化记录、主题或主题相关期刊（农场、数学等）、标签示例、拼写作业、记录单、列表。

科学、社会、健康：观察图、分类工作和记录、日记、区域记录单、食谱、分类作业、头脑风暴列表、现场体验记录。

> **艺术**：绘画、缝纫、三维作品、木偶、故事板和围裙、印刷品、编织、剪贴作品。
>
> **数学**：区域记录单、排序、模式、图表（个人/小组、儿童生成/教师指导）、游戏板、地理板、分类、问题解决策略。
>
> **阅读**：书单、单词表、短文清单、单词和字母清单、儿童阅读或复述故事的语音作品。

6-4 发展读写算能力和科学意识的环境

对学龄儿童来说，读写算能力和科学意识的发展是课堂学习的重要目标。

6-4a 读写能力

美国《共同核心州立标准》期待儿童在不同的环境中进行有效的交流，成为能够通过写作来展示和应用知识的熟练写作者和批判性思考者（Faulk & Evanshen，2013）。当前人们将读写能力看作一系列相关能力发展的结果，这一观点对物质环境的创设也有一定影响。

物质环境应当含有丰富的文字。儿童需要每天都在他们的教室环境中观察读写技能的实际运用。环境中的每一件物品都要贴上标签（放"剪刀"和"废纸"的盒子；挂"帽子"的衣钩；"厕所——每次可供 3 人使用"）。制作并展示各种列表（标题为"我们喜欢的歌""最喜欢的食物""我们在乘公交车时看到的""我们做蔬菜汤需要的东西""发音有趣的词"）。张贴注意事项和日程表。教室中随处可见各种标志和故事（如"早间新闻""我们的巴士旅行"）。教室里还有轮流使用计算机的签名表，或是为班会议程增添内容的报名表。在教室的每个区域都能看到图书和海报。儿童会看到教师写一些东西并读给他们听。当环境富含印刷品时，儿童就会发现读写的实用性，他们自己做这些活动的积极性能够被激发出来。

阅读区及书写区是与儿童读写能力相关的两个较大并且非常重要的学习区，它们应该相邻以表明彼此在功能上的相互联系。随着儿童读写能力的提高，这两个区将逐步扩大以适应不断变化的需求。

阅读区里可以放上一些枕头和豆袋沙发来增加舒适感；有展示图书（封面朝外）的开放架子以及存放图书的架子；有各种各样的书，包括故事书、资料和概念书、诗歌集、字母和计算书、无字书、儿童自己制作的书；复印一些儿童喜欢的图书，鼓励儿童在同一时间阅读相同的书；使用玩偶、道具以及小舞台来鼓励儿童复述他们所阅读的故事；放置与书相关的海报和图片；放上教学大书，可以让整个小组一起阅读。也许还可以建立一种借阅系统来核对儿童在教室内以及（或者）带回家阅读的书。区域也可以放置一些耳机以及电子书，这样儿童可以边听故事边跟读。

书写区应该放上小桌子、小椅子以及架子，可放各种尺寸的纸张，包括没有画线和画好线的；铅笔、钢笔、马克笔以及蜡笔；写字板；削笔刀；档案卡、便条簿、笔记本以及便笺；书写板；信纸和信封；黑板和粉笔；磁性字母；用来书写字母的沙盘或盐盘；一个初级或标准的打字机。计算机可以放在书写区或是别的地方。一些教师还在书写区为每个儿童添加了个人信箱以及个人日记，用来储存儿童自己的绘画和书写作品。在墙上张贴含有字母和文字的海报是一种适宜的做法。儿童的书写工作档案可以保存在这个区里。当儿童开始创作自己的图书时，可能会需要在书写区里添加草稿纸、订书机和其他用来固定的文具。还可以把儿童艺术创作的材料放进书写区，因为如果儿童可以自己对书进行上色，他们会对书写更感兴趣。

不应仅把读写材料摆放在这两个区域内，在所有其他的学习区内也应该添加读写材料。艺术创作区可以放上关于著名艺术作品的书，或者能够启迪儿童的含有漂亮图片的书。积木区可以放上展示各种房屋建筑和构造的书。烹饪书、商品目录以及杂志可以添加在假装游戏区中，与主题相关的书可以放在科学区，数学区可以有几本计算书等。在每个区域放上书写材料也可以拓展学习的可能性。

这个商店强调了读写经验

　　当教室中到处都是读写材料，儿童经常能够看到别人使用这些材料时，他们就会开始使用这些材料。儿童早期读写能力的发展取决于在物质环境中为儿童提供大量的读写材料，以及为儿童提供经常使用或看别人使用这些材料的机会。

当有大量有趣的材料可供选择时，儿童就会成为阅读者

　　日程表的安排要包括个人、大组及小组阅读的时间，同时也要为儿童个人、集体书写以及教师对他们的具体技能进行指导设置特定的时间。

　　为儿童提供口语交流的机会是读写环境的另一个组成部分。在下一部分，我们会全面讨论如何利用物质环境来鼓励儿童口语交流。

建议

促进早期读写能力发展的环境

提供一个有利于早期读写能力发展的环境：

- 创设一种富含文字的环境，在这种环境中，儿童经常看到文字，看到有人使用它们；
- 创建宽敞且吸引人的读写区；
- 把读写材料添加至其他所有的学习区；
- 为儿童提供交流和对话的机会。

6-4b　计算能力

　　物质环境促进计算能力的一种方式是提供大量能启发儿童的材料：测量用材料，如天平、量杯和勺子、尺子和卷尺；分类和比较用材料，例如回收再利用的或自然材料；用于操作的不同材质的数字；有骰子和计数器的棋盘游戏；形状匹配的多米诺骨牌和拼花图案卡；用于制作模式的连接材料；用来剪贴数字的旧日历；算盘和类似的计数设备。教室里使用图表来呈现各种对话：你家有多少人？这个月我们有多少个晴天？你穿多大号的鞋？数学区有许多促进数学概念和认知的好书。

　　每天都要解决实际的数学问题：如果今天早上有 6 个孩子报名使用两台电脑，每个孩子能有多少分钟？如果我们想在感恩节前读完某一本书，我们每天需要读多少页？

6-4c　科学意识

当物质环境中有大量引发儿童好奇的材料时，儿童的科学意识会得到滋养。来自大自然的材料，可以分解的材料，可以结合起来的材料，都可以放在窗台或书架上，也可以放在单独的科学区。好奇心会被激发出来，科学行为和态度将会逐渐形成。《共同核心州立标准》期望小学儿童学会"分类、比较、对比、评估、分析和推理"（Faulk & Evanshen，2013）。开放式区域，如数据收集区，可以支持综合学习，将科学与数学和读写联系起来。

6-5　发展关系的环境

对 6—8 岁的儿童来说，同伴和朋友变得越来越重要，这就意味着教师需要为儿童提供有利于发展儿童集体意识和合作意识的环境和练习机会。当前大家都很关注儿童不断增多的攻击性行为，认识到良好的社交技能和健康的情绪发展对儿童在学校取得各个方面的成功至关重要，这也就使得对教师来说，非常重要的一点是要促进儿童良好性格的发展，培养儿童与同伴合作的能力以及在与其他人一起工作时负责的品质。就这一点来说，教师在创设小组工作情境的过程中直接开展讨论以及为儿童提供范例很重要，但物质环境同样也发挥着作用。我们可以通过多种方式来利用物质环境，使之有利于培养儿童之间的友谊。

在传统的教室中，教师努力不让儿童之间进行交谈，以使他们将注意力集中在教师的教学上，因此，很有可能会故意把好朋友的座位分开。同时，教师会根据儿童的常规技能水平对儿童进行分组。在发展适宜性的教室中，教师会有这样一种认识，即儿童社会性和交流能力的发展与认知技能的发展同等重要，并且二者有着紧密联系。教师同样会认识到，自己不是帮助儿童获得深刻见解、为儿童提供帮助以及激发儿童产生各种想法的唯一力量，其他儿童同样能够在这些方面贡献力量。教室中大小不同的空间可以支持合作计划和学习。教师通常允许儿童选择在哪里工作以及与谁一起工作。物质环境的灵活性允许儿童选择自己感觉舒适的工作地点和小组规模，如果有必要，教师可以移动家具来适应小组的需求。

学龄儿童可以两两或者小组合作

当儿童的选择影响到他们学习的注意力和学习效果时，教师可以帮助他们认识到这些选择的自然后果，从而使之在今后的学习中更好地进行自我控制。比如肖恩和罗德尼今天花了更多的时间来讨论他们的棒球队而不是写自己的故事。教师提醒他们说第二天小组中的每个人都要大声朗读各自的故事，因此建议他们想一想去哪个区域以便更好地完成各自的故事。第二天他们还是坐在一起，但是专注于各自的写作。尽管为促进儿童社会技能的发展，教师偶尔会创设出供两个儿童结对活动的空间，但通常不会设置特定的区域。

桌椅的设置要允许儿童组成小组，这有利于儿童之间的交流和团队工作。所创设的物质环境要能够让儿童进行面对面交谈，这一点是非常重要的。在这样的环境中，儿童会学习向同伴寻求帮助。同时，教室中也应该有足够小的空间供单个儿童或是两个儿童工作。当儿童能够在教室里自由活动时，他们可以根据自己的选择形成新的小组或者到不同的区域去工作。儿童小组的构成非常灵活且是暂时性的，随着不同的学习经验而做出改变。出于某些特殊的原因，一天之内儿童可以在几个不同的小组中工作。早上，他们可能会选择坐在某个朋友旁边来写故事。稍后，可能会选择加入另一个正在做飞机模型的小组。再过一会儿，教师可以要求儿童加入某个科学实验小组。时间和想法都是鼓励儿童加入某个小组的影响因素。

儿童一天中的大多数时间都花在小组或是个体活动上。学龄儿童依然是羞怯的，人多的集体活动常常会让他们感到害羞。当儿童真正一起来参与集体活动时，由他们自己选择坐在哪里会让他们感到更加舒服。

学龄儿童需要由他们自己来管理饮食和作息，并和朋友们一起做出相关决定。教师可以提供一个小型点心区，供儿童在特定的时间段使用，形成他们自己的"加餐小组"。在这些指定的安静时间段内，儿童可以和朋友一起进行一项共同的活动。

灵活的点心时间让儿童能够选择和朋友一起吃点心

儿童和教师之间的关系是小学教室中另一组重要的关系。时间和接触是培养这种关系的关键因素。物质环境能够为儿童和教师之间进行有意义的交谈和互动提供机会。非正式的工作区和学习区设置能够鼓励儿童和教师之间进行交流。教师有时是促进者，有时是观察者，有时又要担当指导者的角色，参与儿童的工作，与儿童建立起直接的联系。随着教师越来越了解每个儿童，他们可以根据每个儿童的不同能力和兴趣，为儿童设计个性化的学习经验和工作。

把小学教室设置成不那么正式的工作区域，无疑会增加教师和儿童进行个别互动的机会。这种空间设置传达出的信息是：儿童要扮演主动的角色，包括在他们与教师进行交流的时候。

反思

和他人一起工作

你还记得小学时和他人一起做事吗？或者你经常被要求自己做事吗？在这两种情况下你的感受是什么？这些印象会如何影响你布置小学教室环境？

建议

培养同伴关系以及师生关系

可以通过以下方式增进同伴和师生的关系：

- 在召开集体会议时，允许儿童自己选择坐在哪里以及和谁一起工作；
- 灵活地安排桌子和椅子以适应小组活动的需要；
- 为儿童结对活动、小组活动提供足够小的空间；
- 为儿童提供小组一起吃点心或休息的空间；
- 设计允许教师观察和互动的活动。

6-6 学龄儿童的日程表

传统学校的日程表被分割成若干短小的时间段，教师会在每一时间段内开展内容互不相关的教学工作。例如当儿童进行 15 分钟的写字练习后，教师要求他们收起他们的笔记本，拿出社会课本来阅读和讨论有关"桥"的内容。在这种安排下，不仅仅是儿童一天的学习被打碎成分离的课程，还经常会出现其他的干扰，比如到跟体育老师去体育馆的时间了，或是到去图书馆、音乐和美术教室的时间了。儿童通常跟不上一天之中所发生的这些频繁变化，所以他们只是服从教师的指示（"收起社会课本的时间到了，我们过一会儿再来看。现在我们该去图书馆了。"）。儿童常常被要求遵循日程表的安排，但这些日程安排只对成人维持秩序有意义（"安静地坐在你的课桌旁，直到每个人都完成了数学作业，然后我们开始上拼写课。"）。由于强调集体教学，传统的日程表充斥着这些没有意义的时间段。

这种片段化的日程表所产生的后果是，在这样的教室中学习一年之后，儿童能够投入任务导向学习活动的时间实际上是减少了。当他们频繁地被要求从一个活动转向另一个活动时，就会变得依靠成人来指导他们的学习，在专心于对他们来说有意义的活动以及发起这样的活动方面能力变弱。

在发展适宜性的小学教室中，教师尝试为儿童提供不被打断的时间块，让他们完全投入到需要他们集中精力的活动中。整块的时间对于以整合的方式来完成课程内容来说非常重要，因为这样能够使儿童有机会来思考、反思并建立知识之间的联系。在儿童合作开展长期项目时，需要给他们提供时间来交流、制订和实施计划。在整块的时间里，教师和儿童都全神贯注于那些需要完成的任务。儿童需要整块的时间来体验和学习如何管理自己的时间（见表6-1）。

表 6-1　小学每日时间表样例

上午 8：45	问候、签到、统计午餐、准备开始一天的活动
上午 8：50	晨间问候 集体活动（儿童发起、教师指导），包括：早间新闻、日期、集体语言活动（排行榜、故事、诗歌或歌曲）、一日活动的计划 小组活动/个别活动（教师指导），字母学习/语音技能学习、正在研究的主题项目内容、与主题相关的文学作品介绍
上午 9：30	活动区，比如数学区、创意写作区、建构区、聆听区、玩水区、科学区、艺术区、书写区
上午 10：15	户外游戏
上午 10：30	正式数学学习（小组）
上午 11：30	午餐和午休

续表

中午 12：15	下午的集体活动 故事开启、教师介绍主题相关内容、儿童分享
中午 12：30	个人阅读 教师组织个人阅读会议
下午 1：00	共享阅读/共享写作 教师继续阅读会议
下午 1：30	介绍活动区的会议（每周一） 活动区（上午的延续）、儿童分享活动区的工作、儿童分享 图书和创意写作。
下午 2：25	以日记结束一日活动 儿童记录一日活动
下午 2：45	校车时间

注：所有教师都需要完成这些工作，但顺序可能会根据个别教师的兴趣和需求有所不同

一个适宜的日程表允许儿童以自己的速度来开展工作。使用大时间段的方式来安排日程表可以很好地满足个体儿童的需求。不管儿童的工作速度是比较快还是稍慢一点儿，不管儿童的学习是否需要对活动设置进行特别的调整或是需要教学专家给予帮助，他们都不会在工作过程中被催促、打扰或是隔离。在这个时间段内，儿童可以参加个人或小组活动，可以独自活动，也可以接受教师指导。日程表为儿童发起的活动提供了较长的时间段，可以在这些长时间段之间穿插开展集体活动。一天中的大部分时间都花在儿童计划与发起的活动上。同时，时间块的设置允许儿童动静交替。

教师要最大可能地减少儿童可能受到的干扰，允许儿童在时间块内管理自己的学习。例如，点心时间是 9：30—10：30，但儿童可以选择在想休息的时候，或是与朋友聊天时，或是饿了的时候去吃点心，教师不会在某一时间打断每个人的工作，宣布他们必须清理桌子一起来吃点心。

在实际操作中，在儿童需要改变工作节奏时，比如在一天的晚些时候或者在长的工作时间段之间，教师要为儿童安排出适宜的休息时间。例如，拜访音乐老师的时间可能安排在上午中间，也就是当儿童在阅读/书写项目上花

了一个小时之后，区域活动时间之前。美国小学校长协会（NAESP）2005 年所制定的标准建议将儿童带出教室的项目和活动应该"最小化或者不存在"。当然，这里不是指到社区中进行实地考察的项目和活动，这些实地考察是综合性主题研究的重要组成部分。它实际指为让儿童接受专门的教学而打断儿童工作的那些活动，这在一些学校的日程安排中已经成为惯例。在综合课程中，创造性体验是一日学习的组成部分。

教师要制定出对儿童来说有意义且合理的日程安排，这样儿童就可以自己管理一天的活动安排，而不用等候教师的指示。比如儿童知道早晨教师为他们读完书后，可以自己去挑选书并独自看书，直到他们决定开始写自己的故事。当制定出富有意义的日程安排后，过渡环节会进行得非常平稳，并且会尽量减少不必要的过渡。

对小学来说，一个适宜的日程表有利于儿童在清早兴趣和精力水平都很高的时候全身心投入到个人的学习活动中。能够吸引大多数儿童的集体活动可以安排在晚些时候，例如让儿童在早晨的大部分时间内进行阅读/书写活动以及学习区的项目工作。在午饭过后，教师设计一个集体活动，为儿童引入一种新的科学体验。

建议

适宜的日程表

一份适合小学的日程表应该包含如下要素：

- 为儿童的学习提供不被打断的大段时间，同时，交替安排安静时间与体育活动；
- 适应个体学习风格和速度；
- 尽量减少干扰；
- 安排必要的休息时间；
- 日程安排有意义并有利于儿童进行自我管理；
- 将集体活动时间安排在一天中的晚些时候；
- 设置课间休息时间供儿童进行主动游戏。

如何看待休息？

最近几年，越来越多的小学正在取消课间休息时间。美国近一半的小学减少、取消或考虑取消课间休息（NAECS/SDE，2002）。尽管安全和责任问题常常被作为取消课间休息的理由，但是到现在为止，最普遍的理由是为了更多的教学时间。学校面临着让儿童坚持专心学习的压力，这也意味着课间休息被视为不重要的事情。这一趋势随着《共同核心州立标准》和《不让一个孩子掉队法案》的通过而加剧，在少数族群儿童人数众多的城市学校中尤其普遍（Jarrett & Waite-Stipiansky，2009）。但是，大量研究指出课间休息为儿童提供了非常重要的学习情境和机会，使他们得以发展和练习他们在课堂上学到的技能（Jarrett，2002；Pellegrini，2005）。

在所有形式的工作中，休息都被认为对人们产生满足感和保持清醒具有非常重要的作用。关于大脑功能的研究指出，注意力的保持离不开周期性的休息。实际上大脑需要一些"低强度时间"以回收利用对长期记忆非常重要的化学物质。数项研究发现，体育活动能够产生积极的效果，包括改善学习态度，提升专注力，提高测试成绩。

除了改善课堂学习的条件外，教师们还发现他们可以在室外进行室内学习。由于他们知道必须达到的标准，他们可以为儿童提供材料，支持儿童科学探索和发现、读写练习，在主动游戏中提升学业（Hanvey，2010）。

除了有利于儿童认知能力的发展外，课间休息还与儿童其他方面的发展相关。课间休息也许是让许多儿童必须与其他儿童进行社会互动的唯一机会，尤其是当一天中的其他时间都被花费在高度结构化的课堂工作或是课后活动上时。课间休息时间多半会发生的事情——选择游戏和游戏伙伴、制定游戏规则、自我控制——

都涉及社交技能的发展。如果教师在这些户外自由游戏时间段内进行观察，能够看到儿童之间的社会互动情况，并可以在出现攻击性行为或社交孤立现象时进行干预。

课间休息和非结构化的体育游戏可以作为减少焦虑的出口，也是发展适宜性的减压方式和发展自控能力的方式。

除此之外，体育活动还会对儿童的健康和身体机能产生影响。统计结果显示的儿童运动水平的下降以及随之而来的肥胖趋势令人吃惊。许多儿童几乎没有进行体育活动的机会，他们的时间花费在久坐不动的消遣活动上，比如玩电脑游戏以及看电视。研究指出，在课间休息时积极进行体育运动的儿童更有可能在放学后也参与体育活动。美国运动和体育教育协会（National Association for Sport and Physical Education）指出体育课不能代替课间休息（Council for Physical Education and Children，2001）。没有过多组织的课间休息对练习和使用在体育课上所发展的技能来说是很有必要的。

课间休息可以促进学业学习、社会发展、身体健康

研究表明，课间休息对小学儿童的学习、社会性发展以及身体健康起着重要的作用。也许随着日后更多关于这一话题的研究结果的披露，小学将会更加强烈地支持保留课间休息时间，哪怕仅仅是为了提高测试分数，改善学习态度和学习行为（Jarrett，2002）。

6-7 课后看护

当一天的学校生活结束后，许多儿童仍旧要在其他看护机构中待上几个小时，直到父母下班回来。这段时间同样非常重要。假设放学时间为下午 3 点，家长在晚上 6 点下班后来接孩子，那么这段时间约占学龄儿童一天清醒时间的 20%。这段时间可以全部用来丰富儿童的经验，使儿童产生新的兴趣或者提高他们的社会化程度，让他们在这段时间内单纯地做一个儿童。

儿童需要机会来进行体育活动，和同伴进行社会交往，以及通过艺术创作进行创造性表达。儿童已经在强调教师指导的学业环境中待了六七个小时，因此课后看护机构可能更需要的是创设出一种类似于社区的宽松氛围而不是成为另一所学校。

哪些因素会有助于增添这种社区感呢？一种办法是创设混龄小组。相差三四岁的混龄小组与生活中自然形成的游戏小组相似。混龄小组能够让年龄较大的儿童发展出主动性和责任感，示范如何照顾他人以及进行合作。年幼的儿童通过模仿大孩子而学习。

另一种方法是为儿童提供多种多样的选择。在学校环境之外，儿童需要有选择课后活动的自由，甚至可以自由地选择什么都不做。儿童应该拥有很多种选择：户外游戏、艺术与手工、规则游戏、烹饪、木工、戏剧表演以及其他有助于自理能力和创造性技能发展的活动。

课后看护机构需要看起来更像社区而非学校的延伸

　　环境中必须包括挑战。格林曼说，极其常见的一种现象是，5—12 岁的儿童非常讨厌待在主要是为学前儿童设计的课后看护机构中，这是因为设计者没有充分"重视学龄儿童与学前儿童之间的发展差异"（Greenman，2005a，p. 279）。学龄儿童需要人们认可他们长大了并且变得更有能力了，并对在世界上做一些真正的事情感兴趣。

　　到 7 岁时，游戏已经不同于现实。规则和角色成为重要元素，规则类游戏、戏剧和俱乐部反映了学龄儿童对人类世界的兴趣（Greenman，2005a）。他们需要身体挑战，比如使用真正的工具；智力挑战，比如玩复杂的拼图和开展能够持续较长一段时间的项目。格林曼认为真实世界的挑战存在于机器的世界中，即弄明白那些机器是怎样加工原料的；存在于商业的世界中，即了解货品如何生产、买进和卖出；存在于交流的世界中，即创编时事简讯和游戏。挑战也可能来自履行责任维护环境——真正做成人做的日常事务，彼此帮助，并协助成人干力所能及的工作，这使儿童觉得所承担的责任是有趣的，而不仅仅是多干活。必须要注意的是，在向儿童提出挑战、要求责任时不能出现性别歧视。男孩和女孩都应该感到舒适，并能参与所有可能的活动。

　　环境必须能为儿童提供独处的空间。在集体中待了一整天后，儿童也许想自己单独玩一会儿或者和一两个朋友一起玩。独处应当是儿童拥有的一种选择。年龄稍大一点儿的学龄儿童常常会创设他们自己的俱乐部和秘密社团。他们需要开展这些活动的空间，并且不受干扰。

在典型的学校生活中，儿童的身体一直受到限制，因此，离校后进行大肌肉运动活动对儿童来说是非常必要的。学龄儿童的课后看护机构需要为儿童提供时间和空间，让儿童奔跑、跳跃、攀爬、叫喊，从一天的限制中解脱出来，放松身体和情感。合作游戏可以成为这种大肌肉运动活动的一部分。将在学校环境中所面临的竞争抛在脑后是一个不错的主意。

对于需要做家庭作业或学习的儿童来说，课后看护机构应当为他们提供一个安静的场所。看护机构必须为家长和儿童的不同需求提供支持，但应该小心不要只是将儿童的学业学习延长几个小时。如果儿童需要花费一部分时间做家庭作业，那么他们首先需要有机会在一天的学习后放松一下，重新恢复体力。

是否看电视和玩电脑游戏是任何一个课后看护机构都面临的问题。那些支持看电视的人指出，如果儿童是在家里，那么他们更有可能去看电视，他们喜欢看电视并从中学习东西。反对者认为电视中的暴力内容对学习分辨亲社会行为的儿童来说是没有帮助的，同时，被动观看电视阻碍儿童获得更多的建设性经验。当课后看护机构真的决定让看电视成为活动的一部分时，教师有必要对活动进行监管和限制。

对课后看护机构来说，在制定时间表时所考虑的问题和学校是不同的。儿童只在课后看护机构中待几个小时的时间，因此所需要的过渡环节比学校要少。然而，最重要的过渡环节是刚结束一整天的学校生活来到这里的开始阶段。此时，他们很可能又累又饿，并且需要在一日学习后得到放松。满足这些需要是非常重要的。通常在这一时段，也就是儿童准备好参与晚些时候的项目和活动之前，安排吃点心和放松交谈的时间会很有帮助，接着是活跃的身体锻炼时间。儿童回家之前，课后看护机构提供一段安静的时间是有益于家庭的一种做法，因为这个时候儿童和家长都会感到非常疲倦（见表6-2）。

表 6-2　儿童课后看护机构的日程表样例

时间	活动
2：30—3：00	儿童从不同的学校来到这里，吃点心（通常由儿童自己准备），交谈
3：00—4：00	充满活力的户外游戏，通常由儿童自由选择，偶尔由成人组织集体游戏（天气允许的情况下）；室内的替代活动包括玩球、呼啦圈以及合作游戏。特殊来访者，比如舞蹈老师，可以安排在这段时间与大家见面
4：00—5：00	选择室内的活动区，比如美术、音乐、计算机、烹饪或者建构区。有时，这段时间被用来开展长期项目
5：00—6：00	家庭作业/阅读时间，直到家长来接

反思

你的课外经历

　　想想，你放学后做了什么？在哪里？和谁一起？你从这些课外经历中得到了什么？课后看护项目怎么能让孩子们拥有你曾经拥有的体验呢？

建议

适宜的课后看护环境

发展适宜性的课后看护环境应该包含以下要素：

- 混合年龄编组；
- 为儿童提供多种活动选择，包括可以选择不做任何事情；
- 所设计的材料和活动都包含挑战，所开展的项目可以随着时间推移而不断扩展；
- 让儿童在项目中承担责任；

- 为儿童提供独处的空间，支持儿童组成小团体；

- 为儿童大肌肉运动活动提供时间和空间；

- 有一个安静的学习区域；

- 如果看电视的话，成人需要加以监管；

- 日程表能够平衡休息和活动时间，并关注一开始的过渡环节。

6-8　不适合学龄儿童的环境

当我们考察为学龄儿童所提供的各种物质环境时，也许可以最直观地弄清楚发展适宜性的问题。美国许多地方的传统教育体系都正在经历着审查和变化，目前很多教室都处于转变之中。在有些情况下，转变的速度是由学校购买新家具和材料的预算决定的。某些处于转变中的教室可能会混合不适宜与适宜的成分。尽管如此，以下与空间、物质创设以及时间相关的因素被认为不适合最优学习环境：

- 课程被分成相互独立的学科，主要是阅读和数学，如果时间允许，再进行其他学科的学习；

- 由教师指导的阅读小组占据了上午的大部分时间，而儿童将绝大多数的时间花费在纸笔作业上；

- 没有特别的学习项目、活动区活动以及户外游戏，或者把开展这些活动作为好的学习表现的奖励，或者是偶尔的"款待"；

- 儿童绝大多数时间都安静地坐在指定的、不能移动的课桌前独自学习；

- 大多数指导都是面向全体的；

- 儿童几乎没有机会来计划自己的活动或一日工作，一日学校生活被打碎成数个短小的时间块以进行不同的教学活动。

可以据此对课后看护机构中的限制性因素做出评论。看一看这些描述与你所在社区中的小学的匹配程度。

小结

学龄儿童非常渴望变得更有能力。他们需要的环境是：

- 让他们在与前运算阶段学习方式相匹配的学习任务上取得成功，帮助他们发展勤勉感；
- 允许他们制订计划和管理自己，在学习方面承担主动的角色；
- 提供精心挑选的材料用以探索、研究和创造；
- 允许他们与同伴互动并一起工作；
- 帮助他们培养对读写的兴趣和技能；
- 向儿童传递这样一种信息——他们在自己的学习中发挥着主导作用；
- 不管是常规的全日制学校还是课后机构，都必须认识到学龄儿童的发展需求。

思考

1. 快速回忆一下你所见过的一个或几个小学教室是什么样的。让你的同学说说他们在小学低年级时的物质环境是什么样的：朋友坐在哪里？教师的讲桌看起来是什么样的？时间是怎样安排的？对过渡环节有着什么样的记忆？为适应个体发展速度和个人学习风格，教室环境做出了哪些安排？在班级讨论过后，根据本章内容，列出你认为环境中适宜的及不太适宜的要素。

2. 有可能的话，参观你所在社区的小学教室（如果可以，两人一组进行参观，比较你们的观察记录）。画出并描述你所看到的环境。辨别环境中有利于形成勤勉感、促进早期读写能力发展以及增进师生关系的要素。

3. 如果你所在的社区有课后看护机构，了解这些机构以及它们的日程表。将你的调查结果与本章中所讨论的内容进行比较。

自测

1. 描述学龄儿童是什么样的以及他们都做些什么。
2. 指出物质环境必须对学龄儿童的哪些发展需求做出回应。
3. 讨论有利于培养儿童勤勉感的环境需要注意哪些事项。
4. 讨论环境中促进早期读写算能力和科学意识发展的要素。
5. 描述有利于增进同伴关系的环境需要注意哪些事项。
6. 指出一份适宜的日程表应包含哪些要素。
7. 讨论适宜性的课后看护机构应当考虑到哪些问题。
8. 指出不适合出现在发展适宜性小学教室中的环境要素。

应用：案例研究

1. 你是一名新入职某课后看护机构的教师，被要求设计一个日程表，这个日程表要能够满足本章中所描述的学龄儿童的所有需要。要同时说明设置所有活动的原因，以及这些活动将以什么样的方式提供给儿童。

2. 作为一位一年级教师，写下你将要发送给家长的教室环境和日程表的设计方案。需包括对一些可能会被问到的问题的解释，比如家长怀疑儿童是否有能力自己在教室中做出适宜的选择，你在满足个性化教学需求方面有什么样的计划。

第3部分 发展适宜性的社会性及情感环境

第 7 章　发展适宜性的社会性及情感环境：学前期

学习目标

学习本章之后，你应该能够：

7-1　识别学前期的社会性及情感问题；

7-2　识别发展适宜性的情感环境的 10 个要素；

7-3　讨论教师对儿童积极认同感形成的影响；

7-4　识别培养性别认同感的实践；

7-5　识别培养民族/文化认同感的实践；

7-6　描述教师促进儿童友谊的方法；

7-7　识别培养亲社会行为的方法；

7-8　论述促进学前儿童形成自控能力的 10 个指导技巧。

随着学前儿童逐渐从依恋和执拗的"桎梏"中解脱出来，他们开始对世界感兴趣。对许多儿童来说，这也意味着从家庭和父母的限制中解脱出来，他们开始花时间去和其他学前儿童以及成人交往。父母和教师对他们遵守社会准则和限制的能力也有了新的期待。

尽管新的社会环境为发展人际关系提供了机会，但这种人际关系的学习是复杂的，而且在学前阶段大部分有关人际关系的学习也仅仅是理解怎样适应更广的人际关系。学前儿童必须学习规则并发展控制能力。他们必须改进自己的行为，以便能够在游戏中被大家接受。学前儿童必须把周围的信息和教导融入自身的知识体系。

伴随着社会体验的增多和学习的拓展，学前儿童正在成功地处理他们的情感，学习什么样的情绪表达方式是可以接受的方式。这些学习都需要成人的指导。通过师幼互动和亲子互动，成人示范、解释并教授可替代的行为。

社会性及情感能力被视为儿童将来学业成功的必要基础。该领域的许多因素，例如独立性、责任感、自我调节和合作，都可以预测儿童入学情况以及他们在小学低年级的表现（Copple & Bredekamp，2009，p. 7）。社交技能也有助于以后生活的成功（Willis & Schiller，2011）。发展儿童的这些技能是教师"创立充满爱的学习共同体"这一角色的重要组成部分。

7-1   学前儿童的社会性及情感问题

随着儿童的成长，他们不再像婴儿和学步儿那样依恋父母（依恋是婴儿和学步儿社会性及情感发展的关键问题），而是开始步入一个新的阶段，从想要亲近生活中对其很重要的成年人，发展到开始想要成为像成人一样的人。在这个阶段，认同感在他们的社会性发展中扮演着重要的角色。通过认同感的发展，儿童试图去找寻、模仿、体会并成为他们社会环境中的重要人物。因此，在儿童早期的个性和社会性发展中，认同感是一个关键力量。有关认同感形成的理论各异，但是可能包括以下几个方面：观察和模仿，一般概念和认知发展，情感归属。尽管大的文化背景肯定会对特定认同因素具有普遍影响，但是大多数的认同过程还是因人而异的。

如性别或性别角色认同感的获得、文化或种族认同感的获得、对成人行为准则的内化以及自信心和自我效能感的发展等，都是儿童早期发展中的重要问题。发展适宜性的社会性及情感环境认识到了认同感对儿童个性和社会学习的重要性。

7-1a   性别认同

性别认同感包括两个方面：一是性别认同（sexual identity），由生理状况决定；二是性别角色行为（sex-role behavior），由社会文化决定。学前儿童积极寻求性别认同。通过提问和观察，他们在认识到自己是男孩或女孩后，试图去弄明白是什么让他们成了男孩或女孩。

儿童在试图理解成为女孩或男孩意味着什么时，会遇到许多问题。他们在学前期得到的支持，为他们之后性别认同的形成奠定了基础（Edwards & Derman-Sparks，2010，p. 91）。

学前儿童明显地形成了对性别角色行为的理解，这是由文化决定的。在学前阶段初期，男孩子和女孩子玩过家家游戏的方式大致是相同的，代表男女的衣着和行为是随意变化的，他/她们很少注意玩伴的性别。4 岁的时候，男孩子可能会不太乐意玩娃娃家。5 岁的时候，女孩子就已经能够冷静地扮演管家的角色，而男孩子会不时地扮演超级英雄或"坏人"的角色（Paley，1984）。四五岁的儿童会积极寻找与自己相似的朋友，并且会明显地（几乎但不一定都）排斥异性。有性别特性的游戏非常普遍，游戏中儿童全然不顾游戏脚本，完全以不同的方向发展游戏。同样是 4 岁的儿童，他们就已经开始明确地区分"男孩子的玩具"和"女孩子的玩具"。有关研究告诉了我们上述行为的发生，却不解释发生的原因。一些实验研究显示，父母的行为影响儿童的观念及行为发展。另外，在儿童与大量的文化信息做斗争时，社会准则往往无视儿童在家庭里和教室里的直接经验。此外，某些研究揭示了男孩和女孩在大脑与神经系统结构及运作中存在的

四五岁的儿童寻找和自己一样的朋友，几乎总是排斥异性

真实差异。

7-1b   文化和种族认同

除了个体认同，学前儿童还要认识到自己是家庭成员和大的文化背景中的一员。久而久之，儿童不仅通过他们的身体和社会环境来概念化他们在特定群体中的成员身份，还会向他们所在的群体表现出正在受社会规范和态度的影响。

研究表明，4 岁的儿童能意识到他们的种族/文化，而且能够吸收对自己和其他种族的态度。早期一些研究证明，非州裔美国儿童表达了对自己种族的消极认同情感（Clark & Clark，1939）。近来，更多的研究显示，儿童对自己和其他人的种族的态度取决于照料他们的成人的态度，取决于他们对自己种族群体较其他种族的权力和财富的差异的感知（Derman-Sparks & Phillips，1997）。在一个像我们这样的拥有多元文化的社会，儿童在环境中认识他们的身份。

美国幼儿教育协会关于发展适宜性实践的声明强调早期教育能够回应文化和语言的差异非常重要，其中尊重和接受儿童的文化背景被作为有效的早期教育的要求之一。很明显这是值得教师关注的社会性及情感问题。

发展适宜性实践的决策

困境： 你无意中听到班上孩子们使用负面的词来称呼另一个少数族裔孩子。尽管其他孩子没有听到他们说的，但你想采取行动。你会怎么做？

思考： 帮助孩子了解种族差异，而不是与他人相比感到优越或自卑，是帮助儿童获得积极的自我认同感的重要步骤。当孩子从他人那里吸收了关于种族的负面言论或态度时，应该加以讨论。

可能的解决方案：作为教师，重要的是与使用这些消极词汇的孩子一起提出这个问题，并发表评论，例如，我听到你背地里用"黑皮"这样不好的词。这些词会伤害别人的感受，所以我们不在班上使用它们。

然后，让儿童参与一些活动，探索皮肤、头发、眼睛的颜色等方面的差异。画自画像、做镜子游戏、制作描述差异的图表，以及阅读和讨论有关该主题的书，都是帮助儿童适应和接受差异的有益课堂活动。

此外，教师可能希望在公告板上对这些探索进行展示，并为家长提供指导，以便在家中进行有益的对话。

在一个多元化的社区中轻松地讨论尊重所有人的话题，符合所有人的最大利益。

7-1c　主动性

根据埃里克森的理论，主动性是学前阶段健康的自我意识的组成部分。儿童在学步儿时期已经形成了强烈的自我意识，现在的他们想要主动表现自己，如角色扮演、发现、创造、处理危机和与他人玩耍。随着儿童主动发起自己的活动，享受他们的成果并感受他们有目的行为的价值，他们逐渐变得自信。如果他们的主动性不被允许，那么他们就会因自己试图这样做而感到内疚——因为这在别人看来是错误的。毫无疑问，这和认同有着紧密的联系。儿童想要变得和他们生命中的重要成人一样，也希望让成人高兴。当他们感觉到家长和教师支持他们的想法和成就时，他们的主动性和认同感就都会得到强化。

游戏是儿童检验其主动性的途径。不幸的是，近来在幼儿园甚至更小年龄的教室里，游戏机会越来越有限了，其结果就是儿童主动性的发展可能会受到影响。

7-1d　友谊

我所说或所做的一切都没有引起莫莉对她同学的强烈兴趣。经过多年的教学，我必须承认我的声音并不是课堂上的主要声音。（Paley，1986，p. 107）。

可以通过了解儿童和同龄人在一起的时间的多少，来区分儿童年龄。"你是我的朋友吗"和"我和谁玩呢"的问题在 3、4 和 5 岁儿童中显得很突出。这个阶段的儿童似乎乐于定义"最要好的朋友"，自己专门挑选同伴，尽管友谊可能不会持续，而且彼此之间会有很多的摩擦。

已经有研究确定了受欢迎的儿童和被拒绝或忽视的儿童的不同行为模式。受欢迎的儿童受同伴喜欢，而且有很多朋友。一般来说，他们积极地参与社会性活动，并开始和同伴交往，在游戏活动中扮演领导角色（Trawick-Smith，1994），但几乎都不专横，攻击性不强。而被拒绝的儿童具有频繁且常常不可预测的攻击性。他们看起来好像不能理解同伴的感受。一些儿童选择独自玩耍，当其他人接近他们的时候，就表现出攻击倾向。被忽视的儿童常常被同伴和成人忽略，他们保持孤立，常常退缩，好像缺乏恰当回应的社会技巧。

然而，人们已经注意到，教师可以向儿童教授或示范有用的社会性技巧。友谊和学会发展友谊对儿童早期的社会性及情感发展很重要，应该加以支持。我们前文考察了把游戏作为发展适宜性课程的理由。通过游戏，儿童可以发展有关友谊和合作的技巧。

7-1e　亲社会行为和攻击性行为

学步儿时期特有的因自我意识的增强而逐渐增多的攻击性行为，是成人希望学前儿童开始学会控制的行为之一。新出现的语言能力让儿童得以学习用一些非身体攻击的方法来捍卫自己的权利。学前儿童可以在成人的帮助下，慢慢地从完全自我中心发展到能够意识到一些他人的需要、感受和权利。在这里，认同又一次和示范、直接教学及经验一起。积极的训练有助于促进儿童的亲社会行为，减少其攻击性。适宜的互动在培养学前儿童的这些新能力上是必不可少的。

儿童的情绪控制及恰当、建设性的情感表达与其攻击性和亲社会行为相关。成人认可儿童的情感并帮助他们学会表达是十分必要的。

当儿童意识到他人需要帮助时，就会表现出亲社会行为

7-1f　自我控制

自我管理能力发展缓慢，是儿童早期的一个社会性及情感问题。学前儿童增强的语言和理解能力使得他们可以理解成人教给他们的行为标准。有良心——"一种自我观察、自我引导和自我惩罚的内部声音"（Erikson，1968，p. 119）是对学龄前儿童适宜性引导的目标。有关积极引导和惩罚的讨论也是帮助儿童学会控制自己的社会性及情感问题的一部分。

面对这么多需要考虑的社会性及情感问题，教师意识到他们的课程内容应远远超出狭隘的技巧，比如学习色彩、数数或者怎样用剪刀剪东西。从人际关系和经验中生成适宜性课程对儿童来说是很重要的。学会如何适应身边的世界是 3 岁、4 岁和 5 岁儿童关注的重点。

7-2　发展适宜性的情感环境

一个健康的情感环境为培养儿童的情绪控制能力提供必要的安全保障、示范和教导。接下来将讨论可以鼓励学前儿童学习情绪情感的情感环境的十大要素。

要素 1，安全感。

教室环境借助可预测的常规活动给儿童提供了安全感。安全感的培养通过满足儿童表现出来的身体和情绪需要来实现。当教师支持儿童发展集体归属感，肯定儿童气质和能力的变化时，他们创设了安全的环境。当材料提供成功的机会，活动时不鼓励比较和竞争时，儿童也会感觉到安全。当教师和家长交流他们对彼此的尊重，分享有关儿童教育的观点以保证家园一致时，他们也为儿童带来了安全感。在充满安全感的情感环境中，儿童很放松地表露情绪，而且相信成人会帮助他们学会控制。

要素 2，温暖的人际关系。

一个回应性的、充满爱的环境会把建立积极的人际关系作为引导儿童相互关心的主要途径。温暖的人际关系有助于儿童的情绪情感健康。在发展认同感的过程中，与儿童建立个人关系是必要的第一步：儿童只是想成为他们喜欢的以及他们认为喜欢他们的成人一样的人。温暖的关系所带来的互动是教师进行良好社会性及情感引导的途径。积极的、关爱的人际关系也为儿童提供了社会交往的榜样。研究表明，一开始和教师建立良好关系的儿童在和其他人交往时，会表现出更多和谐交往方式。

孩子们在情感安全的环境中茁壮成长

当教师积极展现对他人的真正关心时，教室的氛围就是积极的，并且是建立在温暖的人际关系基础上的。儿童只有在温暖、积极的人际关系氛围下才能够学习。教师应意识到创设这样的教室氛围是他们的一项重要任务。他们不能因为忙于琐碎的日常工作或管理而不去一一回应儿童——在儿童哭的时候安慰他们，在儿童害怕时使他们安心。总的来说，就是提供情感支持。

要素 3，接纳。

当教师认识到并认可儿童的情绪反应是他们作为人的正常表现时，儿童对情绪情感的意识就是积极正面的。当教师讨论情绪情感，说出这些情绪情感的名称并将其具体化的时候，情绪情感就是被认可和尊重的。

可以在常规的课堂上讨论情绪情感。开展有关的活动，阅读相关图书，可以帮助儿童认识情绪有很多种，自己的情绪与他人有共同之处，由此传递出一种接纳感。应该把每一种情绪都视为正当的、重要的，而且是需要得到尊重的。不用别人告诉他感觉到还是没有感觉到（"不疼，只是划了一道""你不讨厌她，她是你的朋友"），也不用别人告诉他应该或是不应该感觉到（"你不应该妒忌她""你应该爱你的妹妹"）。唯一的限制是表达情绪的方法。教师应让儿童明白这种区分：首先表达对情绪的感知，而不是按照自己的想法来判断情绪的好或坏，抑或合理与否。儿童不会因为自己有某种情绪而感到羞愧或内疚。教师的态度传达了坚定的信息，即情绪作为个体不可分割的一部分，是真实的、可以接受的。

为了真诚地接受他人的情绪，教师必须检查他们自己对待情绪的态度。这常常意味着回想他们还是儿童时别人是如何对待他们的情绪的，因为此类事件通常有长期和持久的意义。不能接受他们自己一系列情绪反应的教师似乎也不能对儿童表达出接纳。

"你看起来很生气，因为你觉得我让卡洛斯玩的时间比让你玩的时间长。"

"你生气了，但我不会让你打我。你可以用语言来告诉我你多么生气。"

这些例子示范了更有成效的表达方法，不仅对情绪情感的表达设置了界限，还传达了教师对情绪情感冷静、公正的态度。

要素 4，积极倾听。

前面的例子说明了教师对儿童正在经历的事情的理解和反思。这种积极倾听技巧（Briggs，1975；Gordon，2000）能够帮助教师识别那些用语言表达的和（或）非语言表达的情绪，并且将教师的理解反馈给儿童个体。在识别

帮助儿童认识、接纳各种情绪

情绪情感的过程中，教师常常做出"有根据的猜测"，利用来自儿童个体的所有线索以及与他们已有的特殊经验有关的所有信息，判断是什么样的情绪使儿童变得敏感。教师通过试探性地重述儿童的情绪来确认儿童的情绪："在我看来你……""听上去你感到……"教师说出情绪可能恰好会使儿童意识到怎样提及这种情绪，或是意识到他们需要更正教师的错觉。"不，我觉得……"在任何一个案例中，我们都需要使用这种方法来讨论情绪，以语言的形式释放情绪并为解决问题提供可能的指引。

接下来的案例展示了如何帮助儿童意识到自己的情绪，懂得谈论情绪，并学会一步一步处理自己的情绪。

案例1： 教师发现塞布丽娜自从早上被奶奶送来以后，就一直无精打采地一个人玩着。她爷爷上周心脏病犯了，被送到医院治疗了。尽管医生很乐观，但家人还是很有压力。塞布丽娜和爷爷奶奶一起生活。

教师："塞布丽娜，你今天看起来很伤心。你想说一说吗？"塞布丽娜："嗯，我想去看我爷爷。"教师："看来你是在想他。"

塞布丽娜："嗯，他们不让小孩子进医院。"

教师："你真的很想去看他——当你知道他生病了还不能去看他，有点害怕。"塞布丽娜："我奶奶昨天晚上哭了。"

教师："我猜，那让你很难过？或者也很担心？"

塞布丽娜（叹了一口气，但是有点放松了）："是的。"

教师："当我们爱的人生病或离开我们的时候，我们确实很担心。我在想，有没有什么东西可以使你感到开心一点？给你的爷爷写个便条怎么样？那样他就知道你就在身边，只是不能去看他。找一找特别的图片会不会让奶奶不那么伤心？"

塞布丽娜："是啊。你能帮我写这些话吗？"

知道某个人理解和接受我们的感受会让我们感到巨大的欣慰，释放这样的情绪并感觉到自己能掌控它们会有助于情绪健康。

设想一下，如果教师用忽视情绪的方式处理这样的情形，会有怎样的反效果。

教师："塞布丽娜，现在你应该干点什么了，去找点事情做吧。"

另一种常见的反应是否认儿童的情绪，这样的教师没有认识到帮助学前儿童学会表达情绪的重要性。

教师："你奶奶说你爷爷会好的，而且她真的不想看见你愁眉苦脸地在她身边转悠。"

这种反应不会让塞布丽娜意识到自身情绪的重要性或有效性。

案例 2：教师看见操场上杰西和塞思在打架，然后杰西坐到了地上，她走过去后发现杰西在哭。

教师："杰西，看到你这么伤心我很难过。"

（杰西什么都没说，继续哭着）

教师："在我看来你是在琢磨怎么和塞思玩。"

杰西（生气地）："我不想和那样的大笨蛋玩。他不是我的朋友。"

教师："哦，我弄错了。你看起来非常生他的气。"

杰西："我很生气。他说我再也不能跟他一块骑三轮车。"

教师："那伤你的心了？"

杰西："不，这不公平，当警察是我的主意，现在他和肯尼是警察。"

教师："你生气是因为这个主意是你先想到的吗？"

杰西："是的。"

教师："好吧，有没有什么办法能让你把你的看法告诉塞思？说不定你们两个可以一起商量出一个办法呢。"

杰西去找塞思了。和教师的谈话帮助他梳理了自己的体验，这样去找塞思时也就更有控制，更有重点了。

不会使用积极倾听技巧的教师可能会就事论事，而不会关注情绪情感。

教师："好吧，在他们停止犯傻之前，你可以和其他人玩。"

还有教师会禁不住给予训诫，又一次忽视问题的核心是情绪情感。

教师："教室里的每个人都是朋友，你们应该学会友好相处。"

教师的积极倾听可以帮助儿童表达情绪，让儿童更多了解自己的情绪以及怎样向别人表达自己。无条件地接受情绪是积极倾听的一部分。

要素 5，对表达方式的限制。

教师强调儿童有情绪是自己的权利，但也强调对儿童的情绪表达方式设定限制。之前讨论过指导原则：在表达情绪的时候，儿童不可以伤害自己或是他人，不可以破坏财物，也不可以侵犯其他人的权利。这就意味着，儿童在生气时不可以扔玩具，在受挫时不可以带有敌意地攻击他人，也不可以因为受伤而尖叫。教师要坚持这些原则，并不断解释原因。让儿童感觉教师不能帮助他们控制冲动，不是好事。

"你很生戴维的气，但我不会让你打他的。你再生气，也必须通过其他的方式而不是拳头来让他知道这些。挨打会很疼。"

要素 6，提供发泄途径。

教师意识到强烈的情绪需要释放，只把情绪诉诸语言可能不足以使儿童完全放松，需要为儿童提供能够达到情绪释放和镇静效果的发泄途径。他们细心地向儿童解释怎样和为什么要使用发泄途径，以便儿童内化这些观念，促进儿童自我控制能力发展。这样做的目的就是帮助儿童学会处理方法并疏导他们的情绪。情感健康的教室里有发泄用的材料。这些材料可能包括用以揉捏的土或橡皮泥，用来打的枕头或吊袋，用来撕的纸，用来踢的球和专供叫喊和跑步的地方。一些儿童会受益于安静的场所：一个用来依靠的软枕头，一盆用来玩的水，甚至是一个膝盖。

"你可以过来砸一砸橡皮泥，发泄一下你的怒气。当你觉得平静些后，我们可以讨论一下你和戴维的问题。"

"玩玩水可能会让你不那么伤心。"

要素 7，示范。

教师知道榜样将会帮助儿童学习到很多有关情感的知识，比如接受自己的情感，视情感为自己不可分割的一部分，用语言表达情绪情感并学会自控。教师对自己的情感很诚实，并且不会尝试向儿童隐藏。教师很少成功地掩饰情绪情感，而且那样会让儿童感到困扰，比如教师说今天会很有趣，但事实上根本就不是！

许多教师错误地认为他们在课堂上的情绪应该超脱，但是这剥夺了儿童体验成为充分发展的人和回应别人情绪的重要机会。此外，一个在充满压力的一天中努力控制情绪的教师有点像一座焖烧的火山，一触即发，而且没有人准确知道什么时候会或是怎样发作。这对于儿童来说不是一个安全的地方！尽管应该允许教师在教室中表达自己的情绪，但是积极的教师示范是必需的，教师不应该做出破坏性的行为。没有比看到教师没有控制地发脾气更使人惊恐的了。下边是一些积极示范。

"我今天很伤心，因为咱们班有小朋友把小班弟弟妹妹在地上搭建的沙子城堡给毁了。"黛安对她班上的一群 4 岁孩子说，"我现在不太想和你们玩。我想在这里坐上一会儿，你们可以决定做些什么来帮助他们。"

"我现在感到生气，因为这么多的孩子跑过来告状。我要去洗刷子，或许之后我会愿意和你们谈谈。"

这样的表达让儿童理解了他们的行为是怎样影响其他人的情绪的。

要素 8，提供表达用的材料。

健康的情感环境能够认识到儿童是通过游戏来表达和处理情感压力的。提供对儿童有意义的材料来鼓励他们在游戏中释放情绪。玩具娃娃和其他角落里的玩具可能鼓励儿童去戏剧化地表现他们的情绪。

敏感的教师会基于他们所知道的儿童当下的情形提供专门的玩具。一位教师了解到班上有几个儿童家里新添了弟弟妹妹，于是新增了很多婴儿用品，如婴儿尿片、奶瓶和奶嘴等。一个年轻"母亲"对"该死的又在哭的宝宝"

发脾气，有助于儿童表达她对家里新生婴儿的复杂情感。另一位教师意识到某个儿童因为家长换工作搬家而颇感压力，就增添箱子和盒子等材料让儿童处理搬家的恐惧。各种艺术手段可以帮助儿童通过创造性的表现来表达情感。支持儿童有意义的游戏是一种很好的帮助学前儿童处理情绪情感的方式。

多样性考虑

表 达 情 绪

良好的早期教育实践期望教师和家长接受儿童的所有感受，并教儿童以适当的方式表达感受。许多文化，尤其是亚洲文化的期望是不同的。如一位研究跨文化差异的专家说，维持社会关系、尊重长辈感情和权威很重要，每个人不仅要抑制愤怒，还要准备好对个人感受保持完全诚实，以免伤害他人。对于教师来说，重要的是要认识到，基于特定文化取向的情绪表达可能不会令其他人舒服。这是有待与家长一起探索的重要领域。

要素 9，认识情感。

学前儿童需要了解一些和情绪相关的概念。教师设计一些能激发常见情绪反应的活动、情境和行为，然后进行讨论。

不管是有计划的小组活动还是非正式的讨论，都会让儿童获取他们在情绪控制和情绪表达方面需要的更多知识。直接的指导可以帮助儿童学习以下社交和情感技能：

- 识别自己和他人的感受；
- 控制愤怒和冲动；
- 解决问题；
- 表扬他人；
- 了解道歉的方式和时间；
- 表达对他人感受的同理心；

- 认识到愤怒会干扰问题的解决；
- 学习如何识别自己和他人的愤怒；
- 了解表达愤怒的适宜方式；
- 学习如何冷静下来；
- 遵守规则、惯例和指令；
- 向同伴推荐游戏主题和活动；
- 分享玩具和其他材料；
- 轮流；
- 帮助成人和同伴。（Fox & Lentini，2006）

支持儿童社会性及情感发展的教学策略有多种。

- 教师示范：教师展示技能并解释自己在做什么。
- 用木偶示范：让木偶在与儿童、成人或其他木偶互动时，示范特定技能。
- 同伴示范：更有技能的儿童可以帮助展示技能。
- 歌曲和手指游戏：通过活动介绍新技能。
- 使用绒布板：绒布板故事可以用来介绍新技能。
- 玩游戏：游戏中可以学习解决问题、识别他人感受、交友技巧等。
- 讨论儿童文学：书可以介绍感情、友谊等概念。
- 在体验中教学：引导儿童在与他人互动中应用所学技能。
- 给予正向强化：当儿童应用技能时，反馈很重要。

要素 10，学习表达情绪情感的词汇。

儿童不仅需要教师接纳他们的情绪并对他们的情绪表达予以支持，他们还需要教师指导他们怎样去向他人表达自己。有的教师常在教室里对儿童说"说出来！"，尽管教师的用意是值得肯定的，但是对儿童来说，运用语言并不是这么简单的事情，除非教师已经帮助他们学会了什么样的语言是有效的。教师应先让儿童描述他们的感觉，然后根据儿童的认知和语言技能发展水平，建议儿童使用某些表述。

在儿童已经有了一些经验后，教师可以鼓励儿童去组织语言。

"当莎拉那样骂你的时候，你是什么感觉？你可以告诉她，'莎拉，我不喜欢你骂我'。她不知道你是怎样想的。"

"你觉得莎拉很烦。你怎样让她知道呢?"

学习用语言来表达情绪是一个循序渐进的过程。教师需要不断鼓励和提醒儿童,并加以强化。

"我觉得你告诉戴维'该轮到你了'说得很好。"

帮助学前儿童学会控制和表达情绪是教师的一项非常重要的任务。这个任务融合在每一天的活动和每一次的冲突中。

建议

情 绪 控 制

支持健康情绪发展的教学实践包括:

- 接受和认可儿童的感受,而不是忽视、嘲笑、羞辱他们,转移他们的注意力或告诉他们"振作起来";
- 耐心对待情绪失控的儿童;
- 不强迫儿童表达他们的感受,例如让他们非常不情愿地说"对不起"。

7-3 发展自我认同感

集体教育机构中最不适宜的方面之一,就是在对待儿童时倾向于只把他们视为集体中的一员,只关注集体认同感("我们的朋友")、集体的活动("你应该过来和大家一起做这些事情")和集体的行为标准("我们的规则")。尽管教师确实做了一些工作去帮助儿童建立集体意识,但是,发展适宜性还应该包括发展每个儿童的独特个性,满足个体需要,向儿童传达教师对他们独特性的接纳。

在这一部分,我们将讨论培养儿童自我认同感的问题,重点关注培养积极的性别认同感和种族/文化认同感。

7-3a　对教师的启示

教师的如下行为可以培养儿童积极的个体认同感。

● 用言语或行为表现对儿童的喜爱和真诚的兴趣。教师在儿童来的时候——表达问候，并帮助他们参与自己感兴趣的活动。教师每天说的话表明他们知道每个儿童都做了什么，在乎什么。

"多米尼克，看起来你今天准备好玩游戏了。我们又把橡皮泥拿出来了，我记得你上周特别喜欢这个。"

"瓦尔多，你很用心地在拼拼图。我发现你很喜欢复杂拼图。"

● 每天花时间和每个儿童进行个别谈话。日常活动时间，比如洗澡时、穿衣服时、去操场路上、等待集合时，都可以成为教师与儿童对话的机会。因为教师一整天都在儿童自选的活动中"穿梭"，他们可以很自然地发起谈话。他们很留心地听每个儿童说的话，并且显得很谦虚。

"拉普莎，跟我说说你去看望爷爷奶奶的事情。听起来好像你玩得很开心。"

"丽吉，我很喜欢看你爬栅栏的样子。你小的时候还不会这样玩。你记得你是怎么学会的吗？"

● 创设一种鼓励和重视个性的教室氛围。教师唤起儿童对他人成就的关注，这并不是要培养竞争精神，而是让儿童知道教师重视他们每个人的能力。教师赏识每个儿童的不同及优势。为儿童讲述过去成功的案例是帮助儿童建立自信的一个方法。这种对个体优势和成就的尊重对所有儿童来说都很重要，尤其对那些需要感受到真正的接纳和胜任感的残疾儿童。在"反偏见的教室"里，正常儿童在教师的帮助下和那些有特殊需要的儿童自如交往，这是因为特殊需要儿童真正的才艺得到了认可。

"杰士敏，看，安娜有一个使用漏斗的好主意。安娜喜欢找到属于她自己的做事方式。"

"杰里米，克里斯多佛喜欢用图片做飞机，你注意到了吗？我总是能一眼看出克里斯多佛做的飞机。"（克里斯多佛坐着轮椅）

"我正在把我们都会的事情做成表挂到墙上去。你愿意帮我一下吗？我已经知道苏珊娜会自己系鞋带，詹森跑得很快。哦，你说得对，克里斯多佛确实走得很快！莉亚的记忆力怎么样呢？上一周我们写去农场的旅行故事时，她写得挺好的。"（莉亚是听力障碍儿童）

- 敏锐地回应儿童的个性特征。支持和鼓励儿童根据自己的风格选择特定活动、人群。尝试了解每个儿童的特征，不认为个性是对教师计划的干扰，或是证明儿童问题或缺陷的证据。

"萨莉愿意看你们唱歌，不愿自己唱。萨莉，看他们唱的时候你愿意和我坐在一起吗？"

"恩里科发现在午睡时间很难靠读书来放松，所以我让他把自己最喜欢的小汽车放在小床上。"

正如克莱门斯所说的，好的教学意味着在人们需要例外的时候，就轻松地给他们一个例外（Clemens，1983，p. 25）。有的教师过去常常用的一句与之相反的、具有杀伤性的话是："如果我为你这样做了，我不得不为所有人这样做。"这是不正确和不公平的。

- 尊重每个家长的风格和需要，并将家长作为了解每个儿童个体特征的主要信息来源。

"杰里米的妈妈是个单亲妈妈。她有 3 个孩子，所以我意识到她不会有太多时间留在班里。我时不时打电话给她，让她知道我们做了些什么，也让她有机会告诉我杰里米在家里做得怎么样。"

"罗莎的妈妈告诉我罗莎在家里提到的一些事情和人，这样我就能让罗莎更多地参与集体活动了。然后，我可以给她安排一些看起来她很喜欢的活动。"

- 为儿童提供机会、材料，鼓励他们加入很有意义、自己也很感兴趣的活动中。当儿童有了积极、成功的游戏经历后，他们会继续主动游戏。选择以儿童为中心的课程有助于发展儿童积极的自我认同感。

"嗨，看我做了什么。"维克多一边展示他小心翼翼搭建起来的平衡箱，一边大声地说道。

"我认为你可以去走那个平衡木！"老师笑着说道。杰里米咧着嘴笑着，赞同道："的确相当困难，但是我可以做到。"

● 不断地将关于个体认同感的概念具体化到学习活动和谈话中。有教师设计了以"我就是我，独特的我"为主题的一周活动。与一般教室里一年一次匆匆忙忙地走过场不同，在发展适宜性教室里，教师设计对儿童有意义的课程，并且经常帮助儿童结合自己的经验来理解这些课程。

"这里有一个敞篷货车，跟丹尼爸爸开的那辆一样。"教师带他们在街上散步的时候说。

"在很久以前，那时候你还像拉普莎的小妹妹那么小，你饿的时候你妈妈会给你奶瓶，就像那样。你妈妈把你照顾得很好。"阿让多拉对来访的孩子很好奇。

建议

培养积极的认同感

教师的下列行为会对发展儿童积极的情感认同有帮助：

● 不让自己忙得没有时间去了解儿童；

● 不用儿童的名字代替指令，比如不要说"托尼"，而是说"不""不要""住手"；

● 与儿童谈话时有眼神交流或肢体接触；

● 关注儿童说的话；

● 每天创造机会与儿童一对一交谈；

● 创造促进合作、认可儿童能力和兴趣的氛围；

● 尊重家长并与家长沟通，把与家长的沟通作为了解儿童个性的必要信息渠道；

● 为儿童提供提出想法、做出选择并与自己的生活建立联系的机会。

7-3b　性别认同

在发展适宜性教室，教师知道形成健康的性别认同感是学前儿童的一项发展任务。他们帮助儿童清晰回答生物学上的问题，鼓励两性儿童平等参与活动。

- 儿童有权利对他们身体产生好奇，并在描述那种好奇时得到简单、真实的回应。在需要的时候，教师寻找有助于以适合儿童认知能力的方法回答学前儿童问题的资源。

"罗伯特上卫生间的时候是站着的，因为他是男孩子。男孩和女孩身体结构天生就不同。对女孩来说，坐在马桶上会更方便。"

"有些女孩子喜欢穿长裤，但是穿长裤不会让你成为一个男孩子。男孩子和女孩子的差别不在于穿什么，而在于身体结构的差异。男孩子有小鸡鸡，女孩子没有。"

- 提供可以挑战狭隘的、刻板的性别观的经验。利用社区中的家长和其他人来帮助儿童理解男女都可以有多种选择。对儿童来说，看到男女双方互相尊重是很重要的。

"罗伯特的爸爸今天要来看我们。他在医院里做护士。"

"是，就是那样。杰德，去参观消防站的时候我们确实看到两个女消防员。消防员可以是男的，也可以是女的，都必须强壮并且训练有素。"

- 重新设计游戏环境，鼓励选择跨性别的游戏。研究发现，男孩和女孩在活动水平和游戏选择上有些差异：男孩显得比较活跃，而女孩显得比较安静；男孩对室外游戏的兴趣比女孩更强，并喜欢选择比较冒险的活动。男孩女孩在选择戏剧游戏主题时的不同是，女孩一般选择家和家庭的主题，男孩则喜欢扮演冒险和超级英雄的角色。所有这些游戏都是有益的。教师可以扩展表演游戏的区域，把别的区域里意味着男性参与的道具也搬进来，如木工工具、园艺工具、安全帽、理发工具等（Gurian & Ballew, 2003），或通过在积木区增加玩具屋和做家务的工具，整合两性游戏。

- 通过艺术作品或照片来扩展儿童的认识，让他们知道哪些工作是男性和女性、年轻人和老年人、残疾人和非残疾人能做的，如坐在轮椅上的劳动者、砌砖的女子、修电话线的女子、做晚饭的男子和抱孩子的男子。不加评论的图片展示可能会有助于儿童思考。

- 检查教室中图书的画面和语言，以确保工作和家庭角色扮演的多样化。比如，展示从事非传统工作的女性，从事家务劳动的男性把符合性别观念的玩具给儿童玩耍。用那些能打开儿童思维和视野的图书代替带有性别刻板印象的书。

- 让儿童参与新的活动。德曼–斯帕克斯（Derman-Sparks）和爱德华兹（Edwards）建议教师考虑偶尔发起一些活动，来抵消儿童可能只是基于性别认识来选择游戏所带来的局限性。创设"人人都玩积木日"或"壁画日"可能会鼓励儿童进行新的选择，直到他们能够自如地自发选择游戏。男孩尤其不愿意去选择他们认为是女孩玩的游戏，女孩则比较容易对"男孩玩具"感兴趣。这或许能为在美工中使用特殊的活动或材料提供理论依据，比如男孩可能会对利用汽车来设计画面感兴趣。

"我们需要一些人帮忙准备做汤的蔬菜。你愿意帮助我们吗，佩德罗？"

"我在想你是否愿意开车带宝宝去看医生，雷切尔？雅各布可以在你开车的时候抱着她。"

- 鼓励所有家庭成员参与班级活动，不要只限于邀请母亲（Epstein，2009）。

多样性考虑

性别认同感

性别认同、性别角色和性别探索等问题因文化而异。教师会遇到很多对于儿童在游戏中探索这个话题感到不舒服或强烈反对的家长。许多教师也可能对这些想法感到不自在。了解他人的观点并努力找出应对差异的办法，与家长不断沟通。

- 和家长交流教育活动及目标，以支持儿童形成健康的性别认同。教师需要认识到教育的、种族的和文化的背景会影响家长对非传统性别角色的感觉，或他们对儿童的回应。家园之间可能会存在冲突。教师在与家长进行交流时，表达自己对不同观点的尊重是至关重要的。

教师与家长对儿童角色扮演和性别认同玩具的接受程度可能不同

• 积极挑战儿童的性别刻板行为或言论，一发现性别偏见就进行干预。即使在反性别歧视的教室和家庭环境中，儿童常常顽固地保持着他们从大的文化背景中吸收的刻板印象，敦促儿童去对比他们的自身经验和理念可能会使他们最终改变自己的想法。

"但你们还记得罗伯特的爸爸来过咱们班吗？男的也可以和女的一样做护士。"

"我记得你和我说过早上是你爸爸为你做的早餐，所以你也可以为婴儿做饭，不是只有妈妈才做饭。"

• 关注个体对与性别无关的活动的感觉、言论和态度。

建议

促进健康的性别认同

为了促进健康的性别认同，教师应该：

• 对男孩和女孩一视同仁；

• 不让自己的评论或期望来强化儿童性别刻板印象；

• 接受儿童对男女生物学差异的好奇。

7-3c　文化和种族认同

教师创造尊重差异的环境，可以促进所有儿童对种族和文化的认同。很重要的一点是，教师要意识到曾经对他们自身发展产生影响的偏见以及把偏见传递给儿童的方式。

反偏见教育的目标是培养所有儿童的自信心、自豪感和社会认同感，表达对人类多样性的理解，承认不公平并了解不公平会带来伤害，展示反对偏见的技能。在日常互动中，教师会留心融入有关文化多样性的想法，因此，他们会检查所有材料和经验，以确保传达尊重所有人的态度。教师意识到课堂环境中包含或排除的内容清楚地说明了幼儿园和教师所重视的内容。教师可以在教室里做以下事情。

• 检查所有的图片和书本，以确定没有对种族、性别、年龄、等级、家庭结构和生活风格的偏见，真实描述每个教室、群体的多样性。这种多样性是很重要的，不管教室里的群体主要是同质的或是异质的（Hall，2008）。

学习环境中随处可见的母语元素对双语儿童非常有利

• 看书、看书、看书。有很多好书可以帮助儿童欣赏世界的多样性。
• 提供能让每个儿童认同并体现每个家庭文化的玩具、材料和活动。

美工材料、操作材料、音乐、玩具娃娃和表演游戏以及集体活动应该经常肯定多样性。教师必须变成一个多元论者，使教室的每一方面都渗透文化和种族的多样性。教室应变成儿童正在并将继续生活其中的多元化社会的缩影，不断强调人们的相同点多于不同点。教师借助当前而非历史上的人。学前儿童教育的目标不是教授历史，而是教会他们反对种族歧视。积极创设反偏见环境的教师就是在帮助所有种族和文化背景的儿童形成健康的个性和态度。

- 让所有的家长前来参观并参与活动，给他们机会分享家庭的故事、歌曲、绘画和传统。这能够帮助家长感受到教师对他们的尊重和对他们孩子所继承的传统的关注，他们的参与和分享也为所有儿童理解和欣赏差异提供了支持。

- 支持儿童在游戏活动的背景下学习英语，同时，与家长一起支持和维护儿童的家庭语言。应该让家长认识到，保持家庭语言对于儿童的认同感、家庭信仰和价值观、与家长的自然关系很有帮助，这也是学习两种语言的价值。不会说儿童家庭语言的教师可以通过书、音频、家长公告栏、访问者或不时将说同种家庭语言的儿童分在一组，努力"在整个学习环境中提供家庭语言的可视符号"（NAEYC，1996b，p. 11）。

对每个儿童家庭文化和语言的敏感，符合美国幼儿教育协会确定的帮助所有儿童感到被班集体接纳的适宜性要求（"孩子们听到并看到他们的家庭语言和文化体现在课堂的日常互动和活动中"）（Copple & Bredekamp，2009，p. 17）。不适宜的活动忽视文化等方面的差异，拒绝接纳那些感觉自己不是集体一分子的儿童。不适宜的活动包括所谓的"旅行式课程"，比如举行"中国周"，儿童在这一周里制作龙的面具并用筷子吃饭等。不适宜的活动包括强调文化之间的奇怪差异，将分离感放大，而非帮助儿童欣赏共性和差异。

从种族主义和性别主义视角分析儿童图书的 10 种简易方法：

1. 查看插图，发现刻板印象；
2. 检查故事线，注意其中的成功标准、问题解决方法以及女性的角色；
3. 看看生活方式，看看白人中产阶级是不是唯一的常态；

4. 考察人与人之间的关系，看看白人角色是否占据了所有的领导角色，家庭关系如何；

5. 注意哪些人是英雄；

6. 思考图书对儿童自我概念的影响；

7. 考察作者或插画家的背景；

8. 思考作者的观点；

9. 注意查看所用词汇；

10. 看看版权保护期。

反思

你和异国他乡的人合作的经历

回忆一次你与异国他乡的人合作的经历。你会怎么描述这次经历？例如，你是否感到沮丧、焦虑、烦恼？这些情绪会如何影响你与他人工作？

- 知道如何委婉地反对那些会导致偏见的想法，避免儿童对新的或不熟悉的事物产生不适或偏见。当教师意识到儿童的文化认同感逐渐增强时，可把非语言探索也考虑进来。教师做出适合儿童发展水平的解释，进行快速干预，不忽视问题，也不忽视歧视性行为。安慰和支持处于问题中的儿童，让儿童相信自己的独特性和价值。

3 岁的克洛伊若有所思地擦着自己棕色的皮肤，然后摸了摸老师的粉色皮肤，老师马上说："克洛伊，你有跟你妈妈一样漂亮的棕色皮肤。我的皮肤是粉色的，因为我妈妈的皮肤也是粉色的。"

老师无意中听到一个孩子对另一个孩子说"爷爷说不应该跟黑人玩"，她告诉这个孩子："不跟黑人玩是完全没道理的，即使有些人这么想。"老师强调说，应该认识到排斥会伤害别人。

教师对帮助儿童摆脱对周围多样性的不适感的机会很敏感

建议

支持健康的文化/种族/语言认同

教师可以带头支持文化/种族/语言认同:

- 对种族/文化背景或家庭结构不同于自己的儿童和家长反应适宜;
- 反对并且帮助儿童反对教室里带偏见的言论或行为;
- 提供尊重多样性、非刻板的材料;
- 避免使用"旅行式课程",视其他文化为"异国情调",实际上是在强调差异;
- 珍视儿童的文化和语言背景以及其他个体差异,而不是将它们视为"需要弥补的缺陷"。

7-4   友谊

学前儿童已经开始探索发展友谊。他们通过语言("我要成为你的朋友""你是我的朋友吗")和行动,尝试着运用社交技能来发展友情。一些儿童因为性格及生活经历似乎比其他儿童更容易得到友谊。然而,如果教师帮助儿童寻找有效的方法与同龄人进行沟通,那所有儿童都可以受益。教师可以通过以下方式促进儿童发展友谊。

● 为面对面交流提供空间、时间，发展儿童的社会理解力，如玩水区、橡皮泥区、表演游戏区或者积木区的活动对社会交往能力有促进作用。结构松散而又连续的时间是交谈的必要条件。

● 提供促进社交游戏的材料，例如戏剧道具和装扮服装，或用于合作项目的艺术材料（Ostrosky & Meadan，2010）。

● 时不时地让儿童两两开展一项共同活动，特别关注害羞或被忽视的儿童。

"阿尔佩托，请选一个朋友帮你一起打扫积木区好吗？"

"詹尼弗、杰士敏，今天早上该洗洗我们的小布娃娃了。你们每人拿一块毛巾，开始洗吧。"

小组活动促进了对发展友谊来说很重要的互动

● 通过询问儿童想玩什么、想跟谁玩，帮助儿童明确自身需求。学前儿童会过度关注自身需求，以至于他们会错误地认为别人的需求与自己相同。

"今天早上你想去杂货店玩吗？或者你想跟阿尔佩托一块玩吗？他今天早上在积木区。"

> **建议**
>
> ### 支持早期的友谊
>
> 想要促进儿童友谊的教师应该:
>
> - 帮助儿童学习分辨友善的行为;
> - 接受儿童对玩伴的真实喜好;
> - 设计鼓励儿童一起参与或分享玩具的活动;
> - 在管理社交场景前要三思而后行,以让儿童能直接获得管理同龄人互动的经验。

- 帮助儿童发展有效技能以参加游戏。儿童有时会只关注自己在游戏中的需求("我可以玩吗"),或者采用一些奇怪的、很难被别的儿童理解的方式(推倒积木来表达"我也想玩"),从而使自己与别人关系更为疏远。教师可以示范能够吸引其他儿童注意力的语言。

"如果你想跟詹尼弗一块玩,走过去说:'詹尼弗,你想玩积木吗?我们给布娃娃做张床吧!'"

"你可以问问埃里卡是否愿意跟你一块去商店。"

- 帮助儿童练习有效的沟通技能,如叫名字,与他人直接交谈,保持目光接触。教师可以通过亲身示范及专门指导来强化这些技能。

"萨姆,我想杰里米还不知道你是在跟他说话呢。跟他说话的时候要看着他,叫他的名字。"

"看起来南希没听到你说'想加入',再说一遍,大点儿声。"

- 给儿童提供信息,帮助儿童识别他人的示好(Kostelnik, et al., 2011)。学前儿童一般较难理解他人的意图。

"杰里米,我听说萨姆叫你跟他一块玩,这样就有两个驾驶员了。"

"埃里卡,我觉得詹尼弗好像想跟你一块去商店。如果两个人一起拿的话,你就可以多买点东西了。"

- 帮助儿童理解其行为是如何影响他人的反应的。一些儿童看不到自身行为与他人情绪或反应的联系。教师可以帮助他们理解这种联系并修正自身行为，得到想要的回应。

"你推倒别人的积木会让人生气的，所以他们不让你一起玩。如果你想跟他们一块玩积木，你可以问问他们有什么你可以帮忙的。"

"杰士敏真的很喜欢跟你一块洗布娃娃。你给了她这个机会，这非常好。"

- 在情感上支持欠缺技能的儿童的同时，应为他们示范介入游戏的技能，以帮助他们学习加入游戏的方法。教师在帮助儿童成为游戏参与者的时候，还可建议一个角色，并示范如何扮演这个角色。

"凯瑟琳和我要买票乘你的车，票多少钱？我们坐哪儿？"

"他们好像在做饭，我们过去看看，然后你问问米歇尔饭好了没有。"

- 认识到学前儿童的友谊可能会很短暂，在儿童因此感到受挫、生气或想暂时退出社会交往时给予支持。

"当杰里米说不想跟你做朋友的时候，你很不高兴，也许他以后会意识到自己错了。"

"我想詹尼弗更想自己玩一会儿，你可以待会儿再叫她。"

- 与儿童探讨友谊和社会交往技能。教师可以通过图书、图片或玩偶来演示相关技能。

你最早的友谊

　　你还记得你最早的一段友谊吗？谁是你儿时的亲密朋友？你们一起做了什么？你还记得你们的争吵吗？你曾经因为对方说你不能和他玩或者他不是你的朋友而烦恼吗？这些经历如何能帮助你支持儿童的友谊？

课堂管理

许多教师寻求课堂管理方面的帮助，这似乎暗示着教师可以学习控制儿童行为。通常，学校课堂管理系统包括几个由教师控制的针对儿童不当行为的渐进式行动步骤，例如先警告儿童，然后再警告家长。事实上，关于发展适宜性实践的立场声明并没有具体提及狭隘的课堂管理概念，而是为教师定义了更广泛的目标，以培养儿童责任感和自我调节能力。教师创建一个"有爱的学习者社区"，其中的每个成员都受到重视和尊重。当儿童受到重视和尊重时，他们学会尊重他人——由己及人。对关系和沟通的关注为儿童的学习创造了积极的环境。

营造课堂氛围——课堂的外在形式和感觉——有助于预防问题。空间安排、秩序感、计划、准备、过渡以及为下一个活动做好准备——所有这些结构的背后理念都有助于打造一个可预测的学习环境，让儿童在其中感到舒适。教师营造一种让所有人放松的氛围，并与家长沟通，为每个儿童制订个性化计划。

教师要为儿童的行为设定明确合理的限制，让儿童参与制定行为规则。当有既定的规则和惯例时，儿童就知道该做什么以及如何去做。教师不断监控、预测、预防和纠正潜在的破坏性行为，积极强化可取的行为。权威型教师冷静而娴熟地让儿童参与课堂活动，通过引导式参与（Petty，2009）来培养他们解决社会性问题的技能。

教师通过减少对行为的管理，更多地关注促进儿童自我调节能力，发展与儿童、与家长以及儿童之间一致、积极、关爱的关系。

7-5　教授亲社会行为

教师会意识到儿童已经为亲社会行为的学习做好了准备。亲社会行为包括助人、给予、合作、同情、安慰、分享以及在群体环境中展示友好、宽厚的行为，这些是反社会行为、攻击行为的对立面。大多数亲社会行为是在学龄期确立的，但应意识到学前期是学习和教授亲社会行为的大好机会。教师可以通过以下方法培养儿童的亲社会行为。

方法 1，提供材料。

有些材料鼓励儿童一起玩耍、合作，有益于为学前儿童提供相互分享及支持的机会。四轮车、双座车、棋、墙上涂鸦艺术等都要求儿童合作。可以引入计时员来帮助儿童轮流玩。一些教师发现，在没有足够玩具的情况下，儿童更加需要或倾向于分享玩具。

方法 2，提供活动。

当教师安排需要两两合作的活动时，如创编动作、模仿游戏等，鼓励儿童相互支持。策划集体活动，如编写集体故事或制作卡片，送给班上某一儿童生病的姐姐，让儿童有机会体验轮流和合作的积极效果。两人一组会鼓励互相合作。

"罗萨里奥，你和卢瑟今天当我们的一号和二号击球手吧。"

"我们要做卡片送给丹妮拉，告诉她我们祝她早日康复。"

方法 3，鼓励求助和助人。

每个群体里的儿童都会有不同的能力和独特的优势。鼓励儿童向对方寻求帮助。

"托马斯现在系鞋带系得非常好，你可以叫他帮你系鞋带。"

"我们班新来了一个孩子，他需要朋友，你应该对他友好些。"

方法 4，思考亲社会行为。

教师积极指导儿童去了解他人的需要和感情。这样的指导对尚处于自我中心阶段的学前儿童是必要的，因为他们在识别他人的意图方面需要帮助。

"达利斯看起来很不高兴，因为还得等很长时间才能轮到他，我们能做点什么让他好受点呢?"

"安娜玩滑梯的时候受过伤,她现在不喜欢玩滑梯了,我们能做点什么,让她愿意加入我们呢?"

有时角色扮演、故事或木偶戏可以帮助儿童站在他人角度看待问题,从而意识到他人在特定环境下的感受。让儿童看一些友善的、乐于助人的儿童的图片来编故事("你觉得这里发生了什么事?")。这样会鼓励儿童思考亲社会思维方式及行为。

方法5,帮助儿童认识亲社会行为。

有时儿童会因为太关注自身的兴趣点而没有认识到他人的动机。在其他儿童尝试表示关心或提供帮助的意愿时,教师可以帮忙指出。

"安娜,罗布担心你受伤了,他不想让你一个人坐在这里。他过来跟你待在一块儿,真好。"

"托尼从三轮车上下来了,他这是想让你骑三轮车。山达,他这样做挺好的,是吧?"

方法6,强化亲社会行为。

教师非常关注儿童的合作、分享与互助,也认为这些行为不能被儿童忽略。教师会通过微笑、抚摸及注视来对这样的行为进行非语言的奖励,还会特别指出亲社会行为及其正面效果。

"托马斯,看见你帮助凯拉整理鞋真是太好了,现在她很乐意跟你一块儿玩。"

"莱拉,谢谢你能与蒂娜分享橡皮泥,现在你们相互能合作了。"

方法7,示范亲社会行为。

教师的行为比口头要求更有效果。当教师示范助人、合作并口头解释的时候,他们向儿童展示了亲社会行为的重要性。

"今天我们去野外的时候,蒂娜的妈妈会过来帮忙。我很感谢她能花时间过来帮忙,这样我们就可以尽情地玩了。"

教师对隔壁教室的教师说:"把我们的一些新书借给你们看看吧。"

方法8,限制攻击性及反社会行为。

维维安·佩利的班上有一个基本规定:"不能说'你不能玩'。"(Paley,

1992）尽管她知道拒绝是儿童在解决交往困难时常用的一种手段，但这条新规定可以保证每个人都不被排斥在外。

可以进一步考虑为儿童树立一个亲社会行为的绝对榜样。当然，在教师限制攻击行为并借此促进社交时，教师也在指引儿童学习更积极的交往形式。

方法 9，培养移情能力。

当教师向儿童描述他人的感情时，儿童会逐渐被引导着去理解他人的感受以及面对此类感受的适宜反应。这种"设身处地的换位思考"能力对学龄儿童来说更易掌握，但教师可以在学龄前就开始进行启蒙。

"我敢说今天埃米莉非常难过，因为她爸爸出差了。如果她跟我坐在一块听故事的话，我就会弄明白她的状况。"

"那几个男孩子说他搭的没有他们的好，所以他现在不高兴。他们的话伤害了他的感情，是这样吗？"

同理心是社会性及情感发展的重要组成部分

方法 10，为善意的行为提供机会。

教师可以特意设计一些机会，让儿童做出善意的行为，从而帮助儿童发展亲社会意识。鼓励大孩子帮助、保护小孩子。儿童会以自己能够理解的方式帮助集体中的其他儿童，比如给没有手套的儿童提供手套。

教师可以指出儿童的特别需要，并讨论如何满足这些特别需要。

"骑三轮车骑得快时要留神弟弟妹妹们，我们要保证他们的安全。"

"萨拉，汉娜听不到我们说话，所以你能不能认真地向她展示图片？这样她就会明白我们在说什么，也不会觉得自己孤零零的了。"

方法 11，创建充满爱的集体。

发展适宜性实践的立场声明指出专业的教师"创建充满爱的学习者群体"。教师鼓励儿童考虑自己的同时也要考虑别人。要让儿童有机会认识并尊重每个人所拥有的不同资质、才能，一个具体的方法就是举行班级会议来讨论班里日常生活过程中出现的问题。在这样的会议上一起交流，可使教师帮助并指导儿童解决实际问题。

建议

鼓励亲社会行为

- 对儿童的分享、合作有耐心；
- 不坚持让儿童展示并不真诚的亲社会行为；
- 教儿童如何解决冲突；
- 面对儿童的消极行为，保持关心和耐心。

7-6   指导儿童自我控制

学前儿童准备好学习控制自己的冲动行为以符合成人的要求。他们借助语言来理解别人，将自己的需求、欲望向他人表达。他们喜欢与别人交流并得到接纳。然而，他们对于对错的判断仍受到前运算思维的限制，只会聚焦于情况的一个方面而非全局。他们武断地以奖励、惩罚作为判断"好"行为或"不良"行为的根据。前运算思维还会限制学前儿童站在他人角度看问题、准确推论因果关系的能力。儿童的思维是具体形象的。抽象地要求"善的"行为，与儿童的实际思维水平相去甚远。教师在选择教授适宜行为技巧时，必须将儿童的这些发展性特征考虑在内。

一般来说，发展适宜性指导具有如下特点：

- 正面，重点帮助儿童学会他们应该做什么，而非强调他们做错了什么；
- 以教师为中心，教师精心选择技巧来帮助儿童更适当地体验情感；
- 协作，教师和儿童一起努力纠正错误。

凯茨说："一个训练有素的教师会问，在这种情况下我能教孩子们什么呢？"（Katz，1984，p. 5）

科普尔和布雷德坎普用另一种方式表示："当教师帮助儿童学习如何在下一次做出更好的决定时，指导是有效的。"（Copple & Bredekamp，2009，p. 35）

非适宜的指导具有如下特点：

- 强调规则，通常被表述为否定性的，暗示它们会被打破（Gartrell，2012）；
- 强制性，强调教师实施规则或解决争议；
- 依靠惩罚解决不能接受的行为；
- 过多使用"以牙还牙"的报复手段；
- 粗暴地制止儿童的行为而不教儿童如何选择另一种方式；
- 对儿童在自我控制方面的局限性表现出愤怒。

10 个发展适宜性的正面指导技巧包括：①示范；②正面表述；③强化、注意及肯定；④重新定向；⑤制定规则；⑥通过提供选择来加以控制；⑦自然及逻辑结果；⑧讨论解决问题；⑨"我"信息（I-message）；⑩恢复时间。

指导技巧 1，示范。

教师示范他们希望儿童采取的行为，从而教给儿童非常重要的东西。在发展认同感的过程中，儿童乐于模仿其深爱的人，乐于做些能让他们高兴的事。行动胜于说教。丽巴·格莱（Libba Gray）的《提兹小姐》（Miss Tizzy），也许是对儿童在身边成人的示范下怎样学习助人的最好说明。

教师对陷入苦恼的孩子说："非常抱歉你的感情受到了伤害。"

"我知道你现在对此很苦恼。我能做点什么让你感觉好点呢?"她的表情流露出同情,这一切被在附近的孩子看在眼里。

"嗯,大家想想,我们两个班都想去体育馆上课,该怎么办?我们在吃完点心后去玩半个小时,回来的时候告诉你们一声。你们说这样好吗?这样的话,你们在故事时间之后是不是还有时间去呢?"

当教师大声地说出解决问题的方法时,儿童得以了解尊重他人需求、协商及解决问题的过程。

指导技巧2,正面表述。

教师认识到学前儿童需要学习很多东西才能明白如何正确行为,所以他们不会在儿童的学习过程中对儿童说不该做什么。相反,他们将重点放在让儿童清楚、具体、快速地明白什么是可接受的行为。正面表述的大部分是告知信息,也有一些是简单的提醒。教师简短和正面的表述传达着他们对儿童的信心,他们相信儿童将因此控制自己的行为。当教师认为儿童将做正确的事情时,儿童就会达到教师的预期。

"拼图放在桌子上。"

"请不要打扰别人的工作。"

"走!"

指导技巧3,强化、注意及肯定。

正面的关注是一种有力的强化。雷诺德(Reynolds)使用"强化""注意"及"肯定"这些术语,提出了让儿童知道其正面行为受到关注的方法(2006)。当儿童"做好事时正好被发现"且儿童的可取行为得到适当、真正的关注时,效果最好。教师及时给出特定的正面反馈,儿童就会准确地理解到底哪些行为能得到认可。如果教师尽力不去注意儿童的错误行为(可能的话还要忽视这些错误行为,转而将注意力放在乐见的行为上),那么,儿童的自尊心及自控能力都能得到加强。当教师将注意力放在可取行为上的时候,儿童就能迅速明白他们不必通过做错事来得到教师的关注。

"我很高兴听说你让马里奥玩秋千,你做得很好。"

"我很喜欢这些,谢谢你的提醒。"

指导技巧 4，重新定向。

当教师提出更多可接受的活动建议时，儿童就能重新定向。针对儿童的兴趣和（或）活动水平提出的建议更易发挥作用。重新定向有助于避免消极结果，避免负反馈的出现，从而避免伤害儿童的自尊。

重新定向要求教师对可能恶化为冲突或违规的情况保持警觉。等问题出现之后再去解决就有点晚了，因为那个时候，注意力都已经转向恢复秩序以及讨论问题上了。为帮助儿童建立对新活动的动机及兴趣，可以进行一些有效的互动。

对一个正打算撒沙子的、看起来要造成危险的孩子说："看看你用这个铲子能挖多深。"

"阿比盖尔，这些是用来建构的积木。为什么不去扔玩具枪子弹？看看你能不能把它们扔进箱子里。"

指导技巧 5，制定规则。

当儿童明白某些行为不应该做时，他们就没有必要来"试验"。合格的教师会阻止那些对儿童或他人不安全的、破坏性的行为以及侵犯他人权利的行为。他们知道，为了能让儿童将行为规则纳入自控体系中，制定的规则必须能让儿童理解，这意味着理由也是规则的一部分。必须用儿童有过切身经历的、能理解的语言来表述理由，而且应该是大的行为原则，供儿童应用于以后的情况。除了陈述理由外，还应该告诉儿童什么是更为可取的行为。

"你在故事时间说话，就会打扰到想听故事的小朋友，请等会儿再说。"

"打人很疼的，人一疼就不高兴，下次要用嘴说。"

指导技巧 6，通过提供选择来加以控制。

权威型教师帮助儿童按照要求行事，但与此同时，教师也希望儿童能尽力控制自己的行为以维持自尊。让儿童选择如何（而不是是否）接受某个限制条件，就是将权力与儿童进行了分享。教师负责确定限制条件，而儿童负责在限制条件内控制个人行为。

"现在是整理时间，你可以自己把积木收起来或者叫个朋友帮你。"

"现在是整理时间，你愿意收小积木还是大积木呢？"

"现在是整理时间，你可以在我们工作的时候或者在我们开始放音乐的时候工作。"

不管怎样,儿童都得分担收积木的任务,但是你还是可以让他做出一个"保全面子"的选择。

当教师看似给了儿童选择的余地但是实际上没有的时候,就会出现一个矛盾的、令人困惑的局面。

"你现在能不能帮我把积木收了?"这听起来儿童似乎可以拒绝,但拒绝恐怕不是教师的真实目的。

指导技巧7,自然及逻辑结果。

既然认识到了学前儿童更受益于具体经验而不是抽象的语言,教师就会利用行为结果来帮助儿童体验其行为。如果是自然后果,教师只需要帮助儿童看到其行动与后果之间的关系;而如果是逻辑后果,教师应选择一个明显的后续行动来帮助儿童体验其行为的影响。行为的结果会帮助儿童理解并接受责任(Smith,2013)。

"如果你忘记穿工作服,衣服就会被油漆弄脏。"——自然后果

"在大厅里跑会滑倒的。"——自然后果

"塔瓦瑞斯想跟你玩,因为你以前把玩秋千的机会让给了他。"——自然后果

"去拿拖把把你弄湿的地板弄干,不然会有别人滑倒的。"——逻辑后果

"看凯莎的表情,她现在非常伤心,因为你拿了她的卡车,你应该做点什么让她感觉好点呢?"——逻辑后果

"请穿过大厅,记住为了安全起见,我们怎么规定的。"——逻辑后果

指导技巧8,讨论解决问题。

儿童需要得到很多帮助才能学会解决与其他儿童之间的冲突。教师希望提升儿童谈判技巧,这样儿童就会越来越有能力独立解决问题。在提升儿童谈判能力的时候,教师最好引导儿童与其他儿童直接讨论,自己充当裁判员,或者在不越权的前提下提出解决问题的办法。

教师帮助儿童界定问题。

"嗨,你们在做什么?有什么困难吗?"

"看起来两个人都想玩车。"

教师支持儿童之间讨论解决游戏中的冲突

教师鼓励儿童直接进行对话并倾听对方的回复。

"这件事需要你和丹尼一起来，你跟丹尼说一声吧。"

"丹尼，索菲亚正在说一些重要的事，你需要听一听。"

他们确保儿童有机会提出自己的解决办法，知道他们的决定会受到尊重，并通过与儿童进行协商以保证其明白并同意解决方案。

"我认为我们应该把玩具车停在这儿，直到你们两个商量好了怎么使用它。你们商量好了以后再告诉我。"

"你决定先让丹尼玩 6 分钟，是吧，索菲亚？"

跳出以自我为中心的视角，考虑一下别人的需要、欲望，这会是一个漫长且艰难的过程。应该支持并表扬儿童为讨论分歧所做的努力，而不是因为分歧争吵。

"我想你们两个会想到好办法的，6 分钟时间到了后，要我告诉你一声吗，丹尼？"

尽管很多问题如果让教师介入的话会更快得到解决（"你们得轮流来。谁先玩？如果都抢的话，我就把它收起来，大家都不能玩"），但儿童需要教师鼓励他们自主解决问题，这是培养儿童与他人交流的技巧与自信的唯一方法。

支持儿童自主解决问题有时意味着要给儿童一个范例，具体说明怎样正面地向同伴表达观点。

杰米向老师抱怨说有个小朋友推了他一下。老师说："听起来你不喜欢塞布丽娜推你，你可以过去告诉她，'我不喜欢别人推我'。"

或者，对更善于表达主张的儿童说："你该怎么告诉她你不喜欢被别人推呢？"

指导技巧 9，"我"信息。

当教师对儿童的行为表达个人情绪时，就给予了儿童改变不可取行为的强大动力。"我"信息基本上就是教师对情绪、引起情绪的行为的表达，由于亲情的关系及取悦教师的倾向，当儿童知道自身行为的影响时，儿童就会关注并回应。表达要直接、真诚，而不要委婉含蓄，也不要评价或羞辱儿童。相反，应该帮助儿童理解引发教师情绪的原因。儿童负责根据教师的信息改正自己的行为。

"你打弟弟的时候我很生气，因为我知道他肯定很疼。"

"因为一些小朋友太吵了，导致大家都听不到音乐，所以我暂停我们的音乐时间，我对此感到非常失望。"

指导技巧 10，恢复时间。

正如切瑞（Cherry）所指出的那样，每个儿童都会有受不了集体生活要求及规则的时候（1983）。不管是什么原因，也许是家庭变故、身体疲劳、性格或能力的原因，儿童需要退出当前的情境，冷静下来之后再投入到日常生活中。这可能意味着离开伤心之地，也可能是指开展独立、安静的活动以得到时间和机会来恢复。这可能意味着要教师来安慰。

因此，恢复时间是帮助儿童控制情绪及行为的积极而非消极的技巧，如经常使用的惩罚：暂停游戏。帮助儿童学会从情境中退出使得儿童可以以不同的心境、充沛的精力重新面对，也教会了他们在将来如何进行自我控制。

"我想你需要去那边静一会儿。你感觉好点儿的时候再过来继续玩。"

"看起来有什么事让你今天心烦意乱，我希望你先自己玩，等你感到放松点儿的时候再回来一块玩。"

发展适宜性实践认可儿童在控制冲动上的局限性，也认可他们对坚定、正面的指导的需要，这可以促使儿童在逐渐学会自控的同时保护儿童的自尊。

家园交流

指导和纪律

亲爱的家长朋友：

　　你们中的一些人表示想知道怎么让孩子遵守纪律。正如前几天有人说的那样，"禁止游戏似乎不太好用"。我们同意这一点。我们所有人都来自不同的背景，童年时代接受了不同类型的纪律，这些经历确实影响了我们的思维和行为。让我们分享一些我们最近一直在考虑的事情。

　　在任何情况下，我们首先要考虑的问题是："我们可以教什么？孩子们如何才能最好地学习它？"这不是惩罚，而是帮助孩子看到以某种方式做事的意义。所以我们必须让他们知道他们可以做得更好，以及为什么更好的原因。这是让他们理解为什么他们的行为会受到限制。因此，我们很清楚自己的期待，并在孩子表现得和我们的期待不一致时温柔地提醒他们。我们帮助他们坚持自己的选择，并在必要时接受适当的后果。当孩子表现良好时，我们会给予很多积极的关注。我们会做出一定的解释，但不会说死。最重要的是，我们立场坚定，所以孩子们知道我们的期待。

　　纪律是一个很大的话题。让我们以后继续进行这个重要的对话。

　　　　　　　　　　　　　　　　　　　　　　　××老师

小结

儿童在学习社会行为、规则以及控制情绪和行为时需要积极的指导，教师应该：

- 认识到这种学习开始于学前期，并一直延续到儿童后期；
- 抱有务实的期待；

- 认识到积极认同感的形成以及与教师的积极关系会帮助儿童习得可接受的行为；
- 理解儿童社会性和情感学习是在与教师建立温暖关系的前提下进行的。

思考

1. 为学前儿童精选几本图画书。分小组分析书中有关性别行为、种族/文化、家庭结构等多样性的正面或负面信息。书中有关于友谊、亲社会行为及情绪的信息吗？

2. 列举你见过、用过或体验过的处理教师与儿童关系的技巧。如何与本章中积极的指导技巧进行比较？

3. 参观一个以前没参观过的班级。观察1个小时，然后写份报告，需包括你注意到的下列细节问题：

- 鼓励自我认同感；
- 公开认可多元文化；
- 为自我控制、友谊、亲社会意识及建设性表达情绪提供积极的指导；
- 整体的社会性及情感氛围以及你对营造该氛围的方法的认识。

4. 请尝试引导儿童学习积极的情绪及社会行为：

- 一个孩子来到你的跟前，哭着说别人抢了他的三轮车；
- 一个孩子打了另一个对他讲脏话的孩子；
- 一个孩子对另一个孩子说"你不能在积木区玩"；
- 一个孩子自母亲走后一直在墙角静静地哭；
- 一个女孩子不愿意在积木区玩，说积木区是男孩子玩的。

自测

1. 描述学前阶段的一些重要的社会性及情感发展任务。
2. 指出对学前儿童情绪发展适宜的环境的10个要素。

3. 讨论培养积极认同感的方法。

4. 辨认培养积极性别认同感的实践。

5. 辨认培养积极种族/文化认同的实践。

6. 描述教师帮助儿童发展友谊的方法。

7. 讨论在教室里培养亲社会行为的方法。

8. 指出本章所讨论的 10 个正面引导技巧。

应用：案例研究

1. 描述你将在班上应用的旨在支持积极的性别、种族及个人认同的内容，要详细、具体。

2. 向家长说明你将如何支持刚开始发展友谊的儿童。

3. 设计一个角色扮演活动，说明你对学前儿童情绪发展的看法。

第8章 发展适宜性的社会性及情感环境：学龄期

利亚与她最好的朋友——同为6岁的乔安娜今晚一起过夜。

嘉伯约加入了一个俱乐部，一周训练两次，每周六早上打比赛。

恩迪和他的朋友威尔最近开始收集石头，他们每星期都会花好几个小时讨论石头。

丹尼和汉娜每天都一起玩电子游戏。

马蒂看了一个恐怖电视节目后做了个噩梦，但是他没有叫父母来，因为他不想让他们知道他很害怕。

贾马尔看着操场上其他的孩子赛跑，却并不加入其中。

米歇尔画了一张流着泪的脸，对妈妈说："这就是过完周末爸爸把我带回家时我心里的感觉。"

后院大门上的告示牌上写着："秘密俱乐部——女孩禁入——说的就是你，罗萨！"

学龄儿童不断扩展的精神世界包括上述情境中所显示的不断提高的处理人际关系的能力。同龄人成为塑造儿童行为及增强儿童自我意识的主要影响力量。不断提高的控制与沟通能力使得 6—8 岁儿童能以更加成熟的方式处理自己的情绪。他们开始慢慢地摆脱自我中心，并能逐渐从他人的角度考虑问题。

然而，他们要学的东西还有很多。学习成为集体的一员，发展道德判断，探索如何在没有成人干预的情况下解决冲突，维护同伴关系，都是此年龄段的重要任务。本章将讨论学龄儿童面对的社会性及情感问题及对其最有益的社会情感环境。

8-1　学龄儿童的社会性及情感问题

小学阶段自尊的发展受勤勉感发展的制约，埃里克森把二者定义为学龄期的核心冲突。勤勉感会受到认知和社会成就的影响（Erikson，1963）。

儿童在入学之初学习认知技能时，既可能把自己看成合格的学习者，也可能把自己视为不合格的学习者。在社会性发展上，儿童因为与其家庭成员在一起的时间减少，从家庭中获得的自我概念受到挑战，更多地依靠对同龄人反应的认识。当学龄儿童离开家庭、家人的保护时，他们就会得到新的机会来看自己是否达到他人的标准。正如其他成人（如球队领队、教练、舞蹈教师）有自己的成就标准一样，学校也有自己的成就标准。社会比较的过程为儿童自我概念发展提供了新信息。我跑得快吗？我学得快吗？我的朋友多吗？成功的定义与儿童所在的社会团体有关。

与成人以及同龄人的关系并不是影响此阶段儿童自尊心的唯一因素。自尊心还与教育方式以及儿童与父母互动的方式有关。如果父母的反应传达了对儿童的认可、对儿童个性的尊重，并明确划定了限制条件，那么，儿童相对就有较强的自尊心。在小学阶段进行适宜引导，对儿童自控能力、积极自尊心的持续发展都至关重要。

8-1a   同伴关系及群体技能

学龄儿童会有越来越多的时间与朋友在一起。据估计，从 6 岁开始，除了睡眠时间，大部分儿童一天中有至少 40% 的时间与同龄人在一起。他们在一起玩，在一起"无所事事"。尽管越来越多有组织的安排或照看项目影响了同伴活动时间和成人监控时间的比重，但是儿童与同伴相处的大多数时间是松散的。

儿童与同龄人一起度过时间的增加，既是他们在童年中期发展的原因，也是结果。成人开始允许儿童花大量时间与朋友在一起，因为他们认识到儿童有了更多独立思考和行动能力，同时，与同龄人的新体验也让儿童不断学习新的认知和社交技能（Cole，Cole & Lightfoot，2012）。

下面是友谊的几个基本发展功能：

- 友谊是学习基本社交技能，如沟通、合作以及加入一个团体的技能的源泉；

- 友谊帮助儿童了解自己、他人以及更宽广的世界；

- 友谊可以提供乐趣、感情支持，减轻儿童的压力；

- 友谊帮助儿童开始了解亲密关系；

- 友谊能使儿童自我感觉良好。

友谊可以帮助儿童了解自己

学习适应同龄人群体是小学阶段的一项重要任务。

有的教师对适合 6—8 岁儿童的课程及教学策略有狭隘的看法，他们常常忽视自己在帮助儿童发展成为团体成员所必需的社交技能上的关键作用。但是最近的研究表明，在儿童期没有获得维护同伴关系技能的人更有可能遭遇学业失败、辍学、犯罪和心理不健康问题（Schickedanz et al.，2000）。研究还表明，成人干预及辅导可以帮助儿童更好地发展同伴关系。这凸显了教师在支持儿童社会性及情感方面的作用。

如今很多儿童不再在附近的学校上学，而是去其他地方上学。这意味着儿童在课外时间碰到同学不再那么容易了。这就更加要求教师认识到，在儿童在校期间找到支持友谊发展的方法是多么重要。

儿童通过同伴关系加深了对社会交往的理解，攻击性行为一般会减少。但也有一些儿童没有学会控制攻击性行为，恃强凌弱已经日益成为小学中备受关注和探讨的问题。

8-1b　道德发展

小学儿童越来越能够根据自己对行为意图的理解来判断行为对错。根据皮亚杰的理论，小学低年级儿童处于道德现实主义（moral realism）阶段。在这个阶段，规则被看作外部权威施加的不可更改的、绝对的东西（Piaget，1965）。科尔伯格将这一时期称为道德前习俗（preconventional level of morality）期。在这个阶段，儿童关注的是服从、惩罚以及个人需求的满足，从而影响其道德推理（Kohlberg，1976）。之后，儿童会逐渐过渡到道德习俗水平（conventional level of morality）。在这一阶段，儿童更关注看起来"好的""公平的"行为，并希望他人赞同其合乎道德的行为。在逐渐开始规范自己道德行为的同时，儿童还需要机会来考虑社会责任，需要成人的指导。

8-1c　情感发展与压力

无忧无虑可能也适用于描述一些学龄儿童，至少在有些时候是这样。但对大多数儿童而言，最初几年的学校生活以及他们对生活中一些现实问题的认识会给他们带来压力。为小学儿童营造较为轻松的环境，并帮助他们学会对待自己的压力是很重要的。在为小学儿童设计社会性及情感环境时，要考虑让他们学习如何妥善处理情感问题。

8-2　教师对儿童集体参与技能的影响

教师可以通过布置教室和安排活动对小学儿童的社会性及情感发展产生深刻影响。在为每个儿童创建学习型共同体、设计集体参与的活动时，教师的态度都是极其重要的。教师可以采取以下措施帮助儿童发展群体技能。

措施1，了解儿童的个性。

仔细、不间断地观察与记录，了解儿童的互动风格、交友偏好以及与他人交流的难易程度。对儿童个人风格的了解可以帮助教师设计适宜的分组或配对，有利于促成成功的社会体验。

很多教师通过观察来制作社会关系网，从而识别孤立的儿童或者那些有社交技能的、受大家欢迎的儿童。社会关系网揭示儿童最想跟谁一块学习或跟谁坐在一块。

措施2，适当安排以支持互动。

创设非正式的物质环境，使儿童可以和特定的人一块学习。也可以设计小组互动及对话。对于胆小害羞的儿童来说，他们容易"迷失"在大组里，但是却可能在小组里找到让自己感觉舒服的位置。当物质环境/外在环境支持儿童在一块学习、谈话时，儿童就有机会获取第一手社会经验，而不是仅仅通过教师在理论上告知他们"应该"怎么做和说。

促进小组互动的物质准备包括：工作台以及其他小型的、非正式的区域，而不是传统的摆成排的桌子；大时间块，供儿童合作计划和实施项目；为集体活动服务的兴趣中心及小组项目。

霍本老师的一年级教室里有各种工作区：一个足够5个孩子一起活动的区域，一个够4个孩子一起活动的区域，4个供3个孩子一起活动的区域，3个供两个孩子活动的区域，以及5个供单个孩子活动的区域。

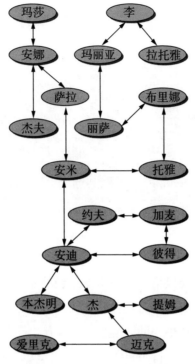

社会关系网显示了班里的社交互
动模式

措施 3，分组。

　　教师根据对儿童兴趣及交流风格的了解来进行特定的分组，实施特定的
项目。儿童在合作中成为朋友。教师通过设计共同活动帮助儿童体会互利合
作的精神。这样的设计"将有真正目的的学习与学习过程本身的社会属性联
系了起来"。

　　霍本老师将儿童两两分组，准备开展"世界各地的建筑"活动。她把斯
蒂芬和安东尼奥分到了一组，希望斯蒂芬的沟通和社交技能有助于对安静的
安东尼奥进行回应。

措施 4，教授社会性技能。

　　直接教授社交技能。不太受欢迎的儿童往往没有成功发起交往的能力，
事实上也更不会使用无端的敌意、抱怨、愚蠢以及其他不好的或破坏性的行

教师可以根据对儿童兴趣和交流方式的了解创建工作组

为来疏远别人。这种社交风格会在小学低年级稳定下来，所以在早期就进行直接的干预是必要的，有利于避免技能缺失发展为永久的缺陷。教师可以通过下面两种方式对儿童提供帮助：唤起儿童对有效行为以及无效行为的注意，鼓励儿童认识并认同自己的行为。

以下的社会性技能可以直接教授：

- 关注他人；
- 意识到他人的观点和愿望；
- 学会轮流替换；
- 发起对话；
- 适当倾听与表达；
- 要坚定但不好斗；
- 考虑其他儿童并提供支持；
- 学会愉快地与人相处。

霍本老师对安东尼奥说："你可以问问斯蒂芬对这个计划的看法。他跟你说的时候你一定要看着他。"

之后她又说："你告诉斯蒂芬你想要建什么样的房子了吗？他也想听听你的好主意。"

反思

回忆不太受欢迎的同学

你还记得小学时不太受欢迎的同学吗？他们的特点和行为是什么样的？教师有没有试图帮助他们变得更受欢迎？你现在对这些情况有什么感觉？这对你在自己班上支持儿童社会性及情感发展有何启示？

措施 5，训练儿童。

鼓励儿童思考什么是对同伴最适当的行为，并对其在小组中的尝试提供反馈。

霍本老师问安东尼奥："你认为用什么方法能让斯蒂芬知道你觉得用木头建房是最好的方式？如果你只是说'不，听我的'，这准能把斯蒂芬逼疯。"

之后她又说："你知道的。你在认真地向斯蒂芬解释你的计划时，斯蒂芬真的在一直听着。只有你说出了你心中的想法，别人才会知道啊。"

措施 6，教授谈判技能。

调解儿童间冲突并向儿童教授谈判技能。解决冲突的技能对小学儿童很重要，因为这个年龄的儿童不在大人身边的时候更多。教师鼓励儿童通过适当的声明而非攻击来表达自己的观点和需要，然后持续讨论，直到找到一个所有参与者都能接受的解决办法。教师可以帮助儿童发现保持冷静的重要性：在大家观点不一致的情况下，只有保持冷静，才能够倾听对方观点，拿出可供选择的解决方案。"儿童开始认识到强烈的情感——包括气愤、挫折感——都是正常的、可以接受的，但无论他们有什么样的感受，对别人使用暴力永远都是不可以的。"对已经接触到媒体及现实生活中的暴力的儿童来说，帮助其懂得依靠自己的能力而非诉诸暴力来解决困难是很重要的。"（Levine，1998，2003）。

他们看起来陷入了僵局。安东尼奥和斯蒂芬看上去都心烦意乱的，气话

"满天飞"。霍本老师把他们分开，说："我看到你们现在出现问题了，那我们就来谈谈吧。斯蒂芬，在安东尼奥跟你说他想要的计划时你要听着，之后他也会听你说。"

措施7，帮助儿童学习采用社会视角。

支持儿童学习采用社会视角。教师可以通过设计活动、讨论来帮助儿童理解他人的感觉与观点。可以让儿童阅读和讨论反映特定情境下的特定反应及感受的书。在大组活动时间讲个幽默故事，可能会帮助儿童体会其中的社交技能（Gallagher，2013）。一个有经验的教师会让自己班里的儿童"谈论问题"（Fisher，1994）。在那里，晨会时间成了实施这一流程的时间：

- 问题是什么？
- 我们希望发生什么？有什么方法能够解决问题？
- 我们该试一下哪种方法？
- 怎么在两天的时间里尝试实施解决方案？
- 这个解决方案好吗？
- 我们需要再多讨论下这个问题吗？

这样的集体讨论可以向儿童传授技能并营造学习共同体的氛围。

霍本老师注意到几个双人小组在执行计划时发生了争执。在晨会上，她让两个孩子假装成一对在建造房子的过程中出现了分歧的搭档。然后，她让全班进行头脑风暴，讨论有什么更好的方法处理分歧，以便下次问题再出现的时候他们能解决得更好。

措施8，设计适宜的集体活动。

设计一些集体活动，以使课程和日常活动以合作学习为导向。当儿童发现自己可以从与他人的合作中获得许多快乐和帮助时，就会积极地参与集体活动。比起在要求独立和沉默的班级，有社交问题的儿童在鼓励互动的班级中拥有更多的练习机会。教师应鼓励儿童互相支持并学习对方的长处。

积极的团队合作体验并不会自动出现，教师必须认真地为之打好基础，在强调个人对集体的责任的同时，要帮助儿童确定共同目标，认识到自己对他人学习及成功的责任（Kumar，2009）。教师在强调团队学业目标的同时，也要强调社会目标，从而为团队合作成功所必需的社交技能提供直接的指导。这些社交技能包括轮流、分享、有效表达、仔细倾听、对人礼貌、尊重他人以及承担材料准备和整理的责任。此外，教师必须传达给儿童实现团队合作的信心以及教师自己对团队活动的热情（Wasserman，2000）。教师可能会发现，他们还必须和家长就每个阶段的学习目标和进度进行沟通，帮助家长了解合作学习经验对所有儿童的好处（Kumar，2009）。

　　霍本老师每天都留出固定的时间让各小组一起开展主题项目。小组头脑风暴后，他们会进行相关阅读。斯蒂芬发现安东尼奥爱读书，因为安东尼奥帮助斯蒂芬弄明白了自己不理解的一些地方。

合作学习帮助儿童学习如何与他人一起工作

措施 9，创造包容的环境。

　　营造不允许任何排斥和敌意的教室氛围。小学儿童可能会对他人做些野蛮残忍的事情，教师需要向他们传达尊重不同种族、文化、性别角色行为或身体能力的意识以及反对所有排斥行为的意识。教师应经常帮助儿童看到班级这个共同体中每个成员所做的不同但有价值的贡献。

　　霍本老师最近要求安东尼奥用西班牙语教其他孩子一些单词，因为他会两种语言。现在其他孩子偶尔会请他告诉他们西班牙语的某个单词。

教师帮助儿童学习小组合作所需的社交技能

　　然而，教师应意识到，在教育儿童反抗欺侮行为时存在着一个问题，即这样的反应可能会升级为攻击行为。如果教师教育儿童拒绝对挑衅行为做出反应——只是不带任何受到威胁或痛苦的表情地走开——会被看成自信的行为（但这种行为实际上需要相当的自控能力），那就授予了儿童一定的自主权。

鼓励儿童向同龄人寻求帮助

措施 10，创造一个有爱的集体。

营造所有儿童及教师都能感觉到被接纳与尊重的共同体（Copple & Bredekamp，1997，p. 161）。当帮助儿童参与移情活动、考虑他人观点时，儿童就会发展体谅、关心和友善的亲社会技能，学会平衡自身需求与他人需求，去帮助他人并向他人寻求帮助。

最近，老师听说有些男孩嘲笑安东尼奥的口音，于是召开班会，讨论人与人之间都存在哪些差异，以及哪些言论会伤害感情。她希望孩子们能够足够自如地应对不公平的议论和遭遇，所以她鼓励孩子们要对自己有信心。

建议

培养团队合作技能

教师的下列行为支持集体参与技能的发展：

- 营造儿童可以一起工作和交流的教室氛围；
- 直接教授团队合作技能，通过讨论来明确问题所在并提供直接解决争议的机会；
- 不允许出现不公平的做法；
- 将发展儿童社会性技能视为课程的一部分；
- 教授新技能并鼓励儿童使用他们学到的技能；
- 不将竞争作为学习的动力。

8-3　提高儿童自尊的策略

当教师营造的环境能满足下列条件时，儿童的自尊心会继续增强。

- 儿童的成功有赖于教师为儿童选择了适合其发展水平的学习任务和方法。儿童对学习被认为很重要的知识和技能非常积极。教师对计划和材料进行个性化处理和设计会有助于儿童学习符合自身水平的知识与技能，而不会害怕失败或尴尬。

罗德里格斯老师鼓励他的一年级学生选择简单的、具有重复性的且可预测的书来阅读。他教孩子们一些读书的方法，比如先大致了解情节发展以知道接下来将发生什么，然后再重读难懂的部分，用一个或几个词来概括中心意思等。他鼓励儿童合作来提高理解技巧。他的学生都喜欢读书。

- 小学年龄的儿童开始通过社会比较来定义自己。为此，教师尝试着扩展儿童的活动领域，使他们不再只是获取认知技能，而是看到自己与他人的联系。他们意识到儿童在人际关系及沟通、运动及艺术、机械和建构上的成就。他们确保每个儿童都能认识到自己擅长的领域和仍需努力的方面。

罗德里格斯老师用图来认可孩子们在多个领域的成就，比如贾玛是个捉鱼巧手——他腿上有支架，他知道自己在跑步比赛中比不过其他男孩子。

- 儿童感觉到教师希望并相信他们有学习能力，不论家庭社会地位、种族背景或性别情况如何。儿童渴望得到公平的对待、积极的尊重与回应。教师通过以下方式来表达"尊重"：精心选择文化多元、无性别歧视的材料，通过接纳教室、社区乃至社会范围内呈现的多样性来增强儿童的自尊心。教师应牢记这一点，即他人响应儿童的方式会帮助儿童形成自我概念，儿童会根据自己在他人心中的形象来行事。

罗德里格斯老师的班上正在开展以"职业"为主题的活动。教室里的每个家长都要谈谈自己的职业。有两个家长身有残疾只能在家工作，还有两个最近刚刚失业，另外有一个单身妈妈正在参加岗位培训。这些家长谈了他们在家中和在学校的工作。儿童明白了世上有各种各样的工作，不管是在家里还是在家外。

霍本老师最近参加了一个关于增强无性别歧视反应意识的工作坊，希望能减少自己在对男孩和女孩的反应和期望上的差别。

- 鼓励儿童独立自主，相信自己的思维、答案、选择和解决办法。教师作为成就儿童的人，只提供适度的干预、示范和建议。让儿童在班级共同体中承担责任，并认可儿童所做的贡献。

罗德里格斯老师常常说："由你决定！""为什么不征求一下朋友的看法呢？""我敢说你肯定有个好主意。"工作列表上有 25 个任务，每个孩子负责

儿童合作解决阅读和数学问题

一个任务，这些任务每周轮换一次。提醒其他人不要忘记做自己的工作就是其中之一。

- 教师设计游戏和课堂活动以增强儿童的自尊和自我意识。有意图的教师认识到，每个活动都可能嵌入社会性及情感目标和学习内容。

- 儿童参与民主社会（Rightmyer，2003）。鼓励儿童积极参与教室管理，包括与教师一起制定积极的规则并一起解决问题。参与民主社会的原则最初就是这样学会的。教师对儿童的期望是积极的，并尊重每个儿童。当自控失效时，教师重新对儿童进行指导，或将儿童分开进行个别谈话并解决问题。

罗德里格斯老师召集了一次晨会，讨论他关心的发生在操场上的野蛮游戏问题。会议主持（每周指定一个人担任）征求大家的解决方案。罗德里格斯老师确保每个孩子都有机会充分讨论这个问题，只有这样他们才能了解问题，并知道对结果应该有怎样的期待。他相信知道并懂得做事尺度的孩子一定想做正确的事。

发展适宜性实践的决策

困境："如果一个孩子喜欢自己玩怎么办？一个男孩在课外活动时从来都是自己玩，不想加入游戏或与别的孩子一起玩。我是不是该做点什么？"你会是什么反应呢？

思考：与其他的很多情况一样，我们不可能给出一个确定的答案。答案的开头应该是："这要看情况。"你需要仔细观察这个孩子，从他父母和其他老师那里得到信息。比如这个孩子是非常享受自己一个人玩的时光，还是因为被别人排斥而感到挫败和不开心？这个孩子之前是不是向别的孩子表示友好但被拒绝了，还是他拒绝了别的孩子的友好提议，或者他就是喜欢一个人玩？他在活动时间都干些什么？他是全身心地投入到自己的活动中，还是只看别的孩子？这个孩子喜欢做些什么？他的兴趣是不是与他人不同？他是否有机会学习别的孩子在玩耍中使用的技能？他的语言技能跟得上其他孩子吗？是不是有什么身体障碍影响了他与别人交流？最重要的是，成人是否给过他机会，让他说说自己一个人玩的原因以及感受？

可能的行动：家庭文化及种族背景、生活条件、邻里相处体验及其他会导致孩子喜欢独自玩耍的因素，之前在群体情境下的典型反应，孩子的性格及交往模式等信息可能有助于该问题的解决。

对这类信息进行综合分析，能帮助你确定是否进行干预。如果是这个孩子的性格及兴趣使然，则必须予以尊重。并不是每个孩子都必须成为集体的中心，但是每个孩子都应得到发展社会交往技能的机会，可以轻松融入集体。教师可以通过提供较短时间的一对一活动以及一些有趣的集体活动来鼓励每个孩子加入其中，从而确保孩子不至于完全脱离集体。我们的一个目标就是在不强迫孩子改变自己性格的情况下，保证每个人都有机会从社会互动中受益。

建议

发展积极自尊

希望培养儿童积极自尊的教师应采取以下步骤：

- 为儿童选择对其来说不太难的学习任务，并使用支持他们自然学习风格的教学方法；
- 不以能干儿童为榜样——以比较和竞争为学习动力；
- 避免对儿童的期望过高或过低，或传达一种不同的态度——比如将阅读能力差的儿童分为一组，这就等于暗示说这些儿童能力低下，儿童也被明确地划为"聪明组"和"愚笨组"；
- 承认文化和其他差异，而不是认为一些儿童，例如以英语为第二语言的儿童应该学得更少；
- 避免在课堂上过度依赖奖惩制度，或扮演强势裁判和规则执行者的角色。

8-4　充满规则和竞争的游戏与发展适宜性教室里的合作

小学儿童尝试规范其社会关系的一个方法是按明确的规则扮演自己在游戏中的角色，通过规则确定各自可以做和不可以做的事。参与规则游戏的能力与认知能力的发展有关，游戏本身也是发展谈判技能、解决分歧以及学习合作的媒介。

规则游戏为儿童提供了行为标准，儿童努力达到他人设定的标准。规则使得儿童可以在一块玩得时间更久，方式也更复杂。然而，对小学低年级儿童来说，规则似乎不够灵活。如果去看他们玩游戏，就会听到儿童多次提到"要公平""不要作弊"。发展沟通和解决冲突的能力是小学阶段的重要社会性任务。

发展适宜性环境下应解决的社会性及情感问题之一，是儿童间竞争的健康或压力程度与作为加入团体技能的合作之间的平衡。一些人批判有组织的体育运动,认为来自父母和教练的"赢"的压力可能会将不健康的压力强加于儿童身上,剥夺他们与同龄人自发活动的机会。教室活动常常将儿童彼此置于竞争位置("看看谁能最先解出这道数学题!""谁得的 A 最多?"),而非鼓励儿童相互支持和帮助。只有当课程基于团体项目并强调学习者社区,才能营造互相合作、支持的环境,从而"培养关心他人的美德"。为支持合作而非竞争而设计的教室以及学习活动,培养"关系美德"——包括分享、支持、合作、关心以及移情。需要重新审视教室环境中传统的竞争元素。"如果竞争是一个元素,它应该是在个人层面;教师可以鼓励孩子与自己之前的表现做比较或实现自己的目标。"

教师可以通过支持儿童在游戏中遵守规则以及帮助儿童平衡合作与竞争来为其提供帮助。很多教师感觉只有认识到并"直面竞争元素"时,规则游戏才是发展适宜性的(Isenberg & Jalongo,2000,p. 236)。以下是一些有帮助的实践。

- 为儿童提供材料、游戏以及时间,让他们来组织自己的游戏。通过游戏发展儿童的领导、沟通、解决问题及合作的能力,这样时间才花得有价值。

- 向儿童教授在游戏中成功所必需的技能。被同伴忽视或拒绝的儿童常常是那些不能恰当地参加游戏的人。让儿童练习棋类游戏所需的轮流和推理能力并帮助儿童发展大肌肉运动技巧,如投掷、击打、抓、跑、跳等,可以帮助儿童投入游戏。多样的游戏和材料是让所有儿童都参与进来的必要条件,不管他们身体或认知方面的条件如何。

- 让儿童在没有教师干预的情况下管理游戏和规则。如果教师过于频繁地进行干涉,总是告诫儿童要适当地玩或者对如何赢给出建议(压力),那么儿童就可能因此无法进行有价值的学习。如果儿童选择在玩耍中修改游戏规则,就应该允许甚至加以鼓励。儿童的竞争标准已经足够高了,不需要附加成人的标准。儿童的游戏应该留给儿童。

- 设计合作性游戏。这些游戏应该强调纯粹的快乐,而不是要决出输赢。尽管社会强调个人成就和竞争精神,但对儿童不需要过分强调这一点。

- 将竞争赶出教室。儿童学习的动力应来自从世界中领悟道理和获得能

应该让儿童玩自己的游戏，而不是强迫他们参加比赛

力的内在满足感。如果过于强调成功和竞争，这种动力就会遭到破坏。如果儿童长期在竞争性学习环境中体验失败，他们就会失去自尊心。他们以后会倾向于避免失败，这样只会阻止儿童尝试他们本来有能力去完成的任务。竞争性活动，如获得贴纸、等级、糖果或额外特权，或者挑出一些儿童进行特别表扬或羞辱，不仅与"为每个儿童设定挑战"的观念背道而驰，而且会造成同伴之间的关系不和，伤害那些较少受到奖励的儿童的自尊心。研究表明，竞争和合作在一定程度上是文化因素，但也会受到社会组织模式的深刻影响。教师在将这点牢记在心的同时，还需要仔细观察教室的社会性及情感环境。

空中的羽毛
这个游戏的目的是通过吹气使羽毛保持在空中。

闭上嘴巴
孩子们玩他们最喜欢的任何东西，要求是不能说话，只能用其他的方式交流。

嘭嘭！
第一个玩家用锤子将钉子敲入钉盘。每个玩家敲一下钉子，直到钉子完全进入钉盘。看看它需要敲多少次，然后重新开始。

在鼓励合作的游戏中，每个人都是赢家！

8-5　混龄分组

> **反思**
>
> ### 能力如何影响选择？
>
> 你在小学时喜欢什么游戏？你害怕什么游戏？你认为你的技能和能力影响了这些选择吗？你喜欢什么学科？讨厌什么学科？这些偏好是否与你的能力和优势有关？

　　一些学校在处理竞争与合作的问题时采取的方法之一就是在教室中进行混龄分组并营造充满爱的氛围。当真实的差别非常明显地存在于一群年龄跨度为 2—3 岁的儿童之中时，就更容易正确对待那些仅靠自己无法从与别人的比较或竞争中获益的儿童。"因为儿童的能力差异很大，混龄儿童组成的班级会自动产生合作精神。儿童会更易接受他们自己和他人的独特性。而且，如果教师与儿童一起升到下一个年级，并与同一组儿童一起待上两三年，那将对儿童、家庭和教师都有明显的好处。"（Hitz，Somers & Jenlink，2007）

　　除了这些社会性和情绪性益处，混龄分组的儿童在这种支持性的"家庭"环境中更容易获得成功。而且在一段后续的时间里，这个环境会随着与同龄人和教师的不断接触而发展。教师有机会熟知每个儿童的社交风格和社交技能，从而能在一段时间内支持儿童在社交方面的进步。尽管我们所讨论的混龄分组能促进学龄儿童的社交潜能开发，但是如果将学前儿童也进行类似的分组，那么效果是一样的。需要将混龄分组的益处置于积极的社会性及情感环境下进行考虑（见表 8-1）。

表 8-1　混龄分组的好处

特征	好处
相差两岁或三岁的儿童	获得广泛的兴趣、思维能力和方式
异质分组	积极的自我形象；自然的互动；接纳特殊需要儿童
与同一批同学在一起多年 可能多年跟同一位老师	支持性的"家庭"环境 确保稳定的儿童/家庭/教师关系
技能在两年或三年的时间连续发展	灵活地让儿童按自己的节奏进步
个性化的期待	培养独立的学习者，使课程与儿童的需求相匹配
延长学习时间	师生彼此熟悉

　　混龄分组已经成功应用于美国乃至全世界（如英国、瑞典及意大利）的学校。当然，混龄分组并非一种新的教育思想，但在发展适宜性课程要求教师关注个体适宜性的背景下，混龄分组值得重新思考。

　　下面是混龄分组的好处。

　　• 家庭和邻里环境常能提供混龄环境，但现在儿童在家庭或邻里环境中度过的时间很少，无法从与不同年龄层的人的接触中获益。有人说人并不是生来就在一起的，但是我们现在把儿童放在一起教育，严格地让他们跟同年龄的儿童待在一起，这样，较小的儿童就失去了观察、模仿较大儿童更为成熟的社交和语言能力的机会，而较大儿童也失去了帮助和领导较小儿童的机会。混龄使得儿童可以体验到实际生活中存在的自然差异。

　　• 混龄团体中领导行为和亲社会行为增多，社交潜能得到开发。混龄分组给了所有儿童一个机会，让他们可以在某一个点上成为学校里最熟练和最成熟的人。相对于混龄团体，同年龄团体中更容易发生攻击行为，也许是因为在混龄团体中存在着一个天然的等级。

　　• 合作性学习和同伴传授的研究成果表明，能力强和能力弱的儿童之间的互动会让双方都受益，无论是在学业方面还是社交方面。维果斯基在讨论最近发展区理论时，假设认知技能更高的人（包括更成熟的同龄人）的帮助可以增强儿童的理解能力。拥有相似却又不同的知识的儿童会彼此促进心理和思维发展。儿童通过观察和与不同年龄的其他人互动来学习。

* 以年龄划分学习目标的死板课程在混龄团体中必须给予松绑。教师经常根据儿童兴趣或能力水平分组进行不同的活动（Hitz, Somers & Jenlink, 2007）。这样对所有儿童都有利，可以保护儿童，使其远离竞争和失败的危险，还为儿童的不同步发展创造了条件。混龄团体还认可这种观点，即有特别需要的儿童需要"在身体、社交和智力上得到包容和接纳"。当他们与能力差异很大的儿童在一起的时候，差异就不会那么明显了。

混龄班的教师很有激情。他们认识到如果当教师和儿童相处超过一年的话，彼此之间的关系就会发展得更为深厚。将同龄组转为混龄组需要教师的努力和调整，但这样做值得。家长总是关心混龄分组对他们孩子的影响，害怕较大的孩子因而退步，或者担心较小的孩子会被欺负。应该帮助家长们认识到混龄分组的正面效果。

下列策略应得到特别重视：

* 建议较大儿童帮助较小儿童，较小儿童寻求较大儿童的帮助，比如，"我想你应该帮助莎拉和阿朗德拉弄明白怎么一起玩三轮车"；

* 鼓励各个年龄的儿童互相给予并接受对方的安慰；

* 鼓励较大儿童为较小儿童负责，比如帮助他们适应新课堂；

* 不鼓励刻板印象，不严格按年龄规定目标，反对诸如"他做不了这个，他太小了"等说法；

* 帮助儿童理解并接受其现在的不足之处（"我想如果你再长大点就能爬上这个梯子了"），帮助较大儿童体会自己的进步（"哇，我还记得之前你还爬不上梯子呢"）；

* 帮助儿童重视同龄人的需求、感情以及兴趣（"杰里米想跟你玩，你觉得你们两个在一块可以玩点什么呢?"）；

* 鼓励较大儿童给较小儿童读书，鼓励所有儿童在适当的活动中贡献自己的力量（"也许杰米能拿稳这个恐龙，让你画出恐龙头来"）。

如果使用了上述策略，混龄班儿童会更为依赖彼此，减少对教师的依赖。

特殊需要儿童的不同在混龄班中不会那么显著

发展适宜性实践的当前话题

欺　凌

　　恃强凌弱者常常对弱小的同龄人——通常是一些胆小、忧郁、自尊心不强的儿童——进行人身或心理威胁，从而获得满足感。这种恃强凌弱及受欺负的模式可能早在幼儿园阶段就形成了。美国医学协会杂志发表的一项研究指出，恃强凌弱的孩子和他们的受害者都认为自己没有被他们的同龄人完全接受。

　　欺凌似乎通常是为了通过降低他人的社会地位来建立自己的声望地位，因而对他人施加痛苦（Gartrell，2008）。女孩的欺凌通常涉及言语攻击，例如嘲讽、八卦和排斥，并且可能在社交媒体上进行。男孩的欺凌通常为身体攻击。攻击者很快就会认出那些最容易成为受害者的孩子（Papalia，Olds & Feldman，2006）。被欺负的孩子会体会真正的痛苦，这会影响他们的社交和情感发展，以及他们的学习成绩。一些受害者甚至试图自杀，而不是继续忍受。

实施欺凌的儿童和青少年控制或支配他人。欺凌者也可能是对学校或家里发生的事情感到沮丧、愤怒或不安。"欺凌者经常受到同学和成年人的厌恶和拒绝，并且在感知他人意图和可能行为方面往往不准确。"（Tomlinson，in Copple & Bredekamp，2009，p. 266）受害者也往往符合特定的特征。欺凌者通常会选择被动、容易受到威胁或朋友很少的孩子。受害者也可能更瘦小或更年幼，或者属于少数群体，难为自己辩护。

欺凌是当今学校最严重的问题之一，对欺凌者和受害者都有长期的负面影响。教师与其他成年人在预防和干预欺凌方面都发挥着重要作用。仅仅安慰受害者和惩罚欺凌者只会强化欺凌模式。相反，积极预防包括明确统一的、全校范围的防欺凌方法，公开交流不被容忍的行为，家庭参与，支持体系。研究表明，当成年人提供适当的监督和干预，而不是容忍这些行为时，欺凌就会减少。当学校创造一种所有人都作为社区有价值的成员而受到保护的氛围时，可以帮助儿童不成为受害者或欺凌者（Olweus，1993；Davis，2004）。许多学校都发布了反欺凌声明。随着孩子们对支持系统的了解，他们在遭遇这个问题时会感觉更强大。创造一个关爱的环境和强调学校内部的关系都是积极预防的一部分。

教师直接干预的重点是帮助受害者表达对被欺负的感受，并学习应对欺凌的策略。它还侧重于帮助欺凌者发现欺凌无助于在群体中获得认同，并鼓励旁观者了解两个孩子的情况以及自己可以如何提供帮助。

教师可以使用大量资源来考虑如何创建让孩子们感到安全和无所畏惧的教室。

教师可以鼓励儿童关注同伴的感受

教师干预包括帮助被欺负的儿童学习应对欺凌的策略

欺　凌

亲爱的家长朋友：

　　最近媒体上关于欺凌的讨论有很多。您应该知道您可以在家中做一些事情来支持我们在学校的努力。首先，让孩子们知道，我们不会容忍欺凌！成人直接干预的重点是帮助被欺负的孩子表达对被欺负的感受，并学习应对欺凌的策略。它还帮助欺凌者发现欺凌无助于在群体中找到认同感，并鼓励旁观者了解双方的情况以及自己可以如何提供帮助。

　　我们的教师会使用大量资源来创建让孩子们感到安全和无所畏惧的教室。

　　我们都可以而且必须帮助解决欺凌事件。让我们继续讨论这个重要的问题。

××老师

8-6　促进学龄儿童的道德发展

　　在小学阶段，儿童内化其父母和教师教授的行为规范——道德开始形成——这个过程很缓慢。道德发展是一个复杂的过程，它包括认知发展和社会性及情感发展。道德发展的最终目标是让儿童掌握控制自身思想与行为所需的信息和手段。很有可能他们还不具备自主做出正确道德判断的能力，因为儿童只有到七八岁的时候才能掌握逻辑推理和视角转换的能力。

> **反思**
>
> ### 回忆"内疚感"
>
> 回想一下你在小学时做过的让你"内疚"的事情。你知道不应该做，即使你侥幸逃脱惩罚了。当你继续思考小学儿童的道德发展时，请考虑这一点。

8-6a　道德发展指导

教师的以下行为有助于儿童道德发展，即自我控制能力的发展。

- 设计活动并利用日常生活经验帮助儿童发展转换视角的能力。

可以通过讨论，帮助儿童学习在各种情况下理解他人不同观点的能力。

可以用优秀的儿童文学作品促进儿童对道德问题的讨论（Koc & Buzzelli，2004）。

安·赫克老师设计了一个集体活动。她给孩子们讲了个故事——两个男孩在谁该使用教室里的电脑这个问题上意见不一。汤姆昨天玩了电脑，但还有点任务没有完成；艾瑞克昨天没玩，觉得今天该轮到自己玩了。通过让儿童讨论谁该玩电脑，老师帮助他们明确了公平和正义的含义。

活动区爆发了争吵，老师查明了争吵的原因：安娜在加入丹尼斯和德的游戏、帮助他们两个建房的时候意外弄翻了他俩建的房子。老师把他们几个叫到一起，讨论无意破坏和故意破坏之间的区别。

这些老师都是在帮助儿童发展独立做出正确决定的能力。

- 帮助儿童做出更加合理的决定，这是教师在促进儿童道德发展中的责任之一。为此，教师可以组织集体讨论。通过这种指导性讨论，儿童可以帮助彼此看到其他的可选行动及更佳选择。这样的讨论将有助于儿童日后的行为。能帮助儿童理解社会行为，这对每个人都很重要。不能把集体讨论变成公开羞辱。

哈蒙斯老师让他的一年级学生跟他一起思考该怎么应对在校车上捣乱的孩子。学生先考虑当前这种行为的后果，然后说一说他们认为教师和校车司

儿童读物可用于促进对道德的讨论

机在应对问题儿童时应该怎么做。

　　• 支持儿童在互动的情境下自主找到答案和解决方案。教师不再提供解决方案或进行说教，而是问一些严肃中肯的问题来帮助儿童的道德更具自主性，不依赖成人出面或给予指示。

　　在引导孩子们进行讨论时，哈蒙斯老师问："你们认为问题出在哪儿？如果大家继续这样下去会发生什么后果？现在应该重点考虑什么？我们应该考虑谁的权利？你们认为控制局面的正确方法是什么？谁应该做这些？为什么？"

　　• 讨论社会责任和道德问题。学龄儿童已经准备好从一个更宽广的视角来考虑问题。

　　哈蒙斯老师发起了一个回收项目。通过与附近的环保小组交谈以及一起工作，儿童对小镇在回收利用上所做的努力进行了调查。在班会上，儿童谈论了自己能够发挥作用的种种途径。

8-6b　权威指导的好处

　　在明确限制和纪律时，做一个权威型而不是独裁型或宽容型的教师。不同风格会相应地造成儿童管理自身行为能力方面的差异。

　　宽容型和独裁型风格属于一件事情的两个极端，其中宽容型教师对儿童行为很少有要求，而独裁型会任意施加很多要求让儿童服从。宽容型教师没有"让儿童对可取的行为标准负起责任，还让儿童忽视了不可取的行为。……对不可取行为缺乏明确的限制以及对儿童解决自己的社会性问题不恰当的依赖，会让课堂失去秩序，让教师失去权威"（Copple & Bredekamp，2009，p. 301）。相反，独裁型教师"将自己置于与儿童对抗的位置，花了相当多的时间对儿童不控制自己的冲动进行威胁，并对其违纪行为进行惩罚"（Copple & Bredekamp，2009，p. 301）。

权威型教师建立清晰的行为界限，同时温暖回应儿童的需求

　　尽管宽容型和权威型二者风格不同，但作用却是相似的，儿童在这两种风格下都无法发展内化行为道德标准规范所必需的移情能力和理解能力。这两种风格引导下的儿童仍会继续依赖教师来引导他们的行为。

　　权威型教师会在明确行为限制的同时，用热情和温暖的态度对儿童的需求做出反应。教师通过采取各种直接教学策略，如建议、演示、解释，让儿童了解他们自身的行为对他人造成的影响，教育儿童应该如何做事，并帮助他们理解必要行动背后的原因。研究发现，权威型引导风格在发展儿童内部行为控制能力上是最有效的。儿童了解教师对自己的期望，明白如何自主做出与他人权利和需求相符的决定。

权威型教师会告诉儿童为什么某些行为是适宜的，因为他们知道道德应该建立在认知的基础上。他们经常提醒儿童遵守纪律，帮助儿童体会自身决定带来的后果。他们知道道德理解和控制能力的发展是一个渐进的过程，并利用每次机会帮助儿童处理有关公正和社会和谐的问题。

建议

支持儿童道德发展

以下原则可支持儿童的道德发展：

- 鼓励儿童自己管理行为，解决问题，并找机会帮助儿童理解他们的行为所涉及的道德问题；
- 谈论道德实践，同时在自己的行为中加以展示；
- 不要期望比儿童的认知水平更复杂的道德判断水平；
- 使用提出明确限制的权威型指导风格；
- 将道德问题和品格教育纳入课程。

哈蒙斯老师看到路易莎在打她的朋友，于是就把路易莎拉到一边。他告诉路易莎说，老师会保护她不被伤害，但也不允许她伤害别人。他们讨论了可以做出的选择。他支持路易莎以后多考虑朋友的想法，并公平解决问题。

8-7 促进学龄儿童的情感发展

在学前期，儿童开始学习以社会可接受的方式来控制和表达自身情绪。小学阶段儿童在了解自己和他人情感方面的能力得到提高，开始意识到情绪是处理人际关系和行为的一个因素。新的环境，如新的学校和同伴，再加上对周围世界和家庭环境认识的提高，可能会给儿童带来他们早期所没有的压力和担忧。小学教师的以下行为可以在以上两个方面帮助儿童。

- 提供机会让儿童了解自己和他人的情感。小学低年级儿童开始明白人可以同时有多种情绪，但还认识不到人可以对同一件事有相反的情绪，比如来到一个新教室后感到又激动又害怕。教师帮助儿童认识情感的一个方法是谈论情绪反应。个别谈话很重要，尤其是在儿童解决问题的时候。教师可以通过提问帮助儿童认识自己的感觉。

"他对你说那番话的时候，你有什么感觉？还有别的感觉吗？""当那件事发生的时候，你觉得他会有什么感受？"

● 策划小组讨论和小组活动来帮助儿童理解情感及其对人们行动的影响。讲个描写情绪反应的故事会对讨论有所帮助，而讨论会促进理解。

阿尔弗雷德老师讲了《母亲的椅子》（*A Chair for My Mother*）。故事讲的是小女孩一家在一场大火中失去了所有。在接下来的讨论中，罗伯特说："他们看到那场大火的时候，很害怕他们奶奶出事了。他们找到了奶奶后很高兴，但是仍然因失去了所有的东西感到难过。所以存钱买新椅子非常重要。"

● 为儿童提供材料，并鼓励他们用积极的、建构性的方式表达情绪。可以帮助学龄儿童使用创造性艺术方式，如绘画、雕刻、舞蹈以及写作来表达感情。

多样性考虑

儿童的情绪

表达情绪：对情绪的反应是家庭文化价值观的产物。一些文化不重视通过言语或行动公开表达情绪，并教他们的孩子压抑情绪表达。不同文化对于不同性别表达情绪的方式也有不同的观点。在假设健康的情绪表达是所有家庭的积极目标之前，教师必须了解家庭及其对孩子的目标。

被视为"不同"：对于小学年龄的儿童来说，被认为与众不同可能会带来压力，在邀请家庭展示他们的文化独特性时要多加考虑。因为事实上每个家庭在文化上都是独特的，所以应该邀请所有家庭，而不仅仅是那些因语言或种族背景而明显不同的家庭。

建设性的建议可能会鼓励儿童画画或写字

教师可以通过直接建议来促进这类活动。

"我想知道如果你们把它写下来会不会感觉好点儿。"

"很多伟大的艺术家都会像这样画出他们的感情——你们也来试试表达自己的感受怎么样?"

• 创造低压力教室。切瑞(Cherry)描述了低压力班级的基本原则(1981)。这些原则包括:儿童之间以及儿童与教师之间的关系以尊重、信任和关怀为基础;强调自我意识和自我表达;允许运动;计划可预测;减少视觉和听觉刺激;动静结合,节奏舒适;发展适宜;幽默;包含想象和创造性运动。当儿童在教室里感到身体和情绪都舒适的时候,那些通常与学校有关的压力和担忧就会减少。当教师积极传授减缓压力的策略时,儿童能学到有助于日后情绪健康的技能。

• 促进儿童的自尊心。当儿童感觉自己得到接纳时,压力就会减轻。所有儿童都应感到自己是班级共同体内有价值的一员。教师应该注意保证每个儿童每天都有积极的体验。对多样性的认识有助于教师考虑儿童不同的种族和民族背景、能力差异以及特殊的兴趣。自尊问题对儿童整体情绪健康有巨大的影响。

布兰登最近很不高兴。他的老师认为这可能跟家庭压力——他的父亲失业了——有关。她的一个策略是确保布兰登有机会每天帮助一个或两个同龄人学数学：布兰登数学学得很好。这一点看起来会有助于他的积极情绪。

作为班级社区的成员，所有儿童都应该感到受重视

● 与家长建立伙伴关系，以促进家庭和学校之间持续沟通。当教师与家长分享信息时，家长就能常常针对儿童在各个环境中遇到的情绪压力提供帮助。教师可以帮助家长缓解儿童向课堂以及更高等的学业过渡的压力，并帮助家长理解教育，以使家长不会把不当的学业要求加在儿童身上。家长可以帮助教师了解家庭的特殊状况，这种状况可能会让儿童苦恼，或者需要教师的个别注意。

老师经常与布兰登的父母聊天，因而了解布兰登的家庭情况。这样一来，布兰登的父母了解布兰登在学校的情绪，而老师也成了这个处于困难时期的家庭的朋友。

● 识别年幼儿童承受重压和情绪痛苦的信号。戴维·埃尔金德谈到了儿童因家庭生活恶化感受的压力（Elkind, 2006）。教师常常能够识别课堂上儿童承受压力和情绪不良的信号。有时这些压力可通过家庭和学校间的合作来减轻，有时又需要其他专家的支持。不管是哪种情况，儿童的压力是教师不能忽视的。

● 监控学龄儿童看到恐怖事件（比如媒体曝光的现实生活中的灾难、电影和电视中的暴力事件或者暴力电脑游戏）时的反应。尽管小学儿童已经能分辨现实和虚幻，但他们仍然会受惊悚事件影响。教师应该帮助儿童识别过度刺激的信号，帮助儿童处理和表达情绪。教师和家长应该分享信息，这样每个人都能及时感知儿童远离潜在过度刺激情境的需要。比如一则关于恐龙的电影广告说是专为儿童准备的，但是实际上它非常惊悚。

橡木学校一年级的教师认识到上周发生在市区的火灾吸引了很多儿童的注意力。他们策划了集体讨论来帮助儿童明白发生了什么，与看上去最害怕的儿童进行个别谈话，并为其提供许多美术材料用来表达。该周的晚些时候，他们用了一堂课的时间，讲了紧急情况下如何保护自己，这样儿童可以对自己的知识更为自信。

建议

促进儿童的健康情绪

教师的以下行为支持学龄儿童健康的情绪发展：

- 在课程或非正式对话中讨论感受；
- 为儿童提供材料、机会，鼓励其表达或识别感受；
- 创设一个减压的课堂环境，并提供减压的机会或教授减压的技能；
- 与家长持续沟通以了解儿童环境中的不安因素，监控儿童接触惊悚事件的情况。

小结

当教师设计的社会性及情感环境满足以下条件时，学龄儿童的发展得以持续：

- 帮助儿童发展被同龄群体接纳的技能；
- 培养儿童积极的自尊心；

- 鼓励儿童道德发展；
- 促进儿童情绪发展，减轻儿童压力。

发展适宜性的社会性及情感环境考虑到了竞争与合作之间的平衡，并允许混龄分组。

思考

1. 观察一下你们当地的学校和课外班中有没有混龄班。如果有，就去参观一下。你看到不同年龄儿童合作进行了什么活动？你注意到了他们之间社交互动的哪些方面？与相关教师聊一聊。了解他们对混龄分组的看法。

2. 观察在学校操场或校外玩耍的儿童。他们的游戏是如何组织的？你听到了哪些有关游戏规则和公平的讨论？

3. 回忆你们自己童年时都玩了什么游戏，谁是游戏的参与者，谁是领导者，哪些人被拒绝参加。在你的回忆中，竞争情况如何？回忆你小学时，教师都组织了哪些竞争性活动？

4. 如果你有机会观察学龄儿童或与学龄儿童一块工作，观察他们玩耍和工作时选择伙伴的偏好，并据此绘制一张社会关系网。最受欢迎的儿童展示出了什么相处技能？最不受欢迎的呢？你有没有觉得有哪些具体的技能是可以直接传授和训练的？

5. 讲述科尔伯格那个有名的故事（见下），评估几名 6—8 岁儿童道德发展水平，然后再评估大一点的儿童。他们的回应是否表明他们是从自我的视角出发做出道德评判？

有个妇人患了癌症，生命垂危。只有一种药能救她，就是本城一个药剂师最近发明的镭。他只花了 200 元制造镭，却索价 2000 元。病妇的丈夫海因兹到处向熟人借钱，却一共才借到 1000 元，只够药费的一半。海因兹不得已，只好告诉药剂师他的妻子快要死了，请求药剂师便宜一点卖给他，或者允许他欠钱。但药剂师说："不行，我发明此药就是为了赚钱。"海因兹走投无路，只好撬开商店的门，为妻子偷来了药。这个丈夫应该这样做吗？为什

么？（Kohlberg & Kramer，1969）

6. 设计活动帮助儿童发展从他人视角看问题的能力。与你的同学一起开展这项活动并进行讨论。

自测

1. 讨论小学儿童的几个社会性及情感问题。
2. 指出教师可以采取哪些方式帮助儿童发展被同伴接纳的社交技能。
3. 描述能增强儿童自尊心的活动。
4. 讨论与合作和竞争有关的规则游戏。
5. 讨论混龄分组对儿童的积极作用。
6. 指出教师可以采取哪些方式提高学龄儿童的道德水平。
7. 描述教师在促进学龄儿童情绪发展、减轻学龄儿童压力方面的作用。

应用：案例研究

1. 一位二年级的教师计划召开一次家长会，讨论的重点是建立班级共同体以防止欺凌事件发生。你会强调儿童社会性发展的哪些要点？

2. 你和另一位二年级教师正在为小学生设计一个活动主题，帮助他们探索自己和他人的情绪，以及用积极的方式正确地表达情绪。你将强调哪些想法，设计哪些活动？

第 4 部分　发展适宜性的学习环境

第9章　发展适宜性的
学习环境：学前期

学习目标

学习本章之后，你应该能够：

9-1　讨论前运算思维的特征；

9-2　辨认并描述教师支持儿童游戏和学习的行为；

9-3　讨论什么是早期读写能力，为什么说强调早期读写能力是适宜的；

9-4　描述发展适宜性语言环境的要素；

9-5　讨论幼儿园的数学；

9-6　讨论幼儿园的科学；

9-7　讨论与传统学习活动相关的话题，包括大组活动及小组时间等。

波丽·格林伯格（Polly Greenberg）在《幼儿园为何不要学科化》（*Why Not Academic Preschool*）一文中，回应了一位幼儿园园长这样的疑问。

我研究美国幼儿教育协会的认证体系，看看是否与我们的董事会和员工讨论加入该体系。我看到了明显的好处……我们当然追求卓越的教育，希望成为最好。我拒绝认证的原因是：我们相信并期望3岁和4岁的孩子能够学习。而且我们的父母都受过教育，绝不会容忍孩子们只是接受游戏这样较差的教育。（Greenberg，1990，p. 70）

园长的这一声明总结出了倡导发展适宜性实践和强调更正式的学科学

习之间的巨大差异。园长的第一个意思是，学习是狭隘的认知的学习，他忽略了学龄前儿童在身体、社会性及情感领域的发展，以及获得积极自尊、生活经验和学习态度的重要性。第二个意思是，游戏是一件相当琐碎和浪费时间的事情——的确是"较差"。问题的关键是儿童应该学什么和应该如何教他们。当我们考虑发展适宜性学习环境时，游戏在课程和学习途径方面居于核心地位。本章将主要探讨游戏以及教师在提供最佳游戏体验中的作用，促进儿童在早期读写、数学理解、科学和其他知识等领域的学习。

9-1 前运算思维

皮亚杰将2—7岁儿童的思维和认知发展划为前运算阶段，意思是这时儿童的思维有能力做出真正的逻辑联结。在这一阶段，"儿童无法形成或理解真正的概念——概念是可靠和稳定的，不会时不时受到冲击"（Van Hoorn et al.，2011，p. 227）。根据皮亚杰的理论，这是因为这一阶段儿童的推理是从单个具体事物到单个具体事物，而不是基于对具体事物与整体关系的理解（Piaget，1969）。

事实上，皮亚杰将前运算阶段又划分两个不同的阶段：阶段一是2—4岁，此时儿童开始将熟悉的行为模式应用于外部世界；阶段二是4—7岁，这一时期儿童的认知开始变得复杂，能够在一定程度上理解偶然性和必然性之间关系。尽管如此，在这两个阶段，儿童的思维仍非常具体，这为想要理解儿童如何学习的人们提供了启示。

特征1，集中偏向（centration）。

集中偏向或者一维思维（unidimensional thought）指前运算阶段儿童在任何情况下聚焦于事物的某一方面而忽视其他方面的倾向。因此，他们的概念限于一个突出的表面特征或观点，而非基于整体的正确理解，即他们把事物表象的一些方面与现实混为一谈。在皮亚杰关于守恒（conservation）的经典实验中，他们无法理解水从一个矮胖的杯子倒入一个细高的杯子后，体积不变。即使当他们亲眼看到同样多的水从第一个容器倒入第二个容器，由于细高杯子中水位更高，他们仍然认定细高杯子中的水更多一些。

　　既要能关注细节，同时要能够"放眼"整体，需要去中心化的能力（decenter）。学习阅读和理解单个字母是学习整个单词的必要条件。数学运算要求转换思维，而这对于前运算阶段的儿童而言是困难的。所以，集中偏向的心理特征建议我们，像某些教师那样在学前阶段展开阅读和数学学科教学是与儿童的发展能力不匹配的。

　　特征2，自我中心主义（egocentrism）。

　　根据皮亚杰的理论，自我中心主义部分是指在同一时间内不能集中于事物多个方面。因此，自我中心主义导致学前儿童以自己为参照去理解每个事物，不可能理解其他人的观点和感受。

自我中心主义让学龄前儿童无法理解他人的感受

　　自我中心主义还会使学前儿童在对话时遗漏关键信息，对那些不形象化的谈话失去耐心。自我中心主义同样使儿童相信万物有灵（泛灵论），相信所有的事物都具有和他们一样的生命特征。用自我中心主义来描述学前儿童一点都不过分。只有通过与人和事物的大量接触，学前儿童才能慢慢地学会去中心化，获取对他们所在世界的更广阔的理解。

特征 3，不可逆性（irreversibility）。

不可逆性是前运算思维的另一个局限性。学前儿童无法逆转他们的思维并在头脑中重新构建到达终点的行为。这同样归咎于集中偏向性：他们只能关注始和末，而不能理解中间所发生的。儿童即使在亲眼看见同样多的水从矮胖杯子倒入另一个细高杯子后，仍然认为后者水更多。这个例子证实了不可逆性。

特征 4，具体性（concreteness）。

具体性是前运算思维的另一特征。儿童能够理解真实的事物、情形和他们亲身经历过的事件，但是对于抽象概念、超出他们个人知识范围的事物以及只是听说过的事物，他们在理解上存在困难。这一个特征同样使他们只限于从字面理解词和短语。而大量的学科学习需要处理抽象概念。例如数字 5 是一个抽象的概念，只有当儿童积累了与 5 有关的足够多的一手经验，他们才能将这个概念运用到现实生活中。

特征 5，直接推理（transductive reasoning）。

当与稍大儿童进行比较时，人们会发现前运算阶段儿童的推理是错误的。这源于他们的推理只能从单个具体事物到单个具体事物，比如"因为邻居家的狗对我叫唤，还朝我扑过来，所以所有的狗都会叫唤，也都会向我扑过来"。儿童同样这样假设前后发生的事件之间的因果关系，或是在事物之间建立实际上非常肤浅的联系——"我生病是因为我去了外婆家"。

特征 6，象征性思维（representation）。

象征性思维能力，或者说在头脑中表征事物、事件和行为的能力，在学前阶段显著加强。这种能力表现在他们不断发展的语言能力中——能够用语言考虑未来，用语言解决问题并预测结果，而不必通过行动，因此他们的活动变得更加有目的性。象征性思维同样体现在愈来愈多的复杂的扮演游戏中。

理解前运算思维阶段儿童所拥有的能力及所受的限制对教师在设计课程时进行学习类型与能力的匹配具有极为重要的意义。鉴于儿童在语言方面所具备的能力（和他们取悦成人的渴求），教师可以教儿童重复许多他们认为儿童有必要掌握的概念。许多 4 岁的儿童可以迅速地从 1 数到 10 或者 20，但当被要求数一些具体物品或去拿 10 张纸巾时，他们却犯了难。

这是为什么呢？在皮亚杰看来，儿童在积极地建构自身对于世界的理解。他们无法通过死记硬背或模仿他人而获得信息，但是，他们可以将自己已经掌握的知识带入每个新的学习情境并尝试理解新的信息。他们吸收新信息（同化）并且对其进行组织，从而使这些信息与他们已经掌握的知识产生关联，帮助他们理解（顺应）。当儿童在生活中熟练操作、体验、互动、观察、游戏和解决问题时，他们就开始了真正意义上的对基础概念的理解。"认知需要自发的行动，游戏是其体现形式：游戏是一个人为了达到理解而自发地对自己的经验进行重构。"（Jones & Reynolds，2011，p. 4）在拥有足够的有意义且积极的体验后，儿童理解 "10"，或者是任何其他成人急于教授的概念。如果说他们真正地理解了某个词的含义，那肯定是因为他们构建了自己的理解，而并非依靠死记硬背。

特征 7，建构主义（constructivism）。

建构主义理论与发展适宜性实践的核心紧密相关。建构主义理论指的是皮亚杰、维果斯基及后继的认知派学者的观点。他们认为智力和知识是个体通过与外界环境因素，包括物、人和经验互动而积极创造或建构的。因此，建构学派的观点促使教育学者对传统的灌输式教学方式提出质疑。成人说教，儿童不断重复，这种学习流于表面，不能成为儿童自我建构的认知的一部分。

卡特尔-霍恩-卡罗尔理论提出了人的 10 种智能：

- 可变智能——解决新问题的能力；
- 定量知识——数学知识；
- 固化智能——对概念和语言使用的基本理解；
- 视觉处理——识别和解释视觉信息的能力；
- 听觉处理——识别和理解听觉信息的能力；
- 读写准备；
- 处理速度——流畅执行认知任务的能力；

- 决策速度——做出快速准确决策的能力；
- 短时记忆——回忆最近信息的能力；
- 长时记忆—存储和检索信息的能力。（Lynch & Warner，2013）

如果将建构知识比喻成砌楼，那么坚实的地基就是儿童所吸收的感觉运动信息。这个建筑地基之上的部分由前运算阶段积累的砖头砌成，在这一阶段中，儿童在工作/游戏中逐渐理解信息是怎样联系在一起的。当这些基本概念形成后，如果要接着往上建楼，就需要在概念理解的基础上学习学科技能。这样，这座楼就能稳稳地站立。但是，如果急于让儿童去学习一些对成人来说有意义的并可测量的知识，那么，前运算的"砖头"就会砌得过快和过于随意，甚至被省去，结果就是这座楼很有可能因缺少必要的基础而坍塌。

在定义发展适宜性实践的过程中，了解前运算思维的特征将指导我们去发现使得儿童有能力去积极构建他们知识的媒介。这个媒介就是游戏。

通过游戏，儿童积极地重建他们对世界的体验和理解，从而形成和串联起他们自己的概念。

正是在这个阶段（学龄前），儿童首先成为经验的合格表征者，而不仅仅是实践者。人类社会及其思想的成就，使人的回顾和展望成为可能，而不是简单地生活在当下，交流的地点和时间被消弭。儿童的探索是直接的接触。四五岁儿童的戏剧表演越来越复杂，表现了或真实或想象的经历。（Jones & Reynolds，2011）

发展适宜性的学前教育旨在给予儿童这样一种机会：在游戏的过程中，通过提供体验、资源及支持来帮助儿童主动进行认知学习，使他们不仅可以建构，还能通过语言和行动来表征他们不断增长的知识。

发展适宜性的学前教育旨在帮助儿童建构和表征他们不断增长的认知。

9-2 通过游戏支持学习

尽管游戏的一个标准是它的自发性和自由选择性，但是教师们在支持、扩展、丰富和评估游戏的过程中仍然有具体的作用。相关早期学习标准指出教师有责任将游戏活动整合在知识和技能学习中。

为了让儿童从游戏中充分受益，教师必须认真对待自己的角色。教师不能想当然地认为儿童通过游戏学习，同时抱怨家长和管理者质疑游戏。相反，教师必须认识到游戏是关键教学环境，必须利用基于研究的有效教学策略。例如，在游戏过程中使用支架式语言，并且在一日生活中将游戏与直接教学结合起来（Bredekamp，2004）。

教师创设一个在特定时间针对特定儿童的最适宜的游戏学习环境。许多教师扮演幕后的角色，他们为游戏的发起搭建了一个舞台，而这个舞台的布景也将随着游

象征性思维同样体现在愈来愈多的扮演游戏中

戏的发生和发展不断重设。一些教师更多地与儿童直接互动。教师作为讲述者和信息发布者的传统角色也发生了变化，取而代之的是成为促进者、支持者和指导者。我们将探讨的教师角色包括环境创造者、观察记录者、规划者、支架者。

9-2a 环境创造者

前面我们详细考察了教师在布置教室时做的决策。本章我们将简短地讨论将学习中心作为教室中活动重点的理由以及如何创设一个积极的游戏化学习氛围。

一个面向学前儿童的发展适宜性教室会考虑到儿童大部分活动时间需要在学习中心进行游戏。因此，教室被分为若干区域，在这些区域中，儿童可以选择他们的设备、活动和玩伴。

这种活动区模式支持了积极的游戏，原因如下。

• 提供选择的机会：教室中充分而独立的游戏空间，为每个儿童提供了多种游戏可能。

教室里的每个儿童都有足够的选择

- 提供自由移动的机会：所提供的多样化选择和游戏风格满足了主动探索的需求。儿童自己决定他们什么时候从一个活动转换到另一个活动。
- 允许发展差异：每个中心都会提供各种材料，兴趣各异、注意力时间各不相同的儿童都能够找到适合他们的环境。
- 促进游戏：因为儿童在学习中心的游戏中起着主导作用，所以教师从原先指导一个大集体的职能中解脱出来。他们因此能够在进行游戏的儿童间随意走动，有效地强化他们所观察到的学习行为，或是拓展及激励个体发现。

以上说明了创设活动区的理由。因为学前儿童已经准备好玩真正的符号化的社会性戏剧游戏，所以活动区使得额外的以及更为复杂的学习成为可能。

- 合作性学习：大部分活动区都为几个儿童一同游戏提供足够的空间，以促进语言发展、互动和社会技能的发展。

细致周到的环境安排使完成项目及通过与具有更高级经验的他人互动而增进理解都成为可能。通过让经验丰富的儿童与经验相对不足的儿童一同游戏，教师提供了合作学习的机会。

- 主动性：儿童是活动区的积极分子。他们被鼓励去计划和开展自己的活动，而不只是被动地遵从成人的指令。当所有设备和材料被安排在可预见

可容纳几个儿童进行戏剧游戏的空间

的地方时，儿童就能够不断追随其旺盛的精力和层出不穷的想法。

教室中的核心活动区主要包括：创造性艺术/建构中心、积木中心、娃娃家、大动作中心、数学/操作中心、科学中心、语言中心（读和写）、计算机中心及音乐中心。各班可根据空间及教师人数，灵活设置别的活动区，如木工中心、厨艺中心、沙水中心或其他感官探索中心。

活动区材料包括积木、书、书写材料、数学游戏和操作工具、戏剧道具、体育运动设备、艺术和建构材料、沙子和水以及科学探究工具（Copple & Bredekamp，2009，p. 154）。

提供这些材料的目的在于让儿童利用这些材料去探索、发现、表征和阐释他们对世界的理解。

教师们所做出的关于活动区环境布置的决定、关于所提供材料种类和数量的决定、关于游戏时间安排的决定都极为重要，这些决定将创设一个能帮助儿童发起并持续游戏的丰富环境。教师要时刻留意儿童的需要、能力、游戏兴趣，并在环境中做出相应的变更。如果教室里有残疾儿童或者各种特殊需要的儿童，教师要不断地调整空间和材料，使其能满足所有儿童的需要，并使得所有人一起游戏成为可能。

在环境方面，教师的重要角色之一是使环境秩序井然，将游戏的多种可能性清楚明白地呈现给儿童。

当教师创造一个清晰呈现多种选择的环境时，游戏就会变得丰富

儿童会按照自己的想法游戏，打乱教师安排的顺序。教师要接受"一团糟"的场面，认识到这是游戏中一个正当且不可避免的部分，然后重新设置，以便儿童再一次看到游戏的多种选择。

教师在设计游戏环境时应考虑的因素包括：

- 材料数量足够；
- 材料种类、层次和复杂程度要有区分；
- 材料的新颖性和多样性足以激发儿童好奇心和兴趣；
- 材料的摆放要易于儿童选择和放回，易于保持清洁；
- 有足够的空间；
- 易于管理和互动。

也许支持游戏的环境的关键因素是教师的态度。当教师传达他们对游戏的尊重，鼓励儿童开展有意义的活动时，儿童极易受教师意见和态度的影响。

是什么激发了儿童在游戏中持久的专注和丰富的阐述？答案让我们大吃一惊。是教师。我指的不是一个试图指导儿童活动的教师，而是一个"在附近的人"，他在某种程度上保证环境的稳定和持续，但也会在儿童需要帮助

的时候给予安慰和信息。(Bruner, 1991)

建议

尊 重 游 戏

教师对游戏的尊重表现在：

- 对游戏中的儿童表现出明显的兴趣；
- 与儿童互动时表现得轻松和愉悦；
- 偶尔接受儿童邀请加入游戏，并听从他们的指挥；
- 保护游戏过程不被成人和日程安排打扰和中断；
- 提供适宜的材料丰富儿童的游戏；
- 鼓励儿童谈论他们的游戏；
- 记录儿童游戏的一些场景，供日后讨论和回顾；
- 为游戏中的儿童拍照留念；
- 向儿童的家长或其他人展示并解释他们的游戏。

教师不支持儿童游戏时，他们：

- 监督儿童游戏；
- 只有当必须干预时才走近他们；
- 只提供极其有限的时间供儿童游戏，并且在教师想要做什么或者教什么的时候随意打断儿童的游戏（如"现在把玩具放回去，我们要开始上课了"）；
- 环境杂乱无章，毫无吸引力，玩具和材料到处乱放或从不更换；
- 在儿童游戏时间只忙于自己的事情或备课；
- 以一种贬低游戏的口吻谈论游戏，并试图用所谓的"真正的学习"来取悦家长（如"我们没有花大量时间在'单纯'的游戏上，我们做了教学计划并采用××课程"）。

9-2b 观察记录者

教师们要想明白如何才能最好地支持儿童的游戏，就必须成为最敏锐的观察者。教师们可能已经了解他们所教授的该年龄组儿童的大致发展特征。然而，个体的发展水平以及小组中每个儿童的具体需要、兴趣、学习风格和偏好却只能通过细致入微的观察才能了解。

如果这是你班上的孩子，你必须表现得好像你在任何特定的时刻都知道他或她是谁。危险在于，你可能会自欺欺人地认为你真的掌握这些信息。你可以通过定期观察和记录来减少这种危险，不管它是否符合你的已有观念。（Clemens，1983）

观察游戏中的儿童。教师可以站在儿童的视角，并询问一些关键问题。游戏中发生了什么？他的目的是什么？他是否具备完成任务所需要的技能和材料？最后，教师思考如何支持和扩展游戏以实现自己和儿童的目标。

"观察对于教师理解儿童是必要的，但只有培养教师思考'观察什么'并反思的技能，才能使教学计划支持儿童的学习。"（Reifel，2001）观察每个儿童的特殊兴趣和发展水平，关注教师的目标。观察是对课程和材料做出适宜性决策的唯一途径。观察是一个循环：教师最初观察儿童的游戏以评估儿童的需要、能力和兴趣，之后他们又为儿童提供他们认为能够对儿童的游戏形成挑战和支持的材料与活动；对后继游戏的观察能够帮助教师评估教学计划的有效性，设计之后的课程和其他活动。

观察是可行的，因为教室里采用了活动区模式。教师有时间去观察和记录信息，因为儿童在自发学习。意识到观察对于设计个体适宜性体验有着重要作用的教师视观察为重中之重，而不会将其看作"没有时间去做"的事。

教师需要发展观察和记录信息的技能。教师关注观察的 4 个关键问题：

- 我想知道什么？
- 我应该在何时何地观察以获取所需信息？
- 如何记录我观察到的情况？

- 我如何组织我收集的信息？（Jablon，Dombro & Dichtelmiller，2007）

教师可以从以下几个方面做起：

- 使用支持观察的策略，例如分配时间，准备纸笔，使用备忘录，以保证不会忽略任何一个儿童或儿童发展的方面；

教师确保对每个儿童的所有领域定期进行观察

- 制定具体目标并设定观察任务，例如在每次游戏时间记录 3 个儿童的情况或是观察儿童探索水和泡泡的不同方式，这些将帮助教师们聚焦于观察；
- 对特定发展进程提前进行计划，例如，周一观察安东尼奥、米歇尔和罗丝的语言发展，以及所有男孩的跳绳技能；
- 确保每天有特定的时间用于观察以及撰写活动计划；
- 客观、无偏见地记录事实，专注于描述发生了什么，有哪些语言以及非语言的交流，不使用带有个人主观色彩的词，客观事实使教师在日后可以回顾而不会有所遗忘；
- 找到有效的记录方法，例如做一些简短的记录，用即时贴贴在儿童个人文件夹的某个部分，附在文件夹的索引卡上，或者记每日日志，使用网格表、积分表和评分表。
- 记录相关信息，例如观察日期、时间、地点和其他参与的儿童，以便及时整理记录以及文件盒，并随着儿童的变化和发展积累信息，未进行有意义记录的观察没有太大价值；

- 利用观察做出试验性的评估并为每个儿童设定目标和发展计划。

细致的观察记录是有价值的，因为这不仅仅有助于规划发展适宜性课程和评价儿童游戏。当教师的关注点放在儿童所有方面，而非最令人不安的某些方面时，他们会看到儿童的优点并学会更好地欣赏儿童，从诸如"我该对他做些什么"之类的问题转移到更以儿童为中心的问题上来，例如："什么吸引他？他正在处理什么问题？他知道些什么？他接下来可能学什么？"(Jones & Reynolds，2011，p.74）教师所观察到的行为模式将对那些需要更加专门的评估和支持的儿童提供帮助。观察对于与家长和其他教职人员进行信息分享同样有价值。观察应当成为家长和教师共享有关儿童下一步发展的决策的基础。与其他评测相比，持续的观察是一种评估儿童发展水平的更为精确的方法。观察儿童的进步和成就有助于评估项目的有效性，也有助于教师设定自身职业目标。

总而言之，观察和记录似乎是最被忽视的教师职责之一。当教师在课堂中起到主导和中心作用时，他们自然不会有充分的自由时间来做这些工作。当教师学习去支持儿童自发游戏时，用于观察和记录的时间也就有了。

教师观察儿童游戏

教师可以通过以下方式了解儿童：

- 持续观察；

- 在不同情况下观察儿童，比如不同的环境，一天中不同的时间；
- 和家长共同观察；
- 提出有助于儿童描述自己思维过程的问题；
- 关注儿童与材料和其他儿童游戏及工作情况；
- 和儿童谈论他们正在做的事情和制作的东西；
- 倾听儿童与他人的交谈；
- 研究儿童的作品；
- 一边参与游戏一边观察；
- 事后反思并做好笔记。（Jablon，Dombro & Dichtelmiller，2007）

9-2c　规划者

学前儿童的自发游戏和教师的规划是一个有机的整体，这听起来有点矛盾。这里的规划来自教师对环境的观察以及他们对儿童游戏的参与和支持。在支持儿童进一步发展的过程中，教师要设计材料和活动，促进儿童从现有水平朝下一阶段前进。然而，教师的规划并非建立在"儿童将学习什么"的狭隘目标上，而是基于对学前儿童更广泛目标的理解，认识到在已有的情境中，儿童将找到他们自己的课程。

我们如何回答这个问题：儿童能够并应当学习什么？

美国各州制定的早期学习标准为教师制订计划指出了具体的目标。不同课程模式明确简述了教师制订计划和评估儿童学习的准则。

- 创造性课程提出了学习与发展领域的目标，指出了具体的预测性、过程性指标。
- 《确保开端儿童发展和早期学习框架》包括 10 个具有特定内容的领域（再加上一个适用于双语学习者的领域）。该框架与美国教育目标专家咨询组确定的 5 个入学准备领域相一致，可用于指导课程实施和儿童评估。
- 高瞻课程给出了 8 个主要的课程内容领域，这些领域也与美国教育目标专家咨询组确定的入学准备领域一致，包括学习品质、社会性和情感发展、身体发展和健康、语言读写和交流、数学、创造性艺术、科学和技术和社会学习。这些内容领域有 58 个关键发展指标，即可观察行为的儿童发展里程碑，可用于指导教师制订计划和评估学习历程。

　　儿童需要学习的是关于他们所处世界的知识，这个世界有特殊的地理和文化背景。他们的家长对于"什么对孩子来说是重要的"有着特定的看法。这些广泛和个体化的理解将帮助教师设计适宜性的课堂体验。

　　教师关于课程的思考方式会影响他们的计划。教师在制订课程计划时考虑到了儿童想要亲手做和积极探究的需要，考虑到了儿童进行回顾和重构的需要，考虑到了儿童交流学习的需要，还考虑到了自身总结过去和规划未来的需要。

课程计划要求了解儿童在特定的地域和文化背景下需要学习什么

　　对于想要做规划的教师而言，要注意不要局限于自己的规划，而是要能有的放矢地支持儿童。好的规划应当为儿童游戏提供经过精心设计的起点，好的教学意味着教师在持续观察儿童游戏的同时，能够调整甚至抛弃原先的计划。好的规划要求教师退后一步，问一问自己观察儿童与材料互动后发现了什么。这种思考必然引发下一步计划。"通过这一个过程，课程不断生成，教师和儿童持续学习。"（Jones & Reynolds，2011，p. 105）

发展适宜性实践的决策

困境："园长坚持让我班上的孩子每天都带一些美工作品回家，而且要和我们一直在研究的主题相关。很多孩子对美工不感兴趣，我通常不得不强迫他们，大部分作品都是我自己做的。"在这种情况下你会怎么做？

思考：这可能是困扰幼儿园教师最常见的问题之一。园长和家长最有可能想要的是显性的证据，证明每天都完成了一些事情，这意味着"只是玩玩"是不够的。通常，与主题特别相关的美工作品需要精心制作以符合要求，但这一种创造，如儿童可以选择材料，创造他们想要的任何东西。儿童缺乏发起活动的机会是这种教育实践被认为不适合学龄前儿童发展的原因之一。按照别人的标准操作、自发选择被干扰也是不适宜的。学校给家长的信息是，教师主导的学习是他们能给儿童提供的最有价值的经验。家长通常能理解这些作品是在教师的指导下制作的。

教师需要意识到创造性有多种形式，不仅仅是使用艺术材料和绘画。在教室的各个区域，儿童都能够表达自己，例如进行扮演游戏，操作数学材料，玩积木、面团、沙或水等。

这是一个非常重要的问题，应该在教师中进行深刻的讨论。问题的关键在于如何让家长看到儿童在游戏中进行真实的学习，游戏具有创造性和表现力。当教师将他们的创造性用于帮助家长理解与欣赏游戏和各种创造的价值时，他们可以让儿童自由地创作。简讯、日常活动记录、逸事记录、家长开放日、家长工作坊——有很多途径可以让家长理解，真正的学习不是在儿童不情愿地大量制作艺术作品的情况下发生的。

9-2d　支架者

教师在理解儿童游戏和课堂参与的复杂性后，开始意识到儿童在他们的游戏中展现了各种各样的技能。生活经历、沟通能力、社会适应力、文化多样性等因素导致了差异。教师知道"支架"行为（scaffolding behaviors）可能会促进儿童游戏，于是他们寻找介入儿童游戏的方式和时间，从而使儿童像运动员一样达到新的水平。教师干预有时可能破坏游戏。如果教师不能够恰当地与儿童一同游戏，不是以拓展而是以控制或打扰的方式参与游戏，那有价值的学习机会也可能丧失。

这看起来像一个高效的游戏场景。此时需要教师干预吗？
为什么？

那么教师参与儿童游戏的理由有哪些呢？一个理由是加强儿童与同龄人或游戏材料的互动。通过出现在游戏现场、示范及指导儿童进入新的游戏水平，教师能够帮助儿童提高社交技能和游戏能力（Smilansky，1968）。进入游戏的一个恰当时机是当游戏显示出快进行不下去的迹象时。教师可以扮演一个角色去微妙引入新的游戏点子或是材料，帮助儿童厘清思路，组织想法，或是调节情绪。

另一个理由是指导游戏上升到更复杂的水平，这将提高儿童的社会性和认知发展水平。当游戏似乎在单调重复的水平上徘徊的时候，教师的意见和问题将使游戏得到丰富与充实。当教师深入观察游戏时，他们会发现适宜的教学时机，从而帮助儿童发展思维和沟通能力。

教师可以在某些时候接受儿童的邀请加入游戏。与儿童一同游戏依然是增进教师与儿童关系和人际交往的一种方式。教师在这一过程中发现，"决定是否参与到儿童游戏中，需要考虑儿童是否需要挑战，儿童自身技能是否足以维持游戏，以及教师自身的教学风格偏好如何"，而这有助于教师进一步了解儿童（Jones & Reynolds，2011，p. 35）。

有时教师的干预也可能产生危害。当儿童以一种有组织的、经过思考的、合作的方式与同伴进行游戏时，教师的参与很可能是不必要的——即使他们发现了一个去教授认知概念的绝好机会。如果儿童过分依赖教师的在场以维系他们的游戏，乃至教师任何时候的离场都会导致游戏中止，那么教师可能在儿童游戏中占据了过于主导的地位。有些时候，儿童会明确表示不欢迎教师的在场。伊丽莎白·琼斯（Elizabeth Jones）讲过一个故事。故事中的教师"过分促进"（over-facilitating）了一个商店游戏，频繁地用问题打断儿童的活动，提出类似"你商店的商品是从哪儿来的？"或"你的鸡蛋或牛奶是否要多收点钱？"等问题。最终，不堪其烦的"店主"提出："你能去帮其他人吗？"教师必须避免这种对游戏的侵入和不必要的打扰。

成为一位优秀的教师意味着：

- 做一个有心人；
- 创建一个充满爱的学习社群；
- 通过教学促进儿童的学习和发展；
- 制订课程计划以实现重要的教学目标；
- 评估儿童的学习和发展；
- 与家庭建立互惠关系。

能否成为一个有效的促进者或"支架者"，取决于教师对时机的把握，即知道什么时候干预将对游戏起到扩展和支持作用，而什么时候干预又将破坏游戏。他们使用的策略取决于他们对游戏情境的敏感度以及对儿童在特定时间需要多大程度支持的评估。一般的策略包括示范游戏技巧、提问以及对儿童的意见与兴趣做出回应。

策略 1，示范。

尽管儿童的游戏是自发的，但教师有时候也会参与到游戏中。他们的目的是通过巧妙地引出观点和信息来支持游戏。这些信息不是"告知"的，而是通过展示、示范和交谈传递的。教师最有可能在与年幼的儿童或具备较少经验的儿童游戏时成为榜样。当儿童没有主意时，教师可以扩展他们的思考。

教师（走入娃娃家）：早上好！我刚路过这儿，想知道如果你们在家的话，我是否可以进来看望你们。

凯蒂：哦，当然，请坐。

教师：谢谢。是不是快到午餐时间了？

瑞秋（端出一个盘子递给老师）：是的。这是您的午餐。

教师：看起来真不错！你为我做的是什么菜？（假装吃起来）

凯蒂：是比萨。

瑞秋：里面还有蘑菇呢！

教师：嗯。你们要不要一起吃？

（两个女孩儿都坐了下来）

教师（过了一两分钟）：你们的女儿想不想也来点儿比萨？（对一个洋娃娃说）

当午餐的场景展开后，教师起身离开，并承诺还会再来。当教师离开后，孩子们忙着给几个小宝宝喂饭。

教师还可以与年幼的儿童一起做示范。

教师注意到皮亚在观察娃娃家的游戏。于是，他走上前去询问她是否愿意陪他一块儿去给这家人送一份包裹。

教师：一会儿我们要先敲门，告诉他们送货员有一份包裹要送给他们。

皮亚（教师把包裹递给她）：好的。

教师：我们到了。敲大声点儿，告诉他们包裹到了。

皮亚（边敲门边说）：你们的包裹到啦。

(孩子们从她手中接过包裹)

皮亚：我还有一份包裹要送。我先走啦。

通过参与游戏，教师帮助儿童理解游戏中的角色和可行的游戏策略。他们同样能够通过回应儿童去维持游戏。

凯蒂：嗨，汤姆！过来看看，我们都打扮好了。

教师：哇，你们看上去好像是要去什么特别的地方。

瑞秋：我们要去纽约。

教师：嗯，那还挺远的。你们走之后谁帮你们看家呀？

凯蒂(环视四周)：嘿，皮亚！你愿意帮我们照看房子吗？我们要去纽约。

瑞秋：我们回来以后会给你带礼物。

皮亚(开心地)：好的。你们走后，我会帮你们收拾屋子。

教师作为榜样进入游戏，通过示范解决问题来维持游戏。

瑞秋和凯蒂开始为谁来开去纽约的火车争吵起来。

教师(拿了把椅子来到他们的区域)：我希望这辆开往纽约的火车能尽快出发，但还没有人来查我的票呢。我买的是往返票，因为我晚些时候就要回来。这辆火车需要一个检票员。

(瑞秋和凯蒂互相看看对方)

凯蒂：你可以做检票员。

瑞秋：好的。等我们返程的时候你再做检票员。

教师作为榜样进入游戏与一般的成人角色大不相同，后者在儿童争吵时告诉儿童该做什么，或引导儿童进行其他活动。这里，教师并没有接管和指挥游戏或干预太多，不至于使儿童成了教师高深表演的观众。这里的教师仅仅是给出点子或提出问题，儿童可以根据自身经历自由发挥。

作为榜样的教师也可以作为一个感兴趣的和支持儿童游戏的人进入游戏中。这个示范的角色是很短暂的，就在教师出入游戏时。教师进入游戏中，接受儿童已经开展的游戏脚本，基于儿童在做的游戏扮演一个角色并投入其中。当教师退出游戏时，儿童已做好准备去继续游戏。

沃尔夫冈(Wolfgang)构建了一个教师行为连续体，这个连续体从最多数量的互动行为一直到最少数量的互动行为（见图9-1），它取决于儿童维持游戏的能力。当教师觉察到儿童所需的协助和回应越来越少时，他们就会相对不那么积极地参与游戏。

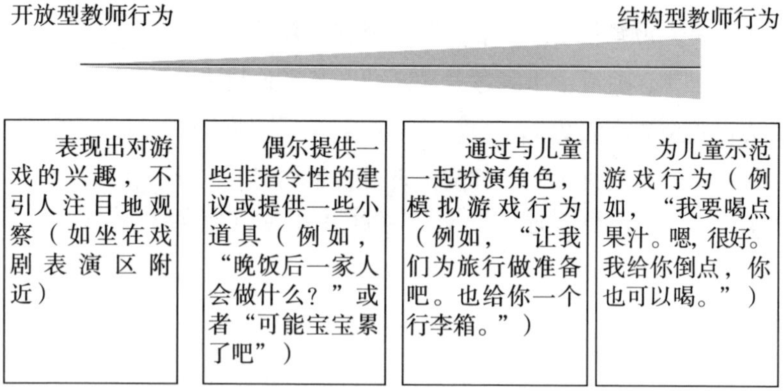

开放型教师行为   结构型教师行为

表现出对游戏的兴趣，不引人注目地观察（如坐在戏剧表演区附近）	偶尔提供一些非指令性的建议或提供一些小道具（例如，"晚饭后一家人会做什么？"或者"可能宝宝累了吧"）	通过与儿童一起扮演角色，模拟游戏行为（例如，"让我们为旅行做准备吧。也给你一个行李箱。"）	为儿童示范游戏行为（例如，"我要喝点果汁。嗯，很好。我给你倒点，你也可以喝。"）

图 9-1　教师行为连续体（Wolfgang，1977）

反思

你对老师的印象

当你想到"老师"这个词时，脑海中会浮现出什么样的形象？他或她在做什么？与这里讨论的教师角色有什么关系？

策略 2，提问。

当教师寻找最好策略帮助儿童达到新的能力水平时，他们往往会成为提问者。这不是说教师是测试者，抛出小测试一类的问题作为互动的主要方式，如以"那块是什么颜色？你有多少块积木？哪一块最大？这种形状叫什么？"这类封闭式的问题，测试儿童的概念学习，要求儿童给出明确的答案，答案要么正确，要么错误。这些基本上都是低水平的问题，所要求的是对事实的简单回忆，而不能够扩展或挑战进一步的认知发展。

一项研究发现，在教师与儿童语言的互动中，超过 50% 是上述这类问题，或其他诸如"你想要苹果汁还是橘子汁"这类选择性问题。当教师学着去问更好的问题时，问题就会为儿童支撑起更为成熟的理解。当教师提出问题时，他们也会增加对儿童思维过程和知识建构的理解。

好的问题可能会激发儿童更深入地思考

好的问题确实可以促使儿童分析经验，交流思想，评估和加深理解。提问是一种重要的技能。好的问题大部分都是开放式的和发散的，不限于一个答案。这类问题常常以"是什么""谁""什么时间""什么地方""为什么"和"怎么样"的形式出现。好的问题是成人真正感兴趣的、并不是预先知道答案的问题。好的问题也会引发儿童追问，而不只是给出正确答案。好的问题可能会引发更具挑战性的问题。

好的问题帮助儿童将注意力集中在自己的行动上，重新考虑并理解因果关系。

"那么，你是怎样使这些东西粘在一起的呢？"

"你是怎么发出这么大的声响的？"

好的问题可以帮助儿童用语言表达出他通过感官或者活动注意到的事物。把它用语言表达出来能使学习更明确。

"那块石头摸起来感觉如何？"

"那个东西尝起来怎样？"

好的问题可以引发儿童思考不同的选择。

"你还有什么方式能让身体发出声音?"

"你们俩怎样才能都骑上这辆三轮车呢?"

好的问题可以引起儿童在头脑中重构先前的经验和知识。

"我们在昨天做的这块橡皮泥中添了什么?"

"我们之前在花园里都种了什么种子?"

好的问题是个挑战,可激发儿童进一步探索或扩展活动。

"嗯,我在想如果你再多加点水会发生什么。"

"还有什么能帮助你们到达那个高度?"

好的问题可以要求儿童脱离他们当下所处的时间和空间,在经验和新内容间进行心理表征与联系。

"你还见过别的像那样飞的东西吗?"

"你们什么时候会再去看望你们的祖母呢?"

好的问题可以鼓励儿童看到物体或事件之间的关系。

"那两朵花有什么相同的地方?有什么不同?"

"你什么时候用热水?还有其他什么时候吗?"

好的问题能够使儿童在所看到的和已知的事物间识别出差异。解决差异能够使儿童重构他们对世界的理解。

"为什么这块小石头会下沉,而这块大的软木塞却浮在水上呢?"

"为什么长在同一个盆里的花形状不一样?"

好的问题也可以用来回答儿童提出的问题。在教师决定给儿童什么样的答案或者是否需要给出答案时,实际上,教师可以反问自己。

儿童:这是什么?(举起一块形状奇特的磁铁)

教师:你认为它可能是什么?

儿童:我认为它是一种很黏的东西。

教师:你知道别的东西被它吸住,它叫什么吗?

儿童:不知道。

教师:它叫磁铁。你可以找到能被它吸住的东西吗?

当教师回答儿童的问题并给出确实需要的信息时,他们就恰到好处地促进了儿童的认知发展，帮助他们在最近发展区内获得提高。儿童自己的问题有利于教师认识儿童所处的理解水平，从而使教师能最好地支持他们。

好的问题有助于教师了解儿童

教师利用问题去掌握儿童思维中的错误之处或思维水平。

教师可以在课堂上建立一种思维文化——"教师为了引发儿童的批判性思考而问一系列问题"（Salmon，2010）。当儿童接触到"思维路径"时，他们会扩展他们的思维策略。教师可以在"零点项目：视觉思维项目"（Project Zero，2010）中了解更多关于思维路径的问题。

"你是怎么解决它的？"

"你为什么那样想呢？"

诸如此类的问题往往最能帮助教师理解如何构建下一步的学习体验以支持儿童的认知发展。

策略 3，回应。

当教师观察游戏中的儿童时，他们会发现加强和丰富儿童学习体验的机会。作为回应者的教师会把有助于儿童构建知识的经验具体化、个性化。有时候，认可或用具体的语言表达对儿童一直在做的事情的回应会成为恰当的评论。

回应是对儿童努力的赞赏

"你用到的颜色非常明亮,让我耳目一新。"

"嗯,我看到了非常光滑的面团。看来你费了不少力气揉面。"

有时候,如果儿童正面临一个艰难的挑战,那么教师提供信息、暗示、帮助和鼓励便是一种支持。

"那个拼图很难。我想你可以把它拼出来。看看原图。他已经有了一只脚——另一只在哪儿呢？"

"我会给你看一些东西，它可能会对你有帮助。你用这只手抓住这张纸可能会更好。"

有时候回应也可以是一个建议，或者是添加更多材料来扩展游戏、增加挑战。

"我想知道你是否愿意找个朋友来帮助你平衡这个天平。"

有时候，回应是一些直接的指导或技能展示，可以帮助儿童在某项任务中取得成功。

"让我告诉你一个拿订书机的好方法。"

有时候，教师的回应可以只是守在一旁，专注地去帮助儿童维持他们的活动，因为儿童会觉得教师重视他们的活动。

教师可以专注地帮助儿童维持活动

教师坐在一组正在玩水的儿童旁边。她不时地对活动做出评价。大多数时候，她在聚精会神地观看和聆听。她的肢体语言显示出了她的专注和欣赏之情。

示范、提问和回应的策略都可以归为"搭脚手架"，即支架儿童去进行更复杂的而不是无须成人干预或协助就能完成的行为。需要注意的是，所有可能的回应都聚焦在儿童现在所做的事情上。这是真正地在回应，教师并不主导。回应是开放式的和试验性的，这样能使儿童很容易决定不予理会而坚持己见。

"这对你的杂货店有帮助吗?"教师在提供新道具时问。

9-3　语言/读写环境

　　学着去理解世界和他人并表征出来,需要语言的参与。语言是学前儿童游戏和学习中不可分割的一部分。到 3 岁的时候,他们已经在语言上取得了惊人的成绩。他们很可能已经掌握了 900—1000 个口头词汇,而他们能理解(能接受)的词汇还要多几百个。按每个月增加 50 个词的速度,大部分儿童的词汇量到 6 岁时都能达到 8000—14000 个词。句子的长度增加,句子结构的复杂程度也有所提高。这时他们说出的句子符合语法规则,而且很复杂,比如用到复数和过去式时,也偶尔会出现过度概括的倾向,比如想当然地认为 "feets" 是 "foot" 的复数形式,"wented" 是 "go" 的过去式。

　　他们基本上已经学会了如何去控制他们说话的节奏和流畅性,当然也会出现偶尔的不流畅。通常情况下,他们的发音足够清晰,即使一个陌生人与其交流也能理解他们75%的表达。他们能很好地理解成人的大部分意思。但是,在观察任何一个由 3 岁、4 岁和 5 岁儿童组成的群体时,人们都会发现儿童的语言发展存在着广泛的差异。社会文化背景、家庭成员的沟通方式以及个人经历都会对儿童的语言表达能力产生影响。考虑到儿童大致在两年前才第一次发出仅仅对他们自己有意义的声音,这是一个了不起的进步。他们是如何在那么短的时间内取得如此大的进步呢?答案是:他们并没有接受具体课程和训练,他们靠的是在没有压力的情况下,有大量机会去说话并听到其他人说话,有大量的时间去试验和体验。

　　目前,人们认为说、听、读及写与儿童语言和读写能力的发展相关。在过去的几十年中,这些技能被认为是依次发展的。现在,由于理论家、研究者和教育工作实践者在语言和早期读写领域的共同努力,人们已经相信口语和书面语各个不同方面的发展是一个不间断的过程,从出生开始都同时在进行。

　　早期读写并不依赖于技能训练和直接教学,它们的确不是学前阶段发展适宜性的学习方式。教师们若要为儿童的读写能力打下基础，其中所包含的每个方面都需要加以考虑。

在这一部分，我们将定义什么是早期读写能力，并且描述在学前环境中有助于语言和读写能力发展的实践。

早期读写

早期读写能力被视为幼儿园读写学习的基础。关于儿童如何学习阅读、书写和理解书面语言的一系列观点基于一定的理论、研究和实践（National Early Literacy Panel，2004；Neuman & Dickinson，2010）。我们的基本观点是鼓励儿童通过游戏、行动和交流找到展示他们经验的方式。

读写的基础是在学前期发展的

儿童需要借以思考和沟通的工具。他们认识到沟通能够满足他们的需要，给他们带来愉悦和友谊，帮助他们理解他们所处的文化。当儿童在家和学校接触到成人的读写时，他们会发现口语和书面语是紧密联系的，并且知道文字是沟通的另一种形式。之后，阅读和书写就被看成早期的读写能力。关于儿童是如何学习阅读、书写和理解书面语言的一系列观点基于一些理论，其基本观点就是儿童要被激励去通过玩耍、行动还有交流找到展现他们经验的方式，实现他们大目标系统中的一部分。同样，儿童通过游戏去建构自己对世界的理解，因此他们积极与文字互动会帮助他们理解书面语言是怎样使用的。这种意识和动机，配合教师提供的有意义的读写材料、活动和支持，一同促进早期读写能力（Roskos，Tabors，& Lenhart，2009；Morrow，2011）。儿童在课堂中学习语言没有刻意的起始点，也没有专门的教学时间。相反，儿童在不间断地使用语言，体会文字是如何起作用的。语言发展是个连续体，从出生一直到小学不断发展，它不是不连续的，如"现在该开始学习阅读了"。

最近人们对于儿童应当知道什么以及入学前能够做什么的期望发生了变化，这给儿童的读写学习增加了压力。

然而，这不是在学前阶段采用不恰当的教学方法的借口。相反，教师需要全面了解读写的组成部分与适当的活动和经验，以便支持儿童逐渐获得读写知识。早期读写理论要求提供给儿童丰富的经验去帮他们发展读写的不同方面。传统的读写方式是明显有缺陷的。

阅读和书写课程之间没有明确的区分，阅读发生在书写之前。儿童不孤立地学习技能，例如字母发音练习或者写一连串"h"，没有练习单；不必每周都练字母表。教师利用儿童文学中有趣的文字介绍有意义的绘画并且接着继续使用这些绘画，因为它们在日常生活中的许多方面发挥了作用。阅读和书写是日常活动的重要组成部分。口语熟练度被认为与阅读和书写的兴趣有关，但不是一个先决条件；书面语言和口头交流彼此相关，持续发展。

家长和教师在鼓励口语交流和亲子阅读方面发挥了关键作用，同时也发挥示范作用。长久以来人们意识到，来自重视交流和读写家庭的儿童更容易投入到学校的阅读和书写活动中。早期读写理论吸收家庭的经验，认识到鼓励儿童积极参与读写活动的发展适宜性。

美国《共同核心州立标准》是对儿童发展的描述，而不是对儿童应该做什么的指示。他们描述了听、说、读、写和应用的基本技能。

9-4　读写能力的要素

在有关读写的若干要素中，7 个要素被普遍视为重要的基础：词汇和语言，语音意识，文字意识，字词知识，对语意的理解，对书和其他文字材料的意识，并且视读写为乐趣（Heroman & Jones，2004）。

要素 1，词汇和语言。

学习书面语言需要掌握丰富的词汇，理解语言规则。当儿童学习阅读时，他们用听来的词和口语来理解书面文字。大部分的词汇都是通过日常活动和对话习得的。研究者发现大多数的阅读问题都可以通过提高儿童的口头语言技能来预防。

要素 2，语音意识。

语音意识是倾听和理解口语的技能体系。儿童从倾听环境中的声音开始，接着是学习尾韵（识别出词尾的发音）和头韵（识别出词首相似的发音），学习分辨单词中的独立音节。在这个语音意识发展的连续体中，最复杂的技能就是能分辨音素。音素是语音中最小的单位。随着课堂中对歌曲、故事、儿歌等以及语言游戏的应用，儿童的语音意识也会得到相应的促进。

高效的阅读者和书写者

高效的阅读者和书写者具备以下特征：

- 有语音意识（可以区分语音并且可以押韵）；
- 理解字母规则，有字母知识；
- 有很好的词汇量，会利用词表现他们自己的能力；
- 语言表达流畅；
- 能够理解阅读的内容；
- 乐意为了不同目的阅读。（Jacobs & Crowley，2007）

大量的课堂交流帮助儿童扩展词汇量

要素 3，文字意识。

文字意识指所有与组织和使用文字相关的知识，包括对文字功能的理解，这里的理解包括了对文字所有用途的理解。对文字的认识也包括了对不同形式的印刷品以及对具体字词不同外形的理解。儿童同样要知道文字规则，即书写规定。让儿童在环境中接触到文字是他们学习文字的常规方式。成人如果可以在儿童自己学会书写之前帮忙记录他们说的话，儿童就会在理解书写的意义（Tunks & Giles，2009）。

要素 4，字词知识。

学习阅读的儿童必须知道字母是代表语音的符号，这些符号组成单词，单词具有意义——这远不止学习背诵或认识字母。这样的理解能使得儿童将口语中的单词与文字匹配起来。字面上的字母对应口语中的字母，这被称为字母规则。当儿童看字母书并感知磁性字母或泡沫字母时，他们认出自己名字中的字母并学习书写，这一过程发展了儿童能力。

要素 5，对语意的理解。

对语意的理解包括对口语和文字意义的理解。儿童的背景知识能帮助他们理解。儿童所拥有的直接体验越多，他们对世界的理解也就越多。当他们接触到印刷品中的词语时，他们之前的感官记忆加强了他们的理解。假装游戏和复述故事是儿童提高语言理解能力的两种方式，教师的提问也会帮助儿童将新信息与他们之前已经理解的知识联系起来。

男孩们在探索字母

要素 6，对书和其他文字材料的意识。

当儿童的环境中有书并且有人给他们大声朗读时，他们会发现文字的许多用途。他们会发展对书及其使用技巧的认识，还会发现故事结构有一些惯例，例如故事常以"从前"开始。

要素 7，视读写为乐趣。

有过大量愉快阅读经历的儿童极容易被激励去为自己阅读。当与书本相关的活动包含快乐、游戏以及同成人的积极关系时，儿童会对阅读和书写产生积极的态度。当成人享受与儿童阅读的快乐时，他们的快乐就传递给了儿童。

人们应当清楚地看到，读写能力的各要素包含在所有活动中，贯穿于幼儿园一日生活。现在，让我们来思考一下面向学前儿童的发展适宜性读写环境包含的具体内容：对话、经验和儿童文学。

要素 8，对话。

教师认识到直接对话对于儿童口头交流和思维发展的重要性（Jalongo，2008；Kalmar，2008）。设置学习中心能鼓励儿童在游戏时对话和交流。教师同样可以自由地与儿童对话。教师意识到对话让儿童在没有压力的情况下生成和交流想法，学习聆听和回应他人。在对话中，教师通过提问鼓励儿童思考和运用新的语言，也通过提问选择儿童感兴趣的话题（Burman，2008）。教师通过专注地倾听促进对话。他们利用一切机会——进餐时间、过渡时间、游戏时间——来开展个别对话。教室里的材料同样可以促进对话；总会有新的、有趣的材料值得讨论。教师重视并鼓励儿童间的对话，意识到更熟练的说话者可以帮助到经验不足的说话者。教室空间的安排也是为了在游戏时间和工作时间鼓励对话和互动。

教师认识到口头交流时公开的修正和评判可能会阻止儿童做进一步的尝试。控制性的指令语言经常阻碍语言的发展。研究发现，不同父母对他们语言迟缓的孩子说话时有一个不同之处，就是他们对孩子说话的赞同与否。在接受儿童当前说话水平的同时，成人小心地用他们能够说的最好的语法和发音模式说话，并知道儿童将会用他们最好的模式说话。成人不要嘲笑和轻视儿童的努力。

教师利用问题去理解儿童尝试交流的是什么。他们对儿童获得重要他人所使用的技能的决心充满信心，并且因此认为儿童在遇见良好的榜样时会纠正自己。

发展适宜性实践的当前话题
与双语儿童合作

　　如今，几乎在美国的每个教室里，教师都会遇到一些母语不是英语的儿童。专家们明确表示，课堂应该支持儿童母语（Nemeth，2009）。教师需要理解母语的重要性。双语儿童首先需要能够用母语表达自己。教师收集儿童母语图书和音频，并让儿童家人和其他说母语的人参与进来。教师在帮助儿童熟练掌握英语的同时，也鼓励他们的家人和其他以儿童的母语为母语的人（包括同龄人）加强对话。通过观察，教师确定每个儿童双语沟通水平（Chen & Shire，2011）。

　　教师需要认识到，在学习第二语言的各个阶段中，第一阶段是"安静的"阶段，儿童在学习表达（沟通）之前，先学习接受（理解）语言。应该鼓励儿童在学校用母语与同伴和教师交流。下一个阶段可能是他们练习英语的阶段，在那里他们使用电报句、短语（Cheatham & Ro，2010）。在这个过程中，教师可能会观察到母语和英语的转换和混用，表明儿童对两种语言的理解都在增长。最终，儿童既学会说母语，也学会说英语。

　　教师可能需要请那些对自己孩子英语比较担心的家长放心，将母语应用好是首要的。教师意识到，使用另一种语言的能力对认知发展是一个积极因素，双语儿童并不是能力差、智力差，或者发育滞后。

　　认识到语言是人的一部分，教师试图让儿童听到熟悉的单词。他们在教室里展示儿童语言中的单词和简单短语，并将母语融入日常的课堂活动中，比如数数或唱歌。"生存"词汇表显示了儿童日常生活，比如吃饭、睡觉、如厕的照片及相应的文字。日常生活可以帮助儿童适应并学习单词。

支持双语学习的教室听起来和所有有效的学习环境一样，儿童说话、唱歌——只不过英语不是唯一的语言（Nemeth，2009）。

教师在说话的时候会大量重复并配合动作，有意降低唱歌和说话的速度。为了促进英语习得，他们使用可预测的书，让儿童补充重复性的关键短语；鼓励儿童在餐桌上用双语交谈，即使别人听不懂。教师会抓住特殊的机会与双语儿童交谈，因为他们可能需要更多的鼓励。因此，以有意义的方式让双语儿童参与进来是优先考虑的事情。教师强调互动和小团体学习，如果可能的话，将双语儿童配对。教师会问一些封闭性的问题，儿童可以通过说一个单词或指着一幅画来回答。他们认识到，能说出和听懂口语的儿童有了一定基础，会接触到文字。他们使用各种策略，如图片、道具和其他视觉辅助以及戏剧，帮助双语儿童阅读故事书（Gillander & Castro，2011）。

《技术和互动媒体作为0—8岁儿童早期教育的工具》（NAEYC & Fred Rogers Center，2012）指出，技术工具可以在支持英语学习的同时，提供家庭语言和文化。教师可以为每个儿童找到文化和语言上合适的故事、游戏、音乐。当技术支持主动学习、对话、探索和自我表达时，儿童可以在听说读写等各个领域得到练习。技术应该被用作一种工具，但不应该取代人与人之间的互动。

在儿童学习语言的过程中，教师要让语言保持简单，并将非语言交流与言语相结合。手势和图画等线索可以帮助儿童了解单词的意思。教师要给双语儿童足够的时间来回应，在儿童感到舒适并愿意开口之前，不要强迫他们说话。他们还鼓励说英语的儿童帮助双语儿童，与双语儿童一起玩耍（Espiritu et al.，2002）。不允许因为语言差异而戏弄或欺负双语儿童。

人们注意到，双语儿童可能会表现出一些有挑战性的行为，如攻击他人、发怒、退缩或孤立（Nemeth & Brillante，2011）。对于表现出这种挑战性行为的儿童，教师应仔细考虑语言和文化差异的作用，以及个体环境因素，然后再将儿童转介到特殊教育和服务机构。努力了解各个儿童的家庭，可以帮助教师让儿童适应课堂，并认识到可能出现问题的迹象。

通过支持每个儿童学习母语和英语，教师得以支持儿童的学业，以及每个儿童自我意识的发展。

要素 9，经验。

教师认识到，游戏和交流的体验为儿童的持续表现提供了动力。他们安排参观教室和社区，以扩大儿童的视野和词汇量，然后提供材料和时间让儿童重构他们的经验。教师认识到，体验可以扩大儿童对口语和书面语之间联系的理解。

那些有机会参观正在建设中的大楼的儿童回到教室后能够使用类似"建筑师""蓝图""横梁""起重机"和"工头"这样的词。在教师提供了纸张、黏土、积木、角色游戏道具、书、录音机、书写材料后，儿童将能够进行口头交流，或者以建构、表演、创造性游戏来交流他们的经历。他们可能会画图记录所发生的事件，或是认真看教师写下家长公告栏。当教师让家长知道儿童的学习经历时，家长可以在家里与他们的孩子继续这方面的对话，从而增加语言学习的机会。

要素 10，儿童文学。

给儿童个体和小组阅读好的儿童读物是幼儿园每日教学中一个重要的组成部分。研究表明，要培养对阅读的成功至关重要的读写能力，其中最重要的活动是为儿童大声朗读（NAEYC，1998）。

教师认识到，儿童必须了解人们为何阅读，愉快的读书经历能给人有形的记忆。教师分享各种各样的书：故事书，包括传统故事书、概念书、无字

现实生活的经历扩展了儿童的视野和词汇量

绘本；邀请儿童参与的书；反映儿童经历的书；反映种族、文化、社会经济条件、年龄、性别和能力多样性的书。有时他们阅读大书，让儿童同时能够看到文字，偶尔还会指出单词。儿童也必须学习如何阅读。通过观察教师阅读，他们会发现读的是文字，而不是图画；他们还会学习到如何跟着页面上的字阅读以及如何翻页。

口头交流和文字交流是联系在一起的；这些儿童喜欢互相"大声朗读"

　　教师反复阅读自己喜欢的书，并把之前给大家读过的书放在阅览区供儿童阅读和复述。反复阅读似乎能强化语言。

> **建议**
>
> ### 不适宜的认知和语言发展实践
>
> 支持学龄前儿童认知和语言发展的教师会小心避免以下做法：
>
> - 主要由教师讲，要求儿童安静地听；
> - 大组时间主要用于跟教师读单词，识别卡片上物体，或死记硬背字母和发音；
> - 使用练习册和教师指定的其他活动，孤立学习阅读和书写技能；
> - 在独立的游戏环境中学习阅读和书写技能；
> - 不尊重双语儿童及其语言发展过程。

阅览区的图书选择和陈列很重要。这里有大量的书，来自学校和公共图书馆。教室里的阅览区是舒适和吸引人的，可以让儿童坐下来，不受到噪声和外界打扰。有趣的书在整间教室里随处可见，如艺术方面的书在艺术区，建筑方面的书在建筑区，展现自然奇迹的书被安排在了科学区。通过建立家庭图书借阅系统，或者向家长提供一份儿童读物推荐阅读清单，鼓励儿童和家人在家里一起阅读。

要素 11，拓展读物。

教师知道，当学龄前儿童参与文学活动时，他们会继续看到文字与他们生活的相关性。教师给儿童提供材料和活动，使他们能够复述并继续加工他们听过的故事，用游戏的方式展现出来。在阅览区进行的活动可以包括在纸板上用不同的角色把故事表演出来，玩手偶游戏，一边看书一边听故事音频。教师还可以加入一些教具，让儿童表演故事中的场景。他们可以在艺术区增添一些特定的材料，将故事视觉化。

要素 12，有丰富文字的环境。

为了学习文字的意义和结构，儿童需要每天都看到文字在以有意义的方式得到使用。这与许多教室将装饰精美的字母高高挂在墙上不同，后者通常只是一堆凌乱的展品。教师打印各种文字并让儿童知道他们打印的是什么。儿童的名字被打印出来贴在墙上，餐桌、小床和椅子上，以及签到表上。教师还鼓励儿童在他们的艺术作品和自己写的故事上签自己的名字。在学习中心和材料盒上贴标签，方便儿童找。教师还打印出各种表，为儿童提供了有关食谱、步骤、规则、日程安排的信息。教师和儿童一起讨论他们感兴趣的话题，并把对话写下来，其中包括喜欢的歌曲和图书、他们的体验以及有关新闻和事件。给儿童提供便笺纸，让他们能够在活动前进行登记或是了解会议安排。此外，还有购物清单、教案和备忘录。

> **家园交流**
>
> ### 早期读写能力
>
> 亲爱的家长朋友：
>
> 很多人都问过我们什么时候开始给孩子们做阅读的准备。简而言之，我们从孩子出生起就一直在做准备。识字的基础是孩子理解我们跟他们的沟通过程，理解我们的话，我们倾听和回应他们说的内容，我们读书给他们听，我们告诉他们书写是怎么回事。识字从他们收到的第一张生日贺卡开始。我们有意识地提供材料和活动，使他们成为识字的人。让我给您举个例子。
>
> 您会注意到这个月我们的戏剧区被设为杂货店。这是为了增强孩子们对食物的兴趣。仔细看看杂货店提供的材料，其中有优惠券和宣传单，这样孩子们可以把它们和架子上的罐头配对，然后开始"阅读"标签。我们有本和笔供顾客列购物清单。我们有收银机，里面有很多用来购物的"钱"。我们有一排杂志供顾客选购。我们有宣传健康水果和蔬菜的海报，图文并茂。我们每天可以容纳5个玩家，这样买卖双方就会有很多的对话。

> 　　所有这些有意引入识字工具和各种形式交流的活动，都是成功阅读和书写的前提。用不了多久，我们中间就会涌现出一个个读者和作家。
>
> 　　谢谢您的关注和提问。
>
> ××老师

　　儿童看到家长和教师通过便条、通知、笔记本、简报和布告栏交流。教师要让儿童清楚明白文字的内容，告诉他们："这说的是接下来该轮到安东尼奥了。""这说的是我们要放一杯水进去。""你妈妈写的这张便条上说今天你的奶奶会来接你，这个词是'奶奶'。"让儿童看到文字的功能和用处是很重要的，这能够让他们明白文字是他们每日生活中一种真实的资源。文字可以用来提供信息（如每日日程安排）、娱乐和消遣（如诗歌和歌曲）、做记录（如气象图），用于创作（儿童口头或书面创作）、与他人沟通（如邮箱系统），还可以用来建立牢固的家校联系（如活动日历和简讯）。

教师张贴打印出来的活动清单

　　有丰富文字的环境会将书作为每个学习中心的一部分，而不是仅仅陈放在图书区。教师有可能在数学中心摆放算术书，在科学中心里放些信息图和参考书，在娃娃家放烹饪书、报纸、杂志和电话簿，在书写中心提供一些字母书等。

　　有丰富文字的环境为儿童强化了这样一个概念，即阅读和书写具有一定的功能，是有意义的活动。儿童在会阅读之前就会书写，并使用绘画来表达想法和思考（Shagoury，2009）。

要素 13，书写中心。

书写中心应当是学前教室中的学习中心之一。教师认识到儿童通过书写学习书写，就像他们通过说话学习说话一样。这个中心应当包括可以帮助儿童自己去探索书写的材料，包括粉笔、黑板、有横格线和无横格线的纸张、信纸和信封、记号笔、蜡笔、铅笔、钢笔、剪刀、笔记本、索引卡、打字机、电脑、打孔器、订书机和其他制作书本的材料。字母表或者其他的张贴画可供儿童模仿，带磁字母可以用于描摹。可以鼓励儿童保存他们自己的"日志"——用他们自己的笔记本来画画、涂鸦或尝试第一次书写。在盒子上标每个儿童的名字，这样可以鼓励他们之间用文字交流。教师接受儿童自创的拼写，并向有疑问的家长解释它是早期读写能力发展的一个阶段。

与书一样，书写材料可以添加到书写中心以外的其他区域。用来创建指示牌和标签的材料可出现在积木区或戏剧游戏中的诊所，可用作美发沙龙里的预约条、餐馆里的菜谱和点菜单、商店或办公室的清单和笔记本。教师会发现，当儿童可以获得这些材料时，儿童自己能够给书写材料找到富有创意的用处。

当儿童确定他们需要帮助和指导时，教师可以帮助他们。教师正式的指导只限于"在儿童的引领下"。

多样性考虑

与移民家庭合作

美国一直是一个移民国家。在 20 世纪，移民家庭往往试图尽快顺应美国的语言和习俗，认为他们的孩子越早成为美国人，就会越早被接受并获得成功。现在，更多的人担心他们的孩子会不会失去家乡和祖国的语言与文化。这意味着在保留旧东西的同时，学习新东西，二者要维持微妙平衡。由于移民家庭和教师之间可能存在语言障碍，这些问题可能永远不会得到讨论（Hyson & Tomlinson，2014）。

通常，当教师表示他们乐于将家庭语言和文化融入课堂时，家长在这个问题上的冲突可以得到缓解（Kirmani，2007）。同样重要的是，家长要明白，母语为孩子日后学习英语打下了良好的基础。应该鼓励家长继续阅读母语，用母语与他们的孩子交谈，相信学校的活动、互动和指导会提升孩子的英语。

9-5　数学

美国幼儿教育协会和美国数学教师理事会提供了具体的指南，引导幼儿教师有意识地帮助幼儿发展数学概念和思想。他们在联合立场声明《儿童早期阶段数学：促进良好的开端》中，为教师提供了以下 10 点建议：

1. 强化儿童对数学的自然的兴趣，以及他们利用数学来理解周围的物理和社会世界的倾向；

2. 以儿童的经验和知识、学习方法和非正式知识为基础；

3. 将数学的教和学建立在儿童认知、语言、身体和社会性及情感发展的基础上；

4. 利用课程和教学来促进儿童解决问题和推理的能力，以及表征、交流数学思想的能力；

5. 确保课程与已知的重要数学思想相关并保持一致性和兼容性；

6. 为儿童提供与数学关键经验深入和持续互动的机会；

7. 将数学与其他活动相结合，将其他活动与数学相结合；

8. 为儿童提供充足的时间、材料和人力支持，让他们以浓厚的兴趣探索和应用数学思想；

9. 通过一系列适当的经验和教学策略，积极地介绍数学概念、方法和语言；

10. 通过持续评估所有儿童的数学知识、技能和策略来支持儿童的学习。

最近，美国数学教师理事会为从学前班到八年级的儿童提出了 5 个领域的内容标准：

- 数字和运算，包括计数、数感、比较、排序、数字、加、减、除和乘；
- 几何和空间感，包括形状的识别、空间关系的理解和可视化；
- 度量，包括度量的行为和过程、度量属性的理解、对象的比较和排序；
- 模式，或代数，涉及识别、创建和扩展模式；
- 数据分析，包括数据的分类、表示和描述。

大多数州的早期学习标准据此建立自己的学习目标。对于幼儿园来说，重点内容是表征、比较和操作整数，并描述形状和空间。五大内容为计数和基数、运算与代数思维、以 10 为基数的数字和运算、测量和数据、几何：

- 每天使用大量的对话，如更多、下面、接近、长、大、重、第三、第一、方、圆（Greenberg，2012）；
- 在小组时间唱数数歌，玩押韵游戏；
- 显示生日图等班级图表，包括身高和体重图、最喜欢的冰激凌口味统计图等；
- 让儿童用勺子、杯子和卷尺测量东西；
- 包括计数、测量、计时和分割的烹饪活动；
- 创建一个包含丰富数字的环境，数字出现在教室的每个区域；
- 阅读数字和句型书；
- 在一日生活中使用计数策略，帮助儿童更好地理解数字的用途；
- 鼓励所有儿童使用建构区；
- 提供操作和清理形状玩具的机会；
- 提供几何图形学习的实践经验，如用积木或珠子，或用声音和掌声玩拼图游戏；
- 提供拼图和其他可操作的材料，让儿童体验整体和部分；
- 提供使用技术的机会。

对数学的理解根植于儿童的游戏中（Eisenhauer & Feikes，2009；Sarama

& Clements，2009）。在探索熟悉的材料和数学知识之间找到联系是教师的责任。

适当的学前数学经验包括测量和数据分析、几何和形状意识以及数字知识

9-6　科学

　　天生的好奇心驱使儿童每天都对周围的世界进行探索。教师可以通过材料和活动来增强和扩展这种能力，引导儿童在室内和室外不断发现。有研究者使用"不确定性课程"来描述当科学研究的精神弥漫在空气中时的情形（Bosse et al，2013）。每个教室都应该有一个发现区，在桌子上或架子上，甚至窗台上。放置年龄适宜的材料，如放大镜、天平、棱镜、植物等自然材料，会激发儿童的兴趣和疑问。户外环境可以通过投放鸟类喂食

器、花盆或开辟小园地来改善，还可以设置水景，让儿童近距离观察昆虫和其他生物。

美国许多州的早期学习标准包括科学标准。美国研究委员会（National Researth Council）的科学教育框架概述了需要纳入课程和教学的 3 个方面：

- 科学与工程实践；
- 跨学科概念；
- 学科（物理科学，生命科学，地球和空间科学，工程、技术和科学应用）核心概念（Bosse et al，2013）。

帮助儿童了解植物和生长周期的花园

这些方面对儿童来说似乎过于复杂，但实际上，教师在理解这些方面的实际意义后，可以找到相应的经验和活动。

科学与工程实践被嵌入到预测、调查、估计、分类和制作图表的活动中。

跨学科概念允许儿童将不同学科的知识连接到一个综合的科学世界观中。儿童可以被引导去理解他们所注意到的模式，例如，每天太阳在操场上产生不同长度的阴影。当他们用坡道和卡车做实验时，他们可以理解因果关系。通过观察贝壳，儿童了解了贝壳的结构和功能。用积木搭房子，儿童学会了打好基础。在花园里工作可以帮助他们发现变化。这些都是跨学科概念（Bosse et al，2013）。

学科核心概念贯穿在多个年级，随着儿童理解的加深，复杂性也在增加。学前阶段的物理科学经常发生在水桌边，儿童用管、量杯、漏斗等探索体积、重量、重力和力。生命科学可从播种开始，观察植物随着时间的推移发生的变化，或观察动物在它们的自然栖息地孵化、变形。地球和空间科学涉及日常天气，儿童制作风筝和放风筝，对日常散步中捡到的岩石进行分类。当儿童能够探索简单的机器和工具时，工程、技术和科学应用就会出现，比如削苹果机、黄油搅拌器和打蛋器。适宜性的软件和应用程序及数码相机会支持儿童的好奇心。

关于体积和重力的物理科学知识来自水流实验

科学探索自然会引发更广泛的项目，教师支持儿童组织问题，发展研究方法，并随着时间的推移不断观察和记录数据。科学是幼儿园日常生活的一部分，教师对儿童好奇心的支持是根本。

像科学家一样思考

学前儿童在这些时候发展科学过程技能：

- 观察；
- 问问题；
- 描述；
- 预测；
- 做出解释；
- 使用工具和仪器扩展观察；
- 进行"如果……，会怎样"的调查；

- 制订调查计划；
- 记录调查过程中发生的事情；
- 解释数据；
- 交流和分享想法。（Hamlin & Wisneski，2012）

9-7   传统学习活动

将传统的学习活动与发展适宜性原则联系起来考虑非常重要。

9-7a   大组时间

在幼儿园，扩大交流的自然载体是大组时间。大组时间不仅是一个学习和分享的重要机会，而且是教师向整个小组介绍概念和信息的机会。布鲁纳发现，每天一次这样的群体体验极大地丰富了儿童当天晚些时候的个人游戏（Bruner，1991）。口头和书面的交流是大组时间的核心。"大组时间给儿童提供了练习不同技能的机会，例如与一群人交谈，倾听同伴说话，适当地回答问题或评论，合作解决问题，以及使用和处理新信息。"（Copple & Bredekamp，2009，p.39）。

歌曲可以促进儿童口语参与和理解，如通过唱歌吸引儿童的注意力，而不是命令他要有耐心。语言游戏可以培养儿童的语音意识，以及在群体中说话和冒险的信心，这些都是早期语言发展所需要的。儿童的听力在教师提供书和其他有趣的体验中得到培养。教师充分利用语言和非语言的方法吸引儿童参与。关于小组项目的进展的相关讨论也可以在大组时间内共享，有时这被称为班级会议。

根据学前儿童的经验，大组时间可能从 7 分钟到 20 分钟不等，随着儿童参与次数的增多，时间可能会拉长。教师会关注儿童的表现，当他们开始失去兴趣时，就会结束大组活动。大组时间需要精心计划，以维持安静倾听和

大组活动培养倾听技能

积极参与之间的平衡。代表特定仪式的歌曲和活动，比如开场曲或传统的点名游戏，可以帮助儿童集中注意倾听。表9-1展示了3—4岁儿童的大组时间规划样例。

表 9-1　学龄前大组时间规划样例

活动	目的	原则
律动：《头、肩、膝盖和脚指头》（*Head, Shoulders, Knees and Toes*）	用熟悉的开场活动活跃气氛，吸引注意	熟悉的线索帮助儿童集中精力，并且提醒他们该怎么做
韵律：唱歌、聊天、轻轻说、喊	安静活动，锻炼儿童的听力	在听力活动之前将活动模式转变为安静模式
书：《十、九、八》	与家庭相关的主题，鼓励儿童讨论谁在晚上哄他们入睡，入睡前都有什么仪式	书与本周学习重点有关：学习描述一位非洲裔美国爸爸
音频：来自世界各地的摇篮曲	跟随轻柔、安静的音乐创编动作	与小组成员交流不同观点和经历的价值

　　一些传统上被纳入大组时间的活动，应评价其发展的适宜性，如展示时间以及日历时间。

　　在学前教室里进行许多展示和讲述的活动，会让观察者想知道教师是如何看待儿童口语或听力技能的发展的。有人称之为"吹牛大会"（Gartrell，2010），展示的物品经常能证明电视广告的力量，展示者的评论常常充斥着"我爸爸会给我买一个"或者"我也有"之类。对儿童倾听他人的时间的要求远远超出了儿童在按次序等候时能集中注意的一般时间。这个环节通常恶化为教师一遍遍地要求儿童在别人说话时保持安静。尽管给儿童提供结构化的机会以让每个人都有机会诉说和倾听是恰当的，但是这个长久以来被推崇的方法也许并不是那么适宜。

　　为了避免类似不利于儿童发展的情况，可以尝试以下策略：

　　● 给每个儿童一个特殊的日子来谈一些对他们非常重要的事情，如有些教师会给家长发送展示日历，每天不超过 3 名儿童，这样家长就能了解基本情况并有时间讨论想法，为指定的日子做准备；

　　● 给出具体的指导，比如建议儿童描述一次家庭活动；

　　● 让儿童展示或谈论他们当天做的事情，这是高瞻课程的计划—工作—回顾过程的一部分；

　　● 让家长帮助儿童把家里的一件物品（不是玩具）装进一个"神秘袋"，并设计 3 条线索，供大组活动时间讨论，启发同伴思考、对话，因为所有人都试图猜出这个物体。

　　● 让儿童分享家庭度假或过节的照片或物品。

　　猜谜游戏是大部分幼儿园日历时间的内容："今天是星期几?""星期四。""不，不是星期四。昨天是星期一，所以今天是……?""星期天。""不，今天不是星期天。我们星期天不来学校。"这样的一问一答一直延续，直到有人幸运地猜出或是凭借出色的记忆力而回答出准确答案。认知研究告诉我们，儿童的时间感是模糊的。

　　儿童只能在有意义的情境中学习。即使他们可能会唱"一周有七天"，并能在歌里唱出每一天，但这种死记硬背的学习并不能转化为对日历的真正了解。学习一周中的每一天，一年中的每一个月，对成年人来说似乎是有意义的事情，但对儿童来说并非如此。

　　然而，有一些关于时间的概念，学前儿童可以在他们的日常活动中逐渐

传统的日历学习对于学前儿童来说意义不大

理解，如以前、以后、下一个（Beneke，Ostrosky & Katz，2008）。因为这些都是读写算学习所需要的有价值的知识，所以教师应该考虑如何以适当的方式使用关于时间的概念。

关于日历最适宜的讨论是将日历和时间植入有意义的体验中。例如当儿童知道他的生日是在 10 月份后，这个月份和它是否不久就会到来就变成极为重要了。当儿童期待动物园之旅时，数日子和划掉日历上已经度过的日期就变得有意义了。当儿童了解到距离家长带他们去野餐还剩 3 天后，看日期就变得急不可待。

其他合适的选择是将日期本身用图片表示，如带有课堂活动、项目或实地考察照片的课堂日志，展示学习经历的文档（第一天我们做了……，然后是第二天……），或者线性表示，比如制作一个纸链表示某一特定事件发生的天数（Beneke，Ostrosky & Katz，2008）。相比有关日期和月份的猜测游戏，在上述背景下开展的体验活动更为适宜。仅仅因为商家制作出的一些看起来诱人和可爱的日历（如用不同小精灵来区分 3 月的每一天），不能使记忆日历的体验变得有意义或适合儿童。

9-7b   小组时间

小组时间允许教师根据 3—6 个儿童的具体需求和目标制订个性化的计划。小组教学可以让教师给予儿童更多的关注，并根据每个儿童的水平提供相应的支持。

教师可以设计一个小组活动，帮助那些似乎需要更多时间的儿童巩固概念。例如，在昨天的大组活动中，教师利用图表对比儿童眼睛的颜色，然后注意到小组中有几个儿童仍然难以区分颜色。所以今天她邀请这些儿童和她一起玩一个糖果乐园的游戏，她觉得这个游戏会提供相关的学习经验。

小组活动允许儿童更多参与，教师更多观察

教师也可能会为对某个话题有特殊兴趣的儿童安排一个小组时间。几个儿童在参观博物馆的恐龙展览时进行了生动的交谈，他们计划把一组塑料恐龙分类摆放。之后，如果更多的儿童表现出兴趣，教师可能会在不同的小组中重复这一活动。

有时，如果教室里有两位教师，那么小组活动可以让更多的人参与。例如，小组烹饪活动可以不用等待太长时间。小组语言活动可以让儿童能够专心倾听别人的话。小组教学可以让教师进行更直接的互动、对话和观察。

就像计划大组活动一样，成功的教师会提前计划小组活动的具体目标，准备所有需要的材料，并考虑最适合的教学策略。有经验的教师利用小组时间教授和强化新的主题，评估儿童的进步，回应儿童的兴趣，并展示新的技能。他们有意地使用语言来促进儿童的思维（Dangel & Durden，2010）。小组时间和大组时间在一日流程表中都有一席之地。

小结

游戏是学前儿童认知发展的媒介，使他们能够积极地创造和表达对世界的理解。学前儿童在经过精心计划和安排的学习中心玩耍，构建对周围世界的理解。

教师根据儿童的学习能力和兴趣，提供多种开放式的学习机会：

- 准备环境；
- 仔细观察；
- 为儿童与材料、同伴及教师的积极互动作安排；
- 示范；
- 设计问题，激发儿童进一步思考和理解；
- 以旨在加深和扩展学习经验的方式回应。

技巧娴熟的教师会设计复杂和丰富的游戏，帮助儿童不断进步，逐渐成为游戏高手。

适合学前儿童发展的语言环境：

- 理解早期读写能力及其组成要素；
- 强调使用所有的沟通形式以便儿童展示自己的经历和想法；
- 将语言和语言材料的使用与儿童主动游戏和以兴趣为中心的学习环境相结合；
- 提供材料和活动，鼓励儿童通过口头和书面沟通发展早期读写能力；
- 鼓励儿童通过与同伴和成人的对话，发展口语和听力技能；
- 认同儿童掌握沟通技能的愿望，并对他们满怀信心；
- 通过体验活动、文学活动、图书和环境来帮助儿童发现读写的需要；

- 提供帮助儿童练习书写技巧、提高理解力的材料；
- 通过有意义的材料和经验，提供适当的数学学习；
- 贯彻数学和科学标准，将数学和科学学习整合到课程中；
- 提供适当的大组和小组时间，让儿童参与各种交流。

思考

1. 参观一所幼儿园。你在班上看到了哪些学习中心（区域）？它们是如何设置和使用的？在学习中心时间，教师是如何发挥作用的？你的发现与本章节内容一致吗？

2. 写下教师创造含有丰富文字的环境的例子。你有什么补充吗？

3. 观察幼儿园的环境和课程计划中规定了什么样的数学和科学经验。

4. 访谈两位教师，了解他们是如何规划教室空间的。他们对于儿童的兴趣和具体发展目标有哪些考虑吗？

5. 与两位家长进行交谈，听他们说说自己的孩子在幼儿园阶段应当学习什么以及他们所希望的教室风格。他们的想法或问题与本章所讨论的关于发展适宜性实践的观点是否一致？

自测

1. 什么是前运算思维？描述前运算思维的特征，以及它们与学前儿童学习风格的关系。

2. 教师在指导游戏时有几种角色？描述教师扮演每个角色的方式。

3. 讨论"早期读写能力"这个术语的意思，为什么说其各个组成部分适合学前语言环境？

4. 学前语言环境的必备要素有哪些？请尽可能详细地描述。

5. 讨论在学前教育阶段儿童要获得的数学基础。

6. 讨论美国研究委员会科学教育框架，以及实现其要求的 3 个方面的几种实用方法。

7. 为大组和小组时间设计有效活动。

应用：案例研究

1. 获取你所在地的早期学习指南，并将这些建议与本章讨论的思想进行比较。使用至少 5 种发展适宜性策略和活动来制订一个符合要求的计划。

2. 你的几位家长非常希望你教他们孩子阅读。请向他们解释读写能力的组成要素，并描述在发展适宜性的幼儿园学习阅读是什么样子的。

第 10 章　发展适宜性的学习环境：学龄期

学习目标

学习本章之后，你应该能够：

10-1　理解当前学校存在的问题；

10-2　识别前运算阶段和具体运算阶段的思维特点对小学认知/语言环境的影响；

10-3　理解小学教育的目标；

10-4　描述为达成小学教学标准而实施的整合课程的要素；

10-5　描述发展适宜性的小学课堂中的阅读；

10-6　描述发展适宜性的小学课堂中的书写；

10-7　识别小学数学课程中体现发展适宜性的方面；

10-8　描述为小学生设计的发展适宜性科学课程；

10-9　理解标准化测试和评估的区别，并且描述评估在发展适宜性小学课堂中的作用。

6 岁的阿伦说："看我的故事吗？它说，我们去农场吧！"

7 岁的本说："我讨厌学校。我们做的所有事情都很无聊。"他带回家的数学试卷上全是修改的痕迹。

8 岁的拉说："这本书我几乎都能读下来，除了一些比较难的词。这是我最喜欢的书，它讲的是狗的故事。"

处于小学低年级阶段的儿童看起来与他们刚刚度过的学前期时候非常

不同。他们更加精干，肌肉力量更强，生理上的这些变化使他们可以精力充沛地参加各种体育活动和游戏。对能够离开父母的自信使得他们进入一个充满朋友和乐趣的世界。他们每天带着或高或低的热情进出学校，急于在"成人"的世界中取得成功，或者对新的、不熟悉的期待感到害怕。学校里有严格的学习模式以及各种标准和目标。我们中的大多数都对这个故事很熟悉：小学一年级学生在第一天学习结束后哭着回到家里，因为他还没有学会阅读。从内在的认知看，这些儿童在能力、思维和学习风格上仍然和学前儿童有着密切的联系。儿童前运算阶段的思维和学习特点决定了认知/语言环境会带来显而易见的影响。学习和语言总是紧密地联系在一起，在小学低年级，儿童和教师的重心都放在学习使用书写语言技能方面。

在讨论为小学一年级儿童提供适宜的学习环境时，我们将聚焦在支持最佳发展的课程和教学方法上，而非盛行的高风险测试。

10-1　目前学校存在的问题

在小学阶段，社会关注儿童对认知技能的获得。强调认知能力却忽视儿童发展的其他方面可能是导致一些儿童学业失败的根本原因。忽视儿童各发展领域之间的相互联系，未开发出整合课程（有新的信息出现时，整合课程能够提供有意义的联系），都是非适宜性的实践。

10-1a　感知需求

最近几年，美国教育系统受到了很多的关注和批评。回溯到 1996 年，美国卡内基特别工作小组就提出，到小学四年级时，美国大多数学生的表现都低于国家标准，并且"肯定低于竞争国家的儿童水平"（Carnegie Task Force on Learning in the Primary Grades, 1996, p. vii）。这份报告接着总结了为什么学校的教育效果低于期望水平的原因。

学校失败是因为他们对很多学生的期望很低；学校严重依赖过时的、低效的课程和教学方法；教师培养差强人意；对教师的支持不够；家校联系脆弱；缺分充分的问责系统；学校和学校系统对资源的利用无效。（Carnegie Task Force on Learning in the Primary Grades，1996）

10-1b 《不让一个孩子掉队法案》

美国全民关注教育的一个结果是通过了《不让一个孩子掉队法案》。这部法律现在已经变为国家教育政策的一个焦点，尤其指向改善处境不利儿童的状况。最新的教育改革有4个重点：

- 加强对结果的问责；
- 为州和地方提供更多的自由；
- 鼓励使用基于科学研究的、经过论证的教育方法；
- 给予家长更多的选择。

该法案规定每个接受依据《不让一个孩子掉队法案》拨款的州，都必须制定阅读/语言艺术、数学和科学方面的内容和学业成就标准，而这些标准必须与3—8年级和高中的学科评价标准相一致。

在关于测试、《不让一个孩子掉队法案》以及《共同核心州立标准》的争议中，儿童处于中心位置

这部法律还提出了两个新的阅读项目。

- "阅读优先"（Reading First）。拨款帮助各州和地区建立起为学前班至三年级儿童服务的科学的、基于研究的阅读项目，极度贫困地区享有优先权。

- "早期阅读优先"（Early Reading First）。这是一个较小型的阅读项目，目的是帮助各州贫困地区更好地为 3—5 岁儿童的教育做准备。

每年，各州必须对所有英语熟练程度有限的学生进行英语水平评估。阅读、数学和科学方面的强制性测试"导致其他学科教学时间减少了大约三分之一"（Center on Educational Policy，2008，转引自 Copple & Bredekamp，2009，p. 258）。

这部法令更严格地界定了含特殊儿童群体在内的所有学生的可测量的成绩提高目标，其中特殊儿童群体包括经济贫困的学生、少数民族学生、残疾学生以及英语水平有限的学生。

各州被要求提供关于各个学校和地区的详细信息，指出哪所学校取得了成功及成功的原因。获得联邦资助（Title I）的学校如果连续两年未能实现目标，将会得到技术支持，并被要求为学生提供不同的选择：转到成绩较好的学校，参加课后项目或接受单独辅导。

这部法律还批准为实现成绩目标的学校颁发"州学业成就奖"（State Academic Achievement Awards），授予"卓越学校"（Distinguished School）称号，并为这些学校的教师发奖金。

10-1c　灵活性和改革

2009 年，奥巴马总统宣布了一项竞争性的拨款计划，即"力争上游基金"（the Race to the Top Fund），旨在鼓励和奖励各州创造教育创新和改革的条件，显著提高学生成绩，缩小成绩差距，提高高中毕业率，确保学生为在全球经济中获得成功做好准备。其他目标包括建立衡量学生成长和成功的系统，并让教师和校长了解他们如何改进教学；招聘、培养、奖励和留住优秀教师与校长，特别是在最需要他们的地方；改善成绩最低的学校的表现。

2011 年，美国政府提出了一项灵活计划，各州可以申请豁免《不让一个孩子掉队法案》的某些条款。该计划将允许各州、地区和学校推进自己的教育改革计划。这种灵活性将使各州和地区有机会提出适合当地的解决方案，让学校承担责任，让儿童更好地为上大学和就业做好准备。

10-1d   美国《共同核心州立标准》

2010 年，美国州长协会（National Governors Association）宣布由州首席学校官员理事会（Council of Chief State School Officers）研制数学和英语/读写学业标准。这些学习目标概述了学生在每一年级结束时应该知道和能够做到的事情。制定这些标准是为了确保所有高中毕业的学生具备在高等教育和就业方面取得成功的必要能力。这些标准也与各州对学前班至 12 年级的期望相一致。

关于标准、问责制和考试的激烈讨论无疑将继续进行，而教师和社区正在努力寻找对学生最好的、平衡真实需求和立法要求的方法。

10-2   前运算思维、具体运算思维与发展适宜性实践

我们前面讨论过皮亚杰关于前运算思维阶段各种特征，这些特征出现在 2—7 岁左右的儿童身上。回顾一下，这些特征包括：集中偏向，即每次只能感知事物的一个方面；自我中心主义；不可逆性；具体性等。所有这些特征限制了儿童学习抽象概念以及通过抽象的方法学习的能力，例如从另外一些人的话中学到东西或在头脑中思考解决问题的方法。小学低年级儿童依然保持着这种前运算思维，因此，典型小学课堂的学习任务和方法是不适合他们的。

在皮亚杰的理论中，在 7 岁左右，儿童加工信息和解决问题的方式逐渐发生变化，儿童的思维和推理由此发生改变。维果斯基和一些追随他的社会文化理论家强调，7 岁左右儿童的这些变化是由对儿童思维产生影响的成人期望和要求、社会结构引起的。最近的神经科学资料显示，这一阶段是大脑神经元突触经历"修剪"的时期，在此期间大脑会更有效地发挥作用（Chugani，1996）。

虽然对于变化原因还存在着不同的理论解释，但任何一个对小学年龄阶段儿童进行观察的人都认为，此时儿童在思维和问题解决能力方面确实发生着变化。

在小学阶段，儿童慢慢地进入具体运算阶段。他们越来越能够理解别人的观点，能够思考问题的多个方面，思维开始具有可逆性。在这一时期，他们获得了在头脑中进行思考和解决问题的能力，不再是只有依靠身体接触或操作物体才能进行学习。儿童在思考纯粹象征性的或抽象观念的能力方面仍有局限，他们需要真实的事物来进行思考。

10-2a 对教师的启示

"当面对一个新概念时，小学生需要身体动作或直接经验来帮助他们掌握这个概念，就像成年人需要生动的例子和插图来掌握不熟悉的概念一样"（Tomlinson，2009b，引自 Copple & Bredekamp，2009，p.272）。儿童需要身体动作来帮助他们进行心理联系，从积极的、第一手的经验和具体操作中，从与他们自身相关的、有趣的、有意义的事物中受益。教师应该认识到，一些与时间和距离相关的思维技能，尤其是数学技能，超出了正在发展具体运算思维的儿童所能掌握的范围。一些学习和课程被推迟，目的是为了让儿童可以更加轻松地进行学习，并减少失败的风险。

儿童从前运算阶段以自我为中心的思维中脱离出来，靠的是与其他儿童和成人进行互动、对话和沟通。因此，发展适宜性实践要求给予儿童参与小组活动的机会，这些活动为交流和互动提供了基础。通过小组工作和对话，儿童的推理能力得到加强。

教师的关键作用之一是通过评论、征求儿童的意见和想法来促进儿童之间的讨论。思考如何通过交流来激发儿童的思维是创建学习环境的重要组成步骤。

每个儿童从前运算阶段发展到具体运算阶段的时间都各不相同。只有熟悉这两个阶段的思维特征、知道儿童在每个阶段可能会有什么反应的教师才能够为每个儿童提供最适宜的学习经验和材料。那些要求所有儿童在同一年龄或同一年级达到规定水平的法律不符合"人人都有一个自己的时间表"理念。这需要教师懂得如何将绝对的标准与个体的需要和风格结合起来，从而帮助儿童获得成功。

小学生需要亲身经历来帮助他们建立联系

  教师应该认识到对于学校学习的准备还有其他方面。到 6 岁左右，双眼协同视力——双眼协同工作的能力——通常已经发展得很好。这种能力对于阅读和工作非常必要。然而，直到 9 岁左右儿童才会消除远视，在此之前，儿童需要较大的文字。

  在小学阶段，儿童的精细动作继续得到发展，在绘画和书写方面拥有更多的控制力并更为精确，不像学前阶段那样易疲劳。在这一时期，女孩在精细动作发展方面继续领先于男孩。

  在任何一个儿童群体中，个体社会技能的差异都很大。普通小学教室中的生师比为 25∶1—30∶1，而许多儿童可能来自生师比为该比例一半的幼儿园，甚至是比这更低比例的家庭或其他照看环境。这意味着每个儿童需要和更多的儿童一起学习、合作和分享，学习轮流和等待。对于很多儿童来说，要解决的第一个挑战是在能够把精力集中在常规认知学习任务上之前，顺利适应这一社会环境。小学儿童更倾向于进行社会比较。这些比较会成为他们自我概念的一部分，并且会影响到他们在学习活动中的动机。特别强调竞争和比较的学校有可能加剧这一趋势。

> 反思
>
> ### 能立法规定儿童的表现吗？
>
> 　　思考为儿童制定个性化时间表的想法，并挖掘你身边的例子，然后再考虑要求所有儿童达到一定表现标准的立法是否合适。它给儿童、家庭和教师带来了什么样的冲突？

　　儿童在情感上是否感到安全和舒适会影响到他们的学习准备。前面提到的很多因素会对儿童的身体和情绪产生压力，并会通过多种方式表现出来，包括：各种身体症状，如胃痛和恶心，医学上统称为学校恐怖症（school phobia）；不能够集中注意力；总体上感到痛苦和不开心。思考"学习准备"时，必须认识到儿童的所有这些方面。

注意力不集中可能与情绪有关

10-3   小学教育目标

许多儿童，只要不是受到虐待、有重疾或是残疾，他们在来到学校时都非常渴望学习，并相信自己能够取得成功。对于一个以受过良好教育的公民为豪且也需要受过良好教育的公民的国家，那些在学业上失败、受到阻碍、需要特殊帮助、失去对自己学习能力的信心并最终辍学的儿童太多了，仅仅这一事实就表明我们的目标还没有实现。那么小学年龄阶段儿童的基本教育目标有哪些呢？

第一，保证儿童拥有成功的早期学习经验。终身学习的模式已经确立，儿童的自尊心和作为学习者的自信心非常重要。当学校依赖学生之间的竞争和比较时，儿童作为学习者的自信心就会受到威胁。

如果儿童思考和学习的基本天性没能得到认可，如果儿童未能积极参与体验，没有具体材料供探索，没有对他们有意义的课程内容，没有跨学科整合，他们将不会拥有成功的早期学习经验。"整合教学内容的目的不仅是让学校变得更有趣，从而激发学生的学习热情和热爱，支持儿童连接新旧知识能力的发展，同时也具有扩展儿童记忆和推理能力的效果。"（Tomlinson，2009a）

第二，保证儿童在他们的学习中扮演主动的角色。为了让儿童感到自己是有能力的学习者，儿童必须认识自己在课堂中作为活动决策者、发起者、积极参与者的重要性。当儿童认识自我指导学习的能力时，他们的学习动机就得到了增强。

第三，保证儿童发展热爱学习的品性（Katz，1988）。品性不同于技能和知识，不能用期末测试来评判，品性是"心理习惯，用某种方式应对各种情境的倾向"（Katz，1988，p. 29）。举例来说，好奇心是一种品性，它不是一项技能或一种知识。儿童必须习得一种应用他们所学的倾向或习惯。拥有阅读技能与拥有成为热爱阅读的人的品性不同。许多证据表明，过于强调通过训练和死记硬背来发展儿童的各种狭隘技能，可能会妨碍儿童发展使用那些技能的品性。当儿童说"我讨厌阅读"时，他讨厌的是学校讲授阅读的方法。

第四，保证儿童拥有适宜的学习机会来发展基本的读写算能力。发展儿童的交流能力以及进一步学习所要求的基本技能是小学学习的一部分，是我们文化最为重视的，而且儿童意识到掌握这些技能是成功的表现。

第五，保证儿童有机会继续发展个人的独特兴趣。教师认识到儿童的学习动机非常强烈，儿童想要在自己独特的世界找到意义。这些兴趣超越了单纯的认知，拓宽了对学科课程的狭隘定义。

儿童的自尊心不断发展

儿童认识到读写算技能在我们的文化中非常受重视

当儿童的特殊能力在学校得不到认可时，他们可能会感到
厌烦，不爱学习

加德纳的多元智能理论指出每种智能都遵循自己独特的发展路径
（Gardner，1983，1991）。加德纳的理论认为人天生都有自己特定的优势和弱
势领域，即拥有"不同的认知方式"，学习者应该可以用多种方法来体验一个
概念，利用自身的优势智能来展示自己的学习，而不是通过传统课程中所重
视的、在大多数教学和评估中所使用的语言与逻辑—数理智能。学校需要考
虑他们在优化各种智力发展方面的作用，多元智能包括以下几种智能
（Gardner，1983，1991；Campbell，Campbell，& Dickinson，2003）：

- 语言智能；
- 音乐智能；
- 逻辑—数理智能；
- 空间智能；
- 身体—运动智能；
- 人际智能；
- 内省智能；
- 自然探索智能；
- 存在智能。

10-4　整合课程的组成部分

传统课程中各学科领域相互分隔，每一学科分配一段时间，意味着儿童是用一种独立的、线性的方式来构建对世界的理解。实际上，儿童不是这样学习的，儿童是通过建立起概念与体验及学习技能之间的联系来学习的，儿童需要一个他们感兴趣的、有意义的环境。相关学科中的不同事实看起来毫无联系，仅仅对教师来讲非常重要，不太可能抓住儿童的兴趣、拓展儿童对学习的信心和倾向。

反思

你在小学的优势

你还记得你在小学时擅长或感兴趣的事情吗？是数学？是球？还是漫画？学校有没有给你机会展示？这对你的自尊有什么影响？这些记忆如何影响你现在的实践呢？

整合课程能在呈现新信息时帮助儿童建立起有意义的联系，这正是最近的大脑研究告诉我们的最有利于学习的东西。大脑将相关的零散信息组合成复杂的网络，这一网络被称为图式。整合课程将所有课程围绕着一个中心思想组织起来，使儿童能够建构起信息网络。整合课程让儿童能够使用某一个领域的知识和技能探索其他课程领域，比如在社会学习中使用阅读和书写技能，在音乐学习中使用数学概念。整合课程也为儿童提供了使用加德纳所提出的多元智能的机会。同时，整合课程也使教师可以实现标准与发展适宜性实践之间的微妙平衡（Park，Neuharth-Pritchett & Reguero de Atiles，2003）。

小学教师如何实施整合课程？下面有几种相关的实践。

10-4a   项目学习

围绕大的主题或项目来组织学习，而不是围绕着特定的科目。这里的项目学习与传统小学课堂围绕着比如新年主题的活动是非常不同的。在传统的课堂中，儿童可能会阅读一个新年的故事，对这个故事进行讨论，学习一首新年歌曲，用写故事与讲故事或者以诗歌的形式讲述新年对自己的意义，并在新年那天粘贴自己的数学工作。下一个星期，他们做的事就非常不同了。虽然所选主题非常有趣并将多个学科结合了起来，但这一方法并不是真正的项目学习。

项目是小学发展适宜性学习活动的核心。项目确定了关注的中心，整合了许多学科领域，并在很长一段时间内不断发展。通过对一个项目的全方位研究，儿童学习基本的学科技能、知识，并由此认识到这些技能、知识为什么有意义以及如何发挥作用。一些科目，如数学，不总是能完全融入项目工作中，因为项目学习并不总是提供足够的学习概念的机会。任何能够自然地适合这一项目主题的内容都可以被包含进来，其他的就单独处理。每一天，儿童都会有大量的时间投入与项目相关的活动。项目活动可能会占课程的很大部分，且一周多次。项目主题可以被整合到学习中心里，或成为大多数课堂教学活动的基础。

真正的项目研究需要长时间的深入工作。许多学校花费数月甚至一个学期的时间来探究感兴趣的主题。奥斯特罗夫（Ostrow）于 1995 年用了一整年的时间和二三年级的学生一起探索"岛"这个主题。"岛"主题是儿童整合学习的结果。项目的标准包括：

* 主题是儿童非常感兴趣的——事实上，主题是由教师与儿童共同协商的；

* 主题与周边社区相关；

* 主题足够广泛，可以分成小的子主题，并且子主题同样能够引起儿童的兴趣；

* 子主题与大的主题之间关系清晰；

* 主题应该能够引导儿童自己对真实情况、材料和资源进行广泛的探

究，能够引导他们进行比较和对比各自的观点；

- 主题应该能够鼓励跨学科学习。（Diffily & Sassman，2002）

例如对于某些地方的农村小学生来说，"森林"可能会是一个合适的主题。子主题的选择可以是"树的生长周期""树的种类和用途""收获木材""伐木史""森林动物家族""栖息地"及生态问题。每个子主题都提供了广泛的学习空间。儿童在学习树的种类和用途时可以画不同种类的树，制作图表说明不同木材可制成的产品，使用木工手艺和测量技能进行制作，并可以给木材公司写信。儿童的兴趣和问题是确定主题方向的推动力；实际上，儿童高度参与了讨论并计划了探究主题的方式。

埃莉诺·达克沃思（Eleanor Duckworth）将儿童的学习过程称为"有奇妙的想法"。

教师为儿童奇妙的想法提供机会包括两个方面：一是愿意接受儿童的想法，二是为儿童提供环境。当儿童遇到对他们来说真实的问题时，为他们提供奇妙的想法——给不同的儿童不同的想法。（Duckworth，2006）

虽然项目学习强调的是主题而不是学科，但仍然有充足的机会将传统课程融入儿童的学习。参与项目学习的儿童通过阅读、书写、拼写、数学、技术和创造性艺术来探索与记录，所学内容通常与科学、社会及健康领域相联系（Trepanier-Street，2000）。当主题需要特殊的技能时，教师就会进行教学。通过这种方法，儿童认识到阅读、书写和数学技能的用途。然而，之所以进行主题研究，是为了更深入了解内容。这不仅仅是教儿童完善单词、拼写等技能的一个简单借口。这些技能确实需要学习，但不是通过训练。技能之所以需要学习，是因为它们被视为实现另一个目的的必要工具（Gamberg et al.，1988）。

围绕着主题的深入学习也被称作项目学习（Chard，1998a，1998b；Katz & Chard，2000；Helm & Beneke，2003；Helm & Katz，2010）。当儿童参与项目以获得"对自身环境和经验中的事件和现象更深刻、更充分的认识"（Katz & Chard，2000，p.17）时，他们通过分析和提问获得了广泛和多样化的经验。儿童借此建立起对自己智力的信心，并强化了自身继续学习的倾向。项目学习丰富并强化了儿童从自发活动、经过缜密设计的活动以及系统教学中

参与项目的儿童可能会使用创造性技能，但也会用到阅读和数学等传统科目内容

所学的东西。互相促进的奇妙想法加深了儿童对周围世界的理解，增强了他们继续学习的倾向。

整合课程包含了教师和儿童的共同设计（Joint Planning）。儿童发现他们感兴趣的话题，这并不意味着课程纯粹是由儿童一时的兴致所决定的。主题学习是一种聚焦式学习（focused study），需要教师有意识地进行指导。儿童和教师合作选择项目，设计活动，并决定需要什么样的材料。

教师很可能要初步设计主题学习的总体方案，因为教师知道能够成功进行深入研究的主题的特征以及官方课程指南。教师同样要对可能会支持这一项目研究的社区内资源、材料、人和场地做初步的研究。教师还要设计引出这一主题的方法和课堂活动。

儿童可能会参与头脑风暴——通过自由的讨论，教师确定儿童对某一主题的知识或经验。儿童不知道的知识可以帮助教师选择他们想要更为深入探究的话题。正如达克沃思所说的，随着这样的课程的发展，学科并没有被掩盖，而是逐渐被"发现"。

鼓励儿童自己去决定、选择将要做的工作：工作是什么样的，如何进行，和谁一起进行，自己的学习将如何呈现，与谁分享。由此，通过这种主题学

头脑风暴帮助教师选择合适的主题

习或项目研究，儿童不仅了解了主题本身，还学会了如何在学习中成为一个积极的参与者，如何规划和组织自己的学习。儿童主动思考、主动学习的倾向逐渐形成。

他们不是被动地听从别人的指示。相反，他们被要求考虑不同选择，并根据自己能够解释和证明的理由做出自己的决定。

他们正在学习成为独立和批判性的思考者（Gamberg et al. , 1988, p. 30）。

在整合课程中，教师创造场景让儿童通过小组合作开展项目工作。小组合作对儿童的社会性和认知发展都非常有价值（Kumar, 2009）。研究表明，同伴互动能够促进儿童的认知发展。通过同伴互动，儿童获得新的技能，认识到多种想法的存在。合作增加了儿童从事一项任务的时间，同伴的存在使儿童不能放弃困难的工作，并使得工作更加愉快。小组合作促进了知识和技能的获得，因为不同的小组成员为活动带来了不同的知识和技能。儿童的言语互动为拓宽思路和进一步尝试提供了丰富的基础。当儿童学着向其他人表达自己的认识时，儿童是在真正地加工自己的理解。儿童给予其他小组成员反馈，同时也收到小组成员的建议，这都能让儿童获益。

有时儿童自己选择工作伙伴，有时教师出于社交原因或为了补充学习风格向儿童建议不同的小组。通过共同为项目工作，儿童互相产生了强有力的影响。当个体的某些行为对群体造成不好的影响时，群体就有责任找到适当的方法来改变这些行为。儿童认识到自己能够成为工作小组中有价值的、有贡献的成员，并且承担责任。

大部分项目工作经常采用小组的形式，但显然小学课堂中的学习并非都是小组活动。举例来说，写日志是一项独立进行的活动，尽管在写作的过程中儿童可以自由地向别人询问拼写和想法。除此之外，教师也会将个人工作和小组合作结合，用于发展儿童数学和语言艺术方面的特殊技能。

儿童学习如何对团队负责以完成项目

在整合课程实施过程中，教师除了充当指导者之外，还扮演着促进者的角色。实际上，一旦教师从"舞台中心"退出，他们的许多职能就由小组成员来承担了。然而，教师对儿童学习的参与并没有减少，责任也没有减少。教师在计划和实施整合课程时做了什么？

教师为课堂活动做前期准备，选择主题，收集资源和资料。项目通常是根据教师的建议、问题或材料而发起和发展的（Trepanier-Street，2000）。重要的是，教师要有好奇心，要有热情，要对学习新思想持开放态度，要追随儿童提出的问题。因为儿童的个人兴趣会指引项目的方向，所以不同年份、不同小组所探究的同一主题会向极其不同的方向发展。教师最初并不一定知道儿童将从所承担的项目中获得哪些信息，但是教师自己应该率先垂范，成为一个感兴趣的、积极的学习者。如果教师与儿童一起学习，工作的重要性和严肃性会得到强调。教师要为项目工作准备环境，在教室中添加有趣和相关的材料，展示其他相关资源；展示已经完成的项目工作的记录。随着项目的推进，准备工作也要持续进行，因为会出现各种可能性、需要和兴趣。准备工作可以包括规划与主题相关的外出实地考察，邀请嘉宾，设计后续活动。教师要保证有丰富多样的材料和活动来刺激和扩展儿童的兴趣。教师安排日程，使儿童可以有持续的、集中的时段投入工作。

　　教师要为小组工作做准备。他们可以帮助儿童选择工作伙伴，并提醒儿童履行职责。儿童不会自动知道如何以一种建设性的方式与他人合作，他们需要就这个问题直接对话。教师可以帮助儿童确定自己在小组中的角色，以便每个儿童都在小组中承担起自己最擅长的工作。

　　教师还承担资源者（Teachers act as resource persons）的角色。资源者意味着在需要时教给儿童相应的技能。项目进展所需的读写算技能被嵌入有意义的情境中。教师的工作不是告诉儿童所有的信息，而是帮助儿童定位信息，帮助儿童确定如何才能找到答案。在教师监督儿童忙碌的活动时，要能随时发现儿童需要帮助的地方。

教师是资源提供者，帮助儿童寻找信息

10 种有效的发展适宜性教学策略：

1. 认可儿童的言行。让他们知道你注意到了什么；

2. 鼓励坚持和努力，而不是仅仅评估儿童已经做了什么；

3. 给出具体的反馈而不是泛泛的评论；

4. 示范解决问题的态度和行为；

5. 示范做某事的正确方法；

6. 创造或增加挑战，使任务比儿童已经能做到的更进一步；

7. 问一些能激发儿童思考的问题；

8. 给予帮助，如线索或提示，以帮助儿童"跳一跳摘果子"；

9. 提供信息，如事实和新单词；

10. 指导儿童的行为举止。

教师跟踪儿童的学习和进步。教师可以绘制头脑风暴图和计划表，列出项目的各个阶段，从而使儿童可以有序地继续进行活动。教师观察并记录儿童的兴趣、能力及困难，指导他们，满足他们的需要，了解他们准备学习什么。教师保存儿童作品的样本，来评估儿童的进步并计划下一步的课程和教学。

教师通过提问来帮助儿童澄清想法，通过言语和书写来呈现学习。教师的问题可能成为儿童开展下一步工作的推动力。教师给出反馈、引导和鼓励，并给儿童提供机会来向同伴和家长展示自己的学习成果。

教师与儿童进行一对一的讨论，评估儿童在学习和思维上的进步，并帮助儿童学习评估自己工作的质量。当儿童忙于自己的工作时，教师会与儿童一一讨论阅读、书写和数学。通常这些讨论每周进行一次，帮助教师和儿童计划接下来的学习内容。

当教师观察到儿童需要并已经做好获取某种技能的准备时，教师提供直接的指导。这样的指导通常以一对一或小组的形式进行，并以儿童选择的阅读、书写或数学活动作为教学的基础。教师发现自己置身于忙碌、活跃的儿童中，而不是站在教室的前面照本宣科——每个人在同一时间看着同一页内容。

教师看到儿童在特定的概念上需要帮助时会单独讲授

不太适宜的做法

在那些强调传授可测量的知识和技能以通过考试，而不是强调通过积极学习过程获得有意义的内容的课堂中，将会发现这些不太适宜的做法：

- 强调阅读和数学，每天讲授特定的课程，儿童通过练习册和基础读本取得进步；

- 课程被分成不同的科目，如社会、科学和健康，但只有在阅读和数学技能课程完成之后仍有时间时，才会教授其他科目；

- 留下很少的时间开展拓展活动，比如进行项目学习，玩区域游戏，创造性的艺术通常被完全忽略；

- 强调教师指导和儿童在课桌上练习各种纸笔技能；

- 不鼓励儿童交谈，认为这会扰乱教师的课堂教学和安静的课堂秩序；

- 教师经常提到考试，比如，"好好学，因为它会考"。

教师不断监测和评估学习，以达到课程标准。教师了解标准及其意义后，可以通过儿童的积极学习和定期评估达到要求。每天和每周，他们将自己的笔记和观察与标准相结合，以确定下一步的方向。与标准保持一致可以让教师有意识地把握工作的方向。

显然，当班级规模太大时，教师很难一对一地进行指导和互动，因此常常不得不借助集体教学。对教师、家庭和社区来说，班级规模足够小，运用这里所讨论的发展适宜性实践效果更好。提倡小班授课是使教学实践更加适宜儿童发展的途径之一。

10-5 语言和读写

新西兰著名教育家布雷恩·卡廷（Brian Cutting）指出，儿童在进入学校之前，便能成功、自然地说话，而且明显很轻松，这其中的原因如下：

- 没有人预期儿童会在这一任务上失败；
- 儿童对自己的学习负主要责任，而不是每天上课，学习被拆成一系列步骤的"说话手册"；
- 儿童在一个耐心、容忍"错误"的环境中练习了很长时间，并在自己的尝试中感受到了快乐；
- 没有测试。

如果我们想让儿童学不会讲话，最简单的方法就是设计考试，设定一个标准，并期望所有的儿童能够达到这一标准。我们都知道这些过程对儿童学习讲话来说是无意义的。那么，我们为什么要用相似的做法来让儿童学习读写呢（Cutting，1991，p. 65）？

儿童言语和读写能力的发展被看作先前经验的继续。小学中语言和读写项目的目标是通过阅读和书写继续发展儿童的口头交流能力，基本理念是口语和书面语言是相互作用并相互影响的，语言发展的所有阶段都以经验为基础。儿童通过观察这些技能的使用以及自己使用这些技能来学习阅读和书写。书写和阅读是同时学习的，是整体课程中不可分割的部分，而不是只在指定的时间分开学习。口语技能被整合到日常生活的每个方面。物质环境的布置要有利于增进人际交流。

坎伯恩（Cambourne）对成功学会读写技能的儿童进行了研究，发现了学习的"坎伯恩条件"。

- 浸入：儿童沉浸在文本和口语中，在课堂中拥有大量练习语言的机会。

- 演示：让儿童有机会见识有意义的、真实发生的听、说、读和写。

- 参与：只有当儿童感受到语言对自身的意义，并且环境对儿童不加评判时，儿童才能从他人的示范中学习。

- 期望：教师表现出对儿童能做一名成功的阅读者和书写者的高期望。

- 责任：让儿童承担起选择读写活动的责任，这会增进他们作为学习者的责任感。

- 近似：儿童自由地承担错误的风险，不担心有人纠正错误或要求务必正确。

- 运用：儿童通过实践获得理解，拥有大量的时间和机会参与各种活动，发展读写能力。

- 回应：在支持发展读写能力的课堂中，儿童会收到来自同伴和教师的反馈，由此，儿童可以自由地表达自己是如何学习的以及学到了什么。

日常阅读是小学识字课程的一部分

那么，发展适宜性课堂上的阅读和书写会是什么样呢？为了清晰阐述，我们会分别讨论小学课堂中的阅读和书写，然而，实际上，阅读和书写是整合在一起的。当然，比起幼儿园，小学课堂上会有更为正式的教学。国际读写协会（The International Literacy Association）在他们的网站上提出了这样一种观点，即"运用多元方法进行初始阅读教学"（1999）。美国幼儿教育协会在关于阅读和书写的发展适宜性问题上表明了自己的立场，指出没有哪种方法最好，但是系统编码教学，配合富有意义的相关阅读，会帮助儿童取得进步。该声明还建议在课堂教学中因材施教，整合阅读和书写（NAEYC，1998，2009）。

读完下面的内容，读者可能会对迈耶（Meier）（1997）一年级教学经历感兴趣。他在创设整合课程和主题活动以发展儿童阅读、书写和数学技能时，应用了这里的大部分观点。

发展适宜性实践的决策

困境："在一年级的课堂上，我一直试图抛开基础读物和练习册，但问题是，当家长们看到孩子的作业大多是画几个字母、写几个难以辨认的单词时，他们会感到非常不安。如果他们的反应如此消极，我怎么能改变呢？"如果你是这个老师，你会怎么做？

思考：毫无疑问，你们班家长上的学校强调的是技能的习得，使用正规教学方法，每种学科都有教科书和练习册。可以理解，当系统对他们来说如此不同时，他们会感到困惑——这看起来不像他们所接受的教育。记住，家长可以是你最直言不讳的反对者，也可以是你最坚定的支持者。这取决于他们在多大程度上理解为他们的孩子提供发展适宜性课程的好处。希望获得家长支持的教师必须帮助家长理解活动是有目的的，旨在满足小学阶段的总体学习目标，而不仅仅是获得技能。当家长开始理解学习的目标是成为独立的思考者、书写者和读者，发展学习能力、合作和自主工作的能力，而且，最重要的是，培养自信和快乐，那么他们将看到对他们孩子的直接好处。

可能的行动： 如何开展家长教育？尽量用不同的方式，因为家长也有他们自己的学习方式。给家长发一些文章和文摘，解释发展适宜性实践的概念。看看你是否能找到一个在这方面有成功经验的老师，请他谈谈这些技巧所取得的成果。欢迎家长作为观察员或志愿者进入你的教室，这样他们可以看到兴奋的孩子忙碌地工作。录像、拍照、录音，并在与家长讨论时使用这些材料。让孩子轮流带回家一个"作家公文包"，里面装满纸和笔记本、蜡笔、记号笔、模板、信封、剪贴板、剪刀、卷笔刀、贴纸和胶水标签。给家长写一段话，解释阅读和书写的过程，并描述你的课堂，这样家长可以更好地了解课堂上发生了什么。让家长分享例子，包括他们的孩子对学习的反应。收集儿童的作品（作品集）——这些作品表明他们在不同时间里取得的进步和学到的技能，并与家长分享这些作品。在教室和大厅里做展示，记录真正的进步和正在进行的学习。继续做你正在做的事情，并时刻让家长和他们的孩子保持热情。儿童需要感觉到家长对他们的老师和班级有信心。

阅读

教师认为阅读项目中最重要的事情是接触、沉浸和目的。让儿童理解阅读教学的目的是将阅读作为一种享受，并发展在文本中构建意义的策略。

为了培养阅读的乐趣，教师可以做到以下几点。

● 每天提供时间让儿童看书，听他人读书，精心挑选各种高质量的儿童文学、诗歌和非小说类图书。

今天，布莱恩特老师在课堂上读了一本关于火车的书，作为主题学习的一部分。在午饭前，布莱恩特老师为儿童读了《夏洛的网》的其中一章，这本书他们一直在阅读。每天早上，教室中有半个小时的阅读时间，儿童可以阅读自己选择的图书。

- 让成人、年级较大的儿童或"阅读伙伴"给儿童阅读。

四年级学生每周来一年级 3 次，给一年级学生一对一读书。

儿童每天都有机会根据自己的喜好进行阅读

- 帮助儿童写或画出他们自己的故事、谜语和经历。

让每个孩子写下一页关于火车的内容，制作成一本班级图书。每一页都附有说明。当这本书完成后，可以放到图书区域，供每个人阅读。

- 为儿童提供与故事相关的活动，例如表演游戏道具、法兰绒板、玩偶、创造性艺术材料（Diller，2003）。

在"火车"这一项目中，戏剧表演中心可能会有工程师帽、火车票、地图和火车轨道标志。艺术中心可能会有木棍、吸管等材料，用来表现立体轨道上的火车。

- 利用学校图书馆资源，并在教室中建立起具有吸引力的图书区，让儿童定期选择自己喜欢的图书。

- 提供与课堂主题和项目相关的有意义的书，让儿童体验阅读的功能，即通过阅读可以获得信息。

- 在教室中提供的材料能满足不同能力水平儿童的需要，要包括无字书、熟悉的书、插图与文本密切联系的书、有韵律的歌曲和诗歌、部分文字重复的书等，让每个儿童都可以在自己的能力水平上体验成功。

为了帮助儿童通过阅读构建意义，教师可以采取以下步骤。

- 定期给儿童读一些可以进行预测的故事，鼓励儿童随时参与阅读（分享阅读）。
- 使用"大书"，文字要足够大，能够让儿童阅读和跟读。
- 帮助儿童学习阅读图片，通过插图获得视觉线索，预测单词（Teachout & Bright，2007）。
- 帮助儿童利用自己对语言的掌握来预测作者的语言，运用他们自己对背景的掌握来获得故事线索。

老师又在为小组阅读图书《棕熊，棕熊，你看到了什么?》。当老师停顿并指向下一幅图时，儿童高兴地加入阅读中："一条橙色的鱼正在看着我。"

- 让儿童画、写、讲述自己的故事。

为了让儿童在读完《棕熊，棕熊，你看到了什么?》等后有更多的书写和绘画经验，老师建议他们自己创作一本关于《棕熊，棕熊，你看到了什么?》里动物的书。安东尼正在写《紫色的小马》的故事。

- 写下并张贴图表、清单以及故事，让儿童熟悉文本。

从动物园回来后，老师写下每人描述他们最喜欢的动物的话，印在纸上，大声念给儿童听，儿童也跟着说："安东尼说……"

- 鼓励儿童把注意力集中在文本的意思上。

当乔斯被一个单词难住时，老师让他看一看图片，看看这是否能给他一些启发。教师对爱丽卡说："你猜当妈妈去上班时，那个小女孩是什么感觉?"

- 鼓励儿童共同阅读，帮助彼此理解文本。

教师建议里克和乔斯一起读这个故事，帮助乔斯理解一些难词。

- 帮助已经能在自然环境中学习阅读的儿童发展阅读所需的技能和子技能，使其能够获得更大的发展。

"乔斯，仔细看这个词。它以什么开头? 对，还有'h'，听起来像是……"

- 通过与有意义的文本互动，培养儿童的语音意识，比如指读。

老师一边重读诗句的首字母，一边用手指单词。

- 召开阅读讨论会，讨论阅读问题并让儿童互相朗读。通过分析儿童的错误，教师可以对儿童进行个别辅导。

教师鼓励儿童互相读书

阅读教学

在早期阅读教学中应用发展适宜性原则的教师：

- 不把阅读作为一个单独的学科来教，不在阅读小组和练习册上花费大量的时间，而是把阅读作为贯穿一日生活的活动；

- 避免强调技能和子技能，因为技能本身不是目的，而只是为了通过标准化测试；

- 不遵循僵化的程序（比如从发音开始，而不是借助书本或有意义的文本），把语言看作一个整体；

- 对所有的儿童使用多种方法，关注儿童的已有经验和能力；

- 在阅读小组使用有趣的读物，而不是枯燥的基础读物（每个人都知道谁读的是最低水平的书）；

- 经常阅读或播放儿童文学作品；

- 不会用一整天听儿童朗读或纠正他们的发音，不会让儿童回答练习册中不真实的问题，做无聊的纸上练习；

- 期待儿童一天中大部分时间都是忙碌、活跃、健谈的。

•利用有目的的阅读来帮助儿童获得他们想要的信息或快乐。对教师来说，问题不是在发音、意义还是整个单词之间做决定，而是帮助儿童发展阅读能力，包括理解高频单词，以及理解我们的语言是如何工作的。

10-6　书写

和阅读一样，在践行发展适宜性原则的小学教室里，儿童需要了解书写的目的，需要大量的时间来练习书写技能。和阅读一样，要通过让儿童大致模仿其他人的书写来学习书写，同时，不间断的练习能渐渐帮助儿童正确地书写（这与婴儿学习说话一样，婴儿最初发出的声音与成人语言非常不同）。

儿童需要经常看见成人写一些东西，由此来认识到书写是一种重要的交流手段。他们需要每天写大量的东西，以提高书写水平。儿童书写的过程比完成的作品更加重要。书写的过程能够反映出儿童对语法、拼写和标点的不同理解程度。重要的是，由儿童决定写什么内容和如何表达。用训练和重复的传统教学方法来教授书写和拼写技能不是书写教学的目标，培养儿童喜欢用书写表达思想才是。

儿童每天都有时间写故事

对于成年人来说，这往往很难理解，他们没有认识到教写作应该从整体着眼，而只讲求技能，认为儿童错误的拼写和语法应该从一开始就得到纠正，以保证儿童不会养成坏的习惯。（"如果教师允许他这么拼写，那么他怎么能够学会正确的拼写呢？" "我不敢相信老师会让他带回家一张有如此多错误的试卷。"）需要向家长介绍通过循序渐进的读写和语言练习来发展阅读和书写的理念，这样家长就可以支持孩子。

培养最初的书写技能需要做到如下几点。

- 经常有机会让儿童观察成人和年龄较大的儿童进行书写，由此，儿童能够认识到书写是有目的的，字母和单词有约定俗成的书写形式。

在晨会时间，爱德华兹老师在大黑板架的纸上一边写当日新闻一边说："我先写一个大写字母，因为我要开始一个新的句子。"

- 有机会让儿童直接感受书写是人们相互交流的一种重要途径。

"奎阿纳，我正在给你妈妈写一个便条，感谢她给我们送饼干当点心。"

- 在教室里使用功能性文字材料，鼓励阅读和书写。功能性文字材料可以包括双语学习者使用的语言。

艺术中心的牌子上写着："今天需要4个人清洗画笔、整理架子。有意者请在这里签名。"

会议区的牌子上写着："如果今天谁有消息要告诉大家，请在这里写下你的名字。"

- 在教室中设置个人信箱，鼓励儿童用通过书写与其他人进行交流。

爱德华兹老师在写作中心添加了信纸和信封。

- 教师记录儿童口述的经历。

"赛思，你画了一幅很有趣的画。你愿意告诉我这幅画讲的是什么故事吗？我可以把你说的写下来，或者帮你把这个故事写下来。"

- 每天都有画画/书写的时间，包括与同伴、教师讨论想法的时间，计划书写的时间，使用书写工具的时间，确定单词如何拼写的时间，通过为同伴或小组大声阅读来分享作品的时间。这种"书写工作坊"有助于书写技能的发展（McCarry & Greenwood，2009）。

每天早上，在结束晨会和讲完故事后，爱德华兹老师的班上都有书写时间。每个儿童都有一个书写文件夹和笔记本来保存他们正在进行的书写项目。儿童围坐在桌子旁边，经常相互讨论自己的书写。"你是怎么写'恐龙'的？我正在写恐龙迷路的故事。""我要在我的故事中加入一只友好的恐龙。我不喜欢恶恐龙。""我写完以后会把我的故事读给你听。你不会害怕的。"

- 鼓励书写并使书写成为一种必要，如可以写关于项目计划和进展的笔记、项目报告、实地考察和参观发现的问题，可以通过信件来获取信息，可以写游戏规则、谜语和笑话，可制作标志、海报和传单，给朋友邮箱留言，列出喜欢的东西，可以写故事、日记。书写的主题和原因主要来自儿童自己的经历与想法（Stonier & Dickerson，2009；Brown，2010），而不是来自教师布置的任务。

詹妮弗在写作时间里给动物园写了一封信，询问如何饲养斑马。迪马里奥在自己的笑话书上添加了一个笑话。拉奎莎和安妮在一起列举他们最喜欢的图书。

- 创造一种接受儿童所有尝试的氛围，不要过度纠正儿童的涂鸦、字母方向、拼写、语法、单词间距或标点符号。纠正儿童的任何错误时，应当是口头的，并且只是在儿童展示时顺便提及。

布莱恩娜把她的恐龙故事拿给老师看，dinosaur（恐龙）被拼写成了DNSR。老师只是对恐龙的奇遇进行了评价，同时非常清晰地发出了 dinosaur 的读音，并告诉布莱恩娜她非常喜欢这个故事。过了一会儿，老师注意到布莱恩娜给 DNSR 添加了字母 O——DNSOR。

- 为儿童提供可以独立使用的、用以辅助书写的资源，如电脑、图画字典、单词表，提供可以用于在完成图书后署名的材料。
- 向儿童介绍单词墙（Martin & Thacker，2009）。

这周，老师在墙上写了以 -ame 结尾的单词。孩子们很喜欢添加他们的词语，如 game（游戏），same（相同），tame（驯服），name（名字），came（来）。

这些儿童正在合作写故事

对初学书写者有用的练习

- 在"书写"课程中，弱化对书写质量的要求；
- 将书写作为一种表达思想的形式，而不仅只是语法；
- 鼓励儿童通过书写来表达自己；
- 不要强调纠正儿童作品中的错误，避免让作品"看起来像一个充满伤亡的战场"（Gamberg et al.，1988，p. 201）；
- 让儿童在自己选择的材料上写，而不是大量使用练习本；
- 不要把书写当作练习或惩罚（如写一页字母 M 和"我再也不会大声说话了"）。

- 鼓励儿童保持个人表达风格，而不是去套那些规定的写作模式。教师期望儿童选择自己的话题，自己决定写作的长度、组织结构和风格。

基姆的作品体现了她对小动物的关心。她今天的故事是关于一只迷路的小狗。沃利有着科学家一般的好奇心，像科学家一样撰写观察报告。吉尔的幽默感体现在她的写作中，她几乎总是以"哈哈"作为结尾。

- 儿童的书面作业档案会长期保存，教师可以用它来评估儿童的理解力，也可以在讨论儿童进步的会议上与家长分享。

- 教师与每个儿童定期举行写作会议，讨论已经完成的工作以及正在进行的工作。这种个别会议有利于教师帮助每个儿童发展各自所需的技能，支持和了解儿童独特的风格和兴趣。

10-7　数学

儿童逐渐从前运算思维阶段发展到具体运算阶段，通过操作实物，儿童探索和发现逻辑数理关系，并得到发展。儿童需要有机会使用数学概念和技能来探索、发现和解决有意义的问题。发展适宜性实践强调"发展儿童读写算能力的思维基础"（Kamii & Kamii，1990，p. 138）。除了需要操作具体材料外，儿童还需要在头脑中建立连接。操作物体能够让儿童进行更好的思考。正如科普利（Copley）所说，"知道数学就是做数学"（Copley，2010，p. 15）。

数学课程的一个重要目标是帮助儿童对自己的思维能力建立信心。

反思

在数学方面的信心

当儿童被问到是如何得出答案的时候，他们会立刻擦去答案。你认为对数学缺乏信心是由什么造成的？教师能做些什么呢？

为了评估儿童对数学的信心，教师可以在他们正在完成作业单时，在教室里四处走动，然后停下来问某个儿童（指着正确的答案）："你是怎么得到这个答案的？"许多儿童会立刻拿起橡皮擦，表明他们对自己的想法缺乏信心（Kamii & Rosenblum，1990，p. 149）。

美国国家标准界定的数学包括了数概念，模式和关系，几何图形和空间感，测量，数据收集、组织和表征（NCTM，2000）。这一标准由美国数学教师理事会研制，明确了数学思维的本质，并将儿童的数学学习聚焦于解决问题、推理、交流和建立数学上的联系。该标准还提出了针对学前儿童的指导方针。该标准关注儿童运用数学来进行研究、思考问题、澄清思想，并看到各种数学概念之间的联系，而不是教师想让儿童知道或做什么事情（NAEYC & NCTM，2002）。发展适宜性数学课程反映出的理念是：儿童从自己的经历中学习经验，用自己的方式理解这些经验。试图支持儿童数学思维发展的教师会创设儿童积极思考数学的氛围。在这样的氛围中，儿童产生新的见解，并进一步进行思考。美国数学教师理事会最近描述了 8 种有研究支持的实践，所有教师都应该熟悉它们。

• 儿童有机会在有意义的环境中，通过具体行动来发展数概念，比如为小组活动准备材料，与同伴一起游戏以及做饭。

儿童有机会在游戏中发展数概念

罗莎的小组正在准备今天要和全班同学一起分享的饼干。"3 杯面粉。"她说道，"这里只有两杯，你需要再加一杯。"

"你掷了 5。"老师说，"数出 5 个空格。"

"今天是胡安妮塔的 6 岁生日。我们需要在她的皇冠上贴 6 颗星星，在蛋糕上插 6 根蜡烛，还需要挂 6 个气球。"

• 在日常生活中运用数学概念，例如记录出勤、准备点心、摆餐椅、分发材料以及为喜欢的美食投票。

"用卷尺比一下照片，尤兰达。"

"今天有几个孩子没来，乔迪？"

"你们组里男生多还是女生多？"

• 为儿童提供解决实际问题、自主调查、自主决策的机会。

"我们剩下 6 个蛋糕，还有 10 个孩子。你如何分配，让每个人都一样多？"

"他认为你的积木比他多。你怎么能够知道他说得对不对呢？"

　　"希瑟说 3 + 5 = 9。你认为对吗？你怎么检查呢？"

　　● 对所提供的许多物体进行分类、排列、建模、计数、加减、称重、测量。这些物体包括传统数学教具，如彩色木条、多米诺骨牌、卡片、扑克牌、棋盘、几何板和拼板等。教师要运用自己的创造力收集可供儿童在教室中操作的材料，例如坚果、种子、鹅卵石、贝壳、钥匙、螺栓、扑克、微缩玩具、瓶盖、纽扣、游戏币、高尔夫球座和邮票等。教师还应该为儿童提供与数学相关的工具：天平和秤、卷尺、比例尺、秒表、定时器。

　　● 开展需要运用数学技能的小型主题活动，如建筑、烹饪、测量，为儿童提供一个学习数学的环境。这种小的主题活动可以是经营一家餐馆，数学贯穿在制订菜谱、购买食材、烹饪食物、出售食品、计算价格、计算利润和亏损等一系列活动中。

　　● 为儿童提供在非竞争性的活动中共同解决数学问题的机会。非竞争性的活动能鼓励儿童进行推理和讨论，使儿童能够厘清他们的思维。数学小组的形式允许儿童以小组为单位学习特定的概念，实践特定的技能，并为教师教学增加了额外的机会（Sloane，2007）。

　　塔莎、詹姆斯和布拉德利正在计算：要使每人有两块饼干的话，一共需要多少块饼干？塔莎的办法是在每个儿童的名字旁边画两块饼干，最后把所有的饼干加起来。布拉德利把 30 张扑克牌排成一排，每说一个儿童的名字就拿走两张。最后，塔莎得到了一个数字，而布拉德利得到了两摞牌。塔莎解释了为什么她的办法可行，詹姆斯和布拉德利都同意。

　　● 开展一对一或小组教学，评估儿童在数学理解方面取得的进步，发现儿童准备好可以继续进行数学学习的领域。

　　老师与塔莎、詹姆斯和布拉德利一起坐下来，为他们展示如何形成一列 2 的加法表。

　　● 开展课堂研究活动，帮助儿童深度参与到有意义的数学学习中，比如做调查（你家里有什么宠物）、测量（看一看要用多少杯沙子才能装满这个桶）、看日历（数这个月一共有多少个晴天，多少个阴天，多少个雨天）。

　　● 让儿童有大量的时间来玩数学游戏，重复练习，因为重复对儿童数的学习必不可少。

● 把图书与数学学习联系起来，帮助儿童理解数学是世界的自然组成部分，借助故事的自然背景对数学问题进行讨论和思考。

建议

数学教学策略

● 将数学作为需要理解的概念，而不仅仅是一套需要记忆的事实和技能；

● 将数学融入课堂活动和学科活动中，而不是依赖于单独的数学课时；

● 提供充足的动手时间和材料，而不是把数学游戏只留给那些按时完成作业的儿童；

● 使用数学教科书、练习册、白板等；

● 将活动作为激励儿童学习数学知识的主要方法；

● 尝试理解儿童的方法和思维，而不仅仅是关注分数和正确答案；

● 用积极的方式让儿童知道他们的答案是否正确。

10-8 科学

美国研究委员会《从学前班到 12 年级科学教育框架》（*A Framework for K-12 Science Education*）是科学教育的指南。该框架认为科学教育应该专注于有限数量的核心概念和跨领域概念，让学生在多年时间里不断地建立和修正他们的知识与能力。科学教育应围绕 3 个维度：科学与工程实践、跨学科概念、学科（物理科学，生命科学，地球和空间科学，工程、技术和科学应用）核心概念。此外，美国科学教师协会与美国科学院共同制定了下一代科学标准，描述了科学领域在各年级的表现标准。

《从学前班到 12 年级科学教育框架》还与《共同核心州立标准》相关。

语言和读写标准要求学前班到 5 年级学生至少有一半的阅读材料是科学方面的，扩大获取和使用科学词汇的机会，学习跨领域写作。数学与科学相结合，如数据收集和分析、测量、比较和分类。

- 教师设计符合年龄特点的科学调查和探索，介绍科学词汇和探究过程技能（现在称为科学和工程实践），如观察、预测和记录。

- 教师提供科学探究工具，如放大镜、棱镜、磁铁、神秘袋、自然材料、收藏品、图片等。

- 实地考察可以提供更广泛的观察体验。

- 教师提供了许多科学书。

- 发现和识别自然中的模式、因果实验以及长时间的追踪观察都是科学。

- 教师提出好的问题，并支持儿童提出自己的问题。这可能会激励儿童进行研究和实验，甚至在课堂上进行长期的项目。科学提供了一个纽带，可以发展儿童读写和数学领域的能力。

科学教育的 3 个维度

1. **科学与工程实践**

- 提出问题（科学）、定义问题（工程）
- 开发和使用模型
- 策划和开展调查工作
- 分析和解释数据
- 运用数学和计算思维
- 做出解释（科学）、设计解决方案（工程）
- 利用证据进行辩论
- 获取信息、评估信息和沟通信息

2. **跨学科概念**

- 模式
- 因果：原理与解释
- 刻度、比例和数量

- 系统和系统模型
- 能量与物质：流动、循环与守恒
- 结构和功能
- 稳定性和变化

3. **学科核心概念**

物理科学

- 物质及其相互作用
- 运动和稳定性：力和相互作用
- 能量
- 波及其在信息传输技术中的应用

生命科学

- 从分子到生物：结构和过程
- 生态系统：相互作用、能源和动力学
- 遗传：性状的遗传和变异
- 生物进化：统一和多样性

地球和空间科学

- 地球在宇宙中的位置
- 地球系统
- 地球和人类活动

工程、技术和科学应用

- 工程设计
- 工程、技术、科学和社会之间的联系

10-9　评估与标准化测试

当大量的税收用于教育时，有关问责的问题自然就产生了。实际上，《不让一个孩子掉队法案》授权定期对三年级以上的儿童进行高风险测试。高风险测试具有如下特点：

- 与升级或留级的决定直接相关；

- 与课程变化有关，如教师花在语言和数学教学上的时间更多，而在其他领域上的时间更少（Falk，2012）；
- 用于评价或奖励教师或行政人员；
- 与学区资源分配相关。

向家长和社区公布的报告使这些测试的结果更加清晰可见。尽管如此，很多教育者表达出对依赖测试来评估儿童学习进步的担忧。"试图通过成绩来使学校负责，导致'做更多没有做过的工作以及提前做这些工作'。"（Katz，引自 Kamii，1990，p. 163）

当测试占据主导地位时，结果就是"课程变得狭隘，关注最契合于测试的那些技能，限制了教师的创造力和灵活性，贬低了教师的专业判断"（Meisels，2000）。教师普遍发现自己在"为测试而教"（或者实际上是在"教测试"）。在儿童生活中，测试的"幽灵"时隐时现。对儿童不适当的期待以及人为测试场景的压力会对儿童的健康发展造成损害，并导致有太多儿童认为自己是失败者。

测试被设计成有半数儿童的测试结果低于平均水平。不管出于何种原因，比别人发展慢的儿童被贴上标签并被标上了较低的百分位数，而且每个人都知道他们在测试中得到了什么样的成绩！在评估儿童学习进步时，应将儿童在一个时间点上所掌握的知识与其在随后一个时间点上所掌握的知识进行比较，但测试是在同一时间对同一年级水平的一组儿童进行比较。

高质量的学校已经准备好接受问责，开展项目活动旨在最大化开发儿童潜能，他们反对狭隘地关注成绩测试和标准化测试（Wesson，2001）。

在回应由《不让一个孩子掉队法案》授权的测试方案时，美国教育协会发表声明，提倡"测试+"（Testing Plus），建议不将测试作为唯一的问责方法。教师认为，应当保护儿童免受"基于一次测试做出的高风险决定"所带来的伤害。他们主张运用多元化的测试，包括增加课堂评估，如作业档案袋、项目评估。提倡发展适宜性实践的教师需要努力争取更多的评估方法，进一步让大家了解测试的危害和低效（Kohn，2001）。

在目前的社会和政治环境下，评估仍将成为教师讨论的一个重要话题。

然而，基于观察的评估对于提供适合儿童的课程和教学非常重要；实际

高风险测试已经成为学校生活的一部分

上，评估是完全与课程和教学整合在一起的。虽然测试总是对儿童造成伤害——经常导致分层、排斥或贴标签，但评估会对儿童产生好处，如对课程进行必要的调整或使教学更为个体化，能展示儿童的整体发展，而不是关注儿童的错误答案和他们不知道的事情。评估支持而不是威胁儿童的自尊。人们鼓励儿童进行自我评估，并教授相关的技能，使儿童不是外界狭隘评估方法的被动接受者（Brown，2008）。

> ### 多样性考虑
>
> #### 高风险测试
>
> 　　《不让一个孩子掉队法案》的许多条款旨在消除少数族裔学生和其他学生之间的差异。然而，立法中最具争议的条款之一是高风险测试。关于这些测试是否是改善教育的有效工具的争论非常复杂。然而，大多数研究人员和实践者认为，高风险测试将对少数族裔学生、双语学习者和残疾学生产生最大的影响，并将导致这些学生不成比例地留级，甚至被剥夺高中入学机会。

批评者认为，学校没有让这些学生接触考试必需的知识和技能。他们指出，只靠测试并不能解决如何提高学习的问题。此外，研究表明，留级会增加辍学率。因此，高风险测试可能会导致越来越多的学生因为一次或多次留级而面临越来越大的退学风险，导致本来合格的双语学习者可能没有资格毕业并顺利进入他们唯一负担得起的高等教育机构：州立学院和大学。

移民学生的另一个潜在困难是，许多家长在用学校的语言交流或理解学校的文化和要求方面受限。因此，许多家长对孩子的教育了解有限，影响有限。由于缺乏家长的支持和指导，许多学生严重依赖同龄人的建议。虽然他们的同龄人可能会分享经验，但通常不够成熟，不能提供明智的指导。你能想出一些可能的策略来帮助不同的学生（和他们的家庭）解决与高风险测试相关的复杂问题吗？

评估的目的有 4 个：
- 向教师提供规划和调整课程所需要的信息，以满足每个儿童的发展和学习需要；
- 帮助教师和家长监控儿童的进步；
- 评估和提高教育的有效性；
- 筛查和诊断有残疾或特殊需要的儿童。（Copple & Bredekamp，2009，p. 321）

不幸的是，当管理者对教师施压，要求教师保证达到年度成绩目标时，太多教师屈服于压力，把测试看得比基于课堂的评估更为重要。但评估是教师工作的一个必要组成部分，教师是评估信息的使用者。这并不意味着由教师独自进行评估。评估涉及教师与学生、教师与家长以及学校与社区之间的合作和交流。每个成员都可以给其他人提供信息和见解。发展适宜性实践要求：如果评估将对儿童产生重大影响，比如影响入学、分组或留级，那么，除了开展正式和非正式的评估外，还应该基于多个信息来源，包括教师的观察、专家和家长方面的信息等。

由美国幼儿教育协会开发的《适宜性评估指南：为了制订计划并与家长交流》(*The Guidelines for Appropriate Assessment for Planning Instruction and Communicating with Parents*) 指出，评估"是定期和周期性地在多种多样的情境下观察儿童，观察儿童在不同时间有代表性的行为"(Bredekamp & Rosegrant，1995，p. 17)。这份指南进一步指出，评估所采用的程序应当能反映课堂中正在进行的活动以及儿童的典型活动——真实的阅读、书写以及数学学习，而不是远离课堂常规学习过程的、人为的、虚假的情况（技能测试）。

评估应包括课堂的实际活动，如理解数学概念的发展

在制订评估计划时，教师必须回答这些问题：

- 对这一年龄水平的儿童来说，典型的发展特征是什么？
- 当儿童离开学校，或进入高一年级时，需要知道或能做什么？
- 对每个发展领域或内容范围，应该评估什么？
- 在评估和记录儿童进步时，应该采用什么样的方法？

在文化多样性的背景下，界定儿童的进步，可能是一个复杂的过程，因为在一种文化中被视为问题的行为，在另一种文化中可能并不是问题。因此，精确评估需要家长的参与，家长可以"把信息放进儿童发展的历史背景中来考察，并帮助纠正测试工具的文化偏见"（Chang，1993，p. 60）。评估可以为教学提供信息，在保持发展适宜性和文化适宜性的同时达到学业标准（Hughes & Gullo，2010）。

评估包括设计定期观察儿童的方法，并系统地记录这些信息以供将来使用。

家园交流

不仅是测试

亲爱的家长朋友：

《不让一个孩子掉队法案》规定，从三年级开始，所有的孩子都要参加期末考试。如你期望孩子今年参加这些考试，请帮助孩子了解关于这些考试的一些事情。考试的目的是确定孩子是否取得了令人满意的进步。对于我们所有人来说，了解她/他是否需要任何额外的帮助很重要。这些考试不应该成为你或孩子焦虑的来源，也不应该成为课堂上所有学习活动的焦点。日常的阅读、书写、数学和科学学习，以及其他学习活动，往往更能体现孩子理解力的增长。当你看到孩子有能力完成家庭作业时，你就会明白这一点。

随着考试时间的临近，我们会更多地帮助孩子做准备。现在，我们邀请你帮助我们对孩子进行考试准备。考试不是最重要的事情！请到教室来看看我们在哺乳动物体型比较项目上的进展。这是一次有趣而愉快的学习体验。

如果你有关于考试的具体问题，请告诉我们。与此同时，让我们都试着放松，享受我们的学习。

××老师

课堂观察与评估

　　今天上午，一年级教室，老师开始关注玛丽亚，她在书写中心忙得不可开交。几个孩子在她旁边忙活，但她不说话。她似乎很专心于自己的工作。她把铅笔从右手换到左手，并时不时停下来让手休息一下。她离开书写中心，到图书区去翻一本书。老师注意到她找到了一个词，然后继续写她的故事。当老师过来让她读她正在写的东西时，她表现出一种平静的快乐。玛丽亚念：一个母亲照看她的孩子（A MTHER luks FTIR hir BBE）。后来，老师在玛丽亚的档案中记下了以下几点：

- 与其他孩子和大人在一起很舒服，但不会主动交谈，也许语言仍然是个障碍，或者是她的风格和背景所致（玛丽亚的父母在家里和她说西班牙语，但她的英语已经相当流利了）；
- 专注力集中，并能够独立寻找资源；
- 仍然在握笔（也可能是用手习惯）上存在困难；
- 她已经从自创拼写的阶段进步到使用一些元音了；
- 对阅读/书写有信心和兴趣；
- 对婴儿感兴趣（玛丽亚的家里有几个小孩）。

　　根据这些记录，老师为玛丽亚制订的下一步工作计划包括：锻炼使用铅笔的技能，用两种语言和她互动，让她与一个外向的儿童结成对子。计划随着她的进步和兴趣不断改变。

10-9a　定期观察的方法

　　评估中的系统观察是指对常规课堂情境下各种典型学习活动的观察，而不是在脱离自然学习环境的特殊情境中进行观察。教师在真实的学习时段、小组工作和读写活动中观察儿童的表现。

　　教师通过与儿童进行交谈来更好地了解儿童的学习风格、进度和兴趣所在。由此，在儿童正式的日常活动和发展适宜性活动中，教师很少干扰。教师观察较长一段时间，把对儿童的多次观察组合成连续的画面或找出儿童的发展模式。单独的一次观察，或许不能代表儿童真实的成就或能力。他们知道，一次观察的结果可能只是对儿童在某个领域发展的认识。教师意识到评估是没有可比性的，也就是说，对单个儿童的评估要考虑到儿童学习风格的多样性和学习速度的不同，需要考虑家庭和文化所带来的影响。评估呈现的是每个儿童较之以前所达到的发展水平。

发展适宜性实践的当前话题

升级和留级

　　尽管一个世纪以来没有研究成果支持留级或升级作为改善学习的方法，但在这个问责的时代，升级或留级被越来越多地使用。据估计，每年有多达15%的学生被留级，其中30%—50%的学生在上九年级之前至少留级一次。留级比例最高的是男生、贫困学生、少数族裔学生、生日较晚的学生和阅读困难的学生（包括双语学习者）。学生在留级那一年所取得的进步会在其后的两三年内持续减退。留级看起来并没有对儿童的自尊心和学校产生积极的影响，却与在使用行为评定量表进行测查时发现的儿童行为问题的大量增加有关。事实上，20世纪90年代的19项研究对留级和升级的学生进行比较，发现留级对学生造成明显的负面影响，体现在所有学业成绩（阅读、数学和语言）和社会性及情感指标，比如同伴关系、自尊、问题行为和态度上。

　　问题在于，升级和留级都是在问题出现后去解决问题，而不是在问题出现之前就去预防或发现问题。我们建议消除问题产生的根本原因。美国学校心理学家协会发表的一份立场声明，提出了"升级+"（Promotion Plus）的应对办法，包括一系列的早期干预和后续服务：

- 鼓励家长参与儿童的教育；
- 采用年龄适宜和文化敏感的教学策略；
- 强调改善早期发展和学前教育；
- 实施有效的早期阅读项目；
- 实施一对一辅导和师徒制；
- 采用系统的评估战略，包括监测进展情况；
- 实施校本心理健康方案；
- 针对学习障碍提供适宜的教育服务，包括所有专业人员之间的合作；
- 由支持团队评估和识别儿童学习与行为问题；
- 开展拓展活动以及暑假项目；
- 实施有效的行为管理项目。（NASP，2003）

早期干预，而不是留级或升级，往往是帮助儿童成功的策略。

干预可能比留级或升级更能帮助儿童获得成功

当教师不需要指导所有活动时，就有时间定期进行观察。当儿童积极参与阅读、书写、数学、主题工作或兴趣中心活动时，教师在他们中间走动，提问，鼓励并始终观察。评估对于发展适宜性实践是非常重要的，因此必须纳入每天的日常工作中。教师可以找到自己的方法来确保课堂上的每个儿童都能集中注意力。教师可以在一天中或一个特定活动中选择几个儿童来观察。教师可设计快速记录的方法，如在口袋里放一沓标签以便随时做简短的记录，然后在一天结束后给这些记录注明日期并把它们粘贴在儿童档案袋中。如果教室中不只有一位教师，则可以分配观察任务或与同事讨论各自的观察结果。

10-9b　系统地记录信息

教师运用各种不同的工具来整理儿童的评估数据。这些工具包括：录像和录音等，读写和计算技能、社会技能、学习风格以及其他方面的检核表，逸事记录，学生学业档案袋。工作取样系统帮助我们对儿童学习和教学进行记录，这一系统有 3 个相互补充的部分：发展检核表、档案袋以及总结报告（Meisels et al.，2013）。

10-9c　档案袋

档案袋"很好地讲述了儿童的发展故事"（Harris，2009，p. 82）。档案袋里收集了能够说明儿童进步和成就的代表性作品，例如：

- 注明日期的绘画和艺术作品，也可以是照片；
- 反映儿童想法和计划的书写作品；
- 引导儿童分析错误并自我纠正的阅读记录单；
- 能够反映特定主题的访谈记录；
- 读过的书和故事列表；
- 儿童开展的核心项目和成果。（Shores & Grace，2005）

鼓励儿童自己选择能够表现他们进步的作品，并将这些作品添入档案袋（Laski，2013）。教师可以保存儿童的工作档案袋，随后加以浓缩，以呈现儿童具有代表意义的进步。

档案袋中所保存的是供家长、教师和儿童考虑的基本资源。在档案袋中，作品本身就是展现进步的有形证据，没有必要依靠教师在逸事报告或检核表中对儿童作品的回应佐证。教师、家长和儿童要学习如何将作品视为发展连续体中的一部分。这些作品是儿童在有意义背景下运用技能的证据。

另一种记录方法是保存儿童与教师在探讨某些特定问题时的录音，这些录音将有助于评估儿童逻辑思维、阅读理解技能和对阅读的态度等方面所取得的进步。

教师需要经常设计问卷或描述性检查表，来评估发展连续体上那些被确定为儿童发展里程碑的特定能力。例如教师记录读写能力的问卷可包括以下内容：知道方向——由左至右，由上至下；理解一致性原则（同一个单词拼写相同）；知道 12 个或更多的字母发音。教师可以选择一系列不同层次的书来观察儿童的阅读能力。一份社会技能检核表可以设计如下问题，比如儿童与他人合作的能力，对他人错误的容忍能力以及为他人提供建设性帮助的能力。

针对学龄儿童的非支持性实践

非支持性的实践会削弱儿童作为学习者的信心、成功感以及儿童在学校的安全感：

- 仅仅通过测试来评估儿童，通过与常模对照来给他们排名，假定所有儿童都会在同一年龄获得同样的技能；
- 在课堂上定期测试所有科目，并强调测试分数为成功或失败的标志；
- 用字母或数字向家长报告学习进展，将儿童与同班其他学生或全国平均水平进行比较；
- 让未能够达到阅读、数学技能测试最低标准的儿童留级，对儿童的自尊心产生影响；
- 让未能取得足够进步的儿童升级，而不采用其他的教学策略或干预措施。

令人可惜的是，以上所列的绝大多数做法正在被国家法律授权实施。

教师定期查看文档和文件夹，总结儿童进展和兴趣，以此为基础制订未来指导计划。在家长会议或年终总结之前，或者在给家长写书面报告时，这样做也是很有用的。教师和家长定期分享有关儿童整体进步的信息是评估过程的一部分。这种交流，有时是口头的，有时是书面的，侧重于描述性、叙事性的报告，具体细节来自教师的观察。由于这种报告关注的是儿童的整体实力和相比上一个阶段取得的进步，所以它支持了父母与孩子的自信心和彼此的关系。没有绝对的分数或百分位数来表明儿童是否准备好继续学习，因此儿童的进步是持续的。

小结

目前的立法给教师和儿童带来了挑战。促进阅读、书写、数学和科学知识和技能发展的适宜性实践包括：

- 整合课程，让学生在有意义的环境中学习技能；
- 采用项目/主题教学法，让儿童成为自主学习者；
- 使用经过研究的语言教学方法，帮助儿童提高读写能力；
- 使用清晰、连贯的数学和科学课程；
- 教师开展个性化教学，做好早期准备。

通过测试来衡量学生和学校成就，可能会使学习变得狭隘。教师进行持续的评估是决定课程和教学方向的根本。

思考

1. 和同学一起，运用头脑风暴法列出适合你所在社区学龄儿童的潜在活动主题。参考本章中有关内容来选择最适合的主题。创建一个可能激发儿童兴趣的子主题列表。

2. 对你可以利用的资源做一些初步研究，比如虚构和非虚构类儿童图书、图画和海报、实地考察、访客等。与你的同学一起讨论。

3. 收集学龄儿童可以使用的创造性数学教具（每类至少包括 10—20 个）。

4. 列出可以在你家附近的小学进行的科学探究活动。

5. 如果可能的话，在你的社区找到一个正在开展发展适宜性实践的班级，如实施整合课程，开展项目研究，借助文学作品进行阅读教学，每天进行书写，把写作视为一种表达方式。与教师进行交流或观摩他们的课堂，看他们是如何工作的，找出与传统课堂不同的地方。

自测

1. 描述当前的立法如何影响学龄儿童的教与学。

2. 讨论课堂中的发展适宜性实践，理解前运算阶段儿童和具体运算阶段儿童思维的特点。

3. 讨论整合课程如何有助于达到相应学习标准。

4. 讨论发展适宜性的阅读课程。

5. 讨论教师支持书写的具体教学实践。

6. 描述发展适宜性的数学课程。

7. 对比测试和评估的不同效果，并描述评估在落实发展适宜性实践中的重要性。

应用：案例研究

1. 给一年级学生家长写一份材料，描述你将会在阅读和书写教学中使用的策略并做出解释。预测家长可能会产生的有关他们孩子是否能通过期末测试的疑问，并对这些问题做出回应。

2. 校长担心你所教的二年级学生在项目研究上花费了太多的时间，可能没有足够的时间来准备《不让一个孩子掉队法案》所规定的测试。准备一份文件来清晰说明你是如何把测试要求与你正在做的主题项目整合起来的。

参考文献

ACEI. (2002). *Global guidelines for early childhood education and care in the 21st century* (ACEI position statement). Retrieved from http: //acei. org.

Ainsworth, M. D. S. (1982). Attachment: Retrospect and prospect. In C. M. Parkes & J. Stevenson-Hinde (Eds.), *The place of attachment in human behavior* (pp. 3 – 30). New York: Basic Books.

Ainsworth, M. D. S., Blehar, M. D., Waters, E., & Wall, S. (1978). *Patterns of attachment: A study of the strange situation.* Hillsdale, NJ: Lawrence Erlbaum.

American Academy of Pediatrics, American Public Health Association, and National Resource center for Health and Safety in Child Care. (2011). *Caring for our children: National health and safety performance standards: Guidelines for out-of-home child care* (3rd ed.). Retrieved October 15, 2014, from http: //nrckids. org.

Anderson, S. (2002). He's watching! The importance of the onlooker stage of play. *Young Children*, 57 (6), 58.

Armstrong, T. (2006). *The best schools: How human development research should inform educational practice.* Alexandria, VA: Association for Supervision and Curriculum Development.

Ashton-Warner, S. (1964). *Teacher.* New York: Bantam.

Balaban, N. (2006). Easing the separation process for infants, toddlers, and families. *Young Children*, 61 (6), 14–18.

Bardige, B., & Bardi, M. K. (2008). Talk to me, baby! Supporting language development in the first three years. *Zero to Three*, 29 (1), 4–10.

Begley, S. (1997, Spring/Summer). How to build a baby's brain. Newsweek, Special Edition, pp. 28–32.

Bellafante, G. (2014). As Prekindergarten expands in New York City, guiding guided play. *New York Times* (September 4).

Belsky, J. (1988). Infant day care and socioemotional development: The United States. *Journal of Child Psychology and Psychiatry*, 29 (4), 397–406.

Belsky, J. (2001). Developmental risks (still) associated with early child care. *Journal of Child Psychology and Psychiatry*, 42 (7), 845–859.

Belsky, J., Vandell, D., Burchinal, M., Clarke-Stewart, A., McCartney, K., Owen, M., et al. (2007). Are there long-term effects of early child care? *Child Development*, 78 (2), 681–701.

Beneke, S., & Ostrosky, M. (2013). The potential of the project approach to support diverse young learners. *Young Children*, 68 (2), 22–28.

Beneke, S., Ostrosky, M., & Katz, L. (2008). Calendar time for young children: Good intentions gone away. *Young Children*, 63 (3), 12–16.

Bentley, D. (2013). Transparent curtains and teensy-weensy dots: Reflecting on emergent curriculum and the project approach. *Young Children*, 68 (2), 78–85.

Bereiter, C. & Engelmann, S. (1966). *Teaching disadvantaged children in the preschool.* Englewood Cliffs, NJ: Prentice-Hall.

Bergen, D. (2004). *Play's role in brain development.* Olney, MD: Association for Childhood Education International.

Bergen, D. & Coscia, J. (2000). *Brain research and childhood education.* Olney, MD: Association for Childhood Education International.

Berk, L. & Winsler, A. (1995). *Scaffolding children's learning: Vygotsky and early childhood education.* Washington, DC: NAEYC.

Bernhardt, J. (2000). A primary caregiving system for infants and toddlers: Best for everyone involved. *Young Children*, 55 (2), 74–80.

Berreuta-Clement, J., Schweinhart, L. J., Barnett, W. S., Epstein, A. S., & Weikart, D. P. (1984). *Changed lives: The effects of the Perry preschool program on youths through age 19.* Ypsilanti, MI: High/Scope Press.

Bettelheim, B. (1987, March). The importance of play. *Atlantic Monthly*, 35–46.

Biber, B., Shapiro, E., & Wickens, D. (1971). *Promoting cognitive growth from a developmental-interaction point of view.* Washington, DC: NAEYC.

Biggam, S., & Hyson, M. (2014). The Common Core State Standards and Developmentally Appropriate Practice: Creating a Relationship. In Copple, C., Bredekamp, S., Koralek, D., & Charner, H., Eds. *Developmentally appropriate practice: A focus on Kindergartners* (pp. 95–112). Washington, DC: NAEYC.

Birckmayer, J., Kennedy, A., & Stonehouse, A. (2008). *From lullabies to literature: Stories in the lives of infants and toddlers.* Washington, DC: NAEYC.

Birckmayer, J., Kennedy, A., & Stonehouse, A. (2009). Using stories effectively with infants and toddlers. *Young Children*, 64 (1), 43–47.

Birckmayer, J., Kennedy, A., & Stonehouse, A. (2010). Sharing spoken language: Sounds, conversations, and told stories. *Young Children*, 65 (1), 34–39.

Blaise, M., & Taylor, A. (2012). Using queer theory to rethink gender equity in early childhood education. *Young Children*, 67 (1), 88–98.

Bodrova, E., & Leong, D. (2004). Chopsticks and counting chips: Do play and foundational skills need to compete for the teacher's attention in an early childhood classroom? In Koralek, D. (Ed.), *Spotlight on young children and play* (pp. 4–11). Washington, DC: NAEYC.

Booth, C. (1997). The fiber project: One teacher's adventure toward emergent curriculum. *Young Children*, 52 (5), 79–85.

Bordessa, K. (2005). *Team challenges: 170+ group activities to build cooperation, community, and creativity.* Chicago: Zephyr Press.

Bornstein, M. (2014). *Exploring factors that influence child development.* Retrieved October 2, 2014, from www. nichd. nih. gov.

Bosse, S. , Jacobs, G. , & Anderson-Topete, T. (2013). Science in the air. In A. Shillady (Ed.), *Spotlight on young children: Exploring science.* Washington, DC: NAEYC.

Bowlby, J. (1988). *A secure base: Parent-child attachment and healthy human development.* New York: Basic Books.

Bowman, B. , & Moore, E. (Eds.). (2006). *School readiness and social-emotional development: Perspectives on cultural diversity.* Washington, DC: National Black Child Development Institute.

Brazelton, T. B. (1974). *Toddlers and parents: A declaration of independence.* New York: Delacorte Press/Seymour Lawrence.

Brazelton, T. B. , & Greenspan, S. (2000). *The irreducible needs of children: What every child must have to grow, learn, and flourish.* Cambridge, MA: Perseus.

Bredekamp, S. (Ed.). (1987). *Developmentally appropriate practice in early childhood programs serving children from birth through age eight.* Washington, DC: NAEYC.

Bredekamp, S. (1993). Reflections on Reggio Emilia. *Young Children,* 49 (1), 13–17.

Bredekamp, S. (2004). Play and school readiness. In E. Zigler, D. Singer, & S. Bishop-Josef (Eds.), *Children's play: The roots of reading* (pp. 159–174). Washington, DC: Zero to Three.

Bredekamp, S. , & Copple, C. (Eds.). (1997). *Developmentally appropriate practice in early childhood programs* (Rev. ed.). Washington, DC: NAEYC.

Bredekamp, S. , & Rosegrant, T. (Eds.). (1992). *Reaching potentials: Appropriate curriculum and assessment for young children* (Vol. 1). Washington, DC: NAEYC.

Bredekamp, S. , & Rosegrant, T. (Eds.). (1995). *Reaching potentials: Transforming early childhood curriculum and assessment* (Vol. 2). Washington, DC: NAEYC.

Briant, M. (2004). *Baby sign language basics: Early communication for hearing babies and toddlers.* Carlsbad, CA: Hay House.

Briggs, D. C. (1975). *Your child's self-esteem.* Garden City, NY: Doubleday.

Bronson, M. B. (1995). *The right stuff for children birth to 8: Selecting play materials to support development.* Washington, DC: NAEYC.

Brown, K. (2010). Young authors: Writing workshop in kindergarten. *Young Children,* 65 (1), 24–28.

Brown, S. , & Vaughn, C. (2010). *Play: How it shapes the brain, opens the imagination, and invigorates the soul.* New York: Avery.

Brown, W. (2008). Young children assess their learning: The power of the quick check strategy. *Young Children,* 63 (6), 14–20.

Bruner, J. (1977). Early social interaction and language acquisition. In H. R. Schaffer (Ed.), *Studies in mother-infant interactions* (pp. 271–290). London: Academic Press.

Bruner, J. (1978, September). Learning the mother tongue. *Human Nature Magazine,* 283–288.

Bruner, J. (1983). Play, thought, and language. *Peabody Journal of Education*, 60 (3), 60–69.

Bruner, J. (1991). Play, thought, and language. In N. Lauter-Klatell (Ed.), *Readings in child development* (pp. 76–81). Mountain View, CA: Mayfield.

Buell, M., & Sutton, T. (2008). Weaving a web with children at the center: A new approach to emergent curriculum planning for young preschoolers. *Young Children*, 63 (4), 100–105.

Burman, L. (2008). *Are you listening? Fostering conversations that help young children learn.* St. Paul, MN: Redleaf Press.

Burts, D. C., Charlesworth, R., & Fleege, P. O. (1991, April). *Achievement of kindergarten children in developmentally appropriate and developmentally inappropriate classrooms.* Paper presented at the meeting of the Society for Research in Child Development, Seattle, WA.

Burts, D. C., Hart, C. H., Charlesworth, R., Fleege, P. O., Mosley, J., & Thomasson, R. H. (1992). Observed activities and stress behaviors in developmentally appropriate and inappropriate kindergarten classrooms. *Early Childhood Research Quarterly*, 7, 297–318.

Butterfield, P., Martin, C., & Prairie, A. (2004). *Emotional connections: How relationships guide early learning.* Washington, DC: Zero to Three.

Caldwell, B. (2001). Déjà vu all over again: A researcher explains the NICHD study. *Young Children*, 56 (4), 58–59.

Cambourne, B. (1988). *The whole story: Natural learning and the acquisition of literacy in the classroom.* New York: Scholastic Press.

Campbell, L., Campbell, B., & Dickinson, D. (2003). *Teaching and learning through the multiple intelligences* (3rd ed.). Needham Heights, MA: Allyn & Bacon.

Carlsson-Paige, N., & Levin, D. (1990). *Who's calling the shots: How to respond effectively to children's fascination with war play and war toys.* Gabriola Island, BC: New Society Publishers.

Carlsson-Paige, N., & Levin, D. (2005). *The war play dilemma: What every parent and teacher needs to know.* New York: Teachers College Press.

Carnegie Task Force on Learning in the Primary Grades. (1996). *Years of promise: A comprehensive learning strategy for America's children.* New York: Carnegie Corporation of New York.

Ceppi, G., & Zeni, M. (Eds.). (1998). *Children, spaces, relations: Metaprojects for an environment for young children.* Washington, DC: Reggio Children.

Chang, H. (1993). *Affirming children's roots: Cultural and linguistic diversity in early care and education.* San Francisco: A California Tomorrow Publication.

Chard, S. (1998a). *The project approach, book 1: Making curriculum come alive.* New York: Scholastic Press.

Chard, S. (1998b). *The project approach, book 2: Managing successful projects.* New York:

Scholastic Press.

Charlesworth, R. (1998a). Developmentally appropriate practice is for everyone. *Childhood Education*, 74 (5), 274–282.

Charlesworth, R. (1998b). Response to Sally Lubeck's "Is developmentally appropriate practice for everyone?" *Childhood Education*, 74 (5), 293–298.

Charlesworth, R. (2016). *Math and science for young children* (8th ed.) Boston: Wadsworth.

Cheatham, G., & Ro, Y. (2010). Young English learners' inter-language as a context for language and early literacy development. *Young Children*, 65 (4), 18–23.

Chen, J., & Shire, S. (2011). Strategic teaching: Fostering communication skills in diverse young learners. *Young Children*, 66 (2), 20–27.

Cherry, C. (1981). *Think of something quiet: A guide for achieving serenity in early childhood classrooms*. Belmont, CA: Pitman Learning.

Cherry, C. (2002). *Please don't sit on the kids: Alternatives to punitive discipline* (Rev. ed.). Grand Rapids, MI: Frank Schaffer.

Chess, S. (1982). Infant bonding: Mystique and reality. *American Journal of Orthopsychiatry*, 52, 213–221.

Chess, S., & Thomas, A. (1977). Temperamental individuality from childhood to adolescence. *Journal of Child Psychology and Psychiatry*, 16, 218–226.

Chomsky, N. (2006). *Language and mind*. Cambridge, UK: Cambridge University Press.

Chugani, H. (1996). Neuroimaging of developmental nonlinearity and developmental pathologies. In R. Thatcher, G. Lyon, J. Rumsey, & N. Krasnegor (Eds.), *Developmental neuroimaging: Mapping the development of brain and behavior* (pp. 187–193). San Diego: Academic Press.

Clark, K., & Clark, M. (1939). The development of consciousness of self and the emergence of racial identity in Negro preschool schoolchildren. *Journal of Social Psychology*, 10, 591–599.

Clarke-Stewart, K. A. (1989). Infant daycare: Maligned or malignant? Special issue: Children and their development: Knowledge base, research agenda, and social policy application. *American Psychology*, 44 (2), 266–273.

Clemens, S. C. (1983). *The sun's not broken, a cloud's just in the way: On child-centered teaching*. Beltsville, MD: Gryphon House.

Clements, D., & Sarama, J. (2003). Young children and technology: What does the research say? *Young Children*, 58 (6), 34–40.

Cole, M., Cole, S. R., & Lightfoot, C. (2012). *The development of children* (7th ed.). New York: Freeman.

Copley, J. (2010). *The young child and mathematics* (2nd ed.). Washington, DC: NAEYC.

Cooper, P. (2009). *The classrooms all young children need: Lessons in teaching from Vivian Paley*. Chicago: The University of Chicago Press.

Copley, J., Jones, C., & Dighe, J. (2007). *Mathematics: The Creative Curriculum® approach*. Washington, DC: Teaching Strategies.

Copple, C., & Bredekamp, S. (2008). Getting clear about developmentally appropriate practice. *Young Children*, 63 (1), 54–55.

Copple, C., & Bredekamp, S. (Eds.). (2009). *Developmentally appropriate practice in early childhood programs serving children from birth through age 8* (3rd ed.). Washington, DC: NAEYC.

Copple, C., Bredekamp, S., Koralek, D., & Charner, K. (Eds.). (2013). *Developmentally appropriate practice: Focus on infants and toddlers*. Washington, DC: NAEYC.

Copple, C., Bredekamp, S., Koralek, D., & Charner, K. (Eds.). (2014). *Developmentally appropriate practice: Focus on children in first, second, and third grades*. Washington, DC: NAEYC.

Council for Physical Education and Children. (2001). *Recess in elementary schools* (Position paper from the National Association for Sport and Physical Education). Retrieved from www. aahperd. org/naspe/.

Cowley, G. (1997, Spring/Summer). The language explosion. Newsweek, Special Edition, pp. 16–22.

Cryer, D., & Harms, T. (1987). *Active learning for infants*. Reading, MA: Addison-Wesley.

Cuffaro, H. (1977). The developmental-interaction approach. In B. Boegehold, H. Cuffaro, W. Hooks, & G. Klopf (Eds.), *Education before five: A handbook of preschool education* (pp. 36–45). New York: Bank Street College of Education. *Curriculum in Head Start* (Head Start Bulletin # 67). Retrieved December 6, 2014, from http: //eclkc. ohs. acf. hhs. gov/hslc/tta-system.

Curtis, D., & Carter, M. (2000). *The art of awareness: How observation can transform your teaching*. St. Paul, MN: Redleaf Press.

Curtis, D., & Carter, M. (2003). *Designs for living and learning: Transforming early childhood environments*. St. Paul, MN: Redleaf Press.

Curtis, D., & Carter, M. (2005). Rethinking early childhood environments to enhance learning. *Young Children*, 60 (3), 34–38.

Curtis, D., & Carter, M. (2008). *Learning together with young children: A curriculum framework for reflective teachers*. St. Paul, MN: Redleaf Press.

Curtis, D. (2011). Riding the waves again: Returning to work with toddlers. In D. Curtis & M. Carter (Eds.), *Reflecting children's lives: A handbook for planning child-centered curriculum* (pp. 238–241). St. Paul, MN: Redleaf Press.

Curtis, D., & Carter, M. (2011). *Reflecting children's lives: A handbook for planning child-centered curriculum* (2nd ed.). St. Paul, MN: Redleaf Press.

Curtis, D., Brown, K., Baird, L., & Coughlin, A. (2013). Planning environments and materials that respond to young children's lively minds. *Young Children*, 68 (4): 26–31.

Cutting, B. (1991, May). Tests, independence and whole language. *Teaching K-8*, 64–66.

Dangel, J., & Durden, T. (2010). The nature of teacher talk during small group activities.

Young Children, 65 (1), 74-81.

Davis, S. (2004). *Schools where everyone belongs: Practical strategies for reducing bullying.* New York: Stop Bullying Now.

DeBord, K., Hestenes, L., Moore, R., Cosco, N., & McGinnis, J. (2002). Paying attention to the outdoor environment is as important as preparing the indoor environment. *Young Children*, 57 (3), 32-35.

DEC/NAEYC. (2009). *Early Childhood Inclusion: A Joint Position Statement of the Division for Early Childhood (DEC) and the National Association for the Education of Young Children.* Retrieved March 21, 2015, from www. naeyc. org/positionstatements.

Delpit, L. (1988). The silenced dialogue: Power and pedagogy in educating other people's children. *Harvard Educational Review*, 58, 280-298.

Delpit, L. (2006). *Other people's children: Cultural conflict in the classroom.* New York: The New Press.

Denham, S. (2006). Social-emotional competence as support for school readiness: What is it and how do we assess it? *Early Education and Development*, 17 (1), 57-89.

Derman-Sparks, L., & Phillips, C. (1997). *Teaching/learning anti-racism: A developmental approach.* New York: Teachers College Press.

De-Souza, D., & Radell, J. (2011). Superheroes: An opportunity for prosocial play. *Young Children*, 66 (4): 26-31.

DeVault, L. (2003). The tide is high, but we *can* hold on: One kindergarten teacher's thoughts on the rising tide of academic expectations. *Young Children*, 58 (6), 90-93.

Dewey, J. (1916). *Democracy and education.* New York: Macmillan.

Diffily, D., & Sassman, C. (2002). *Project-based learning with young children.* Portsmouth, NH: Heinemann.

Diller, D. (2003). *Literacy work stations: Making centers work.* Portland, ME: Stenhouse.

Dodge, D., Colker, L., & Heroman, C. (2010). *The Creative Curriculum® for preschool* (5th ed., 5 vols.). Washington, DC: Teaching Strategies.

Dodge, D., Rudick, S., Berke, K., Heroman, C., Burts, D., & Bickart, T. (2010). *The Creative Curriculum® for infants, toddlers, and twos* (2nd ed., Rev. ed., 3 vols.). Washington, DC: Teaching Strategies.

Duckworth, E. (2006). *"The having of wonderful ideas" and other essays on teaching and learning* (3rd ed.). New York: Teachers College Press.

Durland, M., et al. (1992). *A comparison of the frequencies of observed stress behaviors in children in developmentally appropriate and inappropriate preschool classrooms.* Unpublished information included in paper at NAEYC.

Early Childhood Education Assessment Consortium, Council of Chief State School Officers. (2005). *The words we use: A glossary of terms for early childhood education standards and assessment.* Retrieved from www. ccsso. org/projects/SCASS/projects/early _ childhood _ education_ assessment_ consortium/publications_ and_ products/2840. cfm.

Edwards, C. (1997). Partner, nurturer, and guide: The roles of the Reggio teacher in action.

In C. Edwards, L. Gandini, & G. Forman (Eds.), *The hundred languages of children: The Reggio Emilia approach to early childhood education* (2nd ed., pp. 151 - 170). Norwood, NJ: Ablex.

Edwards, C., & Raikes, H. (2002). Extending the dance: Relationship-based approaches to infant/toddler care and education. *Young Children*, 57 (4), 10-17.

Edwards, J., & Derman-Sparks, L. (2010). *Anti-bias education for young children and ourselves* (2nd ed.). Washington, DC: NAEYC.

Eisenhauer, M., & Feikes, D. (2009). Dolls, blocks, and puzzles: Playing with mathematical understandings. *Young Children*, 64 (3), 18-24.

Elkind, D. (1987a). The child yesterday, today, and tomorrow. *Young Children*, 42 (4), 6-11.

Elkind, D. (1987b). Superbaby syndrome can lead to elementary school burnout. *Young Children*, 42 (3), 14.

Elkind, D. (1988). *Miseducation: Preschoolers at risk*. New York: Knopf.

Elkind, D. (1989, October). Developmentally appropriate practice: Philosophical and practical implications. *Phi Delta Kappan*, 113-117.

Elkind, D. (2006). *The hurried child: Growing up too fast too soon* (25th Anniversary ed.). Cambridge, MA: Da Capo Press.

Elkind, D. (2012). Knowing is not understanding: Fallacies and risks of early academic instruction. *Young Children*, 67 (1), 84-87.

Elliot, E., & Gonzalez-Mena, J. (2011). Babies' self-regulation: Taking a broad perspective. *Young Children*, 66 (1), 28-32.

Epstein, A. (1993). *Training for quality: Improving early childhood programs through systematic inservice training*. Ypsilanti, MI: High/Scope Educational Research Foundation.

Epstein, A. (2003). How planning and reflection develop young children's thinking skills. *Young Children*, 58 (5), 28-36.

Epstein, A. (2009). *Me, you, us: Social-emotional learning in preschool*. Washington, DC: NAEYC.

Epstein, A. (2014). *The intentional teacher: Choosing the best strategies for young children's learning* (Rev. ed.). Washington, DC: NAEYC.

Erikson, E. (1963). *Childhood and society*. New York: Norton.

Erikson, E. (1968). *Identity: Youth and crisis*. New York: Norton.

Espinosa, L. (2010). *Getting it right for young children from diverse backgrounds: Applying research to improve practice*. Washington, DC: NAEYC.

Espiritu, E., Meier, D., Villazana-Price, N., & Wong, M. (2002). A collaborative project on language and literacy learning. *Young Children*, 57 (5), 71-78.

Evans, B. (2002). *You can't come to my birthday party: Conflict resolution with young children*. Ypsilanti, MI: High/Scope Press.

Falk, B. (Ed.). (2012). *Defending childhood: Keeping the promise of early education*. New York: Teachers College Press.

Faulk, J. , & Evanshen, P. (2013). Linking the primary classroom environment to learning. *Young Children*, 68 (4), 40-45.

Ferguson, C. , Green, S. , & Marchel, C. (2013). Teacher-made assessments show growth. *Young Children*, 68 (3), 28-37.

Filippini, T. (1998). The role of the*pedagogista*: An interview with Lella Gandini. In C. Edwards, L. Gandini, & G. Forman (Eds.), *The hundred languages of children: The Reggio Emilia approach to early childhood education* (2nd ed. , pp. 127-138). Norwood, NJ: Ablex.

Fisher, R. (1994). *Getting ready to negotiate—The getting to yes workbook*. New York: Penguin.

Flynn, L. , & Kieff, J. (2002). Including everyone in outdoor play. *Young Children*, 57 (3), 20-27.

Fox, L. , & Lentini, R. (2006). "You got it!" Teaching social and emotional skills. *Young Children*, 61 (6), 36-42.

Fraiberg, S. (1959). *The magic years*. New York: Scribner's.

Fraiberg, S. (1977). *Every child's birthright: In defense of mothering*. New York: Basic Books.

Fraser, S. , & Gestwicki, C. (2002). *Authentic childhood: Exploring Reggio Emilia in the classroom*. Clifton Park, NY: Thomson Delmar Learning.

Fromberg, D. (2002). *Play and meaning in early childhood education*. Boston: Allyn & Bacon.

Gaffney, J. , Ostrosky, M. , & Hemmeter, M. L. (2008). Books as natural support for young children's literacy learning. *Young Children*, 63 (4), 87-93.

Gallagher, K. (2013). Guiding children's friendship development. *Young Children*, 68 (5), 26-32.

Gamberg, R. , Kwak, W. , Hutchings, M. , & Altheim, J. (1988). *Learning and loving it: Theme studies in the classroom*. Portsmouth, NH: Heinemann.

Gandini, L. (1997). Educational and caring spaces. In C. Edwards, L. Gandini, & G. Forman (Eds.), *The hundred languages of children: The Reggio Emilia approach to early childhood education* (2nd ed. , pp. 161-178). Norwood, NJ: Ablex.

Gandini, L. , Etheredge, S. , & Hill, L. (2009). *Insights and inspirations from Reggio Emilia: Stories of teachers and children from North America*. Worcester, MA: Davis Publications.

Gardner, H. (1983). *Frames of mind: The theory of multiple intelligences*. New York: Basic Books.

Gardner, H. (1991). *The unschooled mind: How children think and how schools should teach*. New York: Basic Books.

Gardner, H. (2000). *Intelligence reframed: Multiple intelligences for the twenty-first century*. New York: Basic Books.

Gartrell, D. (2008). Understand bullying. *Young Children*, 63 (3), 54-57.

Gartrell, D. (2010). *A guidance approach for the encouraging classroom* (5th ed.). Belmont,

CA：Wadsworth.

Gartrell, D. (2012). From rules to guidelines：Moving to the positive. *Young Children*, 67 (1), 56–58.

Genesee, F. (2008). Early dual language learning. *Zero to Three Bulletin*, 29 (1), 17–23.

Gerber, M., & Weaver, J. (2003). *Dear parent：Caring for infants with respect*. Los Angeles, CA：RIE.

Gestwicki, C. (2016). *Home, school, & community relations：A guide to working with families* (9th ed.). Boston：Wadsworth/Cengage.

Gillander, C., & Castro, D. (2011). Storybook reading for dual language learners. *Young Children*, 66 (1), 91–95.

Gillespie, L., & Hunter, A. (2010). Believe, watch, act! Promoting prosocial behavior in infants and toddlers. *Young Children*, 65 (1), 42–43.

Goldstein, L., & Baum, M. (2014). Supporting children's learning while meeting state standards：Strategies and suggestions for teachers in public school contexts. In Copple, C., Bredekamp, S, Koralek, D., & Charner, K. (Eds.), *Developmentally appropriate practice：Focus on children in first, second, and third grades* (pp. 77–85). Washington, DC：NAEYC.

Goleman, D. (1995). *Emotional intelligence*. New York：Bantam.

Golinkoff, R., Hirsh-Pasek, K., & Singer, D. (2006). Why play = learning：A challenge for parents and educators. In D. Singer, R. Golinkoff, & K. Hirsh-Pasek (Eds.), *Play = learning：How play motivates and enhances children's cognitive and social-emotional growth* (pp. 3–14). New York：Oxford University Press.

Gonzalez-Mena, J. (1986). Toddlers：What to expect. *Young Children*, 41 (1), 47–51.

Gonzalez-Mena, J. (2012). *Child, family, and community：Family centered early care and education* (6th ed.). New York：Prentice-Hall.

Gonzalez-Mena, J. (2008). *Diversity in early care and education* (5th ed.). Washington, DC：NAEYC.

Gonzalez-Mena, J. (2013). What works? Assessing infant and toddler play environments. *Young Children*, 68 (4), 22–25.

Gonzalez-Mena, J., & Eyer, D. W. (2011). *Infants, toddlers, and caregivers：A curriculum of respectful, responsive care* (9th ed.). New York：McGraw-Hill.

Gordon, T. (2000). *Parent effectiveness training* (Rev. ed.). New York：Three Rivers Press.

Gould, P., & Sullivan, J. (2004). *The inclusive early childhood classroom：Easy ways to adapt learning centers for all children*. Beltsville, MD：Gryphon House.

Gray, P. (2013). *Free to learn：Why unleashing the instinct to play will make our children happier, more self-reliant, and better*. New York：Basic Books.

Greenberg, J. (2012). More, all gone, empty, full：Math talk every day in every way. *Young Children*, 67 (3), 62–64.

Greenberg, P. (1987). *Staff growth program for child care centers*. New York：Acropolis Books.

Greenberg, P. (1990). Why not academic preschool? (part 1). *Young Children*, 45 (2), 70-79.

Greenberg, P. (1991). *Character development: Encouraging self-esteem and self-discipline in infants, toddlers, and two-year-olds.* Washington, DC: NAEYC.

Greenman, J. (2004). Great places to be a baby. *Child Care Information Exchange*, 157, 46-48.

Greenman, J. (2005a). *Caring spaces, learning places: Children's environments that work* (Rev. ed.). Redmond, WA: Exchange Press.

Greenman, J. (2005b). Places for children in the twenty-first century: A conceptual framework. *Young Children*. Retrieved October 6, 2014, from www. journal. naeyc. org/btj/ 200505/01.

Greenman, J., Stonehouse, A., & Schweikart, G. (2007). *Prime time: A handbook for excellence in infant and toddler programs (2nd edition).* St. Paul, MN: Redleaf Press.

Greenspan, S. (2007). *Great kids: Helping your baby and child develop the ten essential qualities for a healthy, happy life.* Cambridge, MA: Da Capo Press.

Grisham-Brown, J., Hemmeter, M., & Pretti-Frontczak, K. (2005). *Blended practices for teaching young children in inclusive settings.* Baltimore: Paul H. Brookes.

Gronlund, G. (2006). *Make early learning standards come alive: Connecting your practice and curriculum to state guidelines.* St. Paul, MN: Redleaf Press.

Gronlund, G. (2008). Standards, standards, everywhere. *Young Children*, 63 (4), 10-13.

Gurian, M. (2001). *Boys and girls learn differently: A guide for teachers and parents.* San Francisco: Jossey-Bass.

Gurian, M., & Ballew, A. (2003). *The boys and girls learn differently action guide for teachers.* San Francisco: Jossey-Bass.

Hachey, A., & Butler, D. (2012). Creatures in the classroom: Including insects and small animals in your preschool gardening curriculum. *Young Children*, 67 (2): 38-42.

Hall, K. (2008). The importance of including culturally authentic literature. *Young Children*, 63 (1), 80-86.

Hamlin, M., & Wisneski, D. (2012). Supporting the scientific thinking and inquiry of toddlers and preschoolers through play. *Young Children*, 67 (3), 82-88.

Hancock, L., & Wingert, P. (1997, Spring/Summer). The new preschool. *Newsweek*, Special Edition, pp. 36-37.

Hanvey, C. (2010). Experiences with an outdoor prop box: Addressing standards during recess. *Young Children*, 65 (1), 30-33.

Harlow, H. (1958). The nature of love. *American Psychologist*, 13, 673-685.

Harms, T., & Clifford, R. (2004). *Early childhood environment rating scale* (Rev. ed.). New York: Teachers College Press.

Harris, M. (2009). Implementing portfolio assessment. *Young Children*, 64 (3), 82-85.

Harris, R., & Emberley, M. (2006). *It's not the stork: A book about girls, boys, babies, bodies, families, and friends.* Somerville, MA: Candlewick Press.

Harris, T., & Fuqua, J. D. (1996). To build a house: Designing curriculum for primary-grade children. *Young Children*, 51 (6), 77–84.

Hart, B., & Risley, T. (2003). *Meaningful differences in everyday parenting and intellectual development in young American children*. Baltimore: Paul H. Brookes.

Hart, C. H. (1991, November). *Behavior of first and second grade children who attended developmentally appropriate and developmentally inappropriate classrooms*. Paper presented at the annual meeting of NAEYC, Denver, CO.

Head Start Resource Center. (2011). *Head start child development and early learning framework: Promoting positive outcomes in early childhood programs serving children 3 – 5 years old*. Arlington, VA: Office of Head Start. Retrieved November 8, 2014.

Hearron, P., & Hildebrand, V. (2008). *Guiding young children* (8th ed.). New York: Prentice-Hall.

Heburn, S. (1995). *Cost, quality and child outcomes in child care centers* (Technical Paper). Denver: University of Colorado.

Heidemann, S., & Hewitt, D. (2010). *Play: The pathway from theory to practice* (2nd ed.). St Paul, MN: Redleaf Press.

Heller, C. (1993). Equal pay. *Teaching Tolerance*, 23, 24–28.

Helm, J., & Beneke, S. (Eds.). (2003). *The power of projects: Meeting contemporary challenges in early childhood classrooms—Strategies and solutions*. New York: Teachers College Press.

Helm, J., & Katz, L. (2010). *Young investigators: The project approach in the early years* (2nd ed.). New York: Teachers College Press.

Helm, J. H. (2008). Got standards? Don't give up on engaged learning. *Young Children*, 63 (4), 14–20.

Hemmeter, M. L., Ostrosky, M., Artman, K., & Kinder, K. (2008). Moving right along: Planning transitions to prevent challenging behavior. *Young Children*, 63 (3), 18–25.

Hendricks, J. (Ed.). (1997). *First steps toward teaching the Reggio way*. Columbus, OH: Merrill.

Hendricks, J. (2003). *Next steps towards teaching the Reggio way: Accepting the challenge to change*. New York: Prentice-Hall.

Heroman, C., Burts, D. C., Berke, K., & Bickart, T. S. (2010). *Teaching strategies GOLD assessment* (Toolkit and online system). Washington, DC: Teaching Strategies, Inc.

Heroman, C., & Jones, C. (2004). *Literacy: The Creative Curriculum' approach*. Washington, DC: Teaching Strategies, Inc.

Herr, J., & Swim, T. (1999). *Creative resources for infants and toddlers* (2nd ed.). Clifton Park, NY: Thomson Delmar Learning.

High/Scope Foundation. (2005). *The High/Scope Perry preschool study through age 40: Summary, conclusions, and frequently asked questions*. Retrieved March 10, 2015, from www. highscope. org.

Hirsh-Pasek, K., Golinkoff, R., Berk, L., & Singer, D. (2009). *A mandate for playful learning in preschool*: *Presenting the evidence*. New York: Oxford University.

Hitz, M., Somers, M., & Jenlink, C. (2007). The looping classroom: Benefits for children, families, and teachers. *Young Children*, 62 (2), 80–84.

Hoffman, L. (1989). Effects of maternal employment in the twoparent family: A review of the research. *American Psychology*, 44 (2), 283–292.

Hohmann, M., & Weikart, D. (2002). *Educating young children: Active learning practices for preschool and child care programs* (2nd ed.). Ypsilanti, MI: High/Scope Press.

Hollyfield, A., & Hast, F. (2001). *More infant and toddler experiences*. St. Paul, MN: Redleaf Press.

Holt, J. (1983). *How children learn* (Rev. ed.). New York: Delacorte Press.

Honig, A. (2010). Keys to quality infant care: Nurturing every baby's life journey. *Young Children*, 65 (5), 40–47.

Hughes, K., & Gullo, D. (2010). Joyful learning and assessment in kindergarten. *Young Children*, 65 (3), 57–59.

Hurless, B., & Gittings, S. (2008). Weaving the tapestry: A first grade teacher integrates teaching and learning. *Young Children*, 63 (2), 40–46.

Hyson, M., & Taylor, J. (2011). Caring about caring: What adults can do to promote young children's prosocial skills. *Young Children*, 66 (4), 74–83.

Hyson, M., & Tomlinson, H. (2014). *The early years matter: Education, care, and the well-being of children, birth to 8*. Published simultaneously by New York: Teachers College Press, and Washington, DC: NAEYC.

Isenberg, J., & Jalongo, M. (2000). *Creative expression and play in early childhood* (3rd ed.). Upper Saddle River, NJ: Merrill Prentice-Hall.

Isenberg, J., & Quisenberry, N. (1988). Play: A necessity for all children. *Childhood Education*, 64 (3), 138–145.

Jablon, J., Dombro, A., & Dichtelmiller, M. (2007). *The power of observation* (2nd ed.). Washington, DC: Teaching Strategies.

Jacobs, G., & Crowley, K. (2007). *Play, projects and preschool standards: Nurturing children's sense of wonder*. Thousand Oaks, CA: Corwin Press.

Jalongo, M. (2008). *Learning to listen, listening to learn: Building essential skills in young children*. Washington, DC: NAEYC.

Jarrett, O. (2002). *Recess in elementary school: What does the research say?* (ERIC Documentation Reproduction Service No. ED466331). Champaign, IL: ERIC Clearinghouse on Elementary and Early Childhood Education.

Jarrett, O., & Waite-Stipiansky, S. (2009). Recess—It's indispensable! Play, Policy, and Practice Interest Forum, *Young Children*, 64 (5), 66–69.

Jipson, J. (1991). Developmentally appropriate practice: Culture, curriculum, connections. *Early Education and Development*, 2 (2), 120–136.

Johnson, J., Christie, J., & Wardle, F. (2005). *Play, development, and early education*. Boston: Pearson.

Jones, E. (1977). Introduction: Curriculum planning in early childhood education. In L. Dittman (Ed.), *Curriculum is what happens: Planning is the key* (pp. 4-5). Washington, DC: NAEYC.

Jones, E., Evans, K., & Rencken, K. (2001). *The lively kindergarten: Emergent curriculum in action.* Washington, DC: NAEYC.

Jones, E., & Nimmo, J. (1994). *Emergent curriculum.* Washington, DC: NAEYC.

Jones, E., & Reynolds, G. (2011). *The play's the thing: Teachers' roles in children's play* (2nd ed.). New York: Teachers College Press.

Jones, N. (2008). Grouping children to promote social and emotional development. *Young Children*, 63 (3), 34-39.

Kagan, S. (1990). Children's play: The journey from theory to practice. In E. Klugman & S. Smilansky (Eds.), *Children's play and learning: Perspectives and policy implications* (pp. 43-61). New York: Teachers College Press.

Kalmar, K. (2008). Let's give children something to talk about! Oral language and preschool literacy. *Young Children*, 63 (1), 88-92.

Kamii, C. (1982). *Number in preschool and kindergarten: Educational implications of Piaget's theory.* Washington, DC: NAEYC.

Kamii, C. (Ed.). (1990). *Achievement testing in the early grades: The games grownups play.* Washington, DC: NAEYC.

Kamii, C., & Kamii, M. (1990). *Negative effects of achievement testing in mathematics.* Washington, DC: NAEYC.

Kamii, C., & Rosenblum, V. (1990). *An approach to assessment in mathematics.* Washington, DC: NAEYC.

Karen, R. (1998). *Becoming attached: First relationships and how they shape our capacity to love.* New York: Oxford University Press.

Katz, L. (1984). The professional early childhood teacher. *Young Children*, 39 (5), 3-10.

Katz, L. (1987). *What should young children be learning?* Urbana, IL: ERIC Clearing House of Elementary and Early Childhood Education.

Katz, L. (1988, Summer). What should young children be doing? *American Educator*, 28-33, 44-45.

Katz, L. (1994). Images from the world: Study seminar on the experience of the municipal infant-toddler centers and preprimary schools of Reggio Emilia, Italy. In L. Katz & B. Cesarone (Eds.), *Reflections on the Reggio Emilia approach* (pp. 3-19). Urbana, IL: ERIC Clearing House on Elementary and Early Childhood Education.

Katz, L. (1997). The challenges of the Reggio Emilia approach. In J. Hendricks (Ed.), *First steps toward teaching the Reggio way* (pp. 96-110). Columbus, OH: Merrill.

Katz, L., & Chard, S. (2000). *Engaging children's minds: The project approach* (2nd ed.). Norwood, NJ: Ablex.

Kauerz, K. (2013). Developmentally appropriate practice in preK-third grade: It can be done. Speech recorded at NAEYC Institute of Professional Development, 2013.

Kennedy, D. (1996). After Reggio Emilia: May the conversation begin! *Young Children*, 51 (5), 24-27.

Kessler, S. (1991). Early childhood education as development: Critique of the metaphor. *Early Education and Development*, 2 (2), 137-152.

Kinnell, G. (2002). *No biting: Policy and practice for toddler programs.* St. Paul, MN: Redleaf Press.

Kinney, M. L., & Ahrens, P. (2008). *Beginning with babies.* St. Paul, MN: Redleaf Press.

Kirmani, M. (2007). Empowering culturally and linguistically diverse children and families. *Young Children*, 62 (6), 94-98.

Klefstad, K., & Martinez, K. (2013). Promoting young children's cultural awareness and appreciation through multicultural books. *Young Children*, 68 (5), 74-81.

Klein, M. D., Cook, R., & Richardson-Gibbs, A. M. (2000). *Strategies for including children with special needs in early childhood settings.* Clifton Park, NY: Thomson Delmar Learning.

Koc, K., & Buzzelli, C. (2004). The moral of the story is… Using children's literature in moral education. *Young Children*, 59 (1), 92-97.

Kohl, M. (2011). *First art: Art experiences for toddlers and twos: Open-ended art experiences.* Lewisville, NC: Gryphon House.

Kohlberg L. (1976). Moral stages and moralization: The cognitive-developmental approach. In J. Lickona (Ed.), *Moral development behavior: Theory, research, and social issues* (pp. 93-120). New York: Holt, Rinehart & Winston.

Kohlberg, L., & Kramer, R. (1969). Continuities and discontinuities in childhood and adult moral development. *Human Development*, 12, 93-120.

Kohn, A. (2001). Fighting the tests: Turning frustration into action. *Young Children*, 56 (2), 19-24.

Kostelnik, M., Gregory, K., Soderman, A., & Whiren, A. (2011). *Guiding children's social development* (7th ed.). Belmont, CA: Wadsworth.

Kostelnik, M., Soderman, A., & Whiren, A. (2008). *Developmentally appropriate curriculum: Best practices in early childhood education* (5th ed.). New York: Prentice-Hall.

Kovach, B., & Da Ros-Voseles, D. (2011). Communicating with babies. *Young Children*, 66 (2), 48-50.

Kumar, R. (2009). Why is collaboration good for my child? Engaging families in understanding the benefits of cooperative learning. *Young Children*, 64 (3), 91-95.

Lakin, M. (1996). The meaning of play: Perspectives from Pacific Oaks College. In A. Phillips (Ed.), *Topics in early childhood education: Playing for keeps. Inter-institutional early childhood consortium* (pp. 37-59). St. Paul, MN: Redleaf Press.

Lally, R., & Mangione, P. (2006). The uniqueness of infancy demands a responsive approach to care. *Young Children*, 61 (4), 14-20.

Lamm, S., Grouix, J., Hansen, C., Patton, M., & Slaton, A. (2006). Creating environments for peaceful problem solving. *Young Children*, 61 (6), 22–28.

Laski, E. (2013). Portfolio picks: An approach for developing children's metacognition. *Young Children*, 68 (3), 38–43.

Leong, D., & Bodrova, E. (2012). Assessing and scaffolding make-believe play. *Young Children*, 67 (1), 28–34.

Levine, D. (1998). *Remote control childhood? Combating the hazards of media culture*. Washington, DC: NAEYC.

Levine, D. (2003). *Teaching young children in violent times: Building a peaceable classroom* (2nd ed.). Washington, DC: NAEYC.

Levine, D. (2004). Beyond banning war and superhero play: Meeting children's needs in violent times. In Koralek, D. (Ed.), *Spotlight on young children and play* (pp. 46–49). Washington, DC: NAEYC.

Lewin-Benham, A. (2010). *Infants and toddlers at work: Using Reggio-inspired materials to support brain development*. New York: Teachers College Press.

Lewin-Benham, A. (2006, March). One teacher, 20 preschoolers, and a goldfish: Environmental awareness, emergent curriculum, and documentation. *NAEYC Beyond the Journal, Young Children on the Web*.

Linder, S. (2012). Interactive whiteboards in early childhood mathematics. *Young Children*, 67 (3), 26–35.

Louv, R. (2008). *Last child in the woods: Saving our children from nature deficit disorder* (Updated ed.). Chapel Hill, NC: Algonquin.

Love, A., Burns, M. S., & Buell, M. (2007). Writing: Empowering literacy. *Young Children*, 62 (1), 12–19.

Lubeck, S. (1998a). Is DAP for everyone? A response. *Childhood Education*, 74 (5), 299–301.

Lubeck, S. (1998b). Is developmentally appropriate practice for everyone? *Childhood Education*, 74 (5), 283–292.

Lucas-Thompson, R., Goldberg, W., & Prouse, J. (2010). Maternal work early in the lives of children and its distal associates with achievement and behavior problems. *Psychological Bulletin*, 136 (6), 915–942.

Luvmour, J., & Luvmour, S. (2007). *Everyone wins: Cooperative games and activities*. Gabriola Island, BC: New Society.

Lynch, S., & Warner, L. (2013). How adults foster young children's intellectual development. *Young Children*, 68 (2), 86–91.

Mahler, M. (1979). *Separation-individuation* (Vol. 2). London: Jason Aronson.

Mallory, B., & New, R. (Eds.). (1994). *Diversity and developmentally appropriate practices: Challenges for early childhood education*. New York: Teachers College Press.

Manaster, H., & Jobe, M. (2012). Supporting preschoolers' positive peer relationships. *Young Children*, 67 (5), 12–17.

Marshall, H. (2003). Research in review—Opportunity deferred or opportunity taken? An updated look at delaying kindergarten entry. *Young Children*, 58 (5), 84-93.

Martin, L., & Thacker, S. (2009). Teaching the writing process in primary grades: One teacher's approach. *Young Children*, 64 (4), 30-35.

McCarry, B., & Greenwood, S. (2009). Practice what you teach: Writers' lunch club in first grade. *Young Children*, 64 (1), 37-41.

McLennan, D. (2011). Meeting standards in the changing landscape of today's kindergarten. *Young Children*, 66 (4), 106-111.

McManis, D., & Gunnewig, S. (2012). Finding the education in educational technology with early learners. *Young Children*, 67 (3), 14-23.

McMullen, M., Addleman, J., Fulford, A., Moore, S., Mooney, S., Sisk, S., et al. (2009). Learning to be me while coming to understand we: Encouraging prosocial babies in group settings. *Young Children*, 64 (4), 20-28.

Meece, D., & Soderman, A. (2010). Positive verbal environments: Setting the stage for young children's social development. *Young Children*, 65 (5), 81-86.

Meier, D. (1997). *Learning in small moments: Life in an urban classroom*. New York: Teachers College Press.

Meisels, S. (2000). *Using assessments to enhance teaching and improve learning*. Presented at the Head Start Child Development Institute. Retrieved December 15, 2014, from www. hsnrc. org.

Meisels, S., & Atkins-Burnett, S. (2000). The elements of early childhood assessment. In J. Shonkoff & S. Meisels (Eds.), *The handbook of early childhood intervention* (2nd ed., pp. 231-257). New York: Cambridge University Press.

Meisels, S., Marsden, D., Jablon, J., & Dichgelmille, M. (2013). *The work sampling system* (5th ed.). New York: Pearson.

Miller, E., & Almon, J. (2009). *The crisis in kindergarten: Why children need to play in school*. College Park, MD: Alliance for Childhood.

Miller, K. (2002). *Things to do with toddlers and twos* (Rev. ed.). Lewisville, NC: Gryphon House.

Miller, L., & Gibbs, M. (2002). *Making toys for infants and toddlers: Using ordinary stuff for extraordinary play*. Lewisville, NC: Gryphon House.

Monighan-Nourot, P. (1990). The legacy of play in American early childhood education. In E. Klugman & S. Smilansky (Eds.), *Children's play and learning: Perspectives and policy implications* (pp. 4-17). New York: Teachers College Press.

Monighan-Nourot, P. (2003). Playing with play in four dimensions. In J. Isenberg & M. Jalongo (Eds.), *Major trends and issues in early childhood education: Challenges, controversies, and insights* (2nd ed., pp. 123-148). New York: Teachers College Press.

Montessori, M. (1995). *The absorbent mind* (Reprint ed.). New York: Owl Books.

Mooney, C. (2010). *Theories of attachment: An introduction to Bowlby, Ainsworth, Gerber, Brazelton, Kennell, and Klaus*. St. Paul, MN: Redleaf Press.

Morrow, L. (2011). *Literacy development in the early years: Helping children read and write* (7th ed.). Needham Heights, MA: Allyn & Bacon.

Moyer, J. (2001). The child-centered kindergarten—A position paper. Association for childhood education international. *Childhood Education*, 77 (3), 161-166.

NAECS/SDE. (2000-2001). *Still unacceptable trends in kindergarten entry and placement* (Position paper). Washington, DC: Author.

NAECS/SDE. (2002). *Recess and the importance of play: A position statement on Young Children and Recess.* Retrieved March 22, 2015, from www. naecs-sde. org/policy.

NAESP. (2005). *Leading early childhood learning communities: What principals should know and be able to do.* Alexandria, VA: Author.

NAEYC. (1990). NAEYC position statement on media violence in children's lives. *Young Children*, 45 (5), 18-21. Retrieved October 26, 2014 from www. naeyc. org.

NAEYC. (1995a). Cost, quality, and child outcomes in child care centers: Key findings and recommendations. *Young Children*, 50 (4), 40-44.

NAEYC. (1995b). Mr. Hoagie and his happy, hardworking second-graders: An interview. *Young Children*, 50 (6), 40-44.

NAEYC. (1996a). *Biters: Why they do it and what to do about it.* Washington, DC: Author.

NAEYC. (1996b). Position statement: Responding to linguistic and cultural diversity—Recommendations for effective early childhood education. *Young Children*, 51 (2), 4-12.

NAEYC. (1998, 2009). *Learning to read and write: Developmentally appropriate practices for young children* (A position statement of the International Reading Association and the National Association for the Education of Young Children). Retrieved October 26, 2014, from www. naeyc. org.

NAEYC. (2005). *NAEYC Early childhood program standards and accreditation criteria.* Washington, DC: NAEYC.

NAEYC & NCTM. (2002, 2010). *Early childhood mathematics: Promoting good beginnings* (A joint position statement of the National Association for the Education of Young Children and the National Council of Teachers of Mathematics). Retrieved October 26, 2014, from www. naeyc. org.

NAEYC. (2011). *Code of ethical conduct and statement of commitment.* Reaffirmation and updates. Retrieved October 26, 2014, from www. naeyc. org.

NAEYC & Fred Rogers Center for Early Learning and Children's Media at St. Vincent College. (2012). *Technology and interactive media as tools in early chilldhood programs serving children from birth through age 8.* Retrieved October 26, 2014, from www. naeyc. org/ positions.

NAEYC & NAECS/SDE. (2002). *Joint position statement. Early learning standards: Creating the conditions for success.* Retrieved October 26, 2014, from www. naeyc. org/positions.

NAEYC & NAECS/SDE. (2003). *Early childhood curriculum, assessment, and program evaluation: Building an effective, accountable system in programs for children birth through age 8.* Retrieved from www. naeyc. org.

Nansel, T. , Overpeck, M. , Pilla, R. , Ruan, W. , Simons-Morton, B. , & Scheidt, P. (2001). Bullying behaviors among U. S. Youth: Prevalence and association with psychosocial adjustment. *Journal of the American Medical Association*, 285 (16), 2094 – 2100.

NASBE. (1988). *Right from the start*. Alexandria, VA: Author.

NASBE. (1991). *Caring communities: Supporting young children and families: The report of the national task force on school readiness*. Alexandria, VA: Author.

NASP. (2003). *Position statement on student grade retention and social promotion*. Retrieved November 7, 2014, from www. nasponline. org.

National Early Literacy Panel. (2004). *A synthesis of research on language and literacy*. Retrieved November 7, 2014, from www. famlit. org.

National Governors Association Center for Best Practices & Council of Chief State School Officers. (2010). *Common Core State Standards*. Washington, DC: Author. Retrieved from www. corestandards. org.

NCTM. (2000). *Principles and standards for school mathematics*. Reston, VA: Author.

NCTM. (2006). *Curriculum focal points for prekindergarten through grade 8 mathematics: A quest for coherence*. Retrieved December 16, 2014, from www. nctm. org/Publications/ teaching-children-mathematics/2006/Vol13/Issue3/Curriculum-Focal-Points-for-Pre-K-Grade-8-Mathematics_ -A-Quest-for-Coherence/

NCTM. (2014). *Principles to actions: Ensuring mathematical success for all*. Reston, VA: Author.

National Research Council. (2012). *A framework for K – 12 science education: Practices, crosscutting concepts, and core ideas*. Committee on a Conceptual Framework for New K– 12 Science Education Standards. Washington, DC: The National Academies Press.

Nemeth, K. (2009). Meeting the home language mandate: Practical strategies for all classrooms. *Young Children*, 64 (2), 36–42.

Nemeth, K. (2012). *Basics of supporting dual language learners: An introduction for educators of children from birth through age 8*. Washington, DC: NAEYC.

Nemeth, K. , & Brillante, P. (2011). Dual language learners with challenging behaviors. *Young Children*, 66 (4), 12–17.

Neuman, S. , & Dickinson, D. (Eds.). (2010). *Handbook of early literacy research* (Vol. 3). New York: Guilford Press.

New, R. (1993). Cultural variations on developmentally appropriate practice: Challenges to theory and practice. In C. Edwards, L. Gandini, & G. Forman (Eds.), *The hundred languages of children: The Reggio Emilia approach to early childhood education* (pp. 215 – 232). Norwood, NJ: Ablex.

Newberger, J. (1997). New brain development research—A wonderful window of opportunity to build public support for early childhood education. *Young Children*, 52 (4), 4–9.

Next Generation Science Standards (NGSS). (2013). *The next generation science standards: For states, by states*. Washington, DC: National Academies Press.

NICHD Early Child Care Research Network. (2006). The effects of infant child care on infant-mother attachment security: Results of the NIHCD study of early child care. Published online June 30, 2006. Updated 2012. First published in *Child Development*, 1997, 68 (5), 860–879.

New York Times. (9/7/2014). *Guiding guided play.* Author: pA26. Oehlberg, B. (1996). *Making it better: Activities for children living in a stressful world.* St. Paul, MN: Redleaf Press.

Olweus, D. (1993). *Bullying at school: What we know and what we can do.* Cambridge, MA: Blackwell.

O'Neill, B. (2013). Improvisational play interventions: Fostering social-emotional development in inclusive classrooms. *Young Children*, 68 (3), 62–69.

Orlick, T. (2006). *Cooperative games and sports: Joyful activities for everyone* (2nd ed.). Champaign IL: Human Kinetics.

Ostrosky, M., & Meadan, H. (2010). Helping children play and learn together. *Young Children*, 65 (1), 104–110.

Ostrow, J. (1995). *A room with a different view.* York, ME: Stenhouse. Owocki, G., & Goodman, Y. (2002). *Kidwatching: Documenting children's literacy development.* Portsmouth, NH: Heinemann.

Paley, V. G. (1984). *Boys and girls: Superheroes in the doll corner.* Chicago: University of Chicago Press.

Paley, V. G. (1986). *Mollie is three.* Chicago: University of Chicago Press.

Paley, V. G. (1992). *You can't say you can't play.* Cambridge, MA: Harvard University Press.

Paley, V. G. (1999). *The girl with the brown crayon.* Cambridge, MA: Harvard University Press.

Paley, V. G. (2004). *A child's work: The importance of fantasy play.* Chicago: University of Chicago Press.

Pancheri-Ambrose, B., & Tritschler-Scali, J. (2013). Beyond green: Developing social and environmental awareness in early childhood. *Young Children*, 68 (4), 54–61.

Papalia, D., Olds, S., & Feldman, R. (2006). *A child's world: Infancy through adolescence* (10th ed.). New York: McGraw-Hill.

Park, B., Neuharth-Pritchett, S., & Reguero de Atiles, J. (2003). Using integrated curriculum to connect standards and developmentally appropriate practice. *Dimensions of Early Childhood*, 31 (3), 13–17.

Parnell, W., & Bartlett, J. (2012). iDocument: How smartphones and tablets are changing documentation in preschool and primary classrooms. *Young Children*, 67 (3), 50–57.

Parten, M. (1932). Social participation among preschool children. *Journal of Abnormal and Social Psychology*, 27, 243–269.

Pellegrini, A. (2005). *Recess: Its role in education and development.* Mahwah, NJ: Lawrence Erlbaum.

Pelo, A. (2011). Our school's not fair: A story about emergent curriculum. In D. Curtis & M. Carter (Eds.), *Reflecting children's lives: A handbook for planning child-centered curriculum* (2nd ed., pp. 158-164). St. Paul, MN: Redleaf Press.

Petersen, S., & Wittmer, D. (2008a). Relationship-based infant care: Responsive, on demand, and predictable. *Young Children*, 63 (3), 40-42.

Petersen, S., & Wittmer, D. (2008b). *Endless opportunities for infant toddler curriculum: A relationship-based approach*. Upper Saddle River, NJ: Prentice-Hall.

Peth-Pierce, R. (2000). *A good beginning: Sending America's children to school with the social and emotional competence they need to succeed*. Bethesda, MD: NIMH.

Petty, K. (2009). Using guided participation to support young children's social development. *Young Children*, 64 (4), 80-85.

Philliber Research Associates. (2004). *Hartford children are learning by leaps and bounds: Achievements of children involved in Brightest Future Child Care Enhancement Project*. Accord, NY: Philliber Research Project.

Phillips, D. (1987, November). Infants and child care: The new controversy. *Child Care Information Exchange*, 58, 19-22.

Piaget, J. ([1923] 1926). *The language and thought of the child*. New York: Harcourt, Brace and World.

Piaget, J. (1951). *Play, dreams and imitation in childhood*. New York: Norton.

Piaget, J. (1952). *The origins of intelligence in children*. New York: International Universities Press.

Piaget, J. (1962). *Play, dreams, and imitation in childhood*. New York: Norton.

Piaget, J. (1963). *The origins of intelligence in children*. New York: Norton.

Piaget, J. (1965). *The moral judgment of the child*. New York: The Free Press.

Piaget, J. (1969). *The language and thought of the child*. New York: World Publishing.

Pica, R. (2006). *Great games for young children: Over 100 games to develop self-confidence, problem-solving skills, and cooperation*. Beltsville, MD: Gryphon House.

Pica, R. (2010). Babies on the move. *Young Children*, 65 (4), 48-50.

Plummer, D., Wright, J., & Serrurier, J. (2008). *Social skills games for children*. London: Jessica Kingsley.

Prairie, A. (2013). Supporting sociodramatic play in ways that enhance academic learning. *Young Children*, 68 (2), 62-68.

Prescott, E. (1994, November). The physical environment—A powerful regulator of experience. *Child Care Information Exchange*, 100, 9-15.

Prieto, H. V. (2009). One language, two languages, three languages ⋯ More? *Young Children*, 64 (1), 52-53.

Project Zero. (2010). *Research projects: Visible thinking*. Cambridge, MA: Harvard Graduate School of Education. Retrieved November 12, 2014, from www. pz. harvard. edu/Research/ ResearchVisible. htm.

Ramming, P., Kyger, C., & Thompson, S. (2006). A new bit on toddler biting: The influence of food, oral motor development, and sensory activities. *Young Children*, 61 (2), 17–23.

Reifel, S. (2011). Observation and early childhood teaching: Evolving fundamentals. *Young Children*, 66 (2), 62–65.

Reyes, C. (2010). A teacher's case for learning center extensions in kindergarten. *Young Children*, 65 (5), 94–98.

Reynolds, E. (2006). *Guiding young children: A problem-centered approach* (4th ed.). New York: McGraw-Hill.

Reynolds, G., & Jones, E. (1996). *Master players*. New York: Teachers College Press.

Rightmyer, E. (2003). Democratic discipline: Children creating solutions. *Young Children*, 58 (4), 38–45.

Roberts, L., & Hill, H. (2003). Using children's literature to debunk gender stereotypes. *Young Children*, 58 (2), 39–42.

Roskos, K., & Christie, J. (Eds.). (2001). *Play and literacy in early childhood: Research from multiple perspectives*. Mahwah, NJ: Lawrence Erlbaum.

Roskos, K., Tabors, P., & Lenhart, L. (2009). *Oral language and early literacy in preschool: Talking, reading, and writing* (2nd ed.). Washington, DC: International Reading Association.

Salmon, A. (2010). Tools to enhance young children's thinking. *Young Children*, 65 (5), 26–31.

Saltz, G., & Cravath, L. (2008). *Amazing you: Getting smart about your private parts*. New York: Puffin Press.

Sandall, S. (2004). Play modifications for children with disabilities. In Koralek, D. (Ed.), *Spotlight on young children and play* (pp. 44–45). Washington, DC: NAEYC.

Sandall, S., Hemmeter, M., Smith, B., & McLean, M. (Eds.). (2005). *DEC recommended practices in early intervention/early childhood special education: A comprehensive guide*. Longmont, CA: Sopris West.

Sarama, J., & Clements, D. (2009). Building blocks and cognitive building blocks: Playing to know the world mathematically. *American Journal of Play*, 1 (3), 313–337.

Scheinfeld, D., Haigh, K., & Scheinfeld, S. (2008). *We are all explorers: Learning and teaching with Reggio principles in urban settings*. New York: Teachers College Press.

Schickedanz, J., Schickedanz, D., Forsyth, P., & Forsyth, G. A. (2000). *Understanding children and adolescents* (4th ed.). Boston: Pearson/Allyn & Bacon.

Schiller, P. (2003). *The complete resource book for toddlers and twos*. Lewisville, NC: Gryphon House.

Schiller, P., & Willis, C. (2008). Using brain-based teaching strategies to create supportive early childhood environments that address learning standards. *Young Children*, 63 (4), 52–55.

Schwarz, T., & Luckenbill, J. (2012). Let's get messy! Exploring sensory and art activities with infants and toddlers. *Young Children*, 67 (4), 26–34.

Schwartz, I. , & Sandall, S. (2008). *Building blocks for teaching preschoolers with special needs* (2nd ed.). Baltimore: Paul H. Brookes.

Schweinhart, L. J. (1988, May). How important is child-initiated activity? *Principal*, 6-10.

Schweinhart, L. J. , Montie, J. , Xiang, Z. , Barnett, W. , Belfield, C. , & Nores, M. (2005). *Lifetime effects: The High/Scope Perry Preschool Study through age 40.* Ypsilanti, MI: High/Scope Press.

Schweinhart, L. J. , & Weikart, D. P. (1993, Summer). Changed lives, significant benefits: The High/Scope Perry Preschool Project to date. *High/Scope Resource*, 12 (3), 1, 10-14.

Schweinhart, L. J. , & Weikart, D. P. (1997, Spring/Summer). Childinitiated learning in preschool—prevention that works. *High/Scope Resource*, 16 (20), 1, 9-11.

Schweinhart, L. J. , Weikart, D. , & Larner, M. (1986). Consequences of three preschool curriculum models through age 15. *Early Childhood Research Quarterly*, 1, 15-45.

Scully, P. , Barbour, N. , & Seefeldt, C. (2003). *Developmental continuity across preschool and primary grades.* Wheaton, MD: ACEI.

Seefeldt, C. (2005). *How to work with standards in the early childhood classroom.* New York: Teachers College Press.

Seitz, H. (2008). The power of documentation in the early childhood classroom. *Young Children*, 63 (2), 88-93.

Shabazian, A. , & Soga, C. (2014). Making the right choice simple: Selecting materials for infants and toddlers. *Young Children*, 69 (3), 60-65.

Shagoury, R. (2009). Language to language: Nurturing writing development in multilingual classrooms. *Young Children*, 64 (2), 52-57.

Shapiro, E. , & Mitchell, A. (1992). Principles of the bank street approach. In A. Mitchell & J. David (Eds.), *Explorations with young children: A curriculum guide from the Bank Street College of Education* (pp. 12-23). Beltsville, MD: Gryphon House.

Sharapan, H. (2012). From STEM to STEAM: How early childhood educators can apply Fred Rogers' approach. *Young Children*, 67 (1), 36-41.

Shell, E. R. (1989, December). Now, which kind of preschool? *Psychology Today*, 52-53, 56-57.

Shillady, A. (Ed.). (2013). *Spotlight on young children: Exploring science.* Washington, DC: NAEYC.

Shore, R. (2003). *Rethinking the brain: New insights into early development* (Rev. ed.). New York: Families and Work Institute.

Shores, E. , & Grace, C. (2005). *The portfolio book: A step-by-step guide for teachers.* Upper Saddle River, NJ: Pearson.

Silberg, J. , & DArgo, L. (2001). *Games to play with babies* (3rd ed.). Beltsville, MD: Gryphon House.

Skinner, B. F. (1938). *The behavior of organisms: An experimental analysis.* New York: Appleton-Century-Crafts.

Sloane, M. (2007). First grade study groups deepen math learning. *Young Children*, 62 (4), 83-88.

Smilansky, S. (1968). *The effects of sociodramatic play on disadvantaged preschool children.* New York: Wiley.

Smilansky, S. (1990). Sociodramatic play: Its relevance to behavior and achievement in school. In E. Klugman & S. Smilansky (Eds.), *Children's play and learning: Perspectives and policy implications* (pp. 18-42). New York: Teachers College Press.

Smilansky, S., & Shefatya, L. (1990). *Facilitating play: A medium for promoting cognitive, socioemotional and academic development in young children.* Gaithersburg, MD: Psychosocial and Educational Publications.

Smith, C. (2013). Beyond "I'm sorry": The educator's role in preschoolers' emergence of conscience. *Young Children*, 68 (1), 76-82.

Sprung, B., Froschl, M., & Gropper, N. (2010). *Supporting boys' learning: Strategies for teacher practice, pre-K-Grade 3.* New York: Teachers College Press.

Stacey, S. (2009). *Emergent curriculum in early childhood settings: From theory to practice.* St. Paul, MN: Redleaf Press.

Stacey, S. (2011). *The unscripted classroom: Emergent curriculum in action.* St. Paul, MN: Redleaf Press.

Steiner, R. (1970). *Education as an art.* London: Rudolf Steiner Press.

Stone, S. (1995). Wanted: Advocates for play in the primary grades. *Young Children*, 50 (6), 45-54.

Stone, S., & Miyake, Y. (2004). *Creating the multi-age classroom.* New York: Goodyear Books.

Stonehouse, A. W. (1986). Discipline. In R. Lurie & R. Neugebauer (Eds.), *Caring for infants and toddlers: What works, what doesn't* (Vol. 2, pp. 40-58). Redmond, WA: Child Care Information Exchange.

Stonier, F., & Dickerson, D. (2009). When children have something to say, writers are born. *Young Children*, 64 (1), 32-36.

Stuber, G. (2007). Centering your classroom: Setting the stage for engaged learners. *Young Children*, 62 (4), 58-59.

Taylor, A. S. (2003). What to do with Lee? Academic redshirting of one kindergarten-age boy. *Young Children*, 58 (5), 94-95.

Teachout, C., & Bright, A. (2007). Reading the pictures: A missing piece of the literacy puzzle. *Young Children*, 62 (4), 106-107.

Thelan, P., & Klifman, T. (2011). Using daily transition strategies to support all children. *Young Children*, 66 (4), 92-98.

Theilheimer, R. (2006). Molding to the children: Primary caregiving and continuity of care. *Zero to Three Bulletin*, 26 (3), 50-54.

The ten best schools in the world, and what we can learn from them. (1991, December 2). *Newsweek*.

Thomas, P. (2003). *The power of relaxation: Using tai chi and visualization to reduce children's stress.* St. Paul, MN: Redleaf Press.

Thompson, R. (2009). *Connecting neurons, concepts, and people: Brain development and its implications* (NIEER Publications). Retrieved October 31, 2014, from www. nieer. org/resources/factsheets/21. pdf.

Tomlinson, H. (2009a). Developmentally appropriate practice in the kindergarten year—Ages 5-6. In C. Copple & S. Bredekamp (Eds.), *Developmentally appropriate practice in early childhood programs serving children from birth through age 8* (3rd ed. , pp. 187 – 216). Washington, DC: NAEYC.

Tomlinson, H. (2009b). Developmentally appropriate practice in the primary grades—Ages 6-8: An overview. In C. Copple & S. Bredekamp (Eds.), *Developmentally appropriate practice in early childhood programs serving children from birth through age 8* (3rd ed. , pp. 257-288). Washington, DC: NAEYC.

Trawick-Smith, J. (1994). *Interactions in the classroom: Facilitating play in the early years.* New York: Macmillan College.

Trawick-Smith, J. (2013). *Early childhood development: A multicultural perspective* (6th ed.). Upper Saddle River, NJ: Pearson.

Trepanier-Street, M. (2000). Multiple forms of representation in long-term projects: The garden project. *Childhood Education,* 77 (1), 18-25.

Tunks, K. , & Giles, R. (2009). Strategies for supporting young authors. *Young Children,* 64 (1), 22-25.

Vance, E. (2013). Class meeting variations and adaptations. *Young Children,* 68 (5), 42-45.

Vance, E. , & Weaver, P. (2002). *Class meetings: Young children solving problems.* Washington, DC: NAEYC.

Van Hoorn, J. , Nourot, P. , Scales, B. , & Alward, K. (2011). *Play at the center of the curriculum* (5th ed.). New York: Prentice-Hall.

Verma, A. K. (1992). *Achievement of kindergarten, first, and second grade children from developmentally appropriate and inappropriate kindergarten classrooms.* Unpublished master's thesis. Included in paper presented at NAEYC, November 1992, Louisiana State University, Baton Rouge.

Vygotsky, L. ([1930 – 1935] 1978). *Mind in society: The development of higher mental.* Cambridge, MA: Harvard University Press.

Walsh, D. J. (1989). Changes in kindergarten: Why here? Why now? *Early Childhood Research Quarterly,* 4, 377-391.

Walsh, D. J. (1991). Extending the discourse on developmental appropriateness: A developmental perspective. *Early Education and Development,* 2 (2), 109-119.

Ward, C. (1996). Adult intervention: Appropriate strategies for enriching the quality of children's play. *Young Children,* 51 (3), 20-25.

Wasserman, S. (2000). *Serious players in the primary classroom: Empowering children through active learning experiences* (2nd ed.). New York: Teachers College Press.

Watson, A. , & McCathren, R. (2009). Including children with special needs: Are you and your early childhood program ready? *Young Children*, 64 (2), 20-27.

Weems-Moon, N. (1991). *An ethnographic study of kindergarten students' literacy skills and stress-related behaviors before and after teacher demonstrations in bookreading strategies.* Unpublished doctoral dissertation. Included in paper presented at NAEYC, November 1992, Louisiana State University, Baton Rouge.

Weiser, M. G. (1991). *Infant toddler care and education* (2nd ed.). New York: Macmillan.

Wesson, K. (2001). The "Volvo effect" —Questioning standardized tests. *Young Children*, 56 (2), 16-18.

White, B. (1988). *Educating the infant and toddler.* Lexington, MA: Lexington Books.

White, B. (1995). *The new first three years of life* (Rev. ed.). New York: Simon & Schuster.

Whitin, P. , & Whitin, D. (2005). Pairing books for children's mathematical learning. *Young Children*, 60 (2), 42-48.

Whittaker, J. (2014). Fostering children's reasoning and problem solving. *Young Children*, 69 (3), 80-87.

Wien, C. (1995). *Developmentally appropriate practice in "real life"*: *Stories of teacher practical knowledge.* New York: Teachers College Press.

Wien, C. (2008). *Emergent curriculum in the primary classroom*: *Interpreting the Reggio Emilia approach in schools.* New York: Teachers College Press.

Willis, C. , & Schiller, P. (2011). Preschoolers' social skills steer life success. *Young Children*, 66 (1), 42-49.

Wirth, S. , & Rosenow, N. (2012). Supporting whole-child learning in nature-filled outdoor classrooms. *Young Children*, 67 (1), 42-48.

Wittmer, D. (2012). The wonder and complexity of infant and toddler peer relationships. *Young Children*, 67 (4), 16-25.

Wolfgang, C. (1977). *Helping aggressive and passive preschoolers through play.* Columbus, OH: Merrill.

Worsley, M. , Beneke, S. , & Helm, J. (2003). The pizza project: Planning and integrating math standards in project work. *Young Children*, 58 (1), 44-49.

Yopp, H. , & Yopp, R. (2009). Phonological awareness is child's play. *Young Children*, 64 (1), 12-21.

Zero to Three. (2008). *Caring for infants and toddlers in groups*: *Developmentally appropriate practices* (2nd ed.). Washington, DC: Author.

后　记

　　"他山之石，可以攻玉。"了解发展适宜性实践的基本组成部分、基本原则、主要观点、支持性环境的创设，可以为我国建构基于中国文化特质且适合中国儿童发展的幼儿园课程模式提供帮助。本书是对发展适宜性实践这一套教育哲学、理论框架、行动指南和评估标准的概览，较为全面、深入地呈现了发展适宜性实践的价值理念。基于此认识，在对原书第 3 版译稿进行系统回顾和反思的基础上，我带领由北京师范大学已毕业硕士研究生、在读博士研究生组成的研究团队和抚州幼儿高等专科学校的两位教师共同完成了第 6 版的翻译工作。本书的完成是研究团队集体力量的呈现。我和张仁甫在多次通读全书的基础上，将书设计为"发展适宜性实践与早期教育课程"译丛，包括《0—3 岁婴幼儿发展适宜性实践》与《3—8 岁儿童发展适宜性实践》两本书，并对两本书的翻译工作做了整体规划。我和李柃霏在对全书先行进行通读的基础上，对两本书各章节标题和关键表达等进行了细致翻译和多轮修订，并在此基础上对全书框架和翻译思路、风格和分工等进行了讨论和确认，之后，与李柃霏、李金、刘祎玮对全书涉及的通用术语和专业术语进行了翻译、多轮校改。黄爽作为《0—3 岁婴幼儿发展适宜性实践》的校改支持者，协助张仁甫和高静雅完成分册最后定稿；高宏钰作为《3—8 岁儿童发展适宜性实践》的校改支持者，协助张仁甫和邓璠老师完成分册最后定稿。

　　就本书的具体翻译工作来说，李柃霏负责翻译前言、第 1 章、第 2 章，何淼负责翻译第 3、第 4 章，李金负责翻译第 5、第 6 章，王冰虹负责翻译第 7、第 8 章，张仁甫负责翻译第 9 章第 1—2 部分，张娜娜负责翻译第 9 章剩余部分和第 10 章。研究团队在翻译书稿的过程中，围绕术语开展了多轮次的细致讨论和互校工作，李柃霏、李金、何淼对值得商榷的术语进行了深入研究。李柃霏、张仁甫、邓璠和高宏钰进行了最后一轮认真、系统、全面的审校与完善。书稿最后由我定稿,译者序由李柃霏、张仁甫协助我完成。

在本书翻译的过程中,我们参考和学习了原书第 3 版的译文,因此对所有参与第 3 版翻译工作的老师和同学表示感谢。

付梓之际,还要特别感谢教育科学出版社的领导和老师们为本书提供的支持和付出的心血。

本书完稿离不开整个研究团队的不懈追求和持续努力,我相信这是我和团队在基础教育大改革的时代背景下,踏上"幼有善育"征程的新起点。希望本书能够激发和我们一样有志于建构具有中国文化特色、适宜中国娃发展的学前教育课程模式的教师贡献自己的智慧与力量。